新世纪高等学校教材
历史学系列教材

世界近代史

SHIJIE
JINDAISHI

刘宗绪◎主 编

北京师范大学出版集团
BEIJING NORMAL UNIVERSITY PUBLISHING GROUP
北京师范大学出版社

图书在版编目（CIP）数据

世界近代史/刘宗绪主编.—北京：北京师范大学出版社，2004.7（2025.9重印）

（历史学专业基础课程系列教材）

ISBN 978-7-303-04441-2

Ⅰ.世… Ⅱ.刘… Ⅲ.近代史：世界史高等学校教材Ⅳ.K14

中国版本图书馆CIP数据核字（97）第07460号

————————————————————————

SHIJIE JINDAISHI

出版发行：北京师范大学出版社www.bnup.com

　　　　　北京市西城区新街口外大街12-3号

　　　　　邮政编码：100088

印　　刷：三河市兴达印务有限公司

经　　销：全国新华书店

开　　本：730 mm×980 mm　　1/16

印　　张：24.75

字　　数：480千字

版　　次：2004年7月第3版

印　　次：2025年9月第25次印刷

定　　价：62.00元

————————————————————————

策划编辑：李春梅　　　　　　　责任编辑：高东风　林新曙

美术编辑：王齐云　　　　　　　装帧设计：孙　琳

责任校对：陈　民　段立超　　　责任印制：马　洁　赵　龙

版权所有　侵权必究

读者服务电话：010-58806806

如发现印装质量问题，影响阅读，请联系印制管理部：010-58804922

北京师范大学新世纪历史学教材编辑委员会

顾　问　何兹全　龚书铎　刘家和
主　任　郑师渠
副主任　杨共乐　李帆
委　员　（按姓氏笔画为序）
　　　　马卫东　王桧林　孔祥民　刘宗绪　张建华
　　　　周启迪　施建中　晁福林　郭大钧　郭小凌

在北京师范大学的百年发展历程中，历史学科一直占有重要地位。经过几代人的不懈努力，今天的北师大历史学系业已成为国内历史教学和科研的重要基地，不仅学术上出精品，而且注重教学改革，更新教学内容与课程体系，完善课程结构。

历史学系的教学改革前后历时二十年，启动于20世纪80年代，深化于90年代。80年代的教学改革由著名历史学家白寿彝先生主持，重点放在教学内容和课程体系方面，因具开创性而获得1989年国家级优秀教学成果一等奖。进入90年代后，教学改革继续深化。为了加强基础课教学，完善学生的知识结构，并与历史学系进入"国家文科基础学科人才培养和科学研究基地"的教学需求相配合，我系组织教师编写并正式出版了一套历史学专业基础课教材。这套教材涵盖了历史学科各门主干课程的内容，基本满足了本科阶段历史学专业学生的学习需要，在系内的多轮使用中，得到学生的广泛好评。同时，由于具有精审谨严、结构合理、分量得当、适应面广的优势与特色，这套教材在各高校历史学科也受到较为普遍的欢迎，为很多校外同行所采用。

时至今日，伴随着改革开放步伐的加快，历史学系又在调整自己的战略目标，根据自己的学科优势与特色设计发展之路。按照学校的部署，组建了新世纪历史学教材编辑委员会，在北京师范大学出版社的大力支持与配合下，首先着手对20世纪90年代编写出版的历史学基础课教材进行修订，力求通过高水平教材的修订与使用，促进教学质量的提高和新的人才培养目标的实现。这次修订，仍坚持以历史唯物主义作为指导思想的原则，结合学术发展与教学改革的需求，加入新的学术成果与教学理念，以顺应当今高等教育和历史学科教育教学的发展趋势，为21世纪的大学历史教育提供一套较为新颖、完善且适用面广的基础课教材。考虑到这套教材已具备的特色与优势，所以总体框架上不拟做过多更动。具体而言，原有章、节、目结构大体不变，全书正文前加图片若干，正文中可根据内容需要附插图、地图，每章之后附有若干思考题：全书后附参考阅读书目。根据学校新的教学计划，个别书名做了调整，《历史学概说》改为《历史学理论与方法》，《世界现代史》与《世界当代史》合为《世界现代史（1900—2000）》。按照高等院校历史学科现行的课程设置，并考虑到教学上的实际需求，《中国近代史》仍仅包含从鸦片战争到五四运动这80年的历史。《中华人民共和国史》则在原有基础上做了较大改动，主要是增加了20世纪90年代至今中国社会发展变化的诸多新内容。

　　本次修订，虽做了部分更动，一些方面得以完善，但疏漏之处仍在所难免，还望方家不吝赐教。

北京师范大学新世纪历史学教材编辑委员会

2004 年 5 月

目 录

修订版前言 …………………………………………………… 001

再版引言 ……………………………………………………… 004

绪论 …………………………………………………………… 001

第一编　近代文明的兴起 ………………………………… 001

第一章　西方的崛起 ……………………………………… 003

　第一节　地理大发现和商业革命 ………………………… 003

　第二节　文艺复兴与宗教改革运动的发展 ……………… 005

　第三节　欧洲的绝对主义王权 …………………………… 008

　第四节　尼德兰革命 ……………………………………… 011

第二章　西欧资本主义的发展 …………………………… 013

　第一节　土地制度的演变 ………………………………… 013

　第二节　农业资本主义的发展道路 ……………………… 014

　第三节　商业资市和手工工场 …………………………… 017

　第四节　金融资市 ………………………………………… 020

　第五节　资产阶级和资产阶级化的贵族 ………………… 021

第三章　启蒙时代 ………………………………………… 024

　第一节　启蒙运动的兴起 ………………………………… 024

　第二节　唯物主义哲学 …………………………………… 029

　第三节　理性政治学说 …………………………………… 032

世界近代史 001

第四章 英国资产阶级革命 ……………… 037
第一节 革命的爆发 ……………… 037
第二节 内战和社会改造 ……………… 040
第三节 独立派共和国 ……………… 043
第四节 旧王朝复辟和"光荣革命" ……………… 046

第五章 法国大革命 ……………… 049
第一节 旧制度的危机 ……………… 049
第二节 三级会议和革命的爆发 ……………… 050
第三节 "八九年原则" ……………… 054
第四节 法兰西第一共和国的建立 ……………… 061
第五节 恐怖年代 ……………… 065
第六节 热月党统治 ……………… 070
第七节 执政府的政绩 ……………… 075
第八节 法兰西第一帝国和拿破仑战争 ……………… 078
第九节 拿破仑帝国倒台 ……………… 081

第六章 17世纪至19世纪初的商业战争 ……………… 084
第一节 资市主义早期殖民扩张 ……………… 084
第二节 英荷对立和英法争雄 ……………… 086
第三节 维也纳体系 ……………… 088

第七章 开明君主专制 ……………… 092
第一节 玛丽亚·特蕾西亚母子的改革 ……………… 092
第二节 普鲁士的开明君主政治 ……………… 095

第八章 美洲的革命 ……………… 098
第一节 美国的建立 ……………… 098
第二节 拉丁美洲独立战争 ……………… 104

第九章 处于传统文明中的东欧和亚洲 ……………… 111
第一节 东欧和俄国 ……………… 111
第二节 亚洲 ……………… 114

第二编　工业化的发端　进入工业资本主义
　　　　时期 ……………………………………… 121

第十章　第一次工业革命…………………………… 123

　第一节　英国工业革命 ……………………………… 123

　第二节　各国工业革命 ……………………………… 130

　第三节　工业革命的影响 …………………………… 138

第十一章　19 世纪前半期的欧洲 ………………… 140

　第一节　20—30 年代欧洲的革命运动 …………… 140

　第二节　英国的国会选举制度改革 ………………… 144

　第三节　法德的社会运动 …………………………… 146

　第四节　1848 年革命 ……………………………… 150

第十二章　19 世纪中期的资产阶级改革与
　　　　革命 ……………………………………… 164

　第一节　英国的自由主义改革 ……………………… 164

　第二节　法兰西第二帝国的改革 …………………… 167

　第三节　德意志统一 ………………………………… 170

　第四节　意大利统一 ………………………………… 175

　第五节　俄国农奴制改革 …………………………… 178

　第六节　美国内战 …………………………………… 184

　第七节　日本明治维新 ……………………………… 191

第十三章　资本主义世界体系初步形成 ………… 201

　第一节　西方列强的殖民扩张 ……………………… 201

　第二节　"东方问题"和克里米亚战争 …………… 204

　第三节　近代殖民主义双重历史作用的初步
　　　　体现 …………………………………………… 206

　第四节　资本主义世界体系初步形成 ……………… 209

第十四章　19 世纪前半期的欧洲社会政治
　　　　思想 ……………………………………… 212

　第一节　保守主义 …………………………………… 212

　第二节　自由主义 …………………………………… 213

第三节 英国古典政治经济学 ·············· 215

第四节 德国古典哲学 ·············· 216

第五节 民族主义 ·············· 218

第六节 实证主义社会学 ·············· 219

第十五章 工人运动和社会主义运动的兴起 ······ 221

第一节 早期工人运动 ·············· 222

第二节 社会主义从空想到科学的发展 ·········· 228

第三节 第一国际 ·············· 233

第四节 巴黎公社 ·············· 240

第十六章 亚洲民族运动的高涨 ·············· 247

第一节 印度尼西亚爪哇人民起义 ·········· 247

第二节 伊朗巴布教徒起义 ·········· 249

第三节 印度民族大起义 ·············· 251

第四节 中国太平天国起义 ·········· 254

第三编 开始跨入电气时代 ·············· 257

第十七章 第二次工业革命 ·············· 259

第一节 第二次工业革命 ·············· 259

第二节 资南主义的高速发展 ·········· 262

第三节 资市主义向垄断阶段过渡 ·········· 267

第十八章 各主要资本主义国家政治发展的
趋势 ·············· 273

第一节 自由主义、专制主义、军国主义的交错 ···· 273

第二节 英、法、美的自由主义倾向 ·········· 276

第三节 德、俄、日的专制主义道路 ·········· 300

第十九章 列强瓜分世界领土 资本主义世界
体系的发展和战争风云 ·········· 322

第一节 世界领土被瓜分完毕 ·········· 322

第二节 资本输出与殖民世界 ·········· 326

第三节 两大军事集团的形成 ·········· 332

第二十章　19世纪末的西方社会政治思想 ········ 336

第一节　进化论和社会达尔文主义 ············· 336

第二节　反理性主义哲学 ··············· 338

第三节　社会科学的新发展 ············· 339

第二十一章　工人运动与社会主义运动的发展

第二国际 ··············· 341

第一节　19世纪末的工人运动 ············· 341

第二节　第二国际 ··············· 343

第二十二章　新型民族运动的兴起 ············· 349

第一节　民族运动的演变 ··············· 349

第二节　非洲人民的反帝斗争 ············· 350

第三节　拉丁美洲人民的民族民主运动 ········· 356

第四节　亚洲民族运动的高涨 ············· 360

自 1991 年本书初版面世以来，承蒙读者不弃，多有奖掖，令笔者甚感惶惶。1999 年本书经修订后被列为普通高等教育"九五"国家级重点教材。借此再次修订出版之机，特向关切本书的读者与同行诚表谢意。

时隔四年，回顾当日所述，实是颇多瑕疵，想来令人汗颜。这次修订，当尽力之所及，匡谬补阙，竭求不负读者期许。在如下几方面，尤当属意。

首先，应确认生产力是历史发展的终极动力，同时也是历史进程中的重要内容和认识与评价历史的根本标准。人类文明的演进，人类社会的发展，都只能在生产力进步的基础上实现。在自然经济状态下，只可能存在古代社会与农业文明，商品经济和市场经济才孕育出近代社会与工业文明。与近代社会同步开始的人类社会的现代化进程，也是以手工工场时代、蒸汽时代、电气时代和信息时代而划分为不同发展阶段的。虽然历史上并不是任何细小的事物都能与生产力的发展直接联系在一起，但是从宏观的、长远的视角上看，却决然脱离不开这个总的规律。

其次，要坚持马克思主义实事求是的基本精神，根据实践检验的结果立论。无论任何人，对历史的认识、解释和对未来的推断，都难免有局限性，至少会有时代的局限性和认识上的局限性。故此，只能够力求更接近科学，更贴近事实。这就必须重实践，重结局，切忌借助某些套语作主观的推测。因依据不足难以定论的，应尽力阐明过程，不须妄下结论。

再次，认同历史上人类创造的共同财富，继承这笔遗产，不强行对一切都划分出阶级属性。自然科学与技术固然没有阶级性，但是众多反映客观规律的现象同样也是如此。例如商品经济取代自然经济，便是不依人的意志为转移的客观规律。某些属于道德情操的东西也是这样，美德与恶行自古以来便是泾渭分明的，没有明显的时代和阶级界限。

最后，要加强辩证分析，避免绝对化。历史现象是复杂的，其中有许多常常与血腥的罪行相伴随，而它的作用却是一分为二，甚至在主导方面还是进步的。还有不少现象，尤其是社会日常生活中的若干现象，则难分是非。凡是情况纷纭繁复但却有迹可寻的，便须依实而论。难明是非者，则可亦此亦彼、非此非彼，不必绝对化，一定要非此即彼。

总之，此次修订，要力图反映近代时期人类文明演进的过程，站在这样的高度上去看世界的进步。人类文明每前进一步，都必须付出代价，有时是很沉重的代价。这就使历史现象变得复杂起来。正因为如此，这里才提出了生产力标准、实践标准等原则性的界定标准，也是笔者追求加强本书科学性的一种愿望。

考虑到本书是作为高校本科教材编写的，因此有必要作些说明：

依实而论，在历史的长河中，为时最久的毕竟不是无休止的拼杀与争斗，事实上也没有接连不断地发生暴动、起义、革命和战争。在绝大多数的情况下和占时最多的年代里，历史所展示的还是和平状态下的社会生活面面观。这一点，我们在着手编写时就已意识到了。不过，近代时期无疑是社会转型的大变革时期，转型过程中引发的改革与革命，以及伴随而来的激烈冲突，为数之多颇为可观。这些显然都是人类社会演进中的大事，很自然地也构成了本书的重要内容。我们所做的是，在反映这些内容的同时，在篇幅允许的条件下，力争更为全面地阐述历史的各个方面。

近年来学术界的众多同行表明见解，以为近代时期应以 16 世纪为起点，以 19 世纪与 20 世纪之交作为近代史与现代史分界。其基本着眼点是欧洲资本主义萌芽、资本原始积累的兴起和资本主义的发展。此外，同行以为世界史非将中国历史排除在外的域外史，中国历史与其他国家历史一样，是人类历史发展为世界历史全过程的组成部分。应该说，如此立论是公允的，也得到了越来越多学者的认同。本书采以上见解。

世界近代史这一学科的教材，与其他历史学科的教材相比，恐怕是版本最多的。本书在博采众家之长的同时，更着力于有所创新。这首先体现在学科体系之上。所谓体系，实际上是一种研究成果，反映研究者对该学科内在联系即规律的概括。故而一种学科可以出现几种体系，不过是不同学者的见仁见智而已，乃是正常现象。本书所循的学科体系，也是一家之言，主观上是力求接近科学与贴近史实的，尚祈读者及同行们品评。

本书修订版仍框定 50 万字左右，目的是方便学生和普通读者阅读。

本书原稿的作者分工如下：

刘宗绪：绪论，第一、二、三、四、五、六、七、九、十八章，第十章
　　　　第三节，第十二章第二节，第十六章第四节，第二十二章第

一、四节。

庄建镶：第八章，第十章第一～二节，第十一章第一～三节。

吴豪德：第十一章第四节，第十三章，第十六章第一～三节，第十九章第
一～二节，第二十二章第二～四节。

王　新：第十二章第一、三、四、五节，第十五章第三、四节，第十九章第
三节，第二十一章。

刘北成：第十二章第六节，第十四章，第十五章第一、二节，第二十章。

马家骏：第十二章第七节，第十七章。

刘宗绪

2003 年 1 月

　　本教材修订版自 2004 年问世以来被反复印刷、广泛阅读，长期作为北京师范大学历史学院本科生学习世界近代史课程的指定教材，同时也成为许多院校历史专业学生的重要参考书。本书以唯物史观为指导，以丰富的史实为依据，展现 16 至 19 世纪世界历史的演进，梳理近代世界主要国家的政治变迁与社会发展。16 世纪的尼德兰通过革命率先建立资产阶级共和国，而同时代的英法等国逐渐确立了绝对君主制。在有着深厚议会制传统的英国，绝对主义未发展成熟便被革命拦腰斩断。法国则在路易十四时代将绝对主义发展至巅峰阶段。俄、普、奥三国在启蒙时代经历了开明君主专制。自 18 世纪后期至 19 世纪末，改革、革命、战争、民族运动在不同的时空背景下不断上演，塑造着近代世界的民族国家与民主化进程。对于近代世界政治发展线索的掌握，将有利于学生深入认识"每个国家和民族的历史传统、文化积淀、基本国情不同，其发展道路必然有着自己的特色"❶。

　　梳理国际关系的发展是学习世界近代史的另一条重要线索。近代欧洲各国奉行"均势"原则，其目的在于维持业已形成的欧洲国家体系，维护各个主权国家的独立。17 世纪中叶，哈布斯堡王朝的扩张给欧洲的均势造成了威胁，于是各国以"均势"之名讨伐哈布斯堡王朝，这便是三十年战争的大背景。《威斯特伐利亚和约》的签订奠定了近代欧洲的政治地理格局，开创了以国际会议解决国际争端的先例。1814—1815 年，拿破仑帝国崩溃后，以英、俄、奥、普为首的战胜国通过操纵维也纳会议在欧洲大陆建立起来的新均势体系。维也纳会议重新划定了欧洲政治疆域，形成了大国通过会议解决纠纷的"欧洲协调"机制。从 19 世纪 70 年代起，资本主义列强掀起了争夺殖民地和瓜分世界领土的狂潮，至 19 世纪末整个世

---

❶　习近平：《把宣传思想工作做得更好》（2013 年 8 月 19 日），见《习近平谈治国理政》第一卷，155 页，北京，外文出版社，2018。

界基本被瓜分完毕。19 世纪、20 世纪之交，由于资本主义国家发展的不平衡和列强间力量对比的新变化，导致重新瓜分世界的角逐，美西战争（1898年）、英布战争（1899—1902年）和日俄战争（1904—1905年）就是最早的重新瓜分殖民地的 3 次帝国主义战争。这 3 场战争并不能从根本上改变帝国主义列强间因发展不平衡而产生的各种矛盾，瓜分世界的斗争仍在日益加剧，最终导致了第一次世界大战的爆发。

近代的思想发展与变革同样值得关注。16 世纪、17 世纪，始自哥白尼、讫于牛顿的科学革命使人类对自身认识世界的能力产生了空前的自信。科学革命的成果在 18 世纪广泛传播，鼓舞人们凭借"理性"探索支配人类社会的法则，由此产生了一场被称作启蒙运动的国际性思想文化运动。在启蒙精神的感召下，哲人们对于当时社会、政治、司法、宗教等领域存在的问题进行了深刻的批判，为改革与革命奠定了思想基础。19 世纪，随着工业革命的发展与社会结构的变化，各种学说大量涌现。对于法国大革命的反动，导致了主张服从权威，强调宗教至上，重视历史连续性的保守主义。在自然权利哲学基础上，产生了捍卫公民各项自由权利，反对国家干预经济生活的自由主义。法国革命和拿破仑战争促使民族主义成型，在政治上它主张建立统一独立的民族国家，在文化上坚持每个民族都有权保持和发扬本民族的语言、历史和文化传统。与此同时，还出现了批评新兴工业社会的弊端，批判私有制社会制度，主张社会的建立应以合作为基础的社会主义学说。圣西门、傅立叶和欧文是空想社会主义的代表人物。马克思和恩格斯基于唯物主义历史观和对资本主义的经济研究，逐步制定了"关于无产阶级的解放条件的学说"。他们称自己的学说为"共产主义"。1848 年 2 月《共产党宣言》的发表标志着科学社会主义的诞生。习近平总书记指出："马克思的思想理论源于那个时代又超越了那个时代，既是那个时代精神的精华又是整个人类精神的精华"；"在人类思想史上，没有一种思想理论像马克思主义那样对人类产生了如此广泛而深刻的影响"。❶

近年来，在世界近代史的教学与研究中，我们看到文明史、全球史、环境史等新范式、新视角成为传统上以政治史主导的世界近代史框架的有益补充。文明史的书写关注人类在文化、思想、制度和知识层面所取得的成就，注重人类文明的继承性和不同文明的碰撞。全球史同样把不同文明当作世界史的主角，强调人类彼此借鉴、共同创造的整体过程，它有利于破除欧洲中

❶ 习近平：《在纪念马克思诞辰二百周年大会上的讲话》，见中共中央党史和文献研究院编：《十九大以来重要文献选编》（上），423、425 页，北京，中央文献出版社，2019。

心论，凸显人类共同体的观念。无论是文明史还是全球史，都有助于学生认识文明交流与互鉴推动着人类的发展进步。习近平总书记指出："生态兴则文明兴，生态衰则文明衰。生态环境是人类生存和发展的根基，生态环境变化直接影响文明兴衰演替。"❶ 在环境史的历史叙事中，人类与环境的关系被视作历史进程中的重要方面，它强调文明演进过程中环境与人的互动。环境史研究将"哥伦布大交换"、"生态帝国主义"等新概念带入世界近代史教学之中，拓展了学生认识人类历史的视角，也回应了当今社会对于环境问题的深刻关切。以人与自然和谐共生为鲜明特征的新的文明发展形态，有助于打破工业化进程中的增长迷思，使对历史的认知更为全面和深入。

北京师范大学历史学院世界近代史教研室
2022 年 7 月

---

❶ 中共中央文献研究室编：《习近平关于社会主义生态文明建设论述摘编》，6 页，北京，中央文献出版社，2017 年。

大约从 16 世纪起，人类历史进入了近代时期。从古代到近代是一种社会转型。一般说来，近代是指资本主义时代，世界近代史就是资本主义产生、发展和走向成熟时期的历史。所谓近代，其实与现代是同义语。众所周知，关于"现代化"问题，目前已成为热门话题。现代化，英文写作 MODERNIZATION，其中的 MODERN 即"现代的"之意。而"近代史"写作 MODERN HISTORY，既可译为"近代史"，又可译作"现代史"，但实质含义是现代史。不过，这里仍按传统，划分近代史与现代史。

所谓近代是指什么？这是首先需要搞清楚的问题。广义地说，近代与古代的根本区别，就在于它开启了人类历史的现代化进程。国际国内研究现代化问题的学者很多，众说纷纭。然而，在若干重大问题上却很少异议，诸如现代化应包括工业化、城市化、科技化、智能化、保护环境、政治民主化等等。其中；最重要的是工业化和民主化两项。根据这些内容来考察，只有到了近代，才可能出现这些现象，在古代则是绝对不可思议的。

首先，在经济上，近代时期商品经济取代了自然经济。政治经济学将自然经济又称作自给自足经济。就是说，衣食住行之所需都能自己解决，基本上不需要进行商品交换。其生产目的是自我消费，带有封闭性的特点，发展十分缓慢。所以，"自给自足"的"足"，并不是富足之意，那只是生产力水平低下的反映。"商品经济"一词就是与此相对而言的。在商品经济状态下，生产的目的不是为了自我消费，而是为了交换，为了到市场上去出售。这就要面向市场，包括国际市场，不仅要准确观测市场走向，还要面对市场上的激烈竞争。因此，它必须不断提高产品数量和质量，不断适应市场需求，开发新产品，以便在竞争中立于不败之地，至少要求得生存。这种竞争机制，决定了商品经济较之闭塞、滞缓的自然经济，有着不可比拟的先进性和优越性。也正是在市场需求不断提高与增长、相互竞争日趋激烈的情况下，才刺激了工业革命的发生，用机器生产代替手工劳动。工业化的进程由此启动，历史也由此跨入了蒸汽时代，人类文明迈上了一个更高的层次。正是从那时起，工业化、城市化、科技化的进程大幅度发展了，政治民主化的进程也明显加速了。

为什么商品经济时代到来才启动了现代化的进程？这完全是由商品经济本身的机制决定的。商品经济的本质特征是自由。众所周知，商品经济通过市场运作。商品市场上的买卖双方、金融市场上的借贷双方、劳动力市场上的雇佣双方，都必须有选择的自由、谈判的自由、成交的自由和签约的自由。这一切都是在仔细斟酌之后的自愿行为。这种自由产生的重要结果之一，就是竞争机制。人们必须在准确观测市场走向的基础上，才能有把握地行使这一自由。如果出现闪失，那就会亏本甚至破产。很明显，这是一种残酷的竞争。但正是这种竞争，造成了你追我赶、争先恐后的局面，大大促进了经济的发展。所有这一切，在自然经济状态下都是无法想象的。

其次，在政治上，近代时期法治取代了人治。这也是时代的呼唤。商品经济一般都要以契约来体现，在某种程度上，商品经济社会就是一种契约社会。契约必须具有法律效力，违约就要承担法律责任，所以时代呼唤法治。法治社会的国家机构有各种名目，但是都实行代议民主制和三权分立的政治体制。法律具有至高无上的地位，即使是君主立宪制下的国王或皇帝，也必须依法而治，受法律的约束。立法、行政、司法三权分立，是防止专制独裁的有效手段，也是政治民主化在制度上的保证。

最后，在居民方面，近代时期公民取代了臣民。近代之前，除君主之外，其余均为臣民。凡是臣民都要听命于人、受制于人、效忠于人，不能自主命运。在东方，整个江山社稷都是君主个人的，对臣民来说，忠君与爱国是同一个概念，是一回事。在西方，当15、16世纪绝对君主制建立起来后，情况也大致如此。而近代的公民则是全然不同的，公民意识中最重要的一点，就是将自己当成是国家的主人，因而有着社会责任感，有强烈的参与意识，又自主命运，不须听从他人摆布。在任何时代和任何情况下，人的因素总是占第一位的。公民意识的产生，同时意味着一场人的解放。发挥能动性的人，是加速社会发展的极其重要的动力之一。

以上三条涉及了经济基础、上层建筑和人本身这三个方面，基本上涵盖了历史与社会。或者可以说，这就是"近代"二字的真正含义。所有这一切都不是人为的，都是商品经济时代到来时的必然现象。自古以来，下层人民的反抗斗争不计其数，但从未提出过人权与法治的口号，大多只是近乎"等贵贱、均贫富"之类的要求。只有到了近代，人权、自由、平等的口号才喊得如此响亮。那也是时代的呼唤。在竞争机制下，血统与家族的高贵，甚至上帝的眷顾，都不起作用了。对市场作出了错误的判断，不管有多么高贵的身份也只能亏本或破产，上帝也挽救不了。相反，出身"低贱"的平民，只要看准了市场走向，照样能够赚大钱，直至发财致富。人们渐渐从中意识到，起决定作用的并不是祖祖辈辈信守的"身世"、"血统"和"天定"的命运，而是观测与判断是否准确，也就是说，靠人的智慧与才干。于是，人的价值、人的地位、人的自我完善等等就提上了日程，天赋人权学说也就应运而生。由此看来，这一切都是客观规律，近代取代古代是人类文明的演进，是不依人的意志为转移的。这些条件促使现代化进程启动，而现代化的启动又大大加速了文明的演进。

人类文明的演进是从不间断的，其最主要的标志首先是生产力的发展。马克思在《资本论》中明确提出，生产力是人类全部历史的基础。事实正是如此。在自然经济条件下只能存在农业文明和古代社会；商品经济时代到来时才可能出现工业文明和近代社会。古往今来的一切革命和改革，绝大多数都是为了适应或推动经济的发展，也就是生产力的发展。这一切都是被实践证明了的不争的事实。另外还有一点，就是要实事求是，根据实践检验的结果立论，不能用伦理道德的标准去评价历史现象。

基于以上所述，世界近代史似应划分为三个发展阶段：

第一阶段从 16 世纪到 18 世纪，是资本主义的工场手工业时期。这是资本主义的童年时期，带有不成熟性。

第二阶段从 19 世纪初到 19 世纪 70 年代初，是第一次工业革命后的蒸汽时代，即进入了工业资本主义时期。此时，资本主义制度在世界上得到确立，资本主义世界市场和资本主义世界体系初步形成。

第三阶段从 19 世纪 70 年代到 19、20 世纪之交，是跨入第二次工业革命后的电气时代初期阶段。这时，资本主义迅速向垄断阶段过渡，逐步走向成熟。在这个阶段之末，现代意义的经济模式和政治模式基本成型，随后便开始了现代史时期。

多年以来，大多习惯以 17 世纪英国资产阶级革命作为世界近代史的开端，那主要是受了苏联学科体系的影响。实际上，到了 16 世纪，始于地中海沿岸意大利北部的资本主义萌芽有了更大发展，西欧各地手工工场兴起，农业商品化进程加快，市民阶级逐步演变为资产阶级，传统的农本主义意识迅速转化为重商主义，并成为各国的基本国策之一。新航路的开辟、早期殖民活动和商业革命的发生，使资本主义萌芽的发展大为加速，商品经济较之自然经济的先进性和优越性更加明显地表现出来。马克思说："商品流通是资本的起点。商品生产和发达的商品流通，即贸易，是资本产生的历史前为以经济斗争为主，尤其强调 8 小时工作制。这是 1886 年美国芝加哥总罢工的中心口号。1889 年第二国际成立大会上就据此通过了"五一"劳动节的决议。这些变化并不因为缺少了政治性和暴力性而降低了水平，那些斗争均以遭到镇压而告终。此时的斗争表明，工人们更会斗争，更讲究斗争艺术，成功率更高了。

社会主义运动的发展也颇具特色。首先，马克思主义的传播日益广泛了，恩格斯《社会主义从空想到科学的发展》一书被译成 10 种文字出版发行，颇受群众喜爱。第二国际中有许多人如倍倍尔、李卜克内西、盖得、拉法格等等工人领袖接受并坚持马克思主义，虽然存在某些缺点错误。与此同时，另一种思潮也产生并发展起来。这就是以伯恩施坦为代表的一批人提出的社会主义理论。这些人在第二次工业革命后的新形势下，觉得传统的学说有不少地方已不可能生效，便尽力探索新的工人运动和社会主义运动的理论。在探索之中，他们提出了不少违背马克思主义原理的观点，如否定剩余价值学说、怀疑从社会经济角度看历史与社会的唯物主义原理等等，是完全荒谬的。不过他们也阐述了若干经实践检验证明是正确的结论，例如：在发达国家中产阶级将占人口的多数；资产阶级未必一定要用战争手段攫取利润，也会使用经济手段；阶级斗争并非一定越来越激烈；可以利用资产阶级民主，这总比封建专制要好等等。国际社会主义运动是个广阔的天地，有新的观点提出本来是可以讨论的，真理总是越辩越明的。但因种种原因，从一开始一些左派便以分清敌我的态度对这些人进行批判，说他们是工人阶级最阴险的敌人。结果搞得互不相信，分裂成对立的派别。事实证明，马克思主义各派并未因此而更加团结，提出新观点的也没发现哪个人真正出卖工人阶级。

民族主义运动这时有了重大的发展。随着资本主义垄断阶段资本输出的加剧，许多殖民地半殖民地的富商巨贾仿效高效益的西方企业，购买西方机器开办起自己的企业，从而产生了民族资本主义。这就使民族运动渐渐发生了质的变化，领导者由过去的王公贵族改为民族资产阶级的代表人物或是接受资本主义的开明地主与官僚；提出了按资本主义模式改造社会的方案；采取了改革与革命的斗争手段等等，基本上取消了以往那些落后与迷信的东西。亚洲的觉醒、墨西哥革命、古巴革命、埃及人民的斗争等等就属于这一类。当然与此并存的旧式造反运动仍然还有很多。

虽然现代意义的经济模式、政治模式已经产生，但是列强在对外政策上依然坚持传统的思维模式，要用瓜分和重新瓜分的手段占领市场。结果，在19、20 世纪之交，形成了同盟国与协约国两大军事集团，剑拔弩张，扩军备战，终于酿成了第一次世界大战的爆发。

提。世界贸易和世界市场在 16 世纪揭开了资本的现代生活史。"他还更明确地指出："虽然在 14 和 15 世纪，在地中海沿岸的某些城市已经稀疏地出现了资本主义生产的最初萌芽，但是资本主义时代是从 16 世纪才开始的。"❶马克思在这里用的是"时代"一词，并没有用哪个具体的重大历史事件当作划分时代的标志。显然这是一种科学的态度。因为划分时代或阶段，根据的是历史特征的不同，未必可以找出某个大的事件作为界标。中国古史分期问题讨论了几十年，就从未把哪个具体事件当作社会转型的界标。所以，世界近代史以 16 世纪为开端，并不以哪个事件为标志。

另外，西欧资本主义的产生还说明，资本主义萌芽的产生绝不是单个"民族"的现象，而是与国际贸易相关联。西欧自 9—10 世纪起，随着封建化的完成，经济开始复苏，城堡集市很快成为贸易中心，市民阶级迅速兴起，跨国贸易发展起来。那时，西欧还不存在管辖范围巨大的集权国家，只是众多小国并存，一旦恢复经济，发展贸易，只能是跨国的。于是，在地中海与北海、白海之间，便逐渐形成了东西两条贸易通道，商路所过之处，沿途俱都受益。这就形成了一个国际贸易网络。商人一旦登上商船，脱离了本国封建政府的管辖，便只能在市场调节机制中运营。正如前引马克思所说，"世界贸易和世界市场"使资本主义发展起来。这也局部地解答了某些东方国家资本主义萌芽遭到夭折的原因。

下面分别对三个发展阶段作些解释。

工场手工业时期（16—18 世纪）

这是资本主义的童年时期，也是商品经济迅速取代自然经济的时期。在这个时期里，经济上变化多端，农业上的转变十分重要。封建土地所有制是整个封建制度的基础。典型的封建农奴制就是奠基于这个制度之上。但是在商品经济冲击下，大约在 12—15 世纪，农奴制瓦解了。一贯追求奢侈豪华生活的贵族领主们，被精美的商品所吸引，急需大量货币。他们在想，与其控制农民的人身，还不如给他们自由，让他们去赚钱，以盘剥更多货币。于是，一部分人便开始附有严格条件地解放农奴，效果很明显。事情传开，纷起仿效，农奴制便就此瓦解了。随后，英国式的资本主义农场经济、法国式的富农经济、普鲁士式的大量含有资本主义因素的庄园经济，便在西欧不少地区发展起来。封建统治的根基动摇了。

手工工场也发展起来，但是都在商业资本的控制之下。那时，很多商人

---

❶ 《马克思恩格斯全集》第 44 卷，171、823 页，北京，人民出版社，2001。

向农村的劳动者提供原料来加工，付给一些报酬或是部分产品，实际上是工资。这已是资本主义的雇佣关系。而后把产品拿去出售。这就是分散的手工工场，当时占有多数。如果既提供原料又提供统一的工具，付给报酬，那就是集中的手工工场，建立了完全的雇佣关系。可见，这些都是商人开办的。资产阶级就是由商人组成的。

有些巨商富贾还为政府包税或是购买国库券，大发横财，成为金融家。这就是说，金融资产阶级由包税人和银行家组成。他们人数不多，但是最为富有，又与官方保持着千丝万缕的联系，实际上成了整个资产阶级的代言人和领导者。到了17、18世纪，他们已有能力影响整个王朝的财政收支，成为一支不可小觑的力量。

还有一些贵族也走上了商业经营的道路，主要搞矿业和冶金业。他们在经济上与资产阶级一致，是资产阶级化了的地主，可称为自由贵族。他们和金融界一起，组成了资产阶级营垒的上层，可称为大资产阶级。

在经济上，经过两三个世纪的发展，资本主义已明显占有了主导地位。

在意识形态领域，最为典型的一条主线是从人文主义到启蒙学说的发展。与人文主义一致的是，宗教改革运动宣传的，实质上也是资本主义思想，只是披上了宗教外衣而已。

人文主义是文艺复兴运动的主导思想，强调人的个性解放，反对教会的控制和禁欲主义。人文主义者以人道抗拒神道，把人的自由放在首位，"人性"、"人道"这些词汇的特定含义便由此而来；人文主义主张，人应该有政治自由，才具丰富、穿着讲究、文武双全、仪表大方、品味高尚；人文主义还注重知识，反对蒙昧与粗鄙，近代科学如太阳中心说、太阳系行星运行定律、血液循环论、人体解剖学等等，正是在文艺复兴时期产生的。

文艺复兴运动中涌现出许多知识渊博、才艺并盛的巨匠，如但丁、彼得拉克、薄伽丘、达·芬奇、米开朗基罗、拉斐尔、马基雅维里、伊拉斯谟、莫尔、莎士比亚、拉伯雷、塞万提斯、伦伯朗等等。

大约到17世纪，继文艺复兴运动之后，启蒙运动发展起来。处于资本主义发展前列的荷兰与英国在这方面最为突出。荷兰的格劳秀斯、斯宾诺沙，英国的密尔顿、霍布斯与洛克等，是早期启蒙运动的代表人物。他们阐述的理论比较集中在人的理性、人的自然权利、自然法、社会契约等几个方面。

18世纪时，启蒙运动的法国达到了顶峰，以至人们常常把18世纪称为"启蒙时代"或是"理性时代"。伏尔泰、孟德斯鸠、狄德罗、魁奈、卢梭、毕封、博马舍等等，都是启蒙运动中的佼佼者。

如果说人文主义者更多地在文学艺术上取得了巨大成就，那么启蒙思想家则不仅在文艺方面成绩斐然，而且在社会观、宗教观，特别是哲学观方面作出了突破性的贡献。

在人文主义者那里，虽然强烈反对宗教控制，但却从未否定宗教，许多作品仍以宗教为题材。而启蒙思想家大多持有自然神论观点，包括伏尔泰、孟德斯鸠、卢梭等等。他们以主观制造出来的"最高实体"取代天主教的上帝，说这是真正的"造物主"。这个自然神关心"共同利益"，体现"共同意志"，而且是自然规律的化身。顺从自然，尊重理性，维护人的自然权利，就是对这个新"上帝"的最好崇拜。正如伏尔泰所说，这全是"设置"出来的。可见他们实际上是全然反对迷信、反对教会的。而以狄德罗为代表的"百科全书派"，更是大胆地提出了无神论的观点，从根本上否定了一切宗教。

启蒙哲学强调唯物主义，不给唯心主义留下任何余地，声称供人们思考的大脑本身也是物质的。可贵的是，他们的哲学中包含了许多辩证法的因素，如同恩格斯所赞扬的，而且还密切结合社会现实，强烈批判封建制度，有着很强的战斗性。

在政治学说方面，启蒙思想远远超出了人文主义注重人性解放的范畴。这些启蒙思想家把天赋人权学说升华为改造社会、改造国家的导向性理论。他们中的卢梭更是全面论述了人民主权思想。他提出，人民主权就是人民自愿订立的社会契约，是公议的共同意志。所以，它至高无上，不可侵犯、不受限制、不能转让、不得分割。为了保障人权，他们十分强调法治，提出了"在法律面前人人平等"的口号。按照他们的解释，这意味着人人有权参与立法，又有义务服从法律；人人受法律保护，犯法时也都要受法律制裁；法律不授予任何人特权，任何人发号施令都不能构成法律；发现法律有弊端时，人民有权修改法律。

17世纪时，英国的培根提出了"知识就是力量"的名言。18世纪的启蒙思想家们予以发扬光大了。他们批判蒙昧主义，提倡知识，注重科学。在相当大的程度上，启蒙运动就是在更加科学的基础上进行的。

启蒙思想家的可贵之处还在于，他们为未来的理想社会即"理性"社会设计了一幅蓝图，包括经济自由、保障人权、代议制民主、三权分立等等。实践证明，这些都是后来大多数资本主义国家行之有效的做法。

这一阶段在政治领域最为突出的，是资产阶级性质的革命与改革。16世纪的尼德兰革命、17世纪的英国革命、18世纪的美国独立战争、法国大革命等就是典型的表现。这些早期资产阶级革命内容都很丰富。不过，革命只是一次巨大的冲击，是向资本主义过渡的暴力形式，不会长久延续。它要解决的只是推翻封建统治，使政权转移到资产阶级手中，资产阶级利用政权和立法的力量，摧毁旧制度，建立起资本主义的若干立国原则。至于建成全面完整的资本主义社会，那需要一个较长的过程。因此，早期资产阶级革命的客观使命就是如此，不可将原本不属于它的任务人为地加在它身上，又据此去评断革命的激进与保守。

改革也是向资本主义转变的途径之一。实际上，以革命方式过渡到资本主义的国家屈指可数，多数国家走的是改革道路。然而，在近代史第一阶段，还没有经由改革进入资本主义时代的国家。因为改革的道路都比较长，速度缓慢。但是此时确已有了通向资本主义的改革，最为明显的就是鼓噪一时的"开明君主制"改革。

这一阶段除去西欧、北美有着向资本主义过渡的问题之外，其他地方都还处在传统社会之中，远离近代文明。随着时间的推移，其中不少地区将要沦为殖民地和半殖民地。它们与西欧、北美的根本差异就在于，这些地区仍在坚持自然经济，而西欧、北美早就进入了商品经济时代。

蒸汽时代（19世纪初至19世纪70年代初）

这个阶段是由第一次工业革命开辟的。这次工业革命于18世纪后期始发于英国，19世纪初扩散到法、德、美等等一些国家。这里是按宏观角度论述的。

工业革命以机器生产代替手工劳动，推动生产力迅猛发展，也使产业结构乃至整个社会结构发生了变化。这是工业化的开端，是工业文明取代农业文明的进一步发展。如果说工业革命的作用更多地表现在经济方面，那么在政治上对19世纪历史产生重大作用的历史事件就是法国大革命。整个19世纪都是在这两大事件的推动下进展的。工业革命的作用和法国大革命的影响，使资本主义力量大为增强，推动资产阶级性质的改革与革命运动快速发展，组成了自由主义潮流；工业革命使工人阶级诞生，开始了工人运动，随后与社会主义思潮相结合，形成了全新的工人运动与社会主义运动的潮流，可称为社会主义潮流；工业革命造成发生国产品出口量急剧增加，它们拼命扩大殖民地占领，既加紧掠夺又大量输出商品，激起了各民族的反抗，民族主义潮流就此发展起来。自由主义、社会主义、民族主义这三大历史潮流贯穿了整个19世纪。

从19世纪20年代至70年代初，发生了西班牙、葡萄牙、意大利、希腊的革命、法国七月革命、比利时革命、1848年欧洲革命、意大利统一、德意志统一、俄国废除农奴制、英国一系列自由主义改革、法国完成工业革命的改革、美国内战、日本明治维新等等，表现出自由主义潮流那时是处在主导地位上的。

里昂工人起义、英国宪章运动、1848 年《共产党宣言》发表、1848 年巴黎工人六月起义、英国工联主义运动、组建全德工人联合会、1864 年国际工人协会（第一国际）成立、德国社会民主工党建立、巴黎公社革命等等，是社会主义历史潮流的生动体现。

欧洲爱尔兰抗英斗争、波兰民族起义和东南欧反抗俄国、奥地利、奥斯曼帝国等等的斗争，亚洲印尼爪哇人民起义、阿富汗抗英斗争、伊朗巴布教徒起义、中国太平天国起义、印度民族大起义等等，组成了民族主义的历史潮流。顺便说明一下，意大利统一和德意志统一在相当大的程度上也是民族主义的重要表现。

这个阶段还有个重要问题，就是资本主义世界体系的初步形成。这个体系是以经济上的内在联系为纽带的，同时辅以政治上的占领与控制。这是人类文明的巨大进步。自古以来，从小的邦国林立到大国并立，是文明的进步。后来出现了地跨两洲甚至三洲的大帝国，更是文明的进步。但是那些大帝国都是军事征服的结果，没有经济纽带的内在联系，不可能长久维系。这是自然经济状态决定的。只有到了近代，才可能真正使世界联结起来。尽管其中有许多不合理的地方，而且伴随着剥削与压迫，但那是文明进步所付出的代价，在当时是无法避免的，与文明进步的成果相比也是轻微的。这实际上是今天经济全球化的早期表现。

此时，在意识形态领域里最为突出的问题是自由主义学说的发展。文艺复兴时期追求个性解放，强调自由。启蒙运动期间大力宣传天赋人权，更要求自由。到 19 世纪，自由主义有了新的发展，包括了公民的各项基本自由权利，诸如私有财产与人身权利、思想与言论自由、集会结社自由、经营企业与订立契约自由等等。同时，进入 19 世纪后，资产阶级在反封建斗争中运用了法国大革命创立的自由民主原则，但是却厌恶恐怖年代里那些过激的行为。另外他们对工人运动和社会主义运动也有某种程度的担忧。因此，此时的自由主义更强调改革而不赞成革命，但却非常强烈地反对国家出面干预经济生活与个人自由。学者们要求，将自由主义学说当成国家管理社会和制定政策的导向性理论。

当时，英国的边沁、密尔（旧译穆勒），法国的贡斯当、托克维尔，普鲁士的洪堡（洪波尔特）等等，都是自由主义学说的代表性人物。他们提出了功利主义、不干涉主义等新的理论，而且自成体系，促成了自由主义学说的新发展。

进入电气时代（19 世纪最后 30 年）

这里用了"进入"二字，是因为电气时代一直延续到 20 世纪中叶，近代时期的末尾只是它的初期阶段。这个时代是由第二次工业革命开创的。

在第一次工业革命的促进下，19 世纪在自然科学方面取得了许多突破性的成果。电磁感应现象、能量守恒与转化定律、元素周期律的发现，细胞学说、进化论的建立等等，为把科学原理转化为技术，又运用到生产实际转化为生产力奠定了基础。第二次工业革命就是在这样的基础上启动的。它远比第一次工业革命更具科学性。

这次工业革命最突出的特征是电力的广泛应用。还在 60 年代，德国的西门子就发明了发电机。比利时人格拉姆发明电动机之后，电力逐渐被用来带动机器，其能量远逾蒸汽，使用上也方便得多。于是以电为能源的产品迅速出现，如电灯、电报、电车、电话、电钻、电焊工具等等。这不仅使生产效率快速提高，而且还实现了远距离快速通信。对电力的大量需求，促成了输电技术的改进和发电站的建立。电力工业如制造发电机、电动机、变电器、电缆、电线等等的企业，纷纷发展起来。

工业革命的另一个重要特征是内燃机的发明和运用。从 70 年代中到 90 年代初，几名德国人先后发明了以煤气为燃料的四冲程内燃机、以汽油为燃料的马力大体积小的内燃机、以柴油为燃料的简便型内燃机。这就解决了交通工具的发动机问题。随后，几个国家在 90 年代建立了汽车工业，发展很快，迅速成为最有前途的基础工业之一。由此还牵动了内燃机车、远洋轮船、拖拉机、飞机、装甲车、坦克等等的发明和应用。这是一场旷古未有的交通革命，大大缩小了世界各地的距离。同时，它还进一步带动了石油开采和炼制的急速发展。

化学工业的兴起与发展是这次工业革命的又一个重要特征。无机化学工业和有机化学工业都是这时建立起来的。与许多行业有着密切关系的纯碱和硫酸的生产，对煤焦油的综合利用，促成了一系列新发明和新产品的出现，像化肥、化学药品、人造染料、人造丝与人造纤维、赛璐珞等等。炸药工业也成了化学工业中的重要部门。瑞典人诺贝尔因研制炸药大获成功而成为世界名人。化学工业还为其他工业的技术改造提供了新方法，例如使用碱性转炉能够将含磷铁矿炼制成优质钢。

上述情况表明，由于第二次工业革命，社会生产力水平已达到了一个更高的层次。值得注意的是，在这次工业革命中建立起来的工业，绝大多数属于重工业和基础工业。在资金、设备、产品结构的复杂性以及技术要求等各方面，是以往的单个企业难以承受的。因此，早在 60 年代就已出现的垄断组织很快发展起来。这是生产关系适应生产力发展需要的表现，是客观规律。垄断组织中较为典型的是托拉斯，是一种超大型企业或企业群。许多单个企业做不到的事情，它却能够做到。它的出现反过来又进一步推动了生产力的更快发展。这样，就形成了一种新的经济模式：以科学为先导，以提高劳动生产率为主要竞争手段，以垄断为生产组织形式。这已是现代意义的经济模式，后来虽有发展，但本质上至今未变。

在政治上，那时最具典型性的资本主义国家是美、德、英、法、俄、日等国。它们的情况基本上可分为两类：美、英、法属于走政治民主化道路的国家；德、俄、日则在专制主义的阴云笼罩之下。

所谓政治民主化，并不是说那里根本不存在暴力政策，只是从主导方面而言的。当时这几个国家都实行人权自由、政党政治、代议制民主、公开定期选举、自由竞选、胜者执政、由公民的选票决定等等的制度，把竞争机制引进了政治生活。这显然是一种政治模式，是有着现代意义的政治模式，至今仍在实行，只是更加健全了。例如给妇女以选举权就是后来的事情。

德、俄、日三国的专制主义色彩很明显。德国继承了普鲁士的专制主义，虽然有普选的帝国议会，但是一切都由王朝决定，由俾斯麦操纵。按照马克思的说法，那是披着民主外衣的专制主义。俄国的沙皇专制很清楚，这里无需赘言。日本的天皇制和藩阀官僚专制也是不需多言的。这些国家用强制性的手段推行各项政策，遇到反抗就予以镇压。

第二次工业革命后，出现了许多社会利益集团，垄断集团、非垄断的中小型企业、扩大了的工人阶级、自由职业者、农业集团……相互之间既有矛盾又有依存关系，急需进行调和。在调和之中，就有了上述两类手段。从历史上看，也不奇怪。美、英、法三国进入资本主义阶段时都经历了一场较为彻底的革命，对封建势力予以沉重打击，民众也受到革命的洗礼，走上政治民主化的道路很自然。而德、俄、日三国却是经由改革过渡到资本主义社会的。虽然多数学者认为日本发生了一场不彻底的资产阶级革命，但那是下级武士领导并充当主力军的，而下级武士原本是统治集团中的一员，运动中也没有动员广大群众参加。所以这三国都保留了十分浓厚的封建残余。专制主义完全是封建残余造成的。

现代意义的经济模式和政治模式的形成，正说明 19、20 世纪之交是近代史与现代史的分界线。

在意识形态领域，与各大国的政策相适应，出现了一股"社会达尔文主义"思潮。众所周知，达尔文的进化论是对人类知识宝库的重大贡献，而社会达尔文主义则完全失去了这种意义。英国哲学与社会学家赫伯特·斯宾塞就是个代表人物。他肯定了进化论的地位，又将其运用到社会学中，提出了社会有机体论。他认为，社会类似生物，会分化出营养、循环、调节（神经）三大系统。产业与劳动者生产产品，是支持系统；商运和商人阶级是分配系统；国家是调节系统。他宣扬个人主义和自由主义，认为人类社会也应像生物界，由生存竞争、适者生存的原则起支配作用。他说，将那些最不会生活的人保留下来，违反了物竞天择自然原理，延缓社会进化。所以他反对救济穷人，更反对社会主义，认为那是鼓励坏人依赖好人为生。

斯宾塞此论形成于19世纪中叶，到19世纪末20世纪初，社会达尔文主义日益同种族主义、帝国主义学说结合在一起，鼓吹优秀民族与劣等民族的差别，日耳曼人作为雅利安人的最后种族，应该成为"世界主人"。

1848年革命失败后，由叔本华创立的反理性哲学带有明显的悲观主义色彩。24岁就当上大学教授的尼采是这个学派最重要的代表人物。在他看来，西方文明正在衰落，原因之一就是理性太发展，压抑了富有创造性的人的本能与意志。所以必须弘扬人的本能或生命意志，历史才有生气。生命意志是创造力意志，一切有利于增强创造力和创造力意志的东西都是"善"，所有因软弱而滋生出来的东西皆为"恶"。他认为传统道德和基督教宣传的悲悯精神都是弃强就弱，制造奴隶道德。他鼓吹创造新理想和新道德的"超人"哲学。这正适应列强对外扩张的口味。

工人运动和社会主义运动此时也有了新的发展。在第二次工业革命影响下，资产阶级深知，要赚取更大利润首先要提高产品的科技含量，这是增强竞争力的基本条件。因此他们迅速放弃了以往那种以剥削绝对剩余价值为主的做法，改为以剥削相对剩余价值为主，注重提高工人待遇，改善劳动条件。这比压制工人，不时激起反抗并造成重大经济损失要有利得多。以美、德、英、法四国中工资水平最低的德法两家为例，19世纪90年代，按全国平均，德国工人在支出方面房租占25%，吃饭占25%～30%。吃住两大项之外，还有45%～50%的节余。法国经历在普法战争中的失败后，总共损失了约200亿法郎，元气大伤。但是19世纪末、20世纪初出现了一个法国人自称的"美好年代"，比第二帝国时期工资提高了近70%，而且工资提高的速度明显超过物价上涨的速度。此外，各国的改革渐渐跟了上来，工人已经享有了选举权。即使专制主义下的德国也实行着普选制。与当年宪章运动争取普选权时的情景大为不同了。

正是在这样的背景下，工人运动一改过去大多充满暴力性、政治性、自发性的做法，更多地进行合法的斗争，参加议会竞选，利用议会讲坛，提高组织程度，建立政党和工会团体，到1889年已有14个国家有了工人阶级政党。罢工斗争大多都是由工会领导的，自发性明显减少；罢工的性质也已改

第一编

近代文明的兴起

第一章 西方的崛起

第一节 地理大发现和商业革命

在世界历史发展的总历程中，近代的开端以西方崛起为主要内容，西欧各国在世界近代史揭幕之际扮演了最积极的角色。西方通过地理大发现和商业革命使原来的资本主义萌芽成长为早期的资本主义经济，并在政治领域和文化领域开展了新的革命运动。因此，从16世纪开始，西方逐渐向近代社会迈步，摆脱了中古阶段落后被动的局面而站在世界历史的前沿。

15世纪下半叶，西欧航海活动较盛的意大利、西班牙和葡萄牙等国对远洋探险、寻找到达东方的新航路很感兴趣。一方面是经济的发展使西欧社会对金银资财的需求日益迫切，朝野上下都疯狂地追求财富和货币；另一方面是当时普遍认为富裕的东方和未知的海外是实现发财梦的最好场所，尤其是《马可·波罗游记》中有关中国富甲天下、金银遍地的描写更使西方人觉得只要到达中国，就会满载黄金珠宝、香料丝绸而归。当时传统的陆上丝绸之路由于种种原因已堵塞难行，西方人不得不从远洋探险找新航路上打主意。与此同时，由中国传到西方的罗盘指南针的日渐普遍的运用，西欧造船业已生产多桅快速帆船和航海技术的提高，以及大地是球形的地理知识的传播等等，也为西方开展远洋航海提供了较好的条件。

地理大发现的序幕是葡萄牙人的海上探险。葡萄牙地处欧洲大陆最西边，濒临大西洋。从王室、贵族到学者、海员都想在大西洋上找到一条通达东方的发财之路，他们的具体想法则集中在从大西洋往南航行，到达非洲最南端并绕过非洲而到东方这条路线。到1460年他们已发现大西洋中的马德拉群岛、亚速尔群岛和西非的佛得角群岛，抵达西非的塞拉利昂。1487年，葡萄牙人迪亚士抵达非洲最南端的好望角。但是地理大发现的划时代事件却是由西班牙政府组织、由意大利人哥伦布（1451—1506）领导的横渡大西洋发现美洲新大陆的航行。

哥伦布是意大利热那亚的航海家，他对马可·波罗的游记最感兴趣，以扬帆于神州作为生平最大夙愿。他与佛罗伦萨的地理学家通信，知道按地是球形的科学理论可以设想由大西洋一直往西航行绕地球半圈，就可到达位于欧亚大陆最东边的中国（但他们完全不知大西洋的尽头有一个美洲大陆）。因此，哥伦布的大胆设想是要开辟一条和葡萄牙人从大西洋南航的路线完全不同的西航路线。然而意大利本国的分裂混乱和地理位置都不能为他实现宏伟计划提供资助，便只好求援于西班牙王室。当时西班牙刚完成统一，有与葡萄牙在海上一争短长的雄心，于是支持哥伦布的西航计划。1492年，哥伦布率3艘帆船启锚西航，议定的条件是哥伦布若在东方开疆拓土则可任当地总督，但土地财富的9/10要归西班牙王室，可见探险远航本质上是一种殖民掠夺活动。经过长达3个月并极有开拓勇气的远洋航行，哥伦布终于在1492年10月12日到达美洲旁边的巴哈马群岛，后来又到达古巴和海地。他看到当地土人尚不知用铁，但气候宜人，草木繁茂，以为是到达中国周边的印度等地，便称他们为"印度人"，音译即"印第安人"，这就是日后所有美洲本地民族都称印第安人的由来。胜利回归西班牙后，他又连续做了多次往返远航，但由于他至死坚信所到达的是中国附近而不是一个新大陆，所以美洲没有以他的名字命名，而是根据首先称它为新大陆的佛罗伦萨航海家阿美利戈之名而叫美洲（阿美利加洲）。

哥伦布发现美洲在世界历史上具有重大意义。它使美洲无比丰富的资源供欧洲人掠夺、开发和占有，开始了欧洲海外殖民的血与火的历史，同时也大大促进了欧洲经济的发展；它还表明地是球形等科技知识能开辟人类活动的新天地，使地理大发现运动蓬勃开展起来。继哥伦布之后，葡萄牙人达·伽马于1498年绕过好望角，横穿印度洋而到达印度西海岸的卡利库特，满载香料宝石而归。从此绕道非洲抵达印度和东方的新航路成为东西方贸易的主干道。与此同时，在美洲大陆沿岸的探险航行也在继续，既证实美洲西面还有一个浩渺的大洋，也表明经美洲最南端有绕航西行以达亚洲的可能。这个伟大的环球航行是由麦哲伦（约1480—1521）实现的。他原为葡萄牙贵族，曾东航而至印尼，后来他向西班牙提出绕航美洲而达印尼的新设想，遂在1519年率5艘帆船出航，绕南美洲，经过风浪险恶的麦哲伦海峡而进入风平浪静的太平洋，于1521年到达菲律宾群岛，环球航行基本成功。他本人虽在岛上战死，船队却循葡萄牙的航路由印度经好望角于1522年回到西班牙。历史上第一次环球航行终于完成。

地理大发现是和殖民掠夺同时进行的。美洲被发现后，印第安人的文明古国如墨西哥的阿兹台克和秘鲁的印加都被残酷毁灭，各地的印第安人遭受奴役大量死亡，不少部族甚至遭灭绝，而大量金银财宝则由美洲涌入欧洲。非洲的黑人奴隶，亚洲的香料宝货也为欧洲带来丰盛的利润，它们不仅使欧洲的工场手工业和整个生产获得巨大高涨，也促成了新的商业革命。欧洲与世界各地的商业贸易大为扩张，商品种类与流通量成倍增长，欧洲本地的商业布局也有新的变化，出现了英、法、荷兰等新的商业强国。殖民掠夺大大促进了欧洲的海外贸易，东方香料输入欧洲的总量较中古之时猛增 30 倍，而胡椒、丁香等在印度购入和在英国卖出的差价亦高达 10～29 倍，其他货物的获利同样惊人。欧洲从杀人越货和经商贸易获得的财富最终转化为资本，使资本主义经济进一步发展起来，而欧洲本地的贸易格局也起了很大变化。欧洲中世纪后期主要通过地中海与东方贸易，意大利的商业城市占据关键地位；这时，世界性的对外贸易主要通过大西洋，地中海与意大利皆告衰落，而沿大洋的英、荷等渐居中心。到 17 世纪时，英国的伦敦与荷兰的阿姆斯特丹成为世界贸易中心。商业革命使资产阶级地位日益上升，反封建的政治革命和文化斗争也进一步开展起来。

第二节　文艺复兴与宗教改革运动的发展

文艺复兴是欧洲中世纪后期与近代初期的新文化运动，它以恢复希腊古典文化为号召，所以用"复兴"（原意是"再生"）的名称，实质上却是创立符合新兴资产阶级需要的新文化。意大利的佛罗伦萨在资本主义萌芽阶段经济最发达，又组成了独立的城市共和国，由市民阶级组建政府，这就为新文化的繁荣滋长提供了良好条件，遂成为文艺复兴的最大中心。早在 14 世纪，佛罗伦萨已产生了但丁、彼得拉克、薄伽丘 3 位著名的新文化代表人物。但丁的《神曲》被誉为新时代最早的伟大诗篇；彼得拉克首先提倡人文主义的新思想，号召恢复古典文化而摆脱教会的神学桎梏；薄伽丘的《十日谈》则是第一部近代小说集，反映了佛罗伦萨市民的思想和反封建的要求。他们的活动为 15 世纪佛罗伦萨人文主义的高涨开辟了道路，这时的人文主义进一步明确了恢复古典文化在于吸收其民主性与科学性的精华，从而推动新文化的建立。他们还积极为佛罗伦萨的城市政治服务，有"市民人文主义"之称。人文主义提倡人性崇高，赞扬民主政治，重视文化教育，成为欧洲近代思想的主流。与此同时，佛罗伦萨的新文艺尤其是美术获得了空前的发展，在一个世纪之间产生了许多在欧洲历史上名列前茅的画家、雕刻家和建筑家，为 16 世纪的盛期文艺复兴打下基础。

16 世纪时，文艺复兴已在意大利广泛传播，除佛罗伦萨外，威尼斯和罗马也成为重要的中心；同时文艺复兴也开始传入西欧各国。这时在佛罗伦萨和罗马活动着 3 位欧洲最著名的艺术大师：达·芬奇（1452—1519）、米开朗基罗（1475—1564）和拉斐尔（1483—1520）。

达·芬奇多才多艺，学识渊博，在艺术上无人能及，在科学研究中也取得范围广阔而又登峰造极的成就。因此他在艺术与科学领域都是新时代的巨人，实现了文艺复兴时代关于人的全面发展的最高理想。他认为绘画是科学，他的画作不

《蒙娜丽莎》

多却无一不是精品，把高度的科学观察、分析与巧妙的艺术构思结合在一起，所以他的《蒙娜丽莎》一画被誉为世界艺术宝库中最杰出的人物画，以这位妇女的容貌和表情反映了人的性格与内心生活所能达到的无比丰富的意境。他的科学研究也非常重视实际的观察和实践的总结，因此他在数学、光学、力学、地质、解剖和工程技术方面都有许多新的发现和发明。

米开朗基罗则是在雕刻、绘画和建筑方面都取得最高成就的艺术家，他倾全力于表达人体的雄伟壮美和意志的刚毅坚强，是西方艺术中体现阳刚之气最完美的艺术家。他的许多雕像，在罗马梵蒂冈创作的面积最大的壁画以及他设计的罗马圣彼得大教堂的圆顶都被列为西方艺术的顶峰之作。

拉斐尔的艺术最善于综合吸取各家之长而创造自己优雅和谐的风格，他对达·芬奇和米开朗基罗的成就都虚心学习，并能融会贯通，被西方尊为画圣，对近代艺术影响极大。此外，威尼斯也形成了一个善于运用油画新技法的画派，名家辈出，尤其对色彩的处理最为杰出。

《椅中圣母》（拉斐尔）

以上各家各派的活动表明意大利的盛期文艺复兴是西方艺术最为先进发达的时代，但盛期在文学、史学、哲学和政治学等方面也有突出成就，尤其是近代自然科学开始形成，意味着西方的文化发展已迈出决定性的一步而处于世界领先的地位。

文艺复兴虽然没有从根本上否定教会神学，它造成的思想解放却动摇了教会精神统治的根基，促进了宗教改革运动的发展。16世纪的德国是罗马教皇和教会榨取钱财的主要地区，它的土地有一半被教会占有，不仅工农群众对教会的剥削恨之入骨，市民和贵族也对教会深感不满，反教皇和教会的思想一点即燃，而文艺复兴在德国的传播就起了这种点火作用。具有人文主义思想的各界人士通常都是支持宗教改革的急先锋。再加上当时罗马教皇在德国大卖赎罪券，搜括的贪婪无耻激起众怒，曾在大学受过人文主义教育的马丁·路德（1483—1546）便于1517年公开反对赎罪券的买卖，他把自己的主张写成《95条论纲》贴在教堂门口，于是轰轰烈烈的德国宗教改革运动立即全面爆发。

马丁·路德当时身为教士，担任维登堡大学的神学教授，还管理着11所修道院。但他的宗教思想在人文主义影响下已有较大变化，他把这些新想法总结为"因信称义"，即人的得救唯在信仰，所以只有《圣经》是最高权威，罗马教皇和教会若属不义即可反对，教会的神职人员并非高人一等，平民信徒皆可担任教士，信徒亦无僧俗之分，一切天职都同样神圣。从"因信称义"出发，既可反对赎罪券，更可排斥罗马教皇，所以在随后的激烈论争中他便宣称教皇不是上帝的代表，德国人民应该自组独立教会，停止向梵蒂冈纳税，教仪从简，教士

马丁·路德

结婚。由于得到广泛支持，路德对罗马方面的反击与迫害毫不畏惧，当众烧掉教皇把他开除出教的命令。在他带动下，德国各地的新教组织日益增多，萨克森选侯也对路德进行保护。

德国的农民大众是反封建的主力，他们对路德的改革给予热情支持。农民阶级早在15世纪后期以来的多次起义中已提出过收回公有地、停交捐税、没收教产等革命要求，他们在宗教改革运动爆发后也积极准备进行新的起义。这时支持农民革命的思想家是托马斯·闵采尔（1489—1525），他曾是路德改革的积极支持者，但他的思想更为彻底，认为解除人民苦难的唯一途径是废除一切等级制度，平分财产，消灭剥削，建立地上天堂般的"千年王国"。闵采尔的思想完全符合农民的革命要求。1524年末他到南德的士瓦本地区与农民起义军联系，宣传他的主张。在此之前，士瓦本已爆发大规模的农民起义，组成农民军队，他们在接受闵采尔思想后，提出了名为《黑森林书简》的斗争纲领，号召贫苦大众团结起来，用武力推翻封建统治，建立人人平等的社会。

1525年3月，德国南部各地的农民起义军已发展到4万人之众，但起义部队比较分散，缺乏有效的统一领导，而诸侯贵族却联合起来以最凶残的手段对付革命农民。市民软弱观望不敢支持农民，路德更站在贵族一边反对闵采尔的暴力主张，甚至号召统治当局镇压起义农民。农民起义军在1525年末已被各个击破而遭全面失败，闵采尔领导了缪尔豪森城的起义，城破后亦被杀害。个别地区坚持斗争达两年之久。

农民起义的失败使德国封建势力有所抬头，1525年，支持罗马教皇的贵族诸侯组成同盟，决心消灭新教。支持新教的诸侯以萨克森选侯为首也组成同盟相抗。双方展开激烈斗争，形成长期对峙，直到1555年，皇帝查理五世被新教诸

侯打败后不得不订立"奥格斯堡和约",规定各地诸侯和城市有权选择自己领地内的宗教,确立了"在谁的国家、信谁的教"的原则,新教取得合法地位。以后逐渐发展成德国北部、东部各地多属新教,南部与西部仍保留旧教亦即天主教的格局。西欧其他国家对路德的改革多有响应,经过激烈斗争后也形成新旧教分立的格局,英国、荷兰信新教;瑞士则一分为二,有的州信奉新教,有的州保持旧教;意大利、西班牙和法国则属旧教阵营。旧教各国皆尊奉罗马教皇;新教在不服从教皇上是一致的,但派系甚多,主要的有德国的路德派,英国的国教派,瑞士和法国的加尔文派。一般而言,新教重视个人信仰,组织比较简单、平等,实现了资产阶级"廉价教会"的要求,其中尤以加尔文派关于发家致富取得成功即证明上帝的恩惠,提倡勤俭节约等教义,对早期资本主义的发展有一定的推动作用。

第三节　欧洲的绝对主义王权

欧洲的资本主义萌芽是在城市发展起来的,尤以意大利的城市共和国如佛罗伦萨、威尼斯等最为突出。但是,资本主义的进一步发展却要求全国统一起来,建立强大的中央政权,对内取消地方割据,对外进行殖民掠夺。在当时的具体条件下,这些都通过绝对主义王权而逐步实现。

意大利的城市虽然最早发展资本主义的经济与政治,而且领先进行文艺复兴运动,但由于没有强大的王权,到 16 世纪以后就落后了。德国在 16 世纪进行了轰轰烈烈的宗教改革,然而由于国家分裂加深,皇帝如同虚设,以后也长期处于衰落之中。只有英、法两国在 16、17 世纪建立了绝对主义王权,国势蒸蒸日上,成为西欧强国,资本主义经济发展较快,资产阶级壮大起来,相继发动了英国资产阶级革命和法国大革命。由此可见,绝对主义王权虽然是专制君主制,在客观上却对资本主义发展有利。也可以说,这种专制王权统治的国家从本质上看仍是封建性的,但已具有一些近代的特点,其中最重要的就是王权与城市、市民有一定的相互利用关系,也有人形容为王权和城市的联盟,因此它可以帮助资本主义的成长。但王权的专制与封建本质又决定了它和资本主义之间有不可避免的矛盾,当资产阶级在王国之内更为强大、更为成熟之时,革命就会发生而把国王送上断头台。这时绝对主义王权的历史使命便告终结。

英国的绝对主义王权开始于都铎王朝(1485—1603)。此朝开国之君亨利七世(1485—1509)致力于建立强大王权,务使臣民俯首帖耳,举国上下循规蹈矩,为此他主要依靠两支力量,一是乡绅之类的小贵族,二是城市的资产阶级,主要是工场主、商人和银行家,他们也希望建立一个全国统一、社会稳定的环境以有利于工商业的发展。此后,亨利八世(1509—1547)又通过在英国大搞宗教改革而进一步加强了王权。他的改革不是为了推行新教,而是为了与罗马教会决裂，乘机夺取教会的收入和财产，因此这是一场自上而下的改革。他通过国会颁布一系列法令，取消教皇法庭的最高权威，下令把英国向教廷交纳的税款全部转交给国王，后来还颁布《至尊法案》，宣布英国国王为英国教会的牧首。这个改革不仅对王权有利，也对资产阶级有利，因为没收的教产经辗转变卖，有不少廉价落入他们手中，所以改革之后城市与工商业更见兴旺，而英国也成为一个奉行特殊的国教（国王为首之教）的新教国家。

英国绝对主义王权的顶峰是在伊丽莎白一世（1558—1603）统治之时。这位女王终身不嫁，善于应付各种复杂的政治环境，始终紧紧抓住政权，同时也采取措施鼓励资本主义的发展。在建立强大的、长期稳定的中央王权之后，她集中注意于开展殖民掠夺，建立海上霸权。当时从地理发现、殖民掠夺中获得最大利益的是西班牙，英国要后来居上，便把西班牙作为主要的打击对象。西班牙拥有当时最强大的海军，自封为"无敌舰队"。伊丽莎白初时避免正面敌对，却让手下一些称为"海狗"的冒险家大搞海盗走私活动，扰乱西班牙航路并动摇其军心。最后，当英国海军已较强大，那些冒险家也升为海军大将并对西班牙作战富有经验之时，双方便展开决战。1588年，西班牙无敌舰队大举入侵，英国便给予痛击。西班牙兵舰体大笨重，运转不灵，在英国轻快战舰的攻击下几乎全军覆没，130余艘大舰只剩50余艘死里逃生，大败而归。从此英国成为海上强国，大力开展殖民掠夺，英国的资本主义经济迅速发展起来。

法国的绝对主义王权表现得更为直接和典型，所谓"绝对主义"，便是指国家权力绝对垄断于国王手中，国王的决定和行动不受任何限制。在英国，由于有国会存在，国王一般通过国会行使权力，以国会认可表示民众与国王一致。当然，实际上国王仍有很大的专制权力，他（或她）可以任命和撤换大臣和一切官吏，国王命令朝野上下都须执行。不过，英国专制王权并不那么绝对。而法国王权加强后却更为咄咄逼人，其最著名的代表就是路易十四（1643—1715）。

路易十四 5 岁登位，当时的政治形势并不稳定。

路易十四

在此之前，路易十四的父亲路易十三在世时得到精明强干的宰相黎塞留的协助，加强了王权，打击了闹分裂的贵族。但路易十四冲龄即位的弱点却使这些贵族认为有机可乘，掀起了动乱。幸好黎塞留的助手马扎然接班而任宰相，他坚决执行其前任的加强王权政策，对反抗中央的贵族严厉镇压，为日后路易十四把专制王权发展到顶峰奠定基础。在经济方面，黎塞留和马扎然都积极奉行重商主义政策，促进出口，限制进口，鼓励国内工业生产，发展海外贸易和航运，进行殖民掠夺。其直接目的是获得更多的金银货币以供王权的军政需要，客观上却有利于法国资本主义经济的发展。路易十四在1661年亲政以后，就把国家一切权力都集中到自己手中。据说他曾扬言"朕即国家"，经考证这可能不是他的原话，但他一生的作为都是这句名言的体现。他选择太阳作为自己的标志，自封为太阳王，绝对高高在上，王权不容任何别人染指。他自任行政首脑，宰相一职被废除，大臣都是他的手下，不过一群办事人员，他们只有一种任务，即服从国王的指示。一切军政事务都由他个人裁定，事无巨细都要亲自过问；他的政令就是法律，甚至可以任意改变国家的根本法；他还是最高法官，可以审理任何案件或否决任何法庭的裁决，通过一纸"密札"（盖有国王封印的命令）就能不经审讯不说理由而逮捕、监禁甚至处决任何臣民；他还可以任意支配国家收入，他的军政与宫廷花费全由国家负担且不需记账、无人监督，同时他还可任意强征新税，认为国王有绝对之权处置臣民财产。当然，在这种专制高压统治下，社会生活的许多方面是没有自由民主可言的，书报检查严厉，对国王的任何批评和不同意见都会遭到镇压和迫害。不过，在文艺复兴已深入人心的形势之下，他的专制统治也强调发挥文明精神，照顾社会福利。他自称国王是通过工作并只为了工作进行统治，而工作的中心除了加强王权而外，也包括富国强兵、文化昌盛的内容。在路易十四长达半个多世纪的统治下，法国终于成为欧洲第一大国，他把法国的绝对君主制推向极盛的同时，也使法国的政治、司法和财政达到高度的统一，根除了地方割据和民族分裂的隐患。贵族降为王权的附庸，资产阶级却随工商业的兴旺而日益壮大。法国的古典主义文艺丰富多彩，硕果累累，路易十四倾全国人力物力、集中文艺精英而建设起来的凡尔赛宫成为欧洲各国宫廷文化的楷模。

路易十四的绝对主义王权积极推行重商主义政策。马扎然临死时向国王推荐他的助手和管家柯尔柏为理财能手，以后柯尔柏一直是路易十四的财政大臣，在贯彻重商主义方面贡献很大。他先后两次大提关税，几乎排斥了英、荷等国毛纺织品的进口。他还极力招徕外国的能工巧匠在法国定居开业，把荷兰的织工、瑞典的船匠、威尼斯的制镜技师、德国的冶金专家都请来法国工作，大力发展官办手工工场，生产高档工艺品，既提供凡尔赛宫廷需用，也畅销于欧洲各国。据统计，在柯尔柏当政20年中，法国官办手工工场由68个增至113个，民间工场作坊也成倍增长，法国在工商业方面进入欧洲强国之林。此外，柯尔柏重视海外开拓，组建东西印度公司推进殖民贸易，西印度公司针对美洲，东印度公司则面向亚洲。法国还在加拿大、密西西比河流域建立殖民地，法国海军成为一支强大力量。在国内，除了扶植工商业外，柯尔柏也注重农业生产，提倡种麻植桑，改良马羊品种，开凿运河，兴修道路。他的重商主义政策大大充实了国库，对法国资本主义和民族经济的发展起了积极推动作用。

法国的绝对主义王权在路易十四之世达到顶峰，此后便每况愈下。18世纪时，路易十五荒淫无耻，路易十六庸碌无能，终于使专制王权成为人人切齿痛恨的"旧制度"，被法国大革命的烈火烧得一干二净。

第四节　尼德兰革命

尼德兰包括今天的荷兰和比利时两国，在中古后期是经济比较发达的地区，但政治上一直辗转隶属于外国王侯。16世纪，它由于封建婚姻继承关系而转归西班牙国王。当时尼德兰人口众多，工商业繁荣，有城市300余个，号称城市之国。当德国兴起宗教改革后，尼德兰城乡民众热烈响应，却遭到西班牙国王及其委派的总督残酷镇压，于是尼德兰各地以城市为中心开展了长期而艰苦的反西班牙统治的斗争，史称尼德兰革命。

从16世纪60年代开始，尼德兰人民反抗西班牙的斗争进入高涨阶段。许多城市出现群众为反对宗教迫害而和西班牙军队发生武装冲突的事件。当时不仅新教的加尔文派在尼德兰广泛传播，城市平民中还流行激进的再洗礼教。这派教义主张每个基督徒成年后应再受一次洗礼，同时强调为信仰献身的精神。有许多再洗礼教的布道者在平民大众中很有威信，他们同情人民疾苦，宣传政治经济平等，号召与西班牙当局和天主教会血战到底。尼德兰的上层市民和资产阶级多数信奉加尔文教，他们以当地贵族奥兰治的威廉为首，要求停止宗教迫害，恢复地方自治。1566年8月，尼德兰许多城市爆发破坏圣像的起义运动，起义者冲进教堂和修道院，打毁圣像，消灭各种圣徒遗物，没收教堂财物，销毁账目，使罗马教会威信扫地。尼德兰17个省中有12个燃遍起义烽火，被破坏的教堂达5000座之多，革命呈现风起云涌之势。

在革命怒潮面前，西班牙统治者进行疯狂镇压。1567年8月，西班牙国王委派以残暴著称的阿尔发公爵任尼德兰总督并率大军镇压。他扬言即使在尼德兰斩尽杀绝也要比将它让给魔鬼（指新教徒）为好。他逮捕大批起义者，不经审判即处以死刑，甚至对未参加起义的人也以不起来反对异端的罪名加以杀害。他还狂征暴敛，企图以重税使尼德兰经济崩溃。可是，他腥风血雨的恐怖统治只能激起人民更强烈的反抗，工农大众和革命市民继续高举武装起义的大旗，并组成号称"森林乞丐"和"海上乞丐"的游击队水陆并进，袭击西班牙小股部队，处死反动的天主教神甫，拦截西班牙船队，进攻官兵据点。这种人民游击战争的形式给反动派以沉重打击。1572年4月，一支海上游击队攻占了西兰岛上的布里尔城，这次大捷立即成为各地大规模起义的信号，并取得胜利。同年7月，奥兰治的威廉在北方各省会议上被推选为总督，统率各省联军，北方宣布独立。阿尔发气急败坏，疯狂反扑，对许多城市实行野蛮的洗劫，但不能挽救西班牙在北方的失败，连他本人也被撤职召回。

北方独立后，各省起义军民与西班牙统治者的斗争继续激烈进行。1573—

1574 年发生了著名的来登保卫战。荷兰滨海的起义城市来登被西班牙大军包围，全城军民英勇奋战，从 1573 年 10 月一直坚持到 1574 年 8 月，决不投降。来登四郊的农民和海上乞丐游击队都来支援围城中苦斗的军民，他们决堤放水，淹没敌军，终使西班牙人撤退。来登保卫战的胜利给各地的革命斗争以极大鼓舞。仍处于西班牙统治下的南方各省进一步掀起武装斗争，1576 年布鲁塞尔爆发起义，第二年根特、安特卫普也发生起义。但西班牙对南方控制极严，这里的市民上层和贵族也有妥协倾向，南北出现分歧。1581 年，北方各省宣布成立联省共和国，正式建立资产阶级的民族国家。1585 年，西班牙军队占领布鲁塞尔和安特卫普，南方革命遭到失败。但北方继续与西班牙作战。1588 年，西班牙无敌舰队被英国消灭，威风大减，荷兰共和国的胜利大局已定。但西班牙仍不肯承认失败。直到 1609 年，才被迫和荷兰订立 12 年的休战协定，事实上承认了共和国的独立，而它和天主教各国正式承认荷兰独立则在 1648 年三十年战争结束之时。

三十年战争发生于 1618—1648 年间，西欧、中欧和北欧的主要国家几乎全部先后卷入。战争之起是由于德国的诸侯贵族按新旧教分裂为两大阵营，各自组成新教同盟与天主教同盟，双方剑拔弩张，矛盾尖锐。1618 年的捷克人民起义则是战争的直接导因。起义后的捷克国会投向新教同盟，但遭到德国皇帝和天主教同盟的残酷镇压，双方遂起全面大战。站在新教同盟一边的有英国、荷兰、瑞典和法国，天主教同盟的支持者则有德国皇帝、罗马教皇、奥地利和西班牙。战争进行了 30 年，双方形成拉锯，互有胜负，最后在皇帝与西班牙军看来要占优势时法国奋力出击，又扭转了战局，皇帝被迫求和。双方于 1648 年订立《威斯特伐利亚和约》，法国、瑞典都获得大片领土，皇帝权力削弱，德国分裂加剧。这时西班牙进一步衰弱，不得不正式承认荷兰独立，同时与会各国也追认瑞士的独立。总的说来，三十年战争的结果是奠定了近代欧洲的政治地理格局，规定了欧洲大陆各国的国界，开创了由国际会议解决国际问题的先例。荷兰在战后得到了更顺利的发展，资本主义经济和殖民掠夺都居欧洲领先地位，海外航运尤为发达，有海上马车夫之称。荷兰成为近代历史上第一个由于革命胜利而取得资本主义大发展的欧洲国家。

第二章　西欧资本主义的发展

第一节　土地制度的演变

西欧各国的农奴制度大体上在 13—15 世纪先后瓦解，主要原因是商品经济的冲击和农业商品化的发展。商品经济的兴旺使封建领主追求精美商品的奢侈欲望大增，力图从农民身上榨取更多货币。于是，一些领主意识到，与其控制农民的人身，还不如给他们自由，以便攫取更多货币地租。因此，他们逐渐取消了农奴制度。这种做法慢慢传播开来，促成了农奴制的瓦解。

由于在绝大多数情况下是封建领主主动取消农奴制，所以通常都采用了合法的程序。在英国，由庄园法庭办理这种手续。由领主准备一份文件，称"公簿"，存放在法庭，农民得到了一个副本。故而这种摆脱农奴身份的农民就被称为"公簿持有农"。公簿上一般都写有这样一些内容：农民取得自由人的身份；原来作为农奴时所耕种的"份地"仍归农民耕种，作为租地。租期一般为 30～90 年不等；农民按年缴纳货币形式的地租，称"贡赋"，在租期内数额固定不变；农民可自由经营这块土地，在传给下一代或转手他人时，须向领主缴纳"死后税"或许可税；农民仍是领主治下的子民，要继续效忠于领主等等。违反上述规定的，要处以罚款和制裁。法国的情况大致也是如此。立下的文件称"解放特许状"，写明农民取得人身自由；继续租种原来的份地，称为"永佃田"（一译纳赋田）；永佃田领主永不收回；农民自由经营土地，按年缴纳固定不变的货币地租即贡赋（部分地区加收一些"香巴尔地租"即实物地租）；农民将土地传给下一代或出让时，也要缴税款；农民仍须效忠领主，服从领主的司法特权；在缴纳贡赋之外，农民还要为领主服一些劳役和缴一些杂税，较普遍的是使用磨坊、葡萄汁压榨器等等的工具税。取得自由身份的农民被称为"永佃农"或"纳赋农"。

摆脱农奴身份虽然附加了许多限制条件，但是农民毕竟有了自由之身并稳定地得到一块能够自由经营和转手的土地。尽管在法律上这块土地仍属于领主，但实际上却永不收回。这样，在西欧就形成了一种新的土地形态，即农民土地占有制（不是所有制）。而且，在解放农奴之时，领主们为攫取更多收益，总是将贡赋定得偏高，为保证灾荒年也能如数收租，就规定数额固定不变。然而他们没有料到，后来由于"价格革命"使物价上涨，固定不变的货币地租便随之贬值，有利于农民而不利于领主，也使农民土地占有制得到了进一步发展。

还在农奴制时期，封建领主除将大部分土地作为份地由农民耕种之外，都还保有一部分自己经营的直接领地，由农奴服劳役耕种，也就是对农奴份地收取的劳役地租。在实行货币地租尤其是解放农奴之后，没有人服劳役了，这些直接领地便改为出租经营，采取的是分成制地租形式。租种这些土地的基本上是少地农民，即占有土地太少不足以维持生活的农民。完全无地的农民极少，在当时还不足全体农民的十分之一。这些分成制佃农也是农民的重要组成部分。

随着商品经济的发展，不少领主开始出卖直接领地，购买者主要是商人资产者，也有少数富裕的农民。这样，一批土地变成了资产阶级地产，农民占有的土地也有了增加。

至此，在西欧就形成了几种土地形态并存的现象，包括早已存在的教会土地、农民占有地、领主直接领地、资产阶级地产以及传统的农村公社的公有土地。其中，教会土地、领主直接领地和资产阶级地产大都采取出租方式经营。至于农村公社公有地是古代流传下来的，数量极少，作为不大。

这些不同形态的土地都属于封建土地所有制的范畴，而封建土地所有制是整个封建制度的基础。它的根本特征是有条件的等级所有制。这是从日耳曼族迁徙到西欧以来逐步形成的。国王将土地分封给大贵族，受封的贵族便成为国王的附庸，要承担义务。大贵族又向下级的贵族分封，受封者也要对他承担义务。这样层层分封，各级封君与封臣互有权利与义务，而每一级领主都留下直接领地，而将其中的多数作为农奴的份地，从而形成了宝塔型的土地领有状态。它分层次领有，以权利与义务为条件，因而是有条件的等级所有制。全部领主都向农民收取地租，从劳役地租演变到货币地租，直至农奴制瓦解后的贡赋。此外还进行许多超经济剥削，依靠宗法关系迫使农民服些劳役和缴纳各种杂税。封建土地所有制建立在榨取农民血汗的基础之上，农民土地占有制的产生与发展动摇了这种所有制，但是并没有摆脱封建宗法关系的樊篱。

第二节　农业资本主义的发展道路

农奴制瓦解后，农业商品化的现象得到进一步发展。农民要缴纳货币形式的贡赋，就首先要将农产品拿到市场上出卖，而后才能交租。广大农民被推向市场，在竞争机制影响下必然出现分化，少数人富裕起来，甚至转向以经商为主，用利润中的一部分去缴贡赋。未能致富或者在市场上亏本甚至破产的农民，则力求谋得新的生活来源，于是许多人就在农闲时去做工，成为商人所办的分散手工工场的工人。他们领取工资，实际上与商人建立了雇佣关系。雇佣关系是资本主义生产关系的本质特征，农民成为分散手工工场的工人，是资本主义渗透到农村的表现之一。

更重要的是，随着商品经济的进一步发展，工业对农业提供经济作物为原料的需求增长了，城市与工业人口对商品粮的需求加大了，这就把对农业进行资本主义改造的任务提上了历史日程。事实上，从 15、16 世纪起，西欧一些国家就有了资本主义性质的农业，形式多种多样。归纳起来，典型的农业资本主义发展道路有英国式的农场经济、法国式的富农经济和普鲁士式的容克庄园经济。

英国的农场经济是最典型的农业资本主义经济。马克思在《资本论》中用了相当大的篇幅论述英国的资本主义农场，他说："资本主义生产方式的前提是：实际的耕作者是雇佣工人，他们受雇于一个只把农业作为资本的特殊使用场所，作为在一个特殊生产部门的投资来经营的资本家即租地农场主。"历史上有名的圈地运动，就是由于资本家租地办农场而直接促成的。对羊毛和商品粮需求的增长和价格的提高，吸引了资本家到农村去租地办牧场或农场。他们所出的地租比起公簿持有农缴纳的长期不变的贡赋要高出很多，而且还不断提高。从 16 世纪末到 17 世纪初，地租提高了四五倍。1633 年，在贵族巴洛的领地上有 57 户公簿持有农，耕种领地的 2/3 以上；另有 7 名租地农场主，租用土地不足 1/3，但是所交地租却占领地地租总收入的约 1/2。16 年后，在同一块领地上，租地农场主增至 10 人，租用了领地的 42%，所交地租却占总额的 67%。另外 58% 的土地由 46 户农民耕种，所纳贡赋仅为地租总收入的 29%。在这种情况下，领主们圈占农民土地而后出租就不足为奇了。因圈地而被赶出的农民，大多数被租地资本家招募为农场工人。正如马克思所说：农业中的资本主义生产方式"以农业劳动者的土地被剥夺，以及农业劳动者从属于一个为利润而经营农业的资本家为前提"。这种资本主义农场采取集约经营方式，极大地促进了农业生产力的发展。同时，那些将土地出租给资本家的贵族领主本身也发生了变化。他们收取的地租已全然不是封建性的贡赋，而是农场主平均利润的余额，属资本主义性质的地租。他们与租地农场主的关系也决然不同于主仆之间的封建宗法关系，而是双方在平等基础上达成的租赁契约关系，属于资本主义性质的交易。

法国富农经济与英国集约式的农场不同，是一种小农式的资本主义经济。这是由于法国工业发展的特点造成的。法国工业中发展程度最高的采矿业和冶金业不需要农业提供原料；居于第二位的纺织业以丝织为主，只需植桑养蚕，也没有对农业的全面需求；有名的葡萄酒酿造业只在葡萄种植区内运作；蜚声海外市场的化妆品等奢侈品业，更是几乎与农业无关。这种情况就决定了开发农业并没有很大的利润可图，难以吸引资本家去投资农业。所以法国没有像英国那样发生圈地运动和兴办大农场。法国工业资本不愿投入农业，大规模的农业改造就难以进行了。虽然在北部地区也出现过一些农场，但是凤毛麟角，少有作为，而且有些还半途夭折了。

尽管如此，但法国毕竟是欧洲大陆上资本主义经济最发达的大国，18 世纪时更成为欧陆典型的手工工场国家。因此，城市人口和工业人口对商品粮的需求，仍在一定程度上刺激了农业的发展。在缺乏工业资本投入的情况下，富农经济便成为农业资本主义发展的代表性形式。富农是从永佃农中产生的。一部分在市场竞争中富裕起来的农民，以买地、租地来扩大经营，占地面积增加，根据当时的生产力水平，成为富农至少要占地 20 公顷。耕地多了，人手不足，便去雇佣日工和短期工（如季节工），按设定数额付给工资。他们既采用资本主义的雇佣劳动制，又从事商品粮的生产，而且本户劳力也参加劳动，这在经济形态上是一种典型的资本主义富农经济。这些富农发迹很快，同一农村公社中的贫穷人家常向他们借债，使他们在村里颇为显赫。当时的人们常把他们称为"乡间名人""村中首户""缙绅""坐马车的农民"等等，研究法国大革命史的一代宗师勒费弗尔，则径直地称他们为"农民资产阶级"。按照 20 公顷以上的标准统计，在 18 世纪，富农在各地农户中所占的比例不同，多的达 18％，如里木赞；中等的约 16％，如佛兰德尔等地；少些的约 13％，如奥恩等地。比例虽然不算很高，但是他们占地多，产出效益高，影响是很大的。受他们雇佣的日工、短工，以每年受雇达到 200 天的标准计算，在不同地区大约占农民总数的 1/5 到 1/3，数量也是很可观的。由此可知，富农经济即小农式的资本主义经济，代表了法国农业资本主义的发展道路。这也决定了未来法国大革命在解决土地问题上必然带有较大的民主性。

普鲁士式的容克庄园经济与英法的情况都有所不同，它是一种自上而下改变经营方式逐渐将封建庄园转化为资本主义农场的发展道路。与法国不同，它是集约式经营；与英国不同，它保留了大量封建残余，而且没有租地农场主，直接经营者就是庄园主人，还具有贵族头衔。容克庄园经济只是在普鲁士的易北河以东地区发展，西部则与西欧各地类似，北部甚至还发生过圈地运动。西部居民属条顿民族，即日耳曼人。东部原是斯拉夫人居住区，被日耳曼人征服。作为征服者，日耳曼贵族在易北河以东建立起统治，霸占了全部土地，所有土地都分别属于有贵族爵号的日耳曼人庄园主，这些人俗称"容克"。容克既是地主，又执掌领地内行政和军事权力，威福自用，大肆驱逐农民，兼并土地。在 1618—1648 年的三十年战争期间，他们更利用战乱而扩大占有土地，并称之为"排除农民"，而不似英国那样叫圈地运动。

16、17 世纪西欧资本主义的发展使进口商品粮的数量增多，作为传统产粮区的普鲁士东部成为重要的粮食供应地。于是容克们加紧了排除农民、兴办集约式庄园的进程。当时，被排除或未被排除的农民都保留着农奴的身份，受制于容克。甚至极少数自由农民也在容克统管之下，稍有不慎也会遭排除。未被排除的农奴虽勉强保住了份地，但是要在庄园服劳役，包括牲畜劳役、手工劳役和家属到领主家服家庭劳役。大量被排除的农民则全部在庄园服劳役，为容克耕种土地。他们是农奴，全靠主人容克的"赏赐"为生。农奴劳动，容克"赏赐"，为市场生产商品粮，这就形成了一种在封建宗法关系外壳下的变形的资本主义生产关系，那"赏赐"实质上就是工资。这是从农奴制度中孕育出来的资本主义因素。

19世纪初普鲁士参与组织第四次反法同盟，结果败在拿破仑手下，被迫签订了割地赔款的条约。为求自立图强，大臣斯泰因主持了改革。在改革措施中，特别规定容克有权处置未被排除的农民所保有的份地，结果使土地兼并进一步加剧，容克庄园进一步扩大。到19世纪30年代，容克庄园的农业商品化更为加强，还出现了农业工业化的趋势，在庄园中开办了甜菜制糖业、马铃薯酿酒业等，农业机械化也开始起步。

上述三种农业资本主义的发展道路都从封建制度下产生出来，也都受到各自封建制度特点的制约，从而形成了不同的形式。这些都是因国情不同而自然形成的，并非出自人为的设计，因而难分优劣。它们都有力地促进了本国农业的发展。这些发展道路虽然大有差异，但是仍然有其共同的规律，那就是都取决于商品经济发展的程度和特点，凡是在商品粮食、经济作物和自由劳动力需求量特别大的地方，那里的农业就会更早地走上大规模集约经营的道路。

第三节　商业资市和手工工场

资本主义萌芽在世界上很多地方都产生过，包括明代中后期的中国。但是，它只有在西欧才得以壮大和发展起来，在其他地方却基本上夭折了。其原因是多方面的，除各地政治体制、文化传统等等内部的因素之外，西欧贸易的国际性特点是个十分重要的原因。资本主义产生与发展的实践已经证明，它从一开始就具有国际性，这并不是资本主义带来的结果，而是它产生的条件和与生俱来的特点。

马克思曾指出："商品流通是资本的起点。商品生产和发达的商品流通，即贸易，是资本主义的前提。世界贸易和世界市场在16世纪揭开了资本的现代生活史。"事实正是如此。5世纪后，迁徙到西欧的日耳曼族各支在不同地方建立起许多王国，绝大多数面积不大，造成了小国林立的现象。9世纪前后随着封建化过程基本完成，经济上也开始复苏和发展，而发展的契机就是国际贸易。从当时小国林立的情况来看，进行贸易不可能局限于孤立的区域之中，只能形成一种跨国的网络。商人跨出国界从事海外贸易，也可取得自由，不受封建政府的控制和监督，从而使市场调节在其中占据了主导的地位。欧洲资本主义萌芽最早产生于意大利北部，其重要原因之一就在于地中海贸易网络的存在和意大利在其中所占的交通枢纽地位。后来，地理大发现使国际贸易中心转移到大西洋，使国际贸易网络大为扩充，形成了马克思所说的"世界贸易和世界市场"，于是地中海贸易走向衰落，而在西欧则孕育出了荷兰、英国这样的海上强国，并率先成为资本主义民族。现代公司制度也是由这两国始建的。这个演进过程证明了资本主义自始至终所具有的国际性特征。

商品货币经济自古就有，奴隶制时期和封建制时期都留下不少这方面的记载。但是那都不属于资本主义经济。只有当一些人用手中的财富购买他人的劳动力，将劳动力转化为商品，又将积累的货币、原料和生产工具转化为资本，使用所雇劳动力增殖财富之时，资本主义生产方式才会产生出来。中世纪晚期西欧商品货币经济和国际贸易网络的发展，生产技术的提高和劳动分工的加强，促成了这一转化，资本主义萌芽便产生和发展起来。

16—18世纪是资本主义发展史上的早期阶段，仍使用手工劳动，代表资本主义生产关系的典型就是手工工场。由于资本主义萌芽是在商品贸易的环境中产生的，又在国际贸易中得以壮大成长，因而商业资本在当时占有主导地位，控制着工业。那时，手工工场分两大类，即分散的手工工场和集中的手工工场，前者占多数。在经济学上，分散的手工工场又称"简单协作"。大体情况是商人将统一购买的原料交给其雇佣的工人们去加工，这些工人基本上是农民，将原料拿回家中用自己的工具进行加工。加工的成品由商人运到市场经销，为此商人付给劳动者一些报酬，也就是工资。这就是分散的手工工场，实行的是雇佣劳动制，工场主是商人。不过，这种商人不设场房也不提供生产工具的形式，还不是彻底的雇佣制度。当商人不仅提供原料，而且提供统一的生产工具时，雇工便成为完全出卖劳动力的雇佣工人，形成了彻底的资本主义生产关系，而且有了共同劳动的集中场所。这种类型就是集中的手工工场，是真正意义上的手工工场。只有极个别的企业因发展规模很大，需要专门独立经营，其余绝大多数企业，包括集中的手工工场，都是商人经营的，即由商业资本控制。

手工工场的发展相当迅速。英国的呢绒工业就是明显的例子。早在14世纪，呢绒业便有英国"民族工业"之称。到16世纪以后，在英国的诺弗克、约克、威尔特、戴翁、索梅尔塞特、多尔塞特诸郡，呢绒业手工工场已比比皆是。它们将行会手工业已排挤到无足轻重的地位，17世纪时更发展成在世界市场上首屈一指的行业。另外，一些没有行会组织的新兴工业也发展起来，诸如采煤、冶金、火药、造纸、造船等业。商业也在此基础上有了更大的发展，美洲、亚洲、非洲都留下了英国商人的足迹。从16世纪后半期到17世纪初，许多海外贸易垄断公司建立起来，并得到王室的特许。这些由商人组织的股份公司，一般都拥有自己的船队甚至武装力量，垄断着某一地区的贸易。较出名的有 1555 年成立的莫斯科公司，专营对俄贸易，后又扩展到中亚地区；1579 年成立的伊斯特兰公司，进行对波罗的海沿岸诸国的贸易；1581 年成立的利凡特公司垄断对地中海东岸各国的贸易；1600 年出现的东印度公司规模最大，资金最雄厚，存在时间也最久，包揽了好望角以东地区，特别是对印度、中国的贸易。

法国手工工场发展也很快，18 世纪时更为突出。1720—1789 年法国外贸出口额由 1.7 亿锂❶增长到 4.6 亿锂，进口额由 8000 万锂增至 5.8 亿锂。在出口商品中，工业品约占 60%。在各工业部门中，采矿业和冶金业最发达，集中程度也最高。个别企业的规模和发展水平在全欧洲也是第一流的。例如勒克勒佐冶金公司已达到工业革命开始时的水平，拥有蒸汽机、汽锤、4 座高炉、2 座冶铁场，还附设有煤矿、玻璃工场等。它是当时以煤代炭进行冶炼的极少数先进企业之一。昂赞煤矿公司拥有 12 台蒸汽机，雇佣了 4000 名工人，年收入达 120 万锂。这类企业在当时属于极个别的，绝大多数企业则是分散的手工工场，在工业劳动人口中，个体小手工业者还占绝对优势。直到大革命前夕，全国只有 514 家集中的手工工场。在工业中居第二位的纺织业，以丝织业为首。丝织业中心里昂所产的天鹅绒等织品，在欧洲市场上十分畅销。纺织业中占多数的仍是分散的手工工场。另一著名的行业是奢侈品工业，生产化妆品、高级服装、家具、鞋、工艺品等，在国际市场上占有首位。法国是 18 世纪欧洲大陆上手工工场最发达的国家。此外，它也有一些大的海外贸易公司，在地中海东岸的利凡特地区，法国商人占有明显的优势。此外，还有经营对非洲贸易的几内亚公司，与英国公司同名的东印度公司等。

西欧其他一些国家的资本主义工商业也有相当程度的发展。最早成为资本主义国家的荷兰自不待言。英国最发达的呢绒工业，有许多高档产品也需要在荷兰进行精细加工。德意志经历三十年战争的破坏后，也已开始复苏，在勃兰登堡、西里西亚、符腾堡、捷克以及原汉撒同盟诸城市汉堡、不来梅等地，资本主义的手工工场都不同程度地发展起来。维也纳、柏林、德累斯顿、慕尼黑等邦国首都逐渐成为工商业中心城市。

各国工商业的发展始终伴随着和体现着资本主义国际性的特点。自 10 世纪意大利和北欧最先呈现出经济复兴开始，在两者之间便逐渐形成了两条贸易通道。一是由北欧经莱茵河到瑞士，再转到意大利；一是北欧以佛兰德尔为商品集

---

❶ 锂是货币单位，为将近 5 克重的银币，大革命后期改称法郎，其值略大于锂。锂又译利弗尔、利维尔、里弗等。

散地，经法国到地中海和意大利。在贸易通道经过之处，都因此受惠而发展起一些工商业城市。这也是后来上述地区得到发展的重要原因之一。贸易中心由地中海转到大西洋，范围扩大到世界领域后，在世界性的经济活动与相对狭小的国家权力之间，便产生了一种微妙的关系。一方面互有矛盾，也就是资本主义与封建制度的矛盾；另一方面又互相利用，各国实行重商主义政策想借此富国强兵，商人资产者则从保护主义政策中攫取了更高的利润。正是在这一背景下，荷兰、英国、法国的资本主义力量崛起和壮大起来。

第四节　金融资市

在工场手工业时期的资本主义经济成分中，金融资本占有首要的地位，金融界在经济实力上远远超过了工商界。金融家最初也是由大商人转变而来的。他们通过为王国政府包税和借债给政府，很快成为巨富。实行包税制和举借国债，是中古晚期西欧各绝对君主制国家较为普遍采用的政策。而当时有能力进行包税活动和贷款给国家的，只有那些富商。于是，封建国家的财政收入便越来越具有了对金融资产阶级的依赖性。靠这个途径发财致富的金融家也因此建立了与封建王朝的千丝万缕的联系。包税和国债已成为西欧资本原始积累的重要手段。在这一点上，可以说绝对君主制与资本主义的发展之间有着相当大的客观一致性。这就决定了金融资产阶级在整个资产阶级各阶层中经济上最富有，社会地位也最高，实际上成为资本主义势力的代表性力量。后来的事实也证明，金融资产阶级在各国反封建的运动中，最初总是起着领导者的作用。通常所说的大资产阶级，其主要成分就是金融资产阶级。

英国那些居住在伦敦商业区的、被称为"金匠"的巨商，就是金融家。他们之中有许多人是海外贸易垄断公司的大股东，同时又兼营包税活动或借债给政府。一般的工商业资产阶级是不能望其项背的。在法国，这一现象表现得最为典型。封建王朝早就开始实行包税政策，到17世纪末完全制度化了。政府将各类税收都正式写成合同，同包税人签订，一般是6年订一次。到18世纪，包收间接税的活动更趋发展。1720年40名总包税人联合组成包税总会，有组织地进行包税。到1776年该团体由包税而获得的纯收入竟达17.2亿锂。此外，还有一批主要从事国债业务的银行家。1786年时，仅巴黎便有66家银行。规模最大的巴黎贴现银行，从1776年成立到1789年革命爆发前，其资金从1200万锂增长到了1亿锂。银行家们从购买国债券中获得的利息是惊人的。1784年的国债利息为1.25亿锂，1789年猛增至3亿锂以上。包税人、银行家这些金融巨子们，同时还掌握着许多公司企业和大批房产。银行家克拉维埃和马雷办了人寿保险公司；巴茨和德勒塞尔拥有火灾保险公司；大金融巨头佩里埃是巴黎供水公司的主人，同时在马赛拥有榨糖工场和炼油工场；总包税人弗朗盖依同时是手工工场主。在巴黎，金融家争相大兴土木。著名社会主义史学家饶勒斯描述道："除去几百家豪门望族，连贵族本身也成了资产阶级的房客。"

金融资产阶级还是许多贵族、农民的债权人。作为高利贷者，他们从社会各阶层都攫取了大量利息。此外，在交易所中，他们在很大程度上操纵着股票、期票、有价证券的票证交易活动。由于包税制、国债制盛行，借贷活动频繁，股份公司不断涌现，所以票证交易是十分活跃的。金融资产阶级最老于此道，从中获利甚丰。

以上所述都证明金融资本在整个资本主义发展中所占的首要地位。这是工场手工业时期资本主义发展的重要特点。只要还没有进入机器生产的工业资本主义时代，金融资本的这种地位就是不可动摇的。根本原因就在于，依靠手工劳动的工业还没有改造全社会的力量。经营工业所得的利润无法同金融界的巨额收入相比拟。特别是一些较大规模的企业本身往往就是金融巨商的产业。

第五节　资产阶级和资产阶级化的贵族

在工场手工业时期还不存在近代意义上的工业资产阶级，当时的资产阶级基本上由商人组成，其中处于最上层的金融资产阶级也都是商人。他们在工商业经营中积累了大量财富，有了从事金融活动的条件，才步入金融界。金融资产阶级主要由包税人和银行家构成。他们与王室的密切联系有着历史的渊源。作为资产阶级前身的市民阶级早就与王权建立了联盟关系。市民阶级的工商业活动受到地方大贵族势力的压榨，又因割据势力阻碍商品流通而负担过重的过路税收，所以渴望国家统一，支持中央王权。王权要打击贵族割据势力，建立中央集权，乐意于得到市民阶级在经济上的支持，并实行一些保护市民阶级的政策，如给予城市自治权等。如同恩格斯所说："在封建主义表层下面形成着的一切革命因素都倾向王权，正像王权倾向它们一样。王权和市民阶级的联盟发端于 10 世纪；这一联盟往往因冲突而破裂，破裂后又重新恢复，并且越发巩固。越发强大，直到这一联盟帮助王权取得最后胜利，而王权则以奴役和掠夺报答了它的盟友为止。"金融资产阶级与封建王朝的关系就是这一联盟的延续和发展。只要这一联盟还存在，金融资产阶级就会具有较为显赫的地位，并处于整个资产阶级代言人和领导者的位置上。在当时人们的眼里，情况就是如此，即便是那些大贵族也无法否认。事实上，有大量的名门显贵都债台高筑，债权人便是金融家。同时，聚居在伦敦西区号称"金匠"的富商，住在巴黎富人区的金融巨子，不仅包税、买公债，而且是海外贸易公司的大股东，是国内一些企业的主人，还在居住地修建了豪华的住宅，以及大量供出租的住房。与金融家的豪宅相比，勋贵们的府邸黯然失色了，更有许多贵族竟成了金融家的房客。这使贵族们对那些腰缠万贯的金融商人产生了混杂着仇视、气愤又羡慕不已的心态。这些情况表明，金融资产阶级在封建制度下就已具有了一定声望和影响，又因与王室及贵族的联系而对国家政治情况有较多了解，因此，一旦与王权联盟的关系最终破裂，兴起反封建斗争之时，他们就会很自然地处在先行者和领导者的位置上。

从事进出口贸易的大船主和在欧洲、非洲、美洲之间进行黑奴贸易的奴隶贩子们，也属资产阶级上层。他们不及金融那么有社会声望，但是非常富有，非一般工商业资产阶级所可比拟。

资产阶级中的大多数即主体，是工商业者。他们散布各地，尽管财产不敌金融界，但仍是社会上的富有者。他们活跃在各地城乡市场上，是社会生活不可缺少的力量。他们在城镇中开办经营的手工工场、商店、旅店、餐馆等等随处可见，深入农村的分散手工工场也属他们所有，收获季节到农村去收购粮食和经济作物的主要也是他们。他们之中还有大批的行商，穿梭往来于各城镇、驿站之间。正是这批人，对于封建制度所行的阻碍工商业发展的种种政策与措施体会最为痛切。所以，在反封建斗争中他们比金融资产阶级表现得更激进。

整体说来，资产阶级各个阶层毕竟都处在工场手工业时期，必然有着时代的烙印，还不可能具备工业化后资产阶级的许多特征和成熟性。他们要求经济自由和政治平等，目的只是为了反对封建王权与特权，求得自由发展的条件。他们是当时唯一能够提出制定反封建纲领并领导反封建斗争的阶级，但是却还不完全懂得怎样运用自由主义原则去管理经济和治理国家。他们因袭旧传统，在企业管理上常常使用封建家长制的方式，在国家体制上更喜欢保留君主制。他们更钟情于保护主义的经济政策，不认可完全的自由竞争。所有这一切都是时代决定的，是当时社会经济的发展程度决定的。

当时与资产阶级站在一起的还有一批资产阶级化的贵族。他们是在商品经济刺激下出现的。金钱的诱惑，享受和发财的欲望，使一些贵族不惜降低身份，去从事原本被贵族社会视为"卑贱"的资本主义的经济活动。英国那些因地出租给农业资本家的贵族，就是资产阶级化的新贵族，与资产者签订合同，收取资本主义地租，不附带宗法的或超经济剥削的条件。他们中多数由旧贵族转化而来，也有不少原是商人，靠购买土地和贵族头衔成为新贵族。还有一些人直接投资或从事海外贸易，或直接到殖民地去经商和经营种植园。

法国被称为自由派贵族的那些人也属于这一类型。一些贵族和不能享受长子继承权的贵族子弟，常常转而去经商。他们有的从事海上贸易，有的在殖民地兴办种植园，更有人在国内开办起矿场和冶金工场。按照法律规定，领主对领地内的地下埋藏也有所有权，因而只有贵族兴办采矿业最为方便。巴勒罗亚侯爵就是拥有16万锂资本的煤矿主。有些贵族甚至拥有多处冶金企业，如狄特里什男爵。当时兴办了冶金企业的汪代尔家族，至今还是法国的垄断集团之一。这些人在企业中都实行雇佣制度，按资本主义方式经营，成了巨富。一些包税人和银行家也是贵族，在哲学史上享有盛名的爱尔维修、霍尔巴赫，身为启蒙运动中的唯物主义哲学家，但同时又是有贵族爵号的大包税人。还有些贵族并未从事资本主义经济活动，却因接受启蒙思想而转变为自由贵族。拉法耶特侯爵、米拉波伯爵、西哀耶斯修道院长等就属这种情况，后来都成为大革命的重要领导人。

类似情况在其他一些国家也不同程度地存在。普鲁士的容克在逐步转变为资产阶级化的贵族。德意志与丹麦交界处的石勒苏益格和荷尔斯泰因在17、18世纪时发生过圈地运动，产生了新贵族。

资产阶级化贵族的阶级属性实质上是资产阶级的。在经济利益上他们与资产阶级所关注的一样，是赚取利润。他们中许多人以资本主义方式经营地产和矿产，但是其领地在法律上属于国王的封赐，要承担效忠王权的义务。封建制度加于资本主义经济的种种限制，也同样落在他们头上。因此，他们在经济、政治上与资产阶级的要求与愿望是一致的，也是一支反封建的力量。同时，由于他们有贵族身份，享有贵族特权，因而有着更大的影响和号召力，在反封建斗争中总是成为资产阶级的代言人。资产阶级在很大程度上有赖于和这批贵族结成联盟，才有可能发动一场革命。这在英国和法国的革命中都有明显的体现。在英国，甚至到19世纪时，出任首相和内阁大臣的仍然主要是贵族。不过，资产阶级化的贵族在政治态度上一般都与资产阶级的上层相一致，对更激进的主张多半难以接受。在早期资产阶级革命中，在发动革命和初期的斗争中，常常由他们来充当先行者和带头人的角色，预定的革命目的也是在他们带领下基本完成的。

第三章 启蒙时代

第一节 启蒙运动的兴起

一、17 世纪的启蒙学说

到封建制度末期，随着资本主义经济的发展及其与封建制度矛盾的日趋尖锐，在意识形态领域里批判封建制度、宣传资产阶级学说的思潮便发展起来。继中世纪文艺复兴运动之后，大体上从 17 世纪开始，又兴起了一种新的学说，即适应于资产阶级革命与改革年代的启蒙学说。17 世纪时，在处于资本主义发展最前列的尼德兰和英国，这一思潮表现最为活跃。其主要代表人物有格老秀斯、斯宾诺莎、密尔顿、霍布斯和洛克等。他们是早期的启蒙思想家。

他们所着重阐述的理论，比较集中在这样几个方面：理性、人的自然权利、自然法、社会契约。他们强调的理性是指人的理性，与上帝的统治是相对立的。恩格斯说："中世纪的历史只知道一种形式的意识形态，即宗教和神学。"❶ 在这种情况下，"为了有可能触犯当时的社会关系，就必须抹掉笼罩在这些关系上的灵光圈"❷。强调人的理性，实际上就是否定封建统治者的权力。如果上帝的意旨是不可靠的，那么神授的权力也就失去了依据。格老秀斯就宣传说，理性是不分任何种族的一切人都具有的天赋能力，人类完全可以根据自己的理性行事，即使没有上帝也是如此。17 世纪法国的唯心主义哲学家笛卡尔也把人的理性当成认识世界的依据，阐述了他的唯理主义哲学体系。绝大多数启蒙思想家宣传的自然法理论，便是以理性为基础的。

自然法理论是同封建主义的王权和特权针锋相对的。封建神学家们历来宣扬

---

❶ 《马克思恩格斯选集》第 4 卷，235 页，北京，人民出版社，1995。

❷ 《马克思恩格斯全集》第 10 卷，483 页，北京，人民出版社，1998。

自然法从属于神法，只有上帝的意旨才是真正的法，具有永恒性与神圣性。格老秀斯则明确提出："自然法是正确的理性的命令，它根据是否合乎理性来指明人的行为在道德上可行与否。"对于自然法，"甚至神本身也不能更改"。不过，他还没有直接否定上帝的存在。为了排斥神法的统治，他将法分成了两大类，即自然法同人类法与神法。他强调，自然法普遍适用于全人类，而神法则可能只给予某一特殊的人群。密尔顿在论及自然法问题时，又前进了一步。他认为，自然法是保障人们自由、和平与安宁的法。它指引人们去建立政府，指派一人或若干人去管理其余的人。依照自然法建立的政府，"无论在和平或战争时期，都首先要保障人民的自由"。唯物主义哲学家洛克也提出了类似的关于自然法的理论。他说，自然法就是人的理性的体现。自然法给人类规定的基本权利就是生命、自由和财产。这些都是不可剥夺、不能转让的自然权利。可见，启蒙思想家们宣传人的理性，以及由理性所决定的自然法，目的都是为了保障人的自然权利。

　　人权问题是所有启蒙思想家普遍重视的基本问题。在封建专制制度下，平民（包括资产阶级）的权利得不到保障，他们最重视人权也就是很自然的了。对于人的自然权利，他们提出了种种说法。斯宾诺莎认为，"人是自然的一部分"，同自然中的一切事物一样，人的共性便是"自我保存"。因此，人的自然权利中最首要的是生存权。每个人都依自己的能力和力量去保护自己并争取实现自己的欲望。这就难免互相损伤。所以人的自然权利必须受到一定约束，但是思想自由却必须有保证。思想自由，行动守法，便是他的基本结论。霍布斯也有类似的观点，但又有一些发展。他说，每个人都有权去保全自己的自由。这种自由就是人的自然权利。在这一权利上人们是平等的，而这又会导致各个人为达到自己的目的而互相成为仇敌。因此人们必须交出自己的权利，共同去服从更高的主权者。霍布斯还特别提出了经济自由的权利。他强调这是人的一项基本权利，丝毫不影响主权者的权威。相反，主权者应有义务维护人们的经济自由权。经济自由主张的提出，是资产阶级自由思想的一个重大的新发展。密尔顿和洛克的论述就更明确、更全面了。他们一致认为，自由、财产、生命安全是人的最基本的自然权利。密尔顿还把自由权具体化为信仰自由、言论出版自由、婚姻家庭生活自由等等权利，尤其强调言论出版自由是最重要的自由权。密尔顿是最早提出天赋人权基本原则的思想家。洛克则更前进一步，集 17 世纪启蒙学说之大成，在自然权利问题上提出了朦胧的主权在民即人民主权思想。他把人的自然权利视为是至高无上的，政府的权力也是人民委托的，如果政府破坏人民的权利，人民就要"用强力对付强力"。

　　众多思想家在论述人权问题时，都无例外地主张个人的权利应受到约束。在他们看来，这种约束就是社会契约。几乎所有的启蒙思想家都以社会契约论作为国家和政治制度学说的核心。格老秀斯提出，人们出于自利的动机，在理性的昭示下，互相订立契约，组成了国家。这也是人类对社会生活的天然要求。这一观点后来不断被重复。他们都共同认为，人类为了避免互相伤害和保障自己的自然权利，就要订立契约，共同遵守，建立起有固定法律的社会。从主流上看，他们都以人类出于自身需要的原因来解释订立社会契约的必要性，政府和法律则是维护这一契约的保障。这就排斥了封建制度下长期宣扬的"王权神授"的谬论，具有明显的反封建意义。可是，在这个前提下，他们对社会契约中政府权力和人民自由权的解释，还有较大的分歧。密尔顿和洛克是强调人民主权学说的。在他们看来，既然人们订立社会契约是为了保障自己的自然权利，避免互相损害，那么由契约而产生的政府和法律就要为保证人民自由而发挥作用，密尔顿明确提出，人民的权利是"至高无上的"。政府"无论在和平或战争时期，都首先要保障人民的自由"。即使君主也"应该是国民的公仆"。如果君主侵害人民自由，那就要"用像惩治别人一样的法律来惩治他"。对暴虐无道的君主，就要废黜他。密尔顿是反对君主制的。他主张建立一院制议会主权的共和国。洛克也提出，主权来自人民。行政和立法权，都只能是社会全体成员或他们的代表所一致同意授予的，政府和社会本身的起源就在于人民的授予。被授予权力的人，本身也是社会契约的参加者，要受到契约的限制。为防止出现专断的权力，洛克提出了分权学说，主张将国家的权力分为立法权、执行权和对外权 3 种，其中立法权是最高权力。但是这也来自人民的委托。人民始终要保持最高权利，以保护自己不受攻击，包括来自立法者的攻击。

格老秀斯、斯宾诺莎、霍布斯等的观点就相对温和得多。格老秀斯认为，人们既然是为了保护自己而订立契约，组成国家，那就要给国家足够的主权。这种主权，"其行为不受另外一个权力的限制"。这里所谓"另外一个权力"，就是指人民主权。他公开说："最高权力永远无例外地属于人民"的提法是不正确的。斯宾诺莎的主张也与此相类似。他虽然认为国家权力也应有限度，但却坚持国家必须借助人们的恐惧之心来管理社会。国家权力一定要大于任何别的权力。霍布斯又进了一步。他提出，人们在订立契约时应该放弃全部权力，并将其交给大家同意的一个人或一些人组成的会议。这个人或会议便成为主权者。主权者不参加契约，因而不受契约的约束，其权力是至高无上的。当然，主权者虽不受契约内容限制，却应受契约宗旨的限制。因为人们立约的宗旨是为了保障自己的安全。在霍布斯看来，国家就是根据契约而"联合在一个人格之内的人群"，其本质就是主权者。

综上所述 17 世纪的启蒙思想家们已经提出了在理性学说指导下的自然、人权、法治、社会契约等一系列观点，用以对抗封建主义的王权、神权和特权。这些学说，在 18 世纪法国启蒙思想家那里得到了更大的发展和完善。

二、法国的"启蒙时代"

随着封建制度进入没落时期，18 世纪在法国涌现出一批十分卓越的启蒙思想家。恩格斯在论及他们时说："在法国为行将到来的革命启发过人们头脑的那些伟大人物，本身都是非常革命的。他们不承认任何外界的权威，不管这种权威是什么样的。宗教、自然观、社会、国家制度，一切都受到了最无情的批判；一切都必须在理性的法庭面前为自己的存在作辩护或者放弃存在的权利。"❶ "启蒙思想家"一词，法文意为光明、智慧。由于这些智者的突出贡献，18 世纪常被称为"启蒙时代"或"理性时代"。

法国的启蒙时代是在 17 世纪理性学说的基础上发展起来的。随着启蒙运动的兴起，凡尔赛宫廷逐渐失去了以往那种作为文学艺术中心的地位。哲学家和文人学者们的活动中心转移了。出现了一些爱好并资助文学活动的人，包括自由贵族和富有的资产者。由他们的夫人们所主持的沙龙活动，日益取代了过去宫廷的游乐场所。这是舆论中心转移的表现，反映了时代的演变。

在 18 世纪前半期，启蒙运动还处在形成和初步发展的阶段，思想上和理论上都还不够成熟也不够系统。到了后半个世纪，就进入了成熟的鼎盛时期。特别是唯物主义哲学家"百科全书派"的出现和卢梭著作的大量问世，更使启蒙运动放射出异彩。

在 18 世纪法国的启蒙思想家当中，有一些原始共产主义的理论家，包括梅里叶、马布利和摩莱里等。他们提出的反对私有制、实行财产公有的共产主义主张，在社会主义学说发展史上占有一定地位。然而，从当时的环境来看，这类学说影响很小，不代表启蒙运动的主流。而且，他们的理论是原始的、粗糙的，同时也具有明显的反封建的特点。真正产生巨大影响的，还是资产阶级的思想家，也就是恩格斯说的为革命"启发过人们头脑的那些伟大人物"。比较突出的有伏尔泰、孟德斯鸠、狄德罗、魁奈、毕封、卢梭、博马舍等。

伏尔泰（1694—1778）是启蒙运动的巨匠和旗手，老一辈启蒙思想家的卓越代表。他的作品涉及哲学、政论、文学、史学、戏剧、自然科学等各个方面。第一次出版的伏尔泰全集达 70 卷之多。他宣传哲学唯物主义，强调人的生而平等的自由权利，主张实行开明君主制。其哲学著作有《哲学通讯》《论信仰自由》《哲学辞典》等；文学作品有小说《查第格》

伏尔泰

---

❶ 《马克思恩格斯选集》第 3 卷，第 2 版，355 页，北京，人民出版社，1995。

《老实人》《天真汉》《如此世界》等多种；还有史学著作《查理十二传》《路易十四时代》《彼得大帝时期的俄国史》等。此外还有诗歌、剧本和宣传牛顿学说的自然科学著作。他不仅在法国，而且在欧洲都有很大影响。

孟德斯鸠（1689—1755）也是老一辈启蒙思想家中的优秀学者。他虽然出身贵族，但毕生都在致力于反封建的学术活动。他早年写了暴露性的作品《波斯人信札》，猛烈抨击封建王权、神权和特权。后来潜心研究法学，写出了历世不衰的名著《罗马盛衰原因论》和《论法的精神》。他是资产阶级法学的主要奠基人。

孟德斯鸠

狄德罗（1713—1784）是唯物主义哲学家的优秀代表。恩格斯说："如果说有谁为了'对真理和正义的热诚'……而献出了整个生命，那么，例如狄德罗就是这样的人。"❶
狄德罗为了主编多卷集的能够"改变人们普遍的思想方式"的《百科全书》，的确贡献了一切。和狄德罗一起的著名唯物主义哲学家，还有爱尔维修、霍尔巴赫、达朗贝、孔狄亚克、拉美特利、孔多塞等。著名的"百科全书派"便主要是由他们组成的。狄德罗的著作很多，主要有《哲学思想录》《论盲人书简》《怀疑论者的散步》《关于物质和运动的哲学原理》及哲理小说《拉摩的侄儿》等。

魁奈（1694—1774）是自学成才的医生和经济学家。他在研究了农业经济、赋税、人口和分配等问题之后，发表了著名的《经济表》，创造性地提出了关于再生产的理论，表述了重农主义的主张。他的经济自由的理论和关于赋税问题的主张，对后来大革命中资产阶级经济纲领的形成起了极大作用。魁奈是重农学派经济理论的创始人，也是资产阶级古典政治经济学的奠基人之一。

毕封（1707—1788）出身穿袍贵族家庭，是唯物主义的博物学家。他用毕生精力撰写了一部 36 分册的《自然史》。在这部巨著中，他扬弃了宗教神学，只承认自然的力量和人们改造自然的力量。为此，他曾受到索邦神学院（巴黎大学的前身）的指控，并威胁要把他送交宗教法庭裁判。他像当年伽利略一样，表面上不得不表示尊重圣经，但却在学说上顽强地坚持了唯物主义思想。

卢梭（1712—1778）是最著名的资产阶级激进民主主义思想家。他生活坎坷，但思想坚定，为实现政治民主的理想写下了大量著作。他把人权理论，特别是人民主权学说提到了空前的高度，成为系统的理论。卢梭从写成第一篇论文《论科学与艺术的复兴是否有助于敦化

卢梭

❶ 《马克思恩格斯选集》第 4 卷，第 2 版，232 页，北京，人民出版社，1995。

风俗？》之后，一直笔耕不止。不久后写的《论人类不平等的起源和基础》一文，奠定了他的政治学说的理论依据。后来又写出其代表作《社会契约论》，以及文学作品《新爱洛绮丝》、教育小说《爱弥儿》和自传体作品《忏悔录》。还有一些关于经济学、音乐和戏剧方面的作品。

博马舍（1732—1799）是出色的启蒙剧作家。他原是包税人，后因与贵族遗孀结婚，取得贵族称号。然而，他对特权等级的专横深恶痛绝，于是便拿起笔来进行战斗。第一版伏尔泰全集便是由他编辑的。他的作品不多，但却十分犀利。早期写的剧本《欧仁妮》和《两友人》虽然主观上是"向第三等级的朋友表示敬意"，但并没有取得很大成功。后来，他以《费加罗三部曲》蜚声剧坛。其中，第一部《塞维勒的理发师》和第二部《费加罗的婚礼》成就最大。第三部《有罪的母亲》因作者观点变化，已是消极的、充满正统主义色彩的乏味作品了。然而，《费加罗的婚礼》以其鲜明的反封建精神和强烈的艺术感染力，至今在世界戏剧舞台上风行不衰。

以上所述，只是启蒙思想家中的一部分，是留下大量传世之作的佼佼者。还有更多的学者同时在奋笔疾书，为宣传理性做出了贡献。

第二节　唯物主义哲学

一、自然神论和无神论

在意识形态被神学统治的法国，哲学家都会面临一个对宗教的态度问题。宗教观已成为他们哲学体系中的重要组成部分。在启蒙思想家中，自然神论者占多数，其中包括伏尔泰、孟德斯鸠、卢梭等。他们对天主教的上帝持否定态度，不承认这个上帝的存在，但是却也没有从中引出无神论的结论。他们宣传说，有另外一种样子的上帝，是造物主，是世界上的"最高实体"。这个"上帝"是他们臆造的，按照伏尔泰的说法，是"设置"出来的。这反映出，他们既要坚决摒弃体现封建神权的传统上帝，又未能摆脱宗教神学的旧观念，而且要通过"设置"新的神来表达自己的理性学说。因此，他们设计出来的上帝是关心人类"共同利益"的，能够体现卢梭所强调的人的"公共意志"，而且是自然规律的化身。这位上帝并不能人格化为一个偶像，谁也无法用男女老少的某种形象去想象上帝的样子。上帝只是自然规律和理性的体现。对这个上帝的最好的崇拜，就是顺应自然、尊奉理性、坚持自由平等的人的自然权利、实行法治等等。因此，这是一种自然神。在这一点上，他们在自己的哲学体系中为宗教神学保留了一席之地。伏尔泰明确地说："没有哪一个人曾找到上帝不存在的证据，而且永远不会找到。"他公开承认，之所以必须"设置"一个上帝，是因为需要用一个"赏罚分明的上帝"去取代总是维护王权、特权的天主教上帝。新上帝"既可约束我们，又可给我们以安慰"。伏尔泰是主张开明君主制的，他不希望人们不受"约束"地去造反，但也要用"赏罚分明"来代替专制统治。卢梭的自然神则是惩恶扬善的，并不约束人们为自由权利而斗争。

自然神论者其实并不相信他们制造的那个上帝真正存在。在哲学上他们几乎都是唯物论者。实际上，这是在绝对君主制度下唯物主义者对神学的一种妥协，是向彻底唯物论发展过程中的一种过渡形态。

这时，在"百科全书派"哲学家中，出现了不少勇敢的无神论者。狄德罗在1746年发表的《哲学思想录》中，对天主教上帝进行了猛烈的抨击，并且开始宣传上帝不存在的思想。他指责说，上帝是最残忍、恶毒的。所以越是正直的人就越是愿意上帝不存在。而且，"认为上帝不存在的思想，从来没有使任何人感到恐惧"。一年之后，他在《怀疑论者的散步》一书中便正式提出了无神论的主张。接着，他又在《哲学思想录增补》中对宗教本身进行了否定。他写道，一切用来支持宗教的理由，只不过是"用最可疑不过的事情，来证明最不可信的东西"。霍尔巴赫也持同样的观点。他说，宗教"对于人们来说，是个分裂、狂暴和罪行的源泉"。拉美特利则表示，哪怕是整个宇宙的重量都压下来，也动摇不了一个真正的无神论者，更不必说将其粉碎，列宁赞扬这些唯物主义者说："18世纪老无神论者所写的那些泼辣的、生动的、有才华的政论，机智地公开地抨击了当时盛行的僧侣主义。"❶

二、战斗的唯物主义

18世纪法国启蒙哲学的最大特点之一，便是具有强烈的战斗性。这些哲学家从不满足于单纯的理论上的论证，而是在阐明唯物主义原理的基础上，以哲学为武器去进行反对绝对君主制度的斗争。孟德斯鸠的法哲学是唯物主义的。他完全排斥了上帝意旨对人间法律的控制，而将法视为事物客观规律的体现。他为法下了这样的定义："由事物的性质所产生出来的必然关系，就是法。"这就以他的法哲学否定了绝对王权和贵族特权。孟德斯鸠只承认地理环境和人本身对国家和法产生影响。尽管他的结论中有一些错误的东西，但这毕竟是唯物主义的态度。而且正是从这个论点出发，他的法学理论成了批判封建制度的武器。

伏尔泰同样如此。他把自己"设置"的上帝称为"自由、智慧的实体"，而把天主教的上帝说成是"两足禽兽"。他在临终之时还断然拒绝了祈祷神甫提出的要他承认"基督神圣"的要求。

"百科全书派"的无神论哲学家们就更加尖锐。狄德罗在自己的哲学著作中经常说到政治问题，宣传公民平等，反对贵族特权。他强调，在社会中，所有公民都是"同样高贵的"，越是接近公民权利的平等，国家才能越太平。他主张君主的权力要"受到自然法和国家法限制"，唯有法才是公民服从政府的条件。"不取得国民的同意……君主不能任意行使权力。"狄德罗是主张立宪君主制的，但

---

❶ 《列宁选集》第4卷，649页，北京，人民出版社，1995。

他强调君权取决于民权。虽然政权掌握在君主一人手中，但"却不是一件个人财产，因此它决不能离开人民，它在本质上只属于人民，仅仅为人民所固有"。霍尔巴赫更以最尖锐的语言反对神权。他说："神是一个独夫，一个民贼，一个什么事都能干得出来的暴君。"

鲜明的战斗性给了启蒙哲学以极大的活力。它一反传统哲学所惯有的书斋气，成为受群众喜爱的反封建的思想武器。

三、辩证法因素

启蒙哲学的又一个突出的特点，就是它已具有许多可贵的辩证法思想。它是朴素的、机械的唯物主义向辩证唯物主义发展过程中的一个过渡阶段。

狄德罗在这方面做出了重大贡献。他坚持事物发展变化的观点，认为物体始终处在运动状态之中。这个结论虽然在17世纪的唯物主义哲学家那里也能看到，但是，那时的解释带有唯心主义色彩，认为物体运动是被动的，在自然之外有一种推动运动的"最初原因"。这就陷入了不可知论。狄德罗则彻底否认一切超自然的实体存在。他坚定地认为，在宇宙、地球、人和动物身上，都只有一个实体，即物质实体。这是唯一的、无限的、永恒的实体。在它以外企图找出别的实体是绝对不可能的。因此，物体运动的根本原因在于物体本身"充满着活动和力"。这种运动变化的自因论已明显包含了辩证法因素。

狄德罗还认为，物质世界的运动是有客观规律的，自然界中存在着必然的因果关系。狄德罗虽然忽视了偶然性的重要意义，但他坚持的客观必然规律的论点毕竟是辩证法的要点之一。

正由于狄德罗具有这些辩证的观点，因而在剖析社会现象时，就能提出许多精辟的结论。他在哲理小说《拉摩的侄儿》中尽情地发挥了对许多现象的辩证看法。在谈到道德问题时，他认为"没有绝对地、本质地、一般地真或假的东西"，一切都按各自的利益去判定。甲视为道德的东西，乙却称为邪恶。反之也一样。在当时那个社会中，"白的将是黑的，黑的将是白的"。"正直的人并不快活。还有无数的人，他们快活，但并不正直。"马克思主义经典作家对这本书给了很高的评价。1869年马克思将一本《拉摩的侄儿》寄给恩格斯时在附信中写道："这本无与伦比的作品必将给你以新的享受。"❶

卢梭在运用辩证法方面也很出色。他在《论人类不平等的起源和基础》一书中，精彩地论述说，在历史上文明每前进一步，不平等也就加深一步。人类为了前进而建立的种种制度，到头来又违背了原来目的，成为前进的对立物。例如领主，原是人民为保护自己而设立的，后来却变成了人民的压迫者，并逐渐演变为专制暴政。在暴政面前，人人都成了奴隶，但是同时也使人人都成了平等的一

---

❶ 《马克思恩格斯全集》第32卷，283页，北京，人民出版社，1974。

员，因为大家都是奴隶。暴君以暴力进行统治，这是不平等的。然而，它可以转化为在使用暴力上的平等，即人民也可使用暴力推翻暴君。对于暴君来说，"暴力可以支持他，暴力也可以推翻他"。所以"在他被赶走的时候，也就不能抱怨暴力"。这段以暴抗暴的论述生动地体现了卢梭的辩证法思想。恩格斯在《反杜林论》中把卢梭的这本著作和狄德罗的《拉摩的侄儿》，并称为"辩证法的杰作"❶。

狄德罗和卢梭的辩证法思想还体现在其他许多著作中，以上只是一些例子。而且，其他启蒙哲学家也有不少人是具有辩证思想的。孟德斯鸠关于社会发展具有客观规律的论点，魁奈在论证再生产现象时使用的理论和方法，以及"百科全书派"那些哲学巨匠们的著述，都迸发出许多辩证法的火花。

第三节　理性政治学说

一、人权理论和法制思想

在启蒙思想家的笔下，理性就是人的悟性，即人对周围客观世界的思考和判断。他们完全摒弃了自古以来束缚人们的一切制度和观念，用人的理性去重新衡量并评价一切。既然把人的理性而不是神的意旨提到至高的地位，那么人的自然权利也就必须排斥传统的王权、神权和特权，而成为神圣的权利。

关于人道主义和人权的学说虽然早已出现，但是从没有任何人在对这一问题的阐述上达到 18 世纪启蒙运动的理论高度。启蒙思想家们对人权提出了各种各样的解释。根据他们分别提出的论点，人权的概念包括生存权、自由权、追求幸福权、财产权、保卫自身安全权、以暴抗暴的反抗权等等。同时，人也要有遵守社会契约、服从法律、不得损害他人自由等义务。各个思想家对人权的解释虽然不尽相同，但是在自由、平等、安全、财产等概念上是一致的。同时，他们还一致认为，权利是生而具有的，并不因出身不同而有差异。这就是天赋人权的理论。正是基于这些理论，他们都把专制制度、暴君统治和贵族专横视为人权的大敌。于是，宣传人权理论和批判专制制度便成为相辅相成的思潮。

在人权问题上取得最高成就的是卢梭。他的人民主权学说将人权理论提高到了一个新的境界。他解释说，人民主权就是指人们的共同意志是社会中的最高权力。共同意志就是全体公民根据自身利益所制定的社会契约。所以，在卢梭那里，人民主权、共同意志、社会契约实际上是同义语。这个来源于人民的最高权力，是不得分割、不能转让、不受限制和不可侵犯的。在人民主权之上，决不允许再设立一个指挥者。在社会契约中，个人是享有主权的一名成员，因而他是自由的。任何人都可以有自己的意志，但又必须服从共同意志，决不允许以个人的自由去损害他人的自由。就是说，在服从共同意志上，人人都是平等的，因而也

---

❶　《马克思恩格斯选集》第 3 卷，359 页，北京，人民出版社，1995。

是自由的。如果有人违反这一点，那就是侵犯共同意志，社会契约就要强制他服从，即"迫使他自由"。

根据这一原理，卢梭在论述人民主权与法律的关系时提出了以下一些基本论点：人人都有权参与立法，也有义务服从法律；人人都受到法律的保护，又都要守法；法律决不准许将特权授予任何人，任何人擅自发号施令也决不构成法律；发现弊端时，人民有权修改法律。这几点就是卢梭关于在法律面前人人平等理论的具体内容。显然，这些主张是有强大生命力的。

在论及人民主权与政府官员的关系时，卢梭写下了这样一段话："行政权力的受任者绝不是人民的主人，而只是人民的官吏，只要人民愿意就可以委任他们，也可以撤换他们；对这些官吏来说，这绝不是订立契约的问题，而只是服从的问题；而且在承担国家所赋予他们的职务时，他们只不过是在履行自己的公民义务，并没有为个人争条件的任何权利。"随着行政权力的扩大和政府官职对人们诱惑力的增强，人民就应该掌握更大权利去约束政府。

卢梭对人权的敌人即贵族特权，也进行了尖锐的批判。他在小说《新爱洛绮丝》中，借书中一位开明贵族之口痛骂顽固派贵族，写道："在一个国家里，贵族只不过是有害而无用的特权。你们如此夸耀的贵族头衔有什么令人尊敬的？你们贵族对祖国的光荣、人类的幸福有什么贡献?! 你们是法律和自由的死敌。凡是在贵族阶级显赫不可一世的国家里，除去专制的暴力和对人民的压迫以外，还有什么？"

所有启蒙思想家都一致认为，既然贵族政治是扼杀人权的，那么能够给人权以保障的只有法律。封建特权是以门第和地位为依据的，某一权贵的意志就可以在其所辖范围内决定权利的分配，君主则在全国有决定权。因此，封建特权总是以权贵者即居统治地位的人作为标志，也就是人治。而人的自由只能靠法律来保障，一切按立法办事，从中扬弃人治的因素。

人们为保护自身利益和追求幸福而订立社会契约；为维护契约的权威就要制定强制性的法律；法律既是维持人权的需要，它就只能是世俗的，而不是上帝意志的体现，因而立法的基础是人的理性；法律保护一切守法者，惩办任何违法者，在法律面前人人平等；在国家中法律是至高无上的，没有比法更高的权力。这一切就是启蒙运动中提出的法治观念的主要含义。用以法律为标志的国家权力取代以君主、贵族为标志的封建特权，是资产阶级法学兴起时的核心要求。孟德斯鸠在建立资产阶级法学理论上，做出了杰出的贡献。

孟德斯鸠把法视为事物内在规律的体现，完全抛开了神权与特权。他明确提出"一切存在都有它们的法"，上帝有上帝的法，物质世界有物质世界的法，人类也有自己的法，那就是理性。既然人类的法是人的理性的体现，那么它的本质也就应该是维护人的权利。孟德斯鸠在政法学说上的重大贡献之一，就是他在洛克的分权论的基础上，提出了政体分类说和三权分立说。他按照掌权人数的多寡，划分出三种政体，即共和政体、君主政体和专制政体。孟德斯鸠坚决否定专制政体，认为君主政体最好。他说，在共和政体下有可能人人都追求私利，只热衷于金钱而不热心于公共事业，也不关心政府。在君主政体下由于奉行荣誉的原则，可以把政治团体的各个部分联系起来，"人人自以为是奔向个人的利益，实际上却达成了公共的利益"。在君主制下办事效率也比共和制下为高。不过，作为君主则必须"温和"、"明智"，法律上要"轻刑宽和"，经济上要"不横征暴敛"，注意发展工商业。

为了防止这种君主政体蜕化为专制政体，孟德斯鸠阐述了三权分立的学说。洛克的分权论指的是立法、执行、对外三种权力。孟德斯鸠则总结了国家演变的历史和现状，提出了带有普遍性和实际意义的立法、行政、司法三权分立的主张。他认为，这三种权力在任何国家和任何政体下都是存在的，问题的关键在于集权还是分权。只有三权分立，才能互相制约，使公民的自由得到保证。这三权之中，立法权是关键。立法机构应是公民选举产生的代议机关，能够表达民意。由它所立的法律具有最高的权威。行政机关是执行者，君主也必须依法而治。司法机关负责维护法律的尊严。孟德斯鸠的这些论述，构成了他对资产阶级君主立宪制的一套较完整的设想。

二、崇尚自然，提倡科学

"知识就是力量。"这是培根的名言。在18世纪法国启蒙思想家那里，它得到了发扬光大。多少世纪以来占有绝对统治地位的封建王权、神权和特权，其存在的重要前提之一，便是人们的愚昧和迷信。批判蒙昧主义，破除迷信思想，乃是启蒙运动之所以称为"启蒙"的重要原因。而要做到这一点，最锐利的武器莫过于科学。以科学原理揭示和解释自然现象，就成为启蒙运动的重要组成部分。

狄德罗令人信服地论证了除去物质宇宙之外，再也不存在任何别的实体。他向人们揭示出，大自然物质实体是既不能被创造，也不能被消灭的。这就排斥了所有关于"造物主"的说教。启蒙运动引导人们从迷信上帝转向崇尚自然。毕封则对大自然作出了唯物主义的、在当时是最接近于科学的解释。他在《自然史》中专门论述了地球形成史。他与"创世纪"的神话针锋相对，提出地球原是从太阳分裂出来的火团，经长期冷却之后才形成的。地球上各类物质的形成和发展，都经历了很长时期的演变。最先有了植物，又有了动物，最后才有了人。人类的发展并不是顺应神意，而是完全依靠在生产活动中积累的经验和增长起来的才智。他说："今天大地整个面貌都留有人力的烙印……大自然所以能全面发展，所以能够达到今天我们所看到的这样完善和辉煌，完全是靠了我们的双手。"毕封的各种结论基本上都是在研究了大量实物和标本之后得出的，对后来的地质学、生物进化理论产生了重大影响。达尔文在《物种起源》一书的序言中便提到了毕封的研究成果。

此外，伏尔泰在《哲学通讯》《牛顿哲学原理》等著作中，也写了许多自然科学的成就。狄德罗主编的《百科全书》，全名是《科学、艺术和手工艺详解辞典》，也包含了大量自然科学的条目。不少著名科学家，包括在世界化学史上占有重要地位的拉瓦锡，都是百科全书的撰稿人。

启蒙运动就是在自然科学发展到一定程度的背景下产生的，启蒙学者中也包括不少科学家。有着科学依据的理性学说和唯物主义哲学，也就具有更加强烈的战斗性和生命力。

三、描绘未来社会的蓝图

启蒙思想家们对于封建制度必然灭亡和理性社会一定实现充满了信心。他们相信理性的力量，相信当时处在被压迫状态中的第三等级即平民的力量。卢梭的教育小说《爱弥儿》就描绘了一个贵族子弟（爱弥儿）在理性教育下如何成为尊奉平等原则和信仰理性的人的过程。表明理性的力量能够战胜血统的高贵，扭转人的成长道路。博马舍则以更为尖锐的笔法表现出第三等级的"小人物"要比贵族老爷们强有力得多。他在《费加罗的婚礼》一剧中为该剧主人公、为生计而奔波劳碌的费加罗，安排了一段自白，以仆人的身份去谴责、挖苦他的贵族主人。费加罗说道："因为您是个大贵族，您就自以为是伟大的天才！门第、财产、爵位、高官，这一切使您多么扬扬得意！您干过什么，配有这么多享受？除去在从娘胎里走出来时用过一些力气之外，您还有什么了不起？……至于我呢，湮没在无声无息的广大人群之中，仅仅是为了生活而施展出来的学问和手段，就足够统治整个西班牙一百年还有富余。您居然想跟我来争夺果实！"费加罗宣称，贵族老爷们"本事平常，但只要会爬，就什么地位都爬得上去"。博马舍笔下显示出的这种锐利的气势，使得国王路易十六也十分震惊。他在读过剧本后惊呼："这个人嘲笑国家中所有一切应该受尊敬的事物。这个剧本上演就会产生危险，它会导致拆毁巴士底狱！"

对实现理想满怀信心的启蒙思想家们，积极地为将要取代封建制度的新社会提出了种种设想。重农学派的经济学家提出了关于推动社会经济发展的新的构思。该学派创始人魁奈提出了唯有农业才能创造"纯产品"的理论，作为自己学说的核心。他所说的纯产品是指扣除了生产过程的一切消耗和费用之后多余出来的产品，也就是全部剩余产品。这是一种净收入。由于魁奈坚持只有农业才能创造纯产品，故而称为重农学派，包含有"自然的赐予"之意。按魁奈的说法，工业和商业只是对自然（土地）赐予之物进行加工和流通，并不能创造出纯产品。据此，他认为社会上存在着三个阶级。从事农业的人，包括农场主和工人，是生产阶级；那些土地所有者以及依附于他们的家仆，还有君主和一切领取薪俸的官员军人，收取什一税的教会人员等，都不事生产却又要占去很多纯产品，可统称为土地所有者阶级；从事工商业活动的，包括资产者和工人，由于不能创造纯产品，可叫作不生产阶级。魁奈断言，不生产阶级进行加工的只是生产阶级提供的原料，而他们在加工中得到的价值，与他们消耗的生活资料是等值的，而这些生活资料也是生产阶级提供的。不管怎样讲，魁奈在这里还是承认第一、第三两个阶级为生产者与加工者，都是有贡献的。只有第二个即土地所有者阶级，完全是不劳而获的。

正是根据这种纯产品理论，魁奈在其代表作《经济表》中，第一次阐述了再生产理论。他描述了三个阶级之间在得到纯产品后资金互相流通的走向，说明了生产阶级最终能够通过出售生活资料收回资金，保证下一个生产过程。恩格斯在《反杜林论》中称魁奈的再生产理论在当时是天才的发现。

魁奈既然将土地所有者阶级划为不事生产、不劳而获的阶级，所以他就此引出了十分重要的结论：土地所有者阶级终日游手好闲，却以收地租的方式占有了纯产品，那么他们就应该担负国家的全部税收。生产阶级和不生产阶级则应被免除纳税的义务，以便更好地维持再生产过程。不仅如此，国家还应该取消他们的干预政策，放弃工业法规，废除行会制度，倡导自由竞争和自由进行对外贸易。马克思在《资本论》中就曾指出，重农学派名为重农，其实是为资本主义工商业鸣锣开道的。魁奈的主张明显地反映出早期资产阶级经济学说的反封建特点。他提出的不干预工商业的理论，就是经济自由原则。这正是当时资产阶级在经济上追求的理想。

其他启蒙思想家也有许多人提出了要纳税平等、给工商业以发展的自由等等主张。例如孟德斯鸠提出在君主制政体下推行不横征暴敛和发展工商业的政策，伏尔泰在小说《如此世界》里把社会发展的希望寄托在企业主身上，博马舍在剧本《两友人》中对包税人表示敬意等等。

在政治上，启蒙思想家们对政体的设想是很不一致的。伏尔泰、毕封等倾向开明君主制，孟德斯鸠和"百科全书派"的大多数哲学家们主张君主立宪制，卢梭则坚持共和制。但是，他们在实行法治这一点上是没有分歧的。反对专制特权，确立法的最高地位，实行代议制度和分权原则，国家应保障公民自由权利，不以出身而以才干选拔官员，取消教会特权等等，都是启蒙运动中提出的政治原则。历史证明，这些原则都是资产阶级藉以立国的根本指导原则。

启蒙思想家关于未来社会的各种设想，经过实践的检验，绝大多数是行之有效的，空想成分很少。这是十分难能可贵的。

综上所述，18世纪法国启蒙运动中宣传的带有辩证法因素的唯物主义思想，解放思想并敢于否定一切腐朽事物的勇敢精神，保障人权和实行法治的主张，崇尚知识、提倡科学的态度，以及对未来理性社会的种种设想，都已超出了国界，跨越了时代，有着非常广泛而深远的影响。这些伟大的启蒙思想家在人类历史上写下了光辉的篇章。同时，他们卓越的见解也为法国大革命和随后而来的欧洲革命高潮奠定了思想基础。

第四章 英国资产阶级革命

第一节 革命的爆发

进入 17 世纪后，英国资本主义发展与封建统治之间的矛盾已十分尖锐。封建王朝的重税政策和向资产阶级强行借贷金钱，否则就任意捕人的粗暴做法，给资本主义发展带来极大损害。尤其使资产阶级不能容忍的是王室优惠购买权和专卖特许权制度。王室依恃特权廉价强行购买商品，又以高价转手出卖，侵犯资产阶级利益又鱼肉人民群众。专卖特许权则是王国政府对资产者高价出售的营业特权。凡以巨金购得特许状的商人便成为特权商人，有了垄断某种商品经营的权利。这些制度显然是人为地对资本主义自由发展设置障碍。

在土地制度上，新贵族圈地后已实行资本主义经营方式，但却继续受到封建骑士领地制的约束。新贵族作为资产阶级地主，还要向国王缴纳骑士捐，接受骑士领地制之下国王对臣属的所有特权。

在资本主义工商业和资本主义农场经济都发展到相当水平之后，冲破这些封建性限制已成为当务之急。而要做到这一点，资产阶级和新贵族首先要得到相应的权力。这就必然会引起政治冲突和意识形态领域的斗争。

从 1603 年起，统治英国的是斯图亚特王朝，国王是詹姆斯一世。詹姆斯一世是王权至上论者，奉行"王权神授"的信条。他强调国王是上帝的代表，"是国王创造法律，而不是法律创造国王"。于是，随着斯图亚特王朝统治的建立，专制王权同国会之间的矛盾就加剧了。英国国会是从 13 世纪产生的"大会议"演变而来，分上下两院。上院由国王任命的大贵族组成，下院则选举产生。下院有批准征收新税等财政权力。17 世纪时，新贵族和大资产阶级的代表在下院中已占有大量席位。这就形成了资产阶级、新贵族以国会为阵地，封建贵族和高级教士以王权为总代表，双方尖锐对峙的局面。

与此同时，意识形态领域中的冲突也日益具有了政治色彩。在英国革命时期，资产阶级在意识形态方面举起的是宗教旗帜。当时，英国的国教是圣公会教。这是 16 世纪初国王亨利八世进行宗教改革时建立起来的，用以取代天主教。亨利八世没收了天主教会的全部财产，主要是数量巨大的土地，并将其出售给贵族、官吏和商人们。他又以圣公会为国教，使自己取代罗马教皇，成为国内的宗教领袖。正由于他仍然以圣公会作为自己统治的精神支柱，所以在号称新教的圣公会教中，继续保留了大量天主教残余。在这种情况下，清教运动兴起，意即清除国教中的天主教残余。清教反对国王主宰教会，也反对主教制度，要求教徒自己读圣经，自己领悟上帝的"启示"，直接与上帝"交流"。这反映出清教对绝对君主制度的否定。清教还强调"勤俭"，主张以勤奋去"获得财富"。这正是资产阶级反对封建限制，要求经济自由的呼声在教义形式下的表现。这样，清教教义就自然地成为资产阶级、新贵族进行反封建斗争的现成思想武器。清教徒成分比较复杂，主张并不完全一致。一些人倾向温和，虽然反对主教制，但又提出以选举产生的长老来取代国王任命的主教，因而组成了长老会教派。倾向于激进主张的人反对这种做法，坚持要教徒独立去体会上帝的意旨，组成了独立教派。随着反封建斗争的日益激烈，教派就逐渐演变成政治派别。在国会中起来向王权做斗争的人们，也就有了长老会派和独立派之分。前者常常反映大资产阶级和上层新贵族的态度，政治上较为温和；后者则反映出中等有产者的愿望，态度较激进。不过，开始时他们是共同进行斗争的。

国会同王权的冲突，最经常地表现在财政问题上。王室入不敷出的财政状况使它不得不要求国会下院同意征收新税，而国会中的资产阶级代表则早已痛恨王室的重税政策和一系列阻碍工商业发展的措施，因而总是拒绝它的要求。结果，国王便解散国会，再召开新国会。革命爆发之前，这种召开国会，因要求被拒绝又解散国会的现象，周而复始地重演过多次。1625 年詹姆斯一世死去，其子即位称查理一世，倒行逆施更超过乃父，使矛盾进一步尖锐起来。1628 年召开的国会，针对这一情况通过了《权利请愿书》。请愿书要求，不经国会同意，王国政府不得强行向人民征税或借债；不依据法律，未经法院判决，不得逮捕任何人或剥夺其财产，等等。这个文件体现出，资产阶级、新贵族坚持国会在税收问题上享有限制王权的权力；在人身问题上，法律的地位要高于一切。这些要求都具有纲领性，在一定程度上表现出国会要做国家的主宰。国会表示，以向国王拨款 35 万镑作为他接受请愿书的条件。查理一世勉强接受了请愿书，但是矛盾并未得到解决。1629 年查理一世悍然解散国会，开始了长达 11 年之久的无国会统治时期。在这个时期内，查理一世独断专行，完全抛开了《权利请愿书》。他支持大主教洛德残酷迫害清教徒，使大批清教徒逃亡国外。他还对臣民巧立名目，敲诈勒索，恢复若干世纪以来已经废弃了的税收。尤为严重的是，他将大量人民生活必需品也列入商品专卖制的范围，造成许多工业部门生产萎缩，市场上物资短缺，物价高涨，人民群众受害极大。

当时，查理一世的反动政策，特别是他的宗教政策，也推行到了由他兼任国王的苏格兰❶，结果激起了 1637 年苏格兰起义的爆发。1639 年，苏格兰起义队伍攻进英国。为镇压起义，查理一世急需筹措军费，因而被迫于 1640 年 4 月召开新的国会。在经过 11 年无国会统治期后召开的新国会里，资产阶级和新贵族的代表以愤懑的心情对国王的暴政进行了猛烈抨击。查理一世很快又解散了国会。新国会只存在 3 个星期，史称"短期国会"。

国王的专横激怒了群众，伦敦人民举行了大示威，并冲进大主教洛德的住宅。苏格兰起义也在进一步发展，于 8 月发动了更强大的攻势。查理一世走投无路，只好在 11 月 3 日又召开了新国会。这届国会存在 13 年多，史称"长期国会"。

"长期国会"的召开是革命开始的标志。因为一切革命的根本问题都是政权问题。长期国会一开幕就表明它决意要取得国家政权。它超越议政、批准税收等职权范围，通过决议，要逮捕并处死国王的宠臣斯特拉福伯爵。斯特拉福对无国会统治期的许多暴政负有责任，民愤极大。国会的决议得到了群众的支持。查理一世被迫无奈，批准了这一决议。1641 年 5 月斯特拉福被处死。

长期国会继续斗争，以使自己真正成为国家最高权力机关。它通过决议，限制国王解散国会和干涉国会事务的权力；迫使国王撤销了过去用来迫害反对派和新教徒的星法院和高等法院；又迫使查理一世取消了自他即位以来扩大的那部分商品专卖特许制度，等等。

经过几个回合的斗争之后，长期国会终于在 1641 年 11 月 22 日通过了资产阶级革命的纲领性文件——对国王的《大抗议》。这个由 294 项条款构成的文件，历数了国王在世俗、宗教、政治、经济、外交等各方面决策中所犯的过失，提出了废除各种封建特权，进行改革的要求。在各项要求中，最重要的是第 120 与 197 两项条款。一是重申国会下院要掌握税收、拨款等财政决定权；一是要求国王只能从"国会有根据相信"的人中任命大臣和高级官员。按国会的选择任命官员，就意味着内阁与国会一致，对国会负责。这已影影绰绰显露出要建立责任内阁制的趋向。因此《大抗议》是一个夺权的纲领。

在国会与王权的斗争中，其焦点始终围绕着权力问题。由于事关政权由谁掌握，所以双方都没有妥协的余地。查理一世坚决拒绝了《大抗议》，决定对国会进行镇压，而且点名要逮捕皮姆等 5 名激进的议员，遭到了国会的拒绝。1642 年

---

❶ 当时苏格兰和英格兰尚未合并为一个国家。斯图亚特家族原是苏格兰王室。因詹姆斯是都铎家族后裔，故 1603 年都铎王朝伊丽莎白女王死后得以继位。

1月5日，他亲自带兵前去捕人，因受到伦敦人民的武装抵抗，目的未遂。暴怒的查理一世于1月10日从伦敦出走，来到北部地区封建势力较强的约克城，开始招募军队，准备以武力扑灭革命。国会方面也决定建立自己的军队。8月，查理一世向国会宣战，内战爆发。

第二节　内战和社会改造

随着内战的爆发，长期国会成为交战的一方，同时也就成为革命阵营的最高权力机关。资产阶级、新贵族以及一切反封建的劳动阶层，都站在国会一边。国会在经济比较发达的东南部地区得到了相当广泛的支持。查理一世作为国王，名义上仍是国家元首。但是他的拥护者除旧贵族、国教教士之外，主要是西北部封建传统较强地区的群众。不过，由于国王军中以许多青年贵族为骨干，其军事素质明显胜于国会军。

当时，长期国会的领导权掌握在长老会派手中，而长老会派是较为温和的政治派别。他们一方面同国王军交战，另一方面却还没有破除正统主义观念，只是想迫使国王就范，并没有完全摧毁王政的决心。在最初的军事行动上，国会军经常是打败仗的。除去军事素质差的原因之外，心理上的障碍也是重要原因。1644年11月国会在讨论战场形势时，作为前线指挥官之一的曼彻斯特伯爵就公开表示，国王是不可战胜的，因为这是"上帝的意志"。对此，独立派及其领袖克伦威尔进行了激烈的谴责。

克伦威尔出身新贵族，是坚定的革命家。他力主在战场上要打败国王，使国会军取得完全的胜利。他自己招募了一支主要由自耕农和城市平民组成的军队。这支军队都是虔诚的清教徒。按照克伦威尔的要求，军队中纪律严明，士兵不苟言笑，作战时唱圣歌冲锋，表现出勇敢精神。由于这支军队勇敢善战，在国会军屡遭败绩之时，唯有它不断取得胜利，故而被称为"勇士军"。1644年7月在马斯顿草原的会战中，"勇士军"大败王党，取得了开战以来国会军的首次重大胜利，开始扭转了战局。不过，在全局上，国王军还占领着全国约3/4的地域，"勇士军"的胜利使克伦威尔在国会中的地位大为提高。在战场失利的压力下和独立派的强烈要求下，国会终于作出了新的具有转折意义的决定。1644年12月通过了《自抑法》，规定具有国会议员身份的人一律辞去在军队中的职务。这就使长老会派的势力撤出了军队，军事指挥权转入独立派手中。1645年1月国会又通过《新模范军法案》，规定整个国会军均按"勇士军"方式进行改组，使独立派的建军原则在全军得以贯彻，从而使战斗力显著提高。1645年6月国会又决定要克伦威尔以议员身份留在军中，使军队有了得力的统帅。

军队的改组立即收到了实效。1645年6月国会军与国王军在纳斯比会战，取得全胜。此后，战局急转直下，国王军一败涂地。到1646年7月，国会军取得全盘胜利，查理一世也被囚禁。然而，斗争并未就此终结。

被囚的查理一世仍在进行活动，并且同在苏格兰掌权的长老会派右翼达成协议，由苏格兰出兵帮助查理恢复权力，解散国会军；而查理则要在英国树立起长老会派教会的统治地位。1648 年春，王党武装重新掀起叛乱，苏格兰也派出了军队。于是又开始了第二次内战。已经取得第一次内战胜利的革命军队是强大的。他们在第二次内战中很快便打败了王党，于 9 月攻下苏格兰首都爱丁堡。查理一世再次成为革命者的阶下囚。到年底，战争以国会军的完全胜利而结束。

在内战期间，长期国会颁布和施行了一系列反封建法令，对整个国家进行了资本主义的改造。首先是对旧国家机构的改造。内战前长期国会便已迫使国王取消了星法院和高等法院。内战开始后，国会又废除了过去国王的主要行政机构枢密院，并且提高了国会下院的地位。在地方上则建立了新的行政委员会取代旧政府。

在经济领域做出的成绩更大。国会在 1643 年 3 月 27 日和 9 月 21 日先后颁布法令，没收国教即圣公会的全部地产、内战中公开与国会为敌的贵族的地产和王室领地。1646 年又决定出卖没收来的大主教和主教的地产，后来又宣布出卖全部已没收的封建地产。购买地产的人中，以资产阶级为最多，其次是新贵族、官员和少数富裕的农民。这是适应资本主义发展的财产再分配。

尤为重要的是 1646 年关于废除骑士领地制的法令。据此，彻底废除了一切土地所有者因领有土地而对国王担负的封建义务，首先是骑士捐。这就使他们的地产从封建性的有条件的等级所有制转变成了资本主义性质的无条件绝对私有制。这是生产资料所有制性质上的根本变革，摧毁了整个封建制度的根基。新的所有制为圈地活动提供了自由的条件，使新型资本主义农场制经济得到了不受限制的发展环境。

以废除骑士领地制的政策来解决土地问题，对农民是不利的。农民不仅没有得到土地，而且面临着即将到来的圈地高潮。然而，解决土地问题的科学含义是指将土地所有制的性质从封建主义的改造成为资本主义的。它并不包含必须给农民分配土地的内容。马克思指出，在农业中的真正资本主义的生产方式，"是以农业劳动者被剥夺土地并从属于一个为利润而经营农业的资本家为前提"❶。

在保障工商业发展上，长期国会在内战前就已迫使查理一世取消了他所实行的专卖特许制，王室优惠购买权也被取消了。随着内战的开始，王室强行借贷等现象也消失了。资本主义工商业得到了自由的发展。

但是，长老会派的经济政策还带有一定程度的排他性，表现出它主要是代表大资产阶级和新贵族的利益。为维护特权商人和海外贸易公司那些大股东的利

❶ 《马克思恩格斯全集》第 46 卷，694 页，北京，人民出版社，2003。

益，它保留了查理一世以前的专卖特许制，海外贸易公司，以及包税制度，而且继续征收较重的间接税。在出卖没收来的封建地产时，它没有接受独立派关于分成小块出卖，价格低廉一些的主张，坚持大块出售，使有产者得利。

在宗教政策上，长期国会废除了主教制度，实际上以长老会派教会取代了国教圣公会，只是没有使用国教的名义。

综上所述，长期国会对封建旧英国的改造是全面的，包括了从经济基础到上层建筑的各个方面。正因为如此，英国资产阶级革命才成为英国开始进入资本主义时代的标志。但是，从当时的形势来看，仅仅做到这些却还不足以夺取革命的胜利。查理一世为首的封建势力并不甘心失败，苏格兰的长老会派右翼又同查理一世勾结在一起，对革命构成了威胁。第二次内战的爆发证明了这一点。此外，革命队伍内部更激进的派别和下层群众，也对革命的进展感到不满。他们反对长老会派政策的排他性，在经济和政治方面都提出了进一步的更具有民主性的要求。在这方面，平等派的活动最引人注目。

平等派是小资产阶级民主派，形成于第一次内战结束之时，是由于对长老会派的排他性政策不满而组织起来的，主要活动在军队之中。平等派的领导人是利尔本。平等派奉行主权在民学说，要求建立实行普选权的一院制民主共和国。在共和制度下，公民享有言论、出版、集会和信仰的自由。在社会经济方面，彻底废除专卖特许制度和垄断贸易公司，取消教会什一税，减轻税收，救济贫民，保障人身和私有财产的不可侵犯，将地主已圈占的公有土地归还给农民。显然，这都是资产阶级民主主义的要求，反映出小资产阶级要分享革命成果的强烈愿望。

由于平等派主要是在军队士兵群众中开展活动，所以在国会中掌权的长老会派便把军队视为眼中钉。同时，军队还是独立派的支柱，长老会派要将自己的政敌独立派压下去，也不能容忍这支军队的存在。于是，他们借口内战已经结束，于1647年2月操纵国会通过决议，将军队解散。这就激怒了军队。在平等派士兵群众的极力支持下，执掌军权的独立派召开全军会议，通过了军官与士兵的《庄严协议》和《军队宣言》，宣布抵制国会的决定，并且提出要解散国会，改革选举制度，选举新国会，保障出版、请愿等自由，以及士兵有权过问国事等要求。8月6日军队开进伦敦，清洗了长期国会中11名长老会派的首要分子。

独立派的地位加强了，他们依靠平等派士兵的支持挫败了长老会派，但却没有接受平等派的要求。在军队开进伦敦时发表的《军队提案纲要》中，明确排斥了实行共和制的主张和建立一院制国会的要求，仍然宣布保留君主制和上议院，实行有财产资格限制的选举制度。这自然引起了平等派的不满。10月，平等派在军队中提出了全面阐述自己主张的文件《人民公约》。10月底，平等派士兵代表和独立派军官们在军队会议上发生了激烈争执。争论的焦点就是政体问题和选举制度问题。鉴于独立派固执己见，平等派士兵于11月中旬举行了大示威。独立派则坚决予以镇压。

就在这时，第二次内战的危险显露了出来。克伦威尔也截获了查理一世送给苏格兰的密信。在共同的敌人面前，独立派改变了态度，与平等派建立合作关系，以协力打败王党。1648年4月，双方达成协议，在胜利后审判查理一世，实行《人民公约》中提出的各项要求。随着年底胜利的到来，军队在12月6日清洗了不久前重新被长老会派控制的国会，只余下50人左右的议员，被称为"残阙国会"；接着又对查理一世进行了审判，于1649年1月30日将他作为"暴君、叛徒、杀人犯和国家敌人"处死；3月宣布取消国会上院和废除君主制；5月间正式宣布英国为共和国。

共和国的成立是平等派纲领的一个胜利，表明在改造旧英国的道路上又走出了更远的一步。但是，1649年暂时实现平等派的主张只是一时的斗争需要，是为保证第二次内战胜利而采取的临时措施。因此，在对封建旧英国的改造方面，这是一种超前的步骤。在战时环境里这是必要的，有它不可磨灭的功绩。但是它不可能长久保留下去。

第三节　独立派共和国

正由于建立共和国是特殊环境造成的，因而共和国也就不可能像平等派设想的那样，实行主权在民的原则。马克思说："在革命之后，任何临时性的国家机构都需要专政，并且需要强有力的专政。"❶ 英吉利共和国在克伦威尔领导下，实行的就是一种集权式的专政。它为了巩固刚刚诞生的资产阶级和新贵族的政权，在推行各项政策时基本上采取了高压的形式。这在当时是必要的，因为共和国还面临着种种威胁，包括封建势力复辟的威胁和下层群众以及殖民地人民进行反抗斗争的威胁。于是，独立派把持的共和国政府，便以暴力镇压的手段去消除各种威胁。

随着共和国的成立，平等派的纲领局部地得到实现。但是，就在建立共和国的过程之中，掌权的独立派已开始压制平等派的活动。还在1649年2月，利尔本就发表《揭露英国的新枷锁》一书，并以此作为请愿书送交国会。书中对独立派新建立的行政机关国务会议进行了抨击，认为国务会议有可能消灭国会并演变成专制的机构。3月他又发表《揭露英国的新枷锁》第2部，要求国会保障人民的权利免受军官们的侵犯，矛头已指向独立派。此外，还指责国会没有改善人民生活状况，要求尽快实现《人民公约》。独立派政府逮捕了利尔本和其他一些平等派领导人。不满的群众于3月底和4月初两次将数万人签名的请愿书送交国会，要求释放被捕者。5月上旬，平等派士兵发动了起义。一支起义部队发表宣

---

❶　《马克思恩格斯全集》第5卷，475页，北京，人民出版社，1958。

言说，要"将英国从刀剑的政权下解放出来"。这次起义很快被镇压下去。秋季，再一次发生了平等派起义，又被镇压下去。

在镇压平等派运动的同时，克伦威尔政权还镇压了爱尔兰的民族运动。爱尔兰是英国的第一个殖民地。英国革命爆发后，爱尔兰人于1641年趁机举行起义，宣布脱离英国而独立。由于英国很快爆发内战而未能前去镇压。1649年英吉利共和国成立，王党势力就与爱尔兰天主教势力勾结起来，从事复辟活动。这就使远征爱尔兰之事提上了日程。

1649年8月，克伦威尔率军在爱尔兰登陆。爱尔兰人进行了顽强的抵抗。征服战争持续了3年，到1652年5月英军终于控制了爱尔兰全境。英国征服者全面地没收爱尔兰起义者的土地，将其中一半作为战利品分给了军队，另一半则用来偿付国债，基本上落入债权人伦敦大富商手中。于是，大批军官和英国本土的富商都变为爱尔兰的大地主。克伦威尔本人就得到土地1000英亩。数量众多的士兵也分得一些土地，成为爱尔兰的小地产主。这样，爱尔兰就成了英国地主霸占的地盘，使土地贵族的政治地位得到了加强。

在远征爱尔兰的同时，独立派政府还在国内镇压了带有原始共产主义色彩的掘地派运动。掘地派是在共和国成立之初出现的无地少地农民的群体。他们渴望得到土地，就组织起来开垦荒地，企图在垦荒土地上实行公有制，过平等的日子，因此而得名掘地派。他们则常常自称"真正的平等派"。掘地派的代表人物是温斯坦莱。他曾著书立说，认为人们贫困的根源在于土地私有制，主张建立土地公有、共同劳动、共享劳动果实的社会。这些主张在当时没有多大影响，掘地派运动的参加者人数也不多，其活动又只限于开垦荒地，因而没有引起社会的震动。1651年，政府派军队将其驱散。

以上所述共和国政府对平等派、掘地派运动的镇压和对爱尔兰的征服，都是它实行高压政策压制群众反抗与民族运动的表现，是巩固资产阶级、新贵族政权所采取的措施中的一部分。在执行这些政策的同时，共和国政府对封建王党势力的复辟活动也是严厉镇压的。

共和国刚刚建立，王党分子便在约克郡内聚集力量，策划发动新的叛乱，拥戴查理一世之子查理·斯图亚特（当时住在国外）复辟。部分长老会派分子也参与了这一活动。对此，独立派政权坚决予以打击，逮捕了一批王党分子，分别处以死刑、监禁和流放。为此还设立了惩治王党分子的司法机关。在国内受挫的王党势力又将希望寄托在吸引外部势力进行干涉之上。他们在争取法国干涉未能如愿之后，又同爱尔兰天主教封建势力相勾结。随着爱尔兰被征服，这一计划化作泡影。不久他们又同苏格兰掌权的长老会派订立了协议。按照协议，苏格兰同意出兵帮助查理·斯图亚特复位，查理则许诺在英国确立长老会教派的统治地位。1650年6月查理来到苏格兰。

对此，共和国立即作出反应，决定进行镇压。正在爱尔兰指挥征服战争的克伦威尔于 1650 年回国，亲自率军向苏格兰出击。1650 年 7 月战争开始，1652 年 5 月英军征服苏格兰全境。根据英国国会通过的处理苏格兰法案，没收了苏格兰贵族地主、王党分子和入侵英国者的全部土地，除一部分由军队占有外，多数卖给了英格兰、苏格兰的资产阶级，特别是爱丁堡的资产阶级。征服苏格兰是英国革命者反对王党复辟斗争的重大胜利。

在共和国时期，独立派政府除镇压国内反抗、殖民地民族运动和王党复辟活动，巩固新建立的政权之外，还积极为资产阶级谋取更多的经济利益。当时，被称为"海上马车夫"的荷兰是英国最强劲的海外竞争对手，荷兰商人深入到英国的各殖民地经商，攫取了大量利润。为扭转这一局面，英国政府在 1650 年和 1651 年接连发布了强制性的《航海条例》。条例规定，不经英国政府许可，一切外国人不得同英国殖民地进行贸易；欧洲商品只能用英国船只或该商品生产国的船只运输，方能进入英国；欧洲以外地区的商品则只能用英国船只运载方准进入英国。《航海条例》是对一切与英国有贸易关系的国家，包括英国殖民地（如北美殖民地）所进行的限制，是贸易保护主义的政策。从实际情况来看，由于这项政策而蒙受损失最大的是荷兰，它被完全切断了与英国殖民地的贸易往来，还丢掉了大量海上运输业务。荷兰拒不承认《航海条例》。为此，1652 年爆发了英荷战争。结果，荷兰战败，根据 1654 年签订的和约，被迫接受了《航海条例》。

共和国建立后所经历的国内和国际的种种斗争和战争表明，当时的形势是很不稳定的。对于经过两次内战才得以建立起来的新政权来说，实现局势的稳定非常必要。尽可能地减少从封建主义向资本主义过渡中的动乱，加速这一过渡的进程，也是历史发展的客观需要。事实还证明，共和国完全靠武力才得以压制住各种反抗及敌对的活动。这就使民主共和的政治体制显得不能适应这一需要，建立更加集权的政府形式逐渐被提上了日程。实行集权政治的代表人物也显现出来了，那就是克伦威尔。正是他，亲自指挥了对平等派起义的镇压，对爱尔兰与苏格兰的征服和对荷兰的战争。他成了资产阶级、新贵族的偶像，即使长老会派也宾服这位领袖了。从克伦威尔本人来说，也早已萌发了建立个人独裁统治的念头。1652 年 11 月他就表示过要建立高于国会的权力，他说，由于在国会议员们之上"没有更高的或者平行的政权来审查和指导他们的行动，因而他们就不可能使自己处在正义、法律和深思熟虑的范围之内。所以，必须建立另外的政权，其权力之大和地位之高，足以克服这些弊端，并把事情管理好。否则我们的失败就是无可挽回的"。

就是在上述情况下，克伦威尔于 1653 年 4 月 20 日发动政变，解散国会。12 月 16 日他又宣布自己就任英格兰、苏格兰和爱尔兰的"护国主"，建立起独裁统治。克伦威尔在就任护国主当天公布的《统治文件》，实际上就是护国政治时期的宪法。文件规定，护国主为终身职务，与国会共同掌握立法权，与国务会议共同行使行政权，与军队会议共同具有军事指挥权并担任总司令。一院制国会仍按传统拥有财政权力，但是必须保证3万军队的军需供应。显然，这是独裁式的集权政治的体制。克伦威尔把自己比做一个"好警察"。护国时期全国被分成11个军区，每区派1名高级军官任总督，实行军事统治。

克伦威尔的集权统治使政局得到稳定，对巩固革命的成果是有利的。然而，克伦威尔政权有其脆弱性。他的权力不像正统君主那样是世袭的、"神授"的，而是靠他在革命中的战功而取得的。因此，这一权力主要依靠他个人的威信来维持，这就很难稳固。当克伦威尔于1658年死去之后，政局果然又重新动荡起来。继任护国主的克伦威尔之子理查德·克伦威尔无力驾驭局势，不久辞职。高级军官们争权夺势，无法建立新政权。共和主义者、平等派的残余力量也重新活动起来，农民运动也在重新掀起。

资产阶级、新贵族失去了秩序的维护者克伦威尔，但却决不肯就此而舍弃刚刚建立起来的秩序。他们需要找到稳定局势的新政权和新统治者。但是，当时还没有能够代替克伦威尔的人物担当这一使命，于是就在不得已的情况下考虑由斯图亚特王朝重建政权，附以必要的妥协条件。由于存在若干世纪的君权主义传统的影响，这是当时能够为社会上多数人所接受的唯一方式，可以避免动乱发生。

为此，国会将驻扎在苏格兰的君权主义者蒙克将军及其所部军队召入伦敦，防止发生事变。接着便派代表同查理谈判，达成实行复辟的协议。1660年4月4日，查理在荷兰的布列达发表宣言，宣布他在即位后将大赦一切革命参加者；保护革命中发生的财产权的变化；实行宗教信仰自由的原则，等等。这就意味着承认革命的基本胜利成果。5月25日查理回国即王位，称查理二世，建立起复辟王朝。

第四节　旧王朝复辟和"光荣革命"

复辟是指政权又重新回到原来统治者的手中，并不一定表明整个社会又退回到封建制度之下。1660年的复辟显然是妥协的产物。查理二世是由资产阶级、新贵族"请"回去的，而不是依靠武力打回去的。复辟王朝只是资产阶级政权的一种变通的形式。

资产阶级、新贵族同斯图亚特王室在建立复辟王朝问题上实行的妥协，是在维护革命基本成果的基础上实现的。在复辟后的一段时间里，查理二世在许多方面，特别是在经济政策方面，基本上保持了和国会的协调。复辟时期英国资本主义经济的发展是比较迅速的。1660年国会便通过法案，重申对废除骑士领地制法律的确认，得到了查理二世的批准。此外，还颁布和实行了一系列贸易保护主义的政策。其中包括进一步加强对北美殖民地实行经济限制的法令，禁止羊毛等工业原料出口和某些外国工业品进口的法令，按国内粮价调整进口谷物关税率的《谷物条例》等等。对圈地运动也不再发布禁令。

这说明，此时的斯图亚特王朝已不同于革命前的封建王朝了。然而，它毕竟是原来王朝的复辟，在主观上力图恢复其旧日的权力和重建封建秩序。查理二世登上王位不久就违背协议，宣布参与审判查理一世者均犯有"弑君"罪，不在大赦之列。接着又把"弑君者"的范围扩大到所有革命参加者，要处以死刑。他甚至在1661年底将克伦威尔的尸体挖出，枭首示众。他还背弃承认革命中财产权变化的诺言，下令由政府出钱为被没收土地者赎回其地产。只是由于受到多方抵制，这一法令未能真正实施。

在对外政策上，查理二世实行亲法的方针，而法国是继荷兰之后英国最大的海外竞争对手。这对资产阶级是极为不利的。1662年查理二世竟然将克伦威尔从西班牙手中夺来的敦刻尔克卖给了法国。敦刻尔克是紧靠法国西北边境的重要商业港口，是英商与欧洲大陆贸易的重要基地。查理二世亲法的主要原因是他企图依靠法国宫廷的帮助恢复其绝对君权的统治。他极其羡慕法王路易十四大权独揽的威严和天主教在法国所具有的至高地位。路易十四也乐意于支配查理二世，每年对他给予津贴。1670年法英国王订立密约，商定在英国发生骚乱时，法王将派兵帮助恢复秩序，而英王则答应在英国恢复天主教。于是，查理二世又推行起反动的宗教政策。

复辟伊始，查理二世就着手恢复旧国教圣公会，曾在1661年和1662年先后下令市政官员就职宣誓必须按国教仪式进行；全体教会牧师均须承认国教，从而将两千多名长老会派和独立派的牧师排挤出教会。在同法王订立密约后，查理二世更走上了企图恢复天主教的道路，于1672年颁布了《容忍宣言》，宣布国王有权撤销任何对非国教徒和天主教徒的刑事判决。这种恢复天主教的尝试激起了朝野间的强烈反对。1673年，在国会的压力下《容忍宣言》被撤销。

但是，更为严重的问题是作为王位继承人的查理二世之弟詹姆斯是天主教徒，并且娶了法国的公主为妻。当时他正住在法国。面对这一威胁，国会中有人于1679年提出了取消詹姆斯王位继承权和永远禁止他回国的《排斥法案》，引发了一场辩论。下院中多数议员支持这一法案，被称为"辉格党"；少数议员加以反对，被称为"托利党"。在辩论中，为防止国王进行迫害，国会通过了《人身保护法》，规定不经法院签发拘票不得逮捕任何人，任何被捕者都应按时送法院审理，不得延时拘押。1680年下院通过了《排斥法案》但却被上院否决。

1685年查理二世死去，詹姆斯即位，称詹姆斯二世。这个亲法的天主教国王一上台便废除了《人身保护法》，而且立即降低法国商品的进口税。他急于恢复天主教，任命天主教徒充当高级军官。1687年他再次颁布《容忍宣言》，公开宣布废除一切反对非国教徒和天主教徒的法律。

詹姆斯二世恢复天主教的明显意图引起了各派政治力量的重新组合。由于天主教曾经是在英国占统治地位的宗教，教会拥有巨量的地产遍布全国各地，因此16世纪宗教改革时购买土地的人数也是众多的，而且分属于不同的阶层。詹姆斯二世恢复天主教的企图使所有天主教地产占有者都联合了起来，一致采取反对国王的立场。其中也包括不少国教徒和旧贵族。本来就属于清教运动的大批资产阶级和新贵族的代表人物，反对的态度就更坚决。

在反对恢复天主教问题上走到一起来的各派代表，包括辉格党和托利党的代表在内，终于在1688年共同作出决定，废黜詹姆斯二世，迎立他新教徒的女儿玛丽和其夫荷兰执政威廉为英国女王和国王。根据同荷兰商定的协议，威廉率军队于1688年11月在英国登陆。12月，詹姆斯二世仓皇出逃法国。1689年2月，威廉即英国王位，是为威廉三世。这就是1688年政变，历史上也称之为"光荣革命"，因为它没有流血而获得成功。

"光荣革命"是英国资产阶级君主立宪制度最终确立的标志。1689年3月，也就是威廉即王位后1个月，国会就通过了《权利法案》，明确规定，今后英国国王必须是新教徒，国王要尊重国会的意志，只有得到下院的同意，政府才能够征收新税和招募常备军。这种由国会制约王权的政体，完全是资产阶级性质的国家体制，已经是资产阶级责任内阁制的雏形。君主立宪制的确立对英国资本主义的发展具有极为重要的意义，而且产生了广泛的国际影响。它作为资本主义的政治上层建筑，发挥了对经济基础的积极反作用。它大力支持圈地运动，为资产阶级谋求更多的海外市场，推动金融业发展和继续执行贸易保护主义的政策。1694年威廉三世下令成立英格兰银行，推行国债制度，也是这一方针的体现。马克思评论说："在威廉三世时期由于建立了银行和发行了国债，金融资产阶级的统治初次得到认可，由于一贯实行保护关税制，手工业资产阶级有了进一步发展。"据此，马克思得出结论说："正是随着立宪君主制的巩固，在英国才开始了资产阶级社会的巨大发展和变革。"❶

---

❶ 《马克思恩格斯全集》第10卷，262、265页，北京，人民出版社，1998。

第五章 法国大革命

第一节 旧制度的危机

进入 18 世纪后，法国的封建制度进入了没落时期，即"旧制度"❶ 时期。绝对君主制度在 17 世纪后半期经历了著名的"路易十四时代"，到 18 世纪初盛极而衰，转变为腐朽的反动事物。路易十四的好大喜功和挥霍无度，使得国势逐渐衰微。到其晚年，法国在国际上已开始失去强国地位，而且国库空虚，他死时留下的国债已达 25 亿锂（一说 24 亿锂）。在 18 世纪的几次国际战争中，法国又多次成为战败者，海外殖民地大部分落入英国手中。

旧制度衰落的一个重要表现，是它对资本主义发展的阻碍作用。包税制度和国债制度原是 16 世纪以来封建王朝传统的政策，也是资产阶级与王朝间联系的重要纽带。王朝的财政收入在很大程度上是靠这个渠道来维持的。但是，到 1715 年路易十四死去，其曾孙路易十五继位后，王朝对金融资产阶级开始实行了蛮横无理的敲诈勒索政策。1715 年王国政府计划收税 1.47 亿锂，实际上只收到 6 900 万锂，财政赤字加剧。于是，1716 年就借口惩办投机商和高利贷者，肆意逮捕金融界人士达 1 500 名之多，要敲诈罚款 2 亿锂。因对大多数人的"罪行"查无实据，结果只搞到了 1 500 万锂。但是，这一举动破坏了两个多世纪以来金融资产阶级同王朝的合作关系。此后，封建王朝就常向金融界强行借贷，动辄封闭银行。规模最大的巴黎贴现银行就多次受到政府财政稽查的封闭。

封建专制统治对于工商业资本主义发展的阻碍作用也愈益明显了。16 世纪，

---

❶ "旧制度"一词是 18 世纪末法国革命者对腐朽没落的封建制度所下的形容语。它反映了事物的本质，就作为法国史上的专有名词保留下来。大多数中外史学家认为，这是指 18 世纪。

特别是 17 世纪大力推行重商主义政策时，政府曾颁布许多工业法规，对商品的制作程序与规格做出严格的规定。那时是为了提高商品质量，以扩大出口，起了积极作用。18 世纪时生产技术已有很大发展，但是王国政府仍然坚持这些法规，不准突破。其目的主要是利用这些法规对工业界进行敲诈。凡不符合法规者要没收产品并处以巨额罚款。

税收加重是对资本主义的又一打击。1715—1786 年，直接税从 2 600 万锂提高到 2.29 亿锂，间接税从 6 000 万锂提高到 3.11 亿锂。尤为严重的是国内税卡林立，商品运输中的过路税多得难以统计。而且各城市还要征收商品入市税。频繁的对外战争是税收提高和国债增长的直接原因。而战争的失利又使法国的海外殖民地大量丧失。特别是在 1756—1763 年的七年战争中，法国一败涂地，整个加拿大和印度占领地的绝大部分都被英国夺去。后来因在美国独立战争期间对英作战，为筹措军费使国债增加 20 亿锂，财政濒临破产境地。

上述状况使旧制度日益陷入难以摆脱的危机之中。1774 年路易十五死去，其孙即位，是为路易十六。新国王曾为改变这一状况做过努力。路易十六任命的第一任财政总监是重农主义经济学家杜尔哥。杜尔哥在路易十六支持下进行了一系列改革，曾一度使情况有所好转。然而，杜尔哥推行的具有资产阶级性质的进步改革，遭到了特权等级，尤其是宫廷贵族集团的猛烈攻击。路易十六屈服于显贵们的压力，于 1776 年将杜尔哥免职。为寻求缓和财政危机的出路，又任命来自瑞士的银行家内克继任财政总监。

内克以其银行家的声誉为国库借得了几笔国债，虽缓解了财政开支上的急需，却使赤字更行加大。内克实行节制开支的政策，而且力图压缩王室的开支，免去了宫廷中一些虚职。当时，王室的挥霍无度是国家财政的沉重负担。国王滥肆行赏的用度，每年即达 2800 万锂之多。此外还有绰号"赤字夫人"的王后玛丽·安托瓦内特的开销，包括无休止的服装、首饰费和难以计算的赌本。宫廷中又有惊人数量的领取巨额俸禄的虚职人员。内克的努力是徒劳的。由于他在财政预算报告中暴露了某些宫廷挥霍的实情，在 1781 年也遭到了与杜尔哥同样的命运。他的后继者卡隆、布里埃纳都曾设法改善财政状况，也都未能奏效。

到 1789 年，国债已达 45 亿锂，需付出的利息已同全年财政收入相近。这就说明，财政危机已成为封建制度命运攸关的症结所在。还在 1788 年 8 月，路易十六就重新召回内克二度就任财政总监，企图摆脱困境。但是，旧制度已病入膏肓，内克也无回天之力，只能将希望寄托在召开三级会议之上。

第二节　三级会议和革命的爆发

从 1302 年开始的三级会议，到 1614 年后就不再召开了，反映出绝对王权的加强。自那时以来，第三等级，特别是其中的资产阶级已有很大发展，而特权等级则相对衰弱了。在这种情况下，第三等级对召开三级会议就有了新的愿望和主张。资产阶级希望通过三级会议促使王国政府推行改革，使启蒙思想家提出的一些主张转化为国家政策。城市平民强烈要求减轻赋税和抑制特权。广大农民则要求限制领主们的残酷压榨，因为他们正在遭受"领主反动"❶ 带来的灾难。在这样的情绪支配下，第三等级群众反对三级会议的传统开会方式，要求给第三等级以双倍代表名额，并且要求 3 个等级的代表共同集会，以代表个人投票进行表决，而不是各等级分别集会，以整个等级为表决单位。

内克经过多方努力，终于使路易十六同意给第三等级双倍代表名额。三级会议代表的选举活动便在这样的情况下开始了。当选第三等级代表的以律师为最多，其次是资产者和地方法官，以及地方行政官员、自由职业者等，还包括十几名自由派贵族和教士。

1789 年 5 月 5 日三级会议在凡尔赛王宫的梅尼厅（改名"三级大厅"）正式开幕。由于国王在讲话中表示了拒绝进行改革的态度，第三等级代表便自称"下院"，刻意仿效英国国会下院，进行抗拒王权的斗争。6 月 17 日，根据被第三等级群众选为自己代表的修道院长西哀耶斯的提议，第三等级代表决定成立国民议会，宣布自己是代表 96％以上国民的机构。这意味着三级会议历史的终结，人们已不再承认等级的划分。著名天文学家、法兰西学院院士巴伊被选为国民议会主席。在国民议会中表现突出的代表除西哀耶斯、巴伊外，还有米拉波、巴那夫、夏普利埃、穆尼埃等等。他们是反封建斗争的带头人。西哀耶斯在三级会议召开前发表的小册子《什么是第三等级》，得到广泛的流传。书中明确表达了第三等级要主宰国家的政治主张。米拉波虽然身为伯爵，却在革命爆发前 15 年（1774年）就发表了反封建小册子《论暴政》，公开号召在国王滥施暴政侵犯人民自由之时，为拯救自由，人们就要抵制其命令，"直至夺取他的权力"。

一贯奉行路易十四"朕即国家"格言的波旁王朝，对此是不能容忍的。6 月20 日国民议会的会场被封闭，愤怒的代表们到一个室内网球场举行集会。根据穆尼埃的提议，全体代表在巴伊带领下进行了宣誓。誓词是："在王国宪法制出并在坚实基础上确立起来之前，无论情况需要在什么地方集会，议会都决不解散"。宣誓后，除马丁·多什一人在签字时表示反对外，所有代表都在誓言上签了名。其中包括后来革命的重要领导人罗伯斯庇尔在内。著名的"网球场宣誓"是资产阶级政治纲领已形成的标志。这个纲领的核心就是制定宪法，限制王权，建立君

---

❶ "领主反动"又称"封建反动"。指 18 世纪 70 年代开始的封建领主对农民压榨的突然加强。当时，由于物价高涨，领主所得的固定数额的贡赋相对减少，于是就把若干世纪之前实行过的各种苛捐杂税又恢复起来，故而称为"反动"。这些超经济剥削给农民带来很大苦难，激化了农村中的矛盾。

主立宪制度，以此作为推行改革的杠杆。这是当时资产阶级各阶层代表的一致主张。那时并不存在因政见不同而分立的派系。

网球场宣誓对特权等级代表震动很大，许多接受启蒙学说而具有自由倾向的代表开始站到了国民议会一边。其中包括革命初期的主要领导人、素负自由主义声望的拉法耶特侯爵，以及拉梅特兄弟、迪波尔等等。教士代表中更有百数十名直接加入了国民议会。面对这一情况，路易十六于6月23日召开了3个等级全体代表参加的"御前会议"。他在开幕和闭会时的两次讲话以及发给全体代表的书面训谕中，都表现了顽固的立场。首先，他不准对封建制度有任何触动，声称："所谓财产，朕意是指什一税、实物地租、贡赋和封建义务。总之，是指一切附着于土地和采邑的权利与特权"，这是不可动摇的；其次，他坚持绝对的王权，宣布自己是人民的"真正代表"，"你们的任何草案、任何决议，如不经我的批准，就没有法律效力"；最后，他命令各等级代表仍然分别集会。

国王命令解散后，国民议会的代表们抗命不遵，留下来继续开会。米拉波呼吁："要遵守你们在誓言里说的庄严义务。振作起来，在制定出宪法之前，不允许你们解散"。西哀耶斯提出了"让我们解放自己"的主张。巴那夫提议要通过一些决议，"这些决议的第一项就是宣布你们是什么；第二，关于税收，只有你们才有权批准；第三，要对誓言竭尽你们的职责。这一切都不须王室同意"。于是，会议重申了网球场宣誓的誓言，并且通过决议宣布，现行税收只能维持到本届议会结束之日，此后税收须由正式的议会批准方能有效。这种由议会决定税收的做法显然取法于英国。通过御前会议上的较量使国民议会的斗争纲领进一步明确了。7月9日，国民议会为确切表明自己的使命，实践网球场的誓言，正式改名为国民制宪议会（简称制宪议会）。在这之前，两个特权等级的全体代表都加入了国民议会。因此，制宪议会包括了原三级会议的全体代表。

形势的演变完全打破了王室的本来意图，恼怒的路易十六决意进行镇压。他一方面下令调军队到凡尔赛来，另一方面又把倾向于进行改革的财政总监内克免除了职务。这就激起了革命。自三级会议开幕以来，巴黎人民十分关注会议的进展情况，并热烈支持第三等级代表的斗争。正当巴黎人民为制宪议会建立而兴奋，对进行改革寄予希望之时，7月12日突然传来了内克被免职的消息，最终证明封建王朝是绝不会同意改革的。于是，巴黎人民走上了革命之路。

就在7月12日当天，盛怒的群众当即举行了示威游行。在与军警发生冲突后，游行转变为起义。到7月13日，起义全面爆发并进展迅速。这时，原第三等级选举人❶的代表来到市政厅，利用起义造成的形势，接管了巴黎市政府，市

---

❶ 选举三级会议代表时，第三等级要按两级选举制进行，先选出选举人，再由选举人选出正式代表。

长也接受了。新建的政府称常设委员会。为在巴黎建立起新秩序,常设委员会下令建立自己的武装力量国民自卫军,号召公民参军。这是革命中建立的带有民兵性质的武装。7月17日据拉法耶特提议,决定国民自卫军佩戴红白蓝三色帽徽,其中红、蓝是巴黎城徽的颜色,白是波旁王朝白百合花旗的代表色。到晚间,群众冲进荣誉军人院(又译伤残军人院),夺得2.8万支枪,进一步武装起来。这时,起义者已控制巴黎绝大部分地区。

7月14日,起义者得到消息:政府军已然出动,坐落在巴黎东部的巴士底狱塔楼上的大炮正对准圣安东郊区。圣安东区是巴黎下层群众集中居住区。巴士底狱是关押政治犯的监狱,已成为封建统治的象征。于是,起义群众高呼"到巴士底去",大批冲向这座堡垒。经过激烈战斗,攻克了巴士底狱,后将其夷为平地。

1789年7月14日巴黎人民攻克巴士底狱是法国大革命爆发的标志。巴黎革命的胜利成为一个伟大的信号,迅速点燃了全国革命的熊熊大火。首先,各地城市纷纷效法首都,举行起义,并建立常设委员会夺取政权,组织起国民自卫军。这就是大

攻占巴士底狱

革命中的"市镇革命"。其次,在农村,广大农民也起来暴动,波及全国大部分地区。自三级会议召开以来,国民议会、制宪议会的斗争,尤其是巴黎的革命,在农村中引起了很大的震惊。在长期闭塞的农村里开始广泛流传一种谣言,说贵族们不会善罢甘休,已存在一种"贵族阴谋",要对革命者进行镇压,并且雇佣了外国军队前来屠杀。因有一些人趁机起来打家劫舍,杀人掠夺,于是又盛传"盗匪"要来了,大难将至。结果,人心慌乱,不知所从。这就是法国历史上著名的"1789年大恐慌"。在恐慌心理支配下,再加上对"贵族反动"的痛恨,农民便纷纷造起反来。这场农民大暴动以迅猛的气势动摇了封建统治的基础。

巴黎革命及其后果对路易十六是沉重的一击。迫于形势,路易十六不得不向制宪议会表示,他决定从巴黎郊区撤退军队并召回内克,还宣布要亲自到巴黎去,承认新政权。议会对此报以掌声,并在他之前派代表团到了巴黎。巴黎热烈欢迎制宪议会代表团,当即选举代表团成员巴伊作市长,任命拉法耶特为国民自卫军司令。7月27日路易十六来到巴黎,从市长巴伊手中接受了三色帽徽,表示他批准人民选出的新政府。大革命以迫使国王屈服的结局迈出了胜利的第一步,但日后的路程还很长。

第三节 "八九年原则"❶

随着巴黎革命的胜利，制宪议会成为国家正式的立法机构和革命领导机构，实际上掌握了全国政权。它虽然是由三级会议转化而来，但是在其中起领导作用并具有决定性影响的是君主立宪派。到 1792 年推翻君主制度之前，国家政权一直掌握在君主立宪派手中，而立宪派的成就与过失，基本上都可以从制宪议会的立法和决议中反映出来。在立宪派领导下，制宪议会为改造封建旧制度和奠定资本主义社会的基础，做出了十分重大的贡献。正是通过它，确立了代表整个大革命基本成果的"八九年原则"。

制宪议会第一个重要成就是在 8 月 4 日至 11 日通过的一系列废除封建权利的法令，总称八月法令。8 月 4 日晚，诺阿伊子爵在制宪议会上提议，用赎买的方式废除与土地相联系的封建权利，源于人身的封建权利则应无偿取消。他的动议受到代表们❷的热烈欢迎。接着，夏特莱公爵、维里欧伯爵、夏尔特主教等等原特权等级的代表纷纷发言，提出了废除各种政府弊端和教会、贵族特权的主张。会场情绪十分激昂，以致通宵讨论，形成历史上有名的"8 月 4 日之夜"。根据这一夜提出的议案，从 5 日到 11 日制宪议会连续通过了成文的法令，这就是八月法令。法令第一句话就宣布："国民议会现将封建制度全部加以废除"。规定无条件立即废除的有：残存的农奴制、农民人身劳役、领主的狩猎权、鸽舍权、兔圈权、司法特权和免税特权、教会什一税、地方政府和各种区❸的特权，以及买卖官职制度。还规定：一切公民无论是何出身，均有可担任政府和教会职位的权利。规定以赎买方式废除的有：直接与土地相关的永佃田的贡赋和部分地区加收的实物地租。具体赎买办法将由议会另行立法规定。八月法令无偿废除的封建权利，有不少就是"领主反动"中恢复的权利。至于赎买，也是废除的方式之一，适合当时新政权刚刚建立，应保持稳定的需要；也与这一主张是贵族、教士代表主动提出的这一情况有关。八月法令是很好的反封建法令。

八月法令刚刚通过，制宪议会从 8 月 12 日起又恢复了对《人权宣言》的讨论。当时，代表们已提出了许多宣言草案。最后决定从各草案中选择精华部分，经综合、修改，定为 17 条，于 8 月 26 日通过，即《人权和公民权宣言》（简称《人权宣言》或《权利宣言》）。直到 1791 年 9 月列为宪法前言之前，仍进行过

---

❶ "八九年原则"是革命中人们对 1789 年制宪议会所确立的资本主义基本原则的概括，成为一个专有名词保留了下来。

❷ 整个大革命时期，议会成员均称"国民代表"而不称"议员"。

❸ 法国封建制度下区域划分混乱，有教区、军区、税区（财政区）、司法区，后来又有巡按使区，还有 40 个省。这些区界线交错，各自有其特权，阻碍经济发展。

几次小的修改。宣言阐述的核心是"自然的、不可剥夺的和神圣的人权"。宣言强调天赋人权的原理，"在权利方面，人们生来是而且始终是自由平等的"。宣言提出，权利来自国民。权利"就是自由、财产、安全和反抗压迫"。它还宣布了法治原则，"法律是公共意志的体现"，没有比法律更高的权力，"在法律面前，所有公民都是平等的"。法律保护公民的言论、出版、信仰等自由。宣言最后强调"财产是神圣不可侵犯的权利"。《人权宣言》所宣布的人权、法治、保护私有财产等原则，都是资本主义社会最基本的原则。这是一个带有纲领性的文件，是制宪议会的第二个重大贡献。

八月法令和《人权宣言》既破除封建制度，又树立资本主义原则，照此办理必将改变整个社会的面貌。封建势力对此不能容忍。革命爆发后，一批顽固派贵族包括王弟阿图瓦伯爵，就逃亡国外，企图勾结外国势力扑灭革命。路易十六则以国王身份拒绝批准八月法令和《人权宣言》。经制宪议会极力抗争后，他勉强批准了八月法令，但坚决拒绝《人权宣言》。不仅如此，他还下令调军队企图镇压革命。9月底龙骑兵和弗兰德旅团受命开来，引起巴黎人民的震惊。10月1日和3日，路易十六和王后玛丽·安托瓦内特在宫中盛宴弗兰德旅团的军官。10月4日这一消息传到巴黎。当时巴黎面包紧缺，物价高涨，人民不满情绪很强烈。家庭主妇们每天都要在街上排队，等待购买面包。凡尔赛传来的消息无异于火上浇油，群众更加把一切灾难的根源归之子宫廷。于是，以妇女为主体的群众队伍于10月5日开始了向凡尔赛进军。当晚群众来到凡尔赛，6日上午冲进王宫。路易十六批准了《人权宣言》，但是群众坚持要国王到巴黎去。于是，整个王室在群众队伍监视下，当天下午迁至巴黎，住进杜伊勒里宫。接着，制宪议会也迁到巴黎。这就是大革命中的"十月事件"。

"十月事件"加强了巴黎作为革命中心的地位。巴黎人民的政治热情空前高涨，许多称作俱乐部的革命团体纷纷建立和活跃起来。在这些俱乐部中，影响最大的是雅各宾俱乐部。还在三级会议时期，一些第三等级的代表常常在会下聚在一起讨论政治问题。这种聚会日益经常化，开始起着正式会议的预备会的作用。于是他们便正式组织起来，称为"布列塔尼俱乐部"。制宪议会迁到巴黎，该俱乐部在圣奥诺雷街的雅各宾修道院继续其活动，还正式取名为"宪法之友协会"。人们通常根据其活动地点称之为雅各宾俱乐部。这时，它也吸收了一些非议会代表的人参加。在俱乐部中起领导作用的是君主立宪派的代表人物，如拉法耶特、西哀耶斯、夏普利埃等。俱乐部中还包括后来成为吉伦特派和出岳派领导者的一些人物，如罗伯斯庇尔。它仍然起着制宪议会预备会的作用，同时在社会上的影响也日益增大，人数不断增加，以致要在报纸上公布开会时间。随着俱乐部的群众性日益增强，它的一些创始人退了出去，另外组织了"八九年俱乐部"。领导人有西哀耶斯、拉法耶特等。留在雅各宾俱乐部并起领导作用的，是巴那夫、拉梅特等人，仍是君主立宪派的代表人物。俱乐部依然保持着对国家政治生活的巨大影响。

1790年成立的"人权和公民权之友协会"也是很有影响的组织。它也是由于活动所在修道院的名称被人们叫作"哥德利埃俱乐部"。这是一个远比立宪派激进的资产阶级团体，领导人有丹东、马拉、德穆兰、埃贝尔等。它的成员及其领导人，有很多同时属于雅各宾俱乐部。后来，该俱乐部成为民主共和运动的中心，平民性质逐渐加强。

一个更为激进并具有一定影响的团体是"社会俱乐部"，又称"真理协会"。其领导人是哥德利埃俱乐部成员逢维尔和富什。该俱乐部中有一些人具有平均主义的原始共产主义主张，提出每个人都应得到一小块能够维持生存所必须的土地。俱乐部出版《铁嘴》报。

还有许多其他革命俱乐部和群众社，反映出巴黎人民高涨的革命积极性。

栽种自由树

在这种革命气氛下，制宪议会又制定了许多反封建立法，对旧制度进行了全面改造。这些立法大体上有以下几种类型：

首先是改组旧政权。这方面的立法基本上都是在制定宪法过程中通过的，后来就成为宪法的组成部分。1789年12月22日，根据西哀耶斯的提案，制宪议会通过决议，废除旧省份和各类区域的划分，将全国划为面积与人口大致相等的83个郡，郡设参议会和政务厅，郡以下为市、县，也设参议会和行政机构。地方官员一律选举产生。在中央一级，规定立法机构将是选举产生的立法议会，行政权归国王。国王对议会决议有搁置否决权。但下一届议会再次作出同样决议时则不准否决。1790年春，议会又明确了司法独立的原则，规定法官要选举产生。这样，一个三权分立的资产阶级君主立宪制的国家形式已初步形成。1790年5月还对巴黎进行了市政改革，将过去的60个区改划为48个区，各区都设立行政机构区委员会。

其次是消灭等级制度和改造原特权等级。1789年11月2日制宪议会通过法令，没收教会的全部财产。当时，教会土地占全国耕地的1/10，约值30亿锂。在财政危机情况下，将教会产业没收，转为"国有财产"，对缓和财政危机极有作用。12月29日，议会决定以这些国有财产为保证，发行"指券"，即一种可以用来换得土地的有价证券。1790年3月17日正式决定出卖国有财产。此外，1790年2月23日和7月12日还先后下令对教士进行世俗化、国家化的改造，规定修会教士❶可还俗；本堂神甫要在教堂宣读和解释议会法令；按郡设主教，按新行政区划分教区，主教、神甫均由选举产生，切断与罗马教廷的联系。11月27日又发布教士宣誓法令，要求全体教士进行忠于宪法的宣誓。教士中多数人拒绝宣誓，被称为"反抗派"。其中有一些人是由于宗教感情受到挫伤而拒绝宣誓的。宣誓者被称为"宪政派"。对于贵族等级，制宪议会在1790年6月19日颁布法令宣布："永远废除世袭的贵族阶级。任何人不得再保留亲王、公爵、伯爵、侯爵、子爵、男爵、骑士等贵族头衔，今后也不再授予任何人这样的头衔。任何法国公民只能用其家族的真实姓氏"。后来，制宪议会在制定并开始实施宪法之后宣布解散。新选出的立法议会继续打击贵族势力，在1791年10月31日下令限逃亡的王弟普罗旺斯伯爵（后来的路易十八）两个月内回国，否则取消其担任未来摄政王的资格。11月9日又限令所有逃亡者在来年元旦前回国，违者即为嫌疑犯，没收财产。1792年2月9日，正式颁布了没收逃亡者财产的法令。

最后，议会下令废除了各种阻碍资本主义发展的制度和规定。1790年10月31日废除了内地税和入市税。1791年3月21日取消了行会制度和工业法规。为发展对外贸易，还取消了各种垄断权利，如东印度公司的贸易垄断权、马赛商团对利凡特（地中海东岸）地区的贸易垄断权等。此外，制宪议会还颁布了一些建立秩序的法令，较典型的是1789年10月21日的戒严法令和1791年6月14日的夏普利埃法令（旧译霞不列法）。前者禁止聚众闹事，违者在受警告3次后仍不解散，则予以武力弹压。后者系以提案人夏普利埃定名的反结社法。夏普利埃以防止行会复活为由，提出要禁止同行业工人结社，并禁止业主为压低工资而结成同盟。议会据此通过了不准同行业工人结社的法令。后来该法令曾被用来镇压工人运动。

制宪议会以法律手段对旧制度进行的大规模的、迅猛的改造，使封建势力极端仇恨。逃亡者增多了，最早逃亡的王弟阿图瓦伯爵（后来的查理十世）与奥地利皇帝为策划各国干涉法国革命问题进行了会谈。就在这时，路易十六也决定出逃。1791年6月20日夜，王室一家化装逃走。但是，在靠近边界的瓦伦地方被人识出，又被解返巴黎。

国王出逃事件激起了群众的愤怒。6月21日群众曾冲进王宫。街头的国王半身像被捣毁或遮盖起来。哥德利埃俱乐部向议会递交了请愿书，宣称王权与自由不相容，要求宣布共和。社会俱乐部的《铁嘴》、布里索（后来的吉伦特派领导人）的《法兰西爱国者》、弗雷隆（后来的热月党代表人物）的《人民演说家》以及《巴黎革命》《革命之友》和《共和主义者》等报纸，都进行类似宣传。这就是大革命中的第一次民主共和运动。对这场运动，雅各宾俱乐部基本上没有介

---

❶ 加入某一修会（教派）者称修会教士，未参加者称俗间教士。

入。当时，俱乐部的领导者巴那夫等坚持君主制度。在俱乐部中已有重大影响和声望的罗伯斯庇尔、佩迪翁等，也反对共和主义。他们只指责路易十六本人，但不赞成废除君主制。

在发现国王逃跑后，制宪议会很受震动。出于对外国干涉的担忧，它当即采取了一系列紧急措施。6月21日议会命内政大臣发出紧急命令，要全部武装力量和国家公职人员行动起来，封锁边境，发现王室人员即要制止其不法行为，同时防止武器、硬币、粮食、牲畜等流出境外。议会向内阁成员宣布，即日起议会决议不再需要批准，立即生效。议会特使也纷纷奉命出发到各军营和武器库进行检查，并以议会名义接受军队宣誓。在向全国发布的公告中，制宪议会庄严宣布："法国渴望自由，也必将是自由的……谁也休想奴役法兰西这块土地。等待暴君的，只有失败。"这一切都表明，立宪派领导的制宪议会在保卫革命成果方面的态度是坚定的。

然而，在他们得知路易十六逃跑未遂，又被送回巴黎之后，态度上就起了变化。他们一方面将路易十六实际上停职和软禁起来，另一方面却通过决议，宣布国王系被人"劫持"，仍然保留了他的王位。这样做的根本原因是他们坚信君主立宪制是最好的国家体制。同时他们担心惩治路易十六会招致外国武装干涉，危及既得的胜利果实。而且他们也对群众的激烈行为有反感，更不允许实行民主共和制度去适应下层群众的要求。

君主立宪派维护路易十六王位的态度造成了雅各宾俱乐部的分歧加剧，终于发生分裂。7月16日，巴那夫等为首的立宪派退出俱乐部，在斐扬修道院另外组成了斐扬俱乐部。在一个较短的时期内，斐扬俱乐部有着相当大的影响。因为参加共和运动的人毕竟只是一部分，居民中的大多数一时还不能破除王权正统观念，对斐扬派的温和态度更愿意接受。

但是那些为争取共和而斗争的人们则不能接受这种决定。在哥德利埃俱乐部和其他一些革命团体组织下，大批群众连日在马斯校场集会，要求惩办路易十六。7月17日，根据制宪议会的要求，巴黎市府派拉法耶特率国民自卫军前去弹压。在依照戒严法令发出3次警告后，军队开枪将群众驱散，打死打伤数百人。

马斯校场事件后，共和运动被平息下去。制宪议会又开始了宪法的制定活动。到9月3日，议会完成了制宪任务。逃跑未遂、惊魂乍定的路易十六于9月17日签字批准了宪法。这就是《1791年宪法》。

1791年宪法是法国历史上第一部宪法。它以《人权宣言》作为前言，表明总的原则。宪法规定法国为君主立宪制国家，实行三权分立原则。立法权由选举产生的一院制立法议会掌握，行政权属国王，司法权归选举出来的法官所组成的法院。宪法规定："没有比法律权力更高的权力，国王只能依据法律治理国家，而且只有依据法律才得要求服从。"这种依法而治的立宪君主在性质上已根本不同于封建的绝对王权。宪法赋予国王任免内阁大臣的权力，但规定大臣要受议会监督，向议会报告工作，可受议会控告。国王的命令须经有关大臣副署方能生效。宪法对选举制度作出的规定是，年满 25 岁的男子为公民，年缴纳直接税达 3 个工作日工资者享有选举权，称"积极公民"；不纳税者或纳税低于这一数额者无选举权，称"消极公民"。这就使总数 700 多万的公民中有大约 280 万人被划为"消极公民"。

1791 年宪法是革命以来各项胜利成果的概括和总结，较为全面地体现了"八九年原则"。它得到了大多数革命者的赞同。即使是激进的民主派分子马拉、罗伯斯庇尔等，也只是对选举制度进行了指责，而没有否定整部宪法。

宪法生效后，立即按规定进行了立法议会的选举。制宪议会则通过一项决议，宣布自己的全部成员一律不进入立法议会，体现出一种不争权位的精神。还规定，议会代表不得连选连任，而且在 4 年内不得接受国王授予的任何职务。选举结束后，两年多来做出了巨大贡献的制宪议会于 1791 年 9 月 30 日闭幕，立法议会于 10 月 1 日开幕。

在立法议会中已没有原特权等级的代表。属于立宪派的代表仍占主导地位，代表人物有迪马、拉蒙、沃布朗等。他们是议会中的温和派。人数较少的激进派别是由雅各宾派的代表组成的。他们有共和主义倾向，主张为保卫革命成果可以采用任何手段。这一派的重要代表人物有布里索、维尼奥、让索内、伊斯纳尔等。他们常被称为布里索派或吉伦特派，到 1792 年，人们就把他们统称吉伦特派了。在雅各宾派代表中还有极少数人属极端民主派，更倾向于联合群众进行斗争。成员有夏博、巴齐尔、梅兰等。他们的真正支持者是并非议会代表但在雅各宾俱乐部有重大影响的罗伯斯庇尔，以及哥德利埃俱乐部的丹东、德穆兰等。代表中人数最多的是中间派，是中产阶级代表。

立法议会一开幕就面临着国内物价高涨和外国武装干涉的威胁。1791 年 5 月 17 日制宪议会曾下令，将指券作为货币流通使用，从而使其成为政府发行的纸币。又由于超出保证金大量发行，出现通货膨胀现象。于是，投机商趁机囤积居奇、哄抬物价，激起了群众性的要求限价的运动。但是，立法议会认为，主要危险还在于外国武装干涉的威胁。还在议会开幕前的 8 月 27 日，奥地利皇帝和普鲁士国王就在庇尔尼茨发表了宣言，声称法国如不解散议会，恢复王权，就将对其诉诸战争。路易十六夫妇也在秘密和外国宫廷通信，呼吁对法国革命进行武装干涉。这样，立法议会长时间地进行了关于战争问题的辩论。立宪派仍持原来的态度，反对打仗，要求保持现状以维护已取得的革命成果。吉伦特派则主战，要求采取强硬态度对待外国的威胁。罗伯斯庇尔反对立即开战，认为敌人首先在国内。为此，他与布里索在俱乐部中争论达 3 个月。在议会中，吉伦特派的意见逐渐占了上风。对逃亡贵族采取严厉打击的政策并没收其财产，就是在吉伦特派代表提议和坚持下通过的。

路易十六为早日挑起战争，于1792年3月改组了内阁，分别任命主战的吉伦特派的罗兰为内政大臣，银行家克拉维埃为财政大臣，接近吉伦特派的迪穆里埃为外交大臣。4月20日议会作出了对奥宣战的决议。然而，法国军队并未做好战争准备。这些旧制度时期留下来的正规军，作战能力也不高。故而战争开始后法军便连吃败仗。

前线失败给主战的吉伦特派内阁带来了不利影响，不少人对它进行了指责。不久，普鲁士军也加入奥方，对法作战。路易十六指望奥普联军能助其恢复旧日的王权，就利用一些人对内阁的不满，于6月13日免去了吉伦特派内阁的职务。此举引起巴黎人民的抗议示威。6月20日，在极端民主派分子夏博、勒让德尔等人发动下，大批群众冲进王宫，高呼："召回爱国者大臣"！

《马赛曲》

6月20日示威没有成功，但提高了吉伦特派的地位。从7月初开始，他们在议会中发起了对国王的攻击。维尼奥、布里索等都提出，祖国陷入危机的根源，就是国王本身，一切阴谋都是宫廷肇始的。在吉伦特派的攻击下和社会上爱国情绪的激励下，立法议会于7月11日通过决议，宣布"祖国在危急中"，号召公民保卫祖国，组织义勇军。各地群众热烈响应，许多支义勇军开赴巴黎。马赛义勇军一路高唱一首军歌《献给吕克内元帅》❶进入首都。巴黎人第一次从马赛义勇军那里听到这首歌曲，就称之为《马赛曲》。

巴黎人民也组成了15万之众的义勇军。于是，在罗伯斯庇尔、丹东、马拉等人和雅各宾俱乐部的组织和带领下，巴黎人民和各地群众联合斗争，掀起了第二次民主共和运动。这时刚刚转变为共和主义者的罗伯斯庇尔在雅各宾俱乐部提出，要废除王政，取消立法议会，实行普选权，选举新的国民公会，制定新宪法。这一主张成为第二次共和运动的行动纲领。

7月25日，普奥联军司令不伦瑞克发表宣言威胁说，如果法国国王受到侵犯，革命者将受到报复，甚至要将巴黎毁为废墟。这一威胁使巴黎人民愤怒到极点。从8月初起，各区开始公开准备武装起义。不少区宣布取消"积极公民"和"消极公民"的区别，盲人院区更直接提出，如果立法议会到8月9日晚11时仍不肯作出废除王政和选举国民公会的决议，就将"夜半敲警钟，吹集合号，立即起义"。

––––––––––––

❶ 这是一名上尉应斯特拉斯堡市长狄特里什之约而创作的歌曲。

8月9日晚立法议会果然未作出任何决议，于是已集合在市政厅的各区代表马上决定起义。午夜12时法兰西剧院区鸣起警钟，起义开始了。同时，在市政厅的28个区的代表接管了市政权，将市长佩迪翁软禁。代表们宣布成立新的巴黎公社（又称起义公社或革命公社）❶，任命桑泰尔为新的国民自卫军司令。桑泰尔立即率领国民自卫军投入战斗，同起义群众一起攻下了王宫。当时路易十六已带领家属跑到立法议会请求保护。巴黎公社代表团随即来到议会，迫使其作出决定，宣布国王停职，召开普选的国民公会。国王一家被囚于当普尔堡，起义胜利了。8月10日起义是大革命的重要转折点。在革命受到内外反动势力威胁的情况下，它突破革命的预定目的，打倒了君主制，也结束了君主立宪政体，将革命推进到一个新阶段。

第四节　法兰西第一共和国的建立

在8月10日起义前1个月，即7月10日，立宪派内阁因感到对形势无能为力而宣布辞职。随着起义将君主制推翻，立法议会另行成立了行政机关——行政委员会，由6人组成。其中，内政部长罗兰、财政部长克拉维埃、陆军部长塞尔旺、海军部长蒙日和外交部长勒布伦，均属吉伦特派，只有司法部长丹东为雅各宾派成员。从此，革命进入了第二阶段即吉伦特派统治时期。在国民公会选出前，立法议会在吉伦特派领导下通过了不少进一步打击封建势力的法令。8月15日的法令宣布，国王家属和逃亡者家属均为人质。26日下令严格执行7月就已通过的驱逐反抗派教士的法令，规定60岁以上者可留下，其余须在半个月内离开法国，否则流放海外。议会还调整了军队统帅，拉法耶特、吕克内等被撤职。拉法耶特逃至荷兰，被奥军俘去。

吉伦特派国民公会的更大贡献是颁布了一批新的土地法令，进一步改造封建土地所有制。8月20日的法令规定，八月法令宣布农民可赎买的封建义务，在赎买时可采取分期付款的方法。8月25日法令又进一步规定，领主必须提出领有土地的原始证件，否则农民无须赎买就不再负担封建义务。实际上，绝大多数领主都无法提出若干世纪前的原始证件，因此这项法令实际上是无偿废除了封建权利，使农民成为自由的土地所有者。8月28日又下令，凡占有农村公社公有地的领主必须退还，然后按户分配给农民。9月2日通过了出卖逃亡者地产的法令，规定可将土地分成2～4阿尔邦（旧法亩，约为0.3公顷）的小块无限期租给农民，或卖给农民，以"增加小所有者数量"。

---

❶ 在中世纪，法国取得自治权的城镇统称公社。1789年大革命爆发不久，巴黎即成为公社。这里说的新的巴黎公社也是指巴黎市政府。

吉伦特派立法议会在推行上述政策的同时，却同雅各宾派和巴黎无套裤汉❶发生了冲突。雅各宾派和无套裤汉群众以巴黎公社、雅各宾俱乐部为主要阵地，以自己的方式推动革命前进。他们使巴黎公社成为与立法议会并存的另一个政权。公社也派人到各地联系，在巴黎更改街区名称，逮捕以前的立宪派大臣，封闭王党报纸并将其印刷所交给爱国报纸，禁止宗教游行并收缴教堂的铜器与铁栅栏等去熔铸武器，大力组织义勇军保卫祖国。在吉伦特派看来，这些不经过立法议会而采取的措施乃是越权行为，是无政府状态。于是，他们责骂"无政府党"，要加以平息。布里索发表文章说："为了拯救法国，三次革命是必须的。第一次推翻了绝对君主制，第二次废除了国王政权，第三次则应是消灭无政府状态"。

吉伦特派的这种形势观是错误的。当时反封建的革命任务确已基本完成，但是，由于国内外的封建势力还在拼死进攻，要巩固和保卫革命的成果，必须将革命超出原定目标推进得更远一些。为此，就应联合下层群众，舍此别无出路。事实也证明，外国武装干涉军的进攻是凶猛的，法军仍处于被动地位。

8月30日普军抵达凡尔登城下。这里是首都东边的要塞，一旦失陷，通往巴黎的门户就将洞开。吉伦特派没有提出有力的办法应付局面，而作为巴黎公社领导人之一的司法部长丹东则站出来积极组织防御。根据他的建议，立法议会建立了特别检察机构，搜查住宅并拘禁了一批可疑分子。丹东还参加了在马斯校场举行的公民参军誓师大会。会上决定9月1日开赴前线。会场上炮声、钟声、号声响成一片。丹东立即赶到立法议会发表了他那著名的演说："大家听到的并不是告急的炮声，而是向敌人冲锋的号角。为战胜敌人，必须勇敢，勇敢，再勇敢，法国才能得救。"

9月1日晚传来了凡尔登失守的消息。巴黎人有些惶然。但一部分人激愤异常，有大约300人自发地奔向各个监狱，从2日到5日他们不经法律程序，不加区别地将在押人员和可疑分子滥杀了约1 500人。这就是"九月屠杀"。它完全是部分极端分子的一种过激行为，无助于革命的发展。此后，义勇军便开赴前线。9月20日，法军在凡尔登附近的瓦尔米大败普军，普军望风而逃，巴黎的危险解除了。这一役大为加强了法国人民的胜利信心。

在捷报声中，新选出来的国民公会于9月21日开幕。这个普选产生的代议机构明显地存在着三股力量。处在领导地位的吉伦特派已属温和派；人数最多的

---

❶ "无套裤汉"又译"长裤汉"，是8月10日起义后出现的对革命群众的称呼。它不是指全体下层群众，而只是指积极参加革命的那部分人。无套裤汉以小业主、小生产者为主，头戴弗立基小红帽、身穿"卡马尼奥拉"上衣、手持长矛。这是革命者引为自豪的称号。

是中间派，被巴黎人称为"沼泽派"或"平原派"；雅各宾派❶构成左翼力量，代表人物除罗伯斯庇尔、丹东、马拉之外，还有德穆兰、科洛-德布瓦、比约-瓦雷纳、勒巴和年仅 25 岁的圣茹斯特。吉伦特派的佩迪翁在第一天当选为主席（主席每半个月改选 1 次），秘书处也由吉伦特派掌握。但是，各派力量在开幕这一天还是通过了一致的决议，即宣布废除君主制。次日即 9 月 22 日，又宣布法国为共和国。这就是历史上的法兰西第一共和国。它一直存在到 1804 年。在"共和国万岁"欢呼声中体现出来的这种一致性，瞬间便消失了。吉伦特派同山岳派在政见和情绪上的对立，使他们竟然互相视若寇仇，几乎在一切问题上都彼此猜忌或敌对。这种势不两立给革命力量造成了相当程度的内耗。

罗伯斯庇尔称吉伦特派是"伪爱国者"，马拉也持同一态度。吉伦特派则说他们是试图破坏一切的"无政府党"。吉伦特派曾使国民公会作出了改组巴黎公社的决议。然而 1792 年 11 月改选公社时，山岳派获得全胜，12 月 2 日成立的公社总委员会主要由山岳派中的激进分子组成，检察长是肖梅特，副检察长是埃贝尔。不久后就以公社为中心形成了埃贝尔派。

在雅各宾俱乐部中，双方的冲突也很尖锐。由于山岳派在俱乐部中已占优势，布里索于 10 月 10 日被开除出俱乐部，随后其余吉伦特派成员也退出了。从此，山岳派和雅各宾派就成了同义语。这时的俱乐部已根据共和国建立的情况改名为"自由与平等协会"，并且已发展成具有广泛群众性的组织。它在全国各地拥有几千个分支，影响巨大。不过，其成员中还是较富有者占优势。据统计，在购买国有财产的活动中，雅各宾派成员买下的数量最多。

吉伦特派和山岳派在如何处置废王路易十六的问题上也有激烈的争论。10 月 1 日巴黎公社代表来到国民公会，提出路易十六从事反革命活动的大量罪证，要求对其审判并处以死刑。山岳派支持这一主张，而吉伦特派则加以反对。吉伦特派担心，如果惩治路易十六很可能招

处死路易十六

致更严重的武装干涉，而且还会提高雅各宾派和公社的威信。经过长期辩论，到 11 月才决定进行审判。路易十六以极顽固的态度对抗审判。1793 年 1 月 15 日和

❶　因这些代表在会场中的座位在高处，又称"山岳派"。

16 日，国民公会就如何判决问题进行了表决。在众多群众旁听并大声呼喊的环境下，多数代表表示应判死刑。1 月 21 日路易十六被送上了断头台。

综上所述，由于吉伦特派根据错误的形势观而执行了"消灭无政府状态"的方针，违背了客观形势的需要，因而在一系列问题上都被山岳派所挫败，致使威信大大降低。不久，由于他们对全国性的限价运动所采取的政策，最终将自己引上了倒台的道路。

还在 1791 年后半年，物价高涨和反对物价高涨的群众运动便已日趋严重。战争爆发后，物价上涨的速度更快了。1792 年 8 月 10 日起义前后，每磅面包的售价已达 8 苏（1 锂的 1/20），而工人的日工资只有 20 苏。货币贬值也很惊人，指券的实际价值只相当于票面额的 61%。这样，一场要求打击投机商和限制物价的群众运动便更加猛烈地发展起来。在这场遍及全国的运动中，11 月 19 日塞纳—瓦兹郡送交国民公会的请愿书很引人注目。请愿书要求保障人民的生存权，具体地提出："废除将大批粮食控制在自己罪恶之手的大农场"；"由民选的中央机关掌管食品供应"；"规定面包价格与工资之间的公平比例"。这实际上是要求国家以行政的力量管制经济活动，即实行统制经济体制，与当时资产阶级所热衷的经济自由原则是相悖的。这就在国民公会中引起了辩论，结果请愿书被拒绝。运动在继续发展。

在广泛的群众限价运动中涌现出一批平民革命家，被称为"疯人派"❶。代表人物有雅克·卢、瓦尔勒、勒克莱尔等。1792 年 12 月 1 日，雅克，卢在巴黎天文台区发表演说时第一次提出，解决食品供应问题同实行恐怖是密不可分的。后来他在为巴黎 48 区起草的请愿书中又提出："哪里没有面包，哪里就没有法律，没有自由，没有共和国"。请愿书强调，必须用恐怖手段去对付"破坏指券信用的人，无限抬高物价的人和把我们大步引向反革命的人"。这些要求体现了疯人派的基本主张，即由国家统管经济、限制物价、打击投机商人并使用恐怖手段。这显然是针对资产阶级的纲领。

当政的吉伦特派对运动采取了镇压的政策。12 月 8 日他们促使国民公会通过法令，宣布对阻碍粮食自由贸易的人要处以死刑。他们还派兵镇压了博斯地区的运动。以罗伯斯庇尔为首的雅各宾派则主张打击投机活动。但是，他们信奉经济自由的原则，因而也反对限价。对疯人派他们也是敌视的，因而对 12 月 8 日镇压运动的法令投了赞成票。

但是，1793 年 3 月开始的革命危机迫使雅各宾派领导人改变了态度。3 月 10 日，地处西部的旺代郡发生了规模很大的反革命武装叛乱。在国外，以英国为首

---

❶ "疯人派"是吉伦特派对这些革命者的蔑称，在我国常译作"忿激派"。原文 Les enragés, enragé, 是疯子、狂犬病人之意，译"疯人派"更贴切。

组成了共 7 个国家参加的反法同盟，从四面八方攻进法国领土。4 月，法国前线的主要将领、前外交大臣迪穆里埃叛变投敌。年轻的共和国陷入极度的危险之中。这时，拯救革命的唯一出路是联合群众，以壮大自己的力量。这就必须满足群众最起码的要求，而当时全国人民最强烈的要求就是限制物价。正是这种压力，使得雅各宾派领导人被迫接受了限制粮价的主张，经过努力，使国民公会于 5 月 4 日通过了粮食限价法令。这样，雅各宾派向疯人派靠近了一步，从而奠定了联合推翻吉伦特派的基础。

吉伦特派始终固执地执行其既定的方针。他们使国民公会同意，建立了管理治安的 12 人委员会，矛头却主要对着雅各宾派和无套裤汉。委员会曾逮捕公社的埃贝尔和疯人派的瓦尔勒。矛盾迅速激化了。

疯人派驻地巴黎主教宫成为斗争的中心，各区代表在此成立了起义委员会。5 月 24 日，雅各宾俱乐部也决定发动起义。30 日两股力量经协商联合起来。这样，他们就发动了 5 月 31 日至 6 月 2 日的起义。起义开始时，改选了公社，原领导人重新当选。新公社任命昂利奥为国民自卫军司令。到 6 月 2 日，昂利奥用 163 门大炮包围国民公会，群众起义队伍也参加了包围。国民公会不得不通过决议，接受公社提出的逮捕吉伦特派代表的要求。布里索、维尼奥、佩迪翁等均遭逮捕，起义取得胜利。

这次起义结束了吉伦特派统治时期，革命又发展到一个更新的阶段。

第五节　恐怖年代

吉伦特派从未放松过反封建的斗争，只是由于坚决拒绝使用限制资产阶级的方式去解决难题，招致了倒台的命运。他们对革命还是有功的。

继而执政的雅各宾派立即采取了一些革命措施。从 6 月 3 日到 7 月 17 日国民公会接连颁布 3 个土地法令，继承吉伦特派的土地法令，又有些发展。法令规定，分小块出卖逃亡者地产，地价 10 年付清；农村公社的公有土地可按人口分给农民，由各公社表决决定；无偿废除一切封建权利，原始证件也要烧毁，从而彻底使所有永佃农成为自由的所有者。对未逃亡贵族的地产则没有触动，分成制佃农的情况也一如既往。6 月 24 日，还颁布了新宪法即共和元年宪法（又称 1793 年宪法）。这是法国第一部共和制宪法，宣布法国是统一不可分割的共和国。它仍遵循三权分立原则，但规定实行年满 21 岁男子的普选制，给公民规定了较为广泛的民主权利，包括在政府侵犯公共自由时享有起义权。据罗伯斯庇尔提议，鉴于当时严重的斗争形势，宪法暂不实行。国民公会还改组了 4 月间成立的救国委员会，使成为实际上的最高政权机关，集中了内政、外交大权。7 月 27 日罗伯斯庇尔入选委员会，起着领导作用。7 月 17 日，下令关闭了交易所。27 日颁布了严禁囤积投机的法令，宣布以死刑打击投机商。8 月 23 日又发布了全国武装起来保卫祖国的法令。

上述政策体现了雅各宾派的政治理想，即以卢梭的民主政治学说为主要依据，改造整个国家。其中的打击投机商的法令，出发点也不同于疯人派，而只是体现卢梭关于公民行使自由权时不得损害他人自由的人权理论。因而，这些政策在反对封建制度和对国家进行民主改造方面，已走到了当时可能达到的极点。但是，从当时的形势来看，这是远远不够的。它与群众关于限制物价的强烈要求还有很大距离，因而也就远不足以实现与群众的联合。在宪法前面的新的人权宣言里，仍然宣布了绝对的经济自由，受到了疯人派的激烈谴责。疯人派领导人雅克·卢等还遭到逮捕。这就使要求限价的群众运动在继续发展。这时群众已不满足于仅仅限制粮价（这一项也未真正执行），而是要求全面限制一切生活必需品的价格。

形势的恶化，使得雅各宾派不得不再一次改变自己的施政方针。吉伦特派倒台后，革命面临的局势仍然十分严峻。英国、荷兰、汉诺威的军队已攻入北方领土；普、奥军队在莱茵战场也攻下美因兹，在向前推进；南部战场敌军频频发动攻势；西部海岸则被英国海军封锁。从7月底开始到整个8月，法军在所有各条战线上几乎是全面溃败。国内的旺代郡叛乱也在恶性膨胀，叛乱区扩展到西部数郡。从巴黎逃出的吉伦特派成员则在各地煽起了以反对巴黎独裁为旗号的联邦派叛乱，到7月间全国83个郡中发生叛乱者已达60郡。7月13日被称为"人民之友"的马拉也遭暗杀。情况之严重，已超过了3月的革命危机。9月初又传来了南方大港土伦被英军占领的消息。于是，巴黎群众忍无可忍，于9月4日和5日连续举行了声势浩大的武装示威。正是在这种内外交困的巨大压力下，雅各宾派政权改变态度，走上了恐怖统治的道路。

9月4日、5日的武装示威是在埃贝尔派的参与下进行的。肖梅特代表示威群众在国民公会表达了群众的要求，主要是：全面限制生活必需品价格；"把恐怖提上日程"；建立由无套裤汉组成的"革命军"，负责武装征粮和打击投机活动。9月5日，国民公会经过一天辩论后，终于接受了群众的要求。9月6日接近埃贝尔派的科洛-德布瓦、比约-瓦雷纳被选人救国委员会；一些积极主张实行恐怖政策的代表被选人治安委员会（1792年10月建立）。后来人们习惯地称它们为"两委员会"。随后，一系列正式的法令制定出来。9月9日颁布了建立革命军法令，由6 000名步兵和1 200名炮兵组成；11日颁布低价法令，规定了全国统一的粮价，除指定市场外，禁止粮食自由贸易；17日发出了嫌疑犯法令，凡贵族与逃亡者的家属以及一切在言行上有害于共和国者，均为嫌疑犯，一律逮捕；29日公布了全面限价法令，规定40种生活必需品按各地1790年时的价格再提高

1/3，不得超过。工人的工资则按 1790 年标准提高 1/2❶，10 月 10 日，决议建立革命政府，以救国委员会为最高行政机关，整个国民公会改组为革命政府，直到和平到来时为止。另外，遍及全国所有各市镇的革命委员会（3 月建立的民众组织，称监督委员会，后经官方认可普遍建立，不久又改名革命委员会）被授予提出革命军成员名单和嫌疑犯名单的权力。以上就是恐怖统治的基本内容。

恐怖，实际上包括经济恐怖和政治恐怖两方面。以最高限价为核心，包括由它派生出来的一系列统制经济的措施，如无偿征发军需品、规定商人利润额和商品运输费、革命军的活动、建立国家手工工场、国家垄断对外贸易和建立拥有镇压权的供应委员会等等，是经济恐怖的体现。以建立革命政府和嫌疑犯法令为核心，以及强化革命法庭、设立断头台、加强革命委员会、向各地方和军队派遣拥有生杀大权的特派员等措施，则是政治恐怖的基本表现。说到底，恐怖统治的实质是以暂时牺牲资产阶级的某些利益来换取群众的支持，实现联合，以对抗国内外封建势力的进攻。按照马克思的说法，恐怖是一种资产阶级革命中出现的非资产阶级方式，是一种"平民方式"。❷

恐怖统治的实行在一定程度上满足了群众的要求，雅各宾派同人民群众的联盟才真正建立起来。这一联盟终于使形势得到了扭转。自 1791 年以来急剧恶化的经济状况出现了好转的势头。最突出的表现是货币贬值停止了，而且明显回升。8 月，指券已贬值到只有票面额的 22%，恐怖开始的 9 月便回升到 27%，12 月更达到 48%。这还是在大量增加发行额的情况下实现的，表明人民对政府的信任感已大为加强。在对敌战争中，局势更是发生了根本性的变化。10 月 2 日政府军攻克里昂，最终全面平息了联邦派叛乱。到 12 月 23 日，旺代叛军被打散，基本上稳定了当地秩序。在对外战争中，10 月 16 日在瓦迪尼大败奥军；12 月 19 日赶走英军，收复土伦；西班牙军也被逐出国土。到 1794 年初，全部敌军均被赶走，法军开始反攻到外线作战。自 1793 年 3 月以来法国所面临的那些危机，基本上都克服了。恐怖统治完成了它的使命。

在恐怖年代里，广大群众斗志高昂，使革命显示出巨大的威力。但是，也出现不少过激行为，带来了消极后果。首先是杀人过多，破坏了法制。经官方判决处死者达 1.7 万人，不经法律程序滥杀的，竟有 4 万之众。曾出现过多次集体屠杀、大批溺毙等类似"九月屠杀"那样的事件。错杀无辜的现象比比皆是。其次是破坏人们的宗教信仰，搞了"非基督教化"运动。法国人民信仰天主教已有若

---

❶ 最高限价的原文 maximum，系最大限度之意，既包括物价，又包括工资。实际上，在恐怖高潮时期，工人工资大大超过了法令规定。1794 年初才按法令降下来。

❷ 《马克思恩格斯选集》第 1 卷，318 页，北京，人民出版社，1995。

干世纪，并不能用强制手段来改变这一信仰。而某些极端主义分子搞起的"非基督教化"运动，却是强加给群众的。埃贝尔派甚至制造出一种"理性教"要人们崇拜。这都是对革命十分不利的。以上这些做法并非根源于政府的法令，罗伯斯庇尔也曾几次制止和纠正滥杀行为。但是，恐怖统治的环境和气氛，对封建反动势力的仇恨心理，仍然使这些现象发生了。有相当多的滥施恐怖行为是手握大权的特派员们干出来的。有些特派员还蜕变成为贪污受贿的新特权人物。

在主流上是健康的恐怖统治，毕竟完成了其使命。随着胜利形势的到来，恐怖已失去了存在的理由。而且，雅各宾派的本意也同"平民方式"不相关。因此，从1794年春季起，在政策上出现了退缩的迹象。第一个表现就是于3月间将坚持继续扩大恐怖的埃贝尔派主要人物逮捕并送上断头台。

埃贝尔派不顾时局的变化，一味强调扩大恐怖，甚至提出要富人担负国家的全部财政支出，并且要求处死所有投机商和打击一切商人，包括小商贩在内。他们以巴黎公社和哥德利埃俱乐部为阵地进行活动。埃贝尔本人还鼓动再举行起义，推翻罗伯斯庇尔政权，结果被镇压。

镇压埃贝尔派之后，又采取一些措施，包括下令不准特派员再用极端手段对付投机商人，解散革命军，并且在4月发布新限价法令，使物价出现较大幅度上涨。此外，还严格了最高工资限额的规定，使大批工人，尤其是军火工人的工资明显降低。在埃贝尔派遭镇压后，救国委员会派帕扬去领导公社，破坏了地方政权应由民选的规定。众多的民众会社也被迫解散。帕扬领导的公社对要求提高工资的工人运动采取了高压政策。公社在5月4日发表的公告中宣布，不准工人罢工，否则"我们将像法律本身一样铁面无情，将拒绝干活的工人送交法庭治罪"。于是，下层群众开始对雅各宾派政府充满怨恨情绪，针对工资限额的规定而大骂"可恶的限价"。

尽管罗伯斯庇尔等实行了这些放宽经济恐怖的政策，但是在体制上却仍然维持着恐怖统治。以限价为标志的统制经济体系还保留着。至于政治恐怖，比以前还有所加强。

在国民公会内部，一些人已意识到恐怖统治已由于胜利的到来而转化为不利因素了，这就是丹东派。丹东作为热情、真诚的革命家，在1793年8月初群众要求实行恐怖之时，曾多次呼吁，力主实行恐怖统治。到1793年底恐怖统治已大见成效之后，他提出了结束恐怖的主张，而且指责杀人过多的现象。他呼吁"珍惜人类的鲜血"，强调应恢复法制，将"司法与人道"结合起来。丹东派重要成员德穆兰在其《老哥德利埃》报上也抨击恐怖统治。这下派被称为"宽容派"。从主流上看，丹东派的主张是正确的，丹东也不失为有眼光的革命家。

然而，罗伯斯庇尔一派人，包括圣茹斯特、库通、勒巴等两委员会委员，不能容忍反对派的活动。他们于3月底逮捕了丹东派主要活动家，经审判于4月初处死。在用极端手段铲除反对派之后，罗伯斯庇尔于 5 月 7 日在国民公会上提出了建立崇拜"最高主宰"节的议案，企图用"最高主宰"这种自然神的臆想，来统一人们的意志，重振政府的威信。但是，6 月 8 日举行"最高主宰"崇拜节仪式时，虽然场面很大，群众反应却十分冷淡。在国民公会代表队伍中，不时发出责骂罗伯斯庇尔为"暴君"、"独裁者"的声音。6 月 10 日（共和 2 年牧月 22 日）❶，在罗伯斯庇尔坚持下，又通过了扩大恐怖的牧月法令。法令规定，简化审判手续，取消陪审员和辩护人，惩罚一律定为死刑，还可不凭证据"推理"定罪。结果，造成了恐怖的极度扩大化。以巴黎为例，牧月法令前 8 个月里，经革命法庭判决处死者 1 165 人，平均每周 32 人。牧月法令颁布后仅一个半月，被处死者竟达 1 376 人，每周 205 人。而且，在已查明成分的死者中，下层群众占总数的 41% 以上，其次是资产阶级，占 32% 以上。贵族和教士则只占 10%。不难看出，这时的恐怖政策已不是用来对付封建势力，而是成为维护罗伯斯庇尔派统治的工具了。恩格斯说，罗伯斯庇尔使"恐怖成了保护自己的一种手段，从而变成了一种荒谬的东西"❷。

罗伯斯庇尔制造的这种使人人自危的局面，反而加速了他的倒台。埃贝尔派和丹东派的残余力量联合了起来，国民公会中人数最多的平原派也站在了他们一边。甚至两委员会中的一些委员也采取了同样态度。于是，在国民公会中实际上形成了一个占有明显多数的反罗伯斯庇尔的联盟。这个联盟的主要代表人物是宽容派的塔里安、弗雷隆、勒让德尔、巴拉斯等。他们原来曾是山岳派，也激烈地执行过恐怖政策，但后来成了宽容派成员。

1794 年的雅各宾俱乐部

这个联盟在国民公会中发起了对罗伯斯庇尔的抨击，指责他搞独裁。7 月 26 日罗伯斯庇尔发表了长篇讲话，提出国民公会中有一个从事阴谋活动的"罪恶联盟"。一时间曾使大家惊恐万分，但很快又受到许多代表的斥责。罗伯斯庇尔悻悻地离开会场。27 日（热月 9 日），国民公会在紧张的气氛中开会，刚从前

---

❶　1793 年 10 月 5 日国民公会决定改行共和历法。根据 11 月通过的历法，规定以 1792 年 9 月 22 日共和国成立之日为共和元年元旦。每年仍分 12 个月，每月 30 天，下余的日子称"无套裤汉日"。月名以自然的变化为特征，借用一个小册子中的童话式的名称，定为葡月、雾月、霜月、雪月、雨月、风月、芽月、花月、牧月、获月、热月、果月。每一天也有专门名称。此即共和历。

❷　《马克思恩格斯全集》第 3 卷，146 页，北京，人民出版社，1971。

线视察军队归来的圣茹斯特第一个走上讲坛，发表他维护罗伯斯庇尔的讲话。但是他很快被塔里安打断，无法讲下去。众多的代表起来责骂罗伯斯庇尔。罗伯斯庇尔几次要发言都被"打倒暴君"的喊声所制止。最后，会议通过了逮捕罗伯斯庇尔的决议。同时被捕的还有圣茹斯特、勒巴、库通、罗伯斯庇尔之弟奥古斯丁·罗伯斯庇尔等等。当晚巴黎公社曾将被捕者营救出来。国民公会立即宣布他们不受法律保护。夜间，巴拉斯指挥军队重新将他们逮捕，次日送上了断头台。这就是推翻雅各宾派专政的"热月政变"。

罗伯斯庇尔是伟大的资产阶级革命家，有着不可磨灭的历史功绩。尽管他在执政末期背离了客观历史潮流，但却不能减损他已经建立的功绩。

第六节　热月党统治

热月政变是结束过时的恐怖统治，恢复和建立资本主义正常统治秩序的转折点。这是历史发展的客观要求，顺应了历史潮流。热月党在结束恐怖统治这一点上是有功的。

"热月党"是传统的称呼，其实称不上是一个党。它本是反对罗伯斯庇尔的各派人物的联合，出发点各不相同。由于共同进行了热月政变，才得到了这一名称。因此，其内部在政见上是分歧的。同时，热月党人都是共和主义者，其中绝大多数还是投票赞成处死路易十六的"弑君者"。这就使他们几乎不可能退到君主立宪派创立的"八九年原则"上去。由于在热月党中起主导作用的是原来"宽容派"的成员，因而热月党的施政方针基本上体现了老丹东派的主张，他们被称为"新宽容派"。在热月党国民公会中，新宽容派占有明显的多数，而那些虽然反对罗伯斯庇尔但却仍然赞成恐怖统治的老山岳派和埃贝尔派的代表，如巴雷尔、瓦迪埃、阿马尔等等，变成了少数派。

为解除对资产阶级的限制，热月党做的第一件事是释放在押的嫌疑犯。国民公会对两委员会进行了改组。1794 年 7 月 31 日补选了 6 名救国委员会成员，均属于新宽容派。次日又补选了 6 名治安委员会成员，其中 1 人辞职，下余 5 人也属这一派。两委员会遂处于新宽容派掌握之中。同时，对仍然坚持恐怖主张的代表，特别是两委员会中那些老委员们，也进行了压制和打击。巴雷尔、科洛-德布瓦、比约-瓦雷纳、瓦迪埃、阿马尔、乌朗等都受到了指控。原来的恐怖主义者被说成是"断头台骑士"、"罗伯斯庇尔的鹰从"。雅各宾俱乐部也受到攻击，被视为恐怖的根源。老山岳派成员卡利埃因过去任驻南特地方特派员时曾指挥滥行杀人、随意搜查居民住宅，于 11 月 11 日受审并处死。11 月 12 日封闭了雅各宾俱乐部。这标志着政治恐怖的结束。1794 年 12 月 23 日，国民公会又正式决议废除全面限价法令，统制经济的体制取消了。这是经济恐怖终结的标志。

新宽容派还将吉伦特代表召回国民公会，恢复他们在议会中的职位。表明了热月党要建立资产者统治秩序的基本方针。但是，对于老立宪派势力仍采取不宽容的态度，坚持了自己的共和主义立场。立宪派在很大程度上代表了金融资产阶级的利益，而金融资产阶级又是社会上经济实力最雄厚的阶级。热月党人对金融界热衷的银行业和证券交易等活动是压制和禁止的。这些政策不利于稳定秩序。

但是，热月党人在主观上是竭力要建立稳定秩序的。他们对任何反抗，不论来自何方，都坚决进行了斗争。从1794年初生活状况便日益恶化的人民群众，在限价法令废除后物价重新高涨的影响下，境遇更为艰难。到1795年春，指券已贬值到只有票面额的8%。与1790年相比，巴黎的生活指数上涨了8倍。于是在4月1日（共和3年芽月12日）和5月20—23日（牧月1—4日），巴黎人民接连两次举行起义，即芽月起义和牧月起义，本质上都是饥饿暴动。起义者怀念恐怖时期实行限价的情景，因而高呼"面包！93年宪法！"的口号。在牧月起义中，群众曾冲进国民公会，在老山岳派代表帮助下建立"非常委员会"，宣布接管治安委员会权力。这两次起义都被热月党镇压下去。牧月起义失败后，支持起义的国民公会代表也被逮捕，部分人被处死，时称"牧月烈士"。随着两次起义的失败，无套裤汉运动基本上消失了。

对于封建反动势力，热月党国民公会也坚决进行了斗争。为平息在旺代叛乱失败后兴起的又一股称为"朱安党人"的反革命叛乱，热月党政府实行了镇压与谈判相结合的较为灵活的政策。1795年2月政府代表与叛军头目谈判并达成协议。政府宣布，对停止叛乱、放下武器者实行大赦，给予公民权。同时还宣布，天主教可重新开始宗教活动，但永不发还已没收的教产，教会必须遵守政府法令。这些做法是有利于稳定的。对于企图以武力复辟旧制度的王党分子，热月党则严厉予以镇压。1795年6月，逃亡贵族们在英国支持下带领军队从海上进行反攻，在布列塔尼的西海岸登陆。热月党政府立即派奥什将军率军迎敌。在奥什部队攻击下，王党军队退到基贝隆半岛，双方形成对峙局面。7月21日共和国军队发起总攻，一举歼灭了王党军，俘敌8 000人（包括来驰援的国内叛军），只有少数头目逃脱。

基贝隆战役后，热月党对王党势力的政策更加严厉。为防止王党分子和一切反对派东山再起，国民公会在制定新宪法的过程中特别规定，未来的立法机构中要有2/3的代表由现国民公会的成员充当。

新宪法关于"2/3"的规定，既受到王党分子的攻击，也遭到政治上失意但还力图重振的老立宪派和老雅各宾派的反对。于是，王党分子便趁机煽动叛乱，许多君主立宪派分子也参加进来。10月2日王党分子集会，高喊"打倒2/3！"。国民公会得知后，当晚就组成了5人非常委员会准备应变。在王党叛乱的危险面前，热月党捐弃前嫌，呼吁原雅各宾派和过去被免职的军官出来保卫革命成果。同时还将已逮捕的"恐怖主义者"（主要是芽月、牧月起义后被捕者）释放出来，组成 3 个营，武装起来，称为"八九年爱国营"。

10 月 3 日（共和 4 年葡月 12 日）王党开始了暴动，参加者总计约 4 万人。国民公会非常委员会命巴拉斯指挥平叛。巴拉斯召来 26 岁的波拿巴将军，授予指挥权。当时政府军只有 1.5 万人，处于劣势。波拿巴紧急命令他未来的元帅、当时任骑兵营长的缪拉去调集大炮。10 月 4 日，波拿巴指挥军队用野炮平射的战术将叛乱军击溃。到 5 日晨，葡月暴动完全失败。波拿巴得到了"葡月将军"的美誉。

镇压葡月暴动后，开始实施 8 月 22 日即已通过的共和 3 年宪法，又称 1795 年宪法。宪法宣布法国为共和国。立法机构是立法院，由元老院、五百人院构成。行政权由 5 名督政官组成的督政府掌握。宪法草案报告人布瓦西·当格拉斯明确地说："应该由优秀人物来统治。最优秀的人物就是最有教养并且最关心维护法律的人。除极少数例外，目前这样的人应从下面的人中去寻找：他们拥有财产，热爱其财产所在的国家、保护其财产的法律和维护其财产的安定环境。"热月党的纲领就是建立起这种资产阶级掌权的、实行法制和秩序稳定的国家。

根据宪法，1795 年 10 月 27 日新选出的立法院开幕，当天选出了巴拉斯、拉勒维里埃、勒图尔内、勒贝尔和卡诺组成的督政府。督政府的就职公告宣布，要"积极对王党作战，发扬爱国主义，严格取缔一切派系，消除任何党争与报复的意图，达到和谐的统治"。在社会经济方面则要"重建社会秩序以代替多次革命造成的混乱"。就是说，督政府的目的仍然是实现局势的稳定。

072

但是，督政府面临的困难使它几经努力也未能实现真正的稳定。在热月党国民公会时期曾出现芽月起义、牧月起义、基贝隆战役、葡月暴动等事件，政局动荡不宁。虽然这些事件都以热月党镇压成功而得到平息，但它们反映的矛盾并未解决。这是督政府的难题之一。另外就是经济状况混乱和国家财政异常困难。

督政府建立不久就发生了巴贝夫领导的具有原始共产主义色彩的平等派运动。弗朗索瓦·诺埃尔·巴贝夫曾参加大革命，从左的角度反对罗伯斯庇尔，为热月政变欢呼。但很快发现热月党只代表富有者利益，就与之分道扬镳，于 1794 年 10 月将自己的《出版自由》报更名《人民的保民官》，自己也借用古罗马保民官格拉古之名，改称格拉古·巴贝夫。他在《人民的保民官》上发表《平民宣言》，提出了建立共产主义社会的主张。从 1795 年底开始，他和邦纳罗蒂等人在先贤祠❶俱乐部活动，影响日增。1796 年 2 月督政府封闭该俱乐部，巴贝夫派转入秘密斗争，组织了平等派。巴贝夫主张建立公有制的国民公社，人人必须劳动，产品交公共仓库，以绝对平均的原则分给每个公民。这是一种财产公有、共同劳动、平均分配的农业共产主义。巴贝夫坚持要用暴力和实行革命专政的方式

---

❶ 又译万神庙或伟人祠。

来实现这一理想。他们计划在 1796 年 5 月 11 日发动起义，因叛徒出卖于 5 月 10 日被逮捕。在 65 名被捕者中，巴贝夫和达尔特被处死，其余人判为流放、监禁。

对督政府困扰最大的还是经济混乱和国库匮乏。有人估计，督政府建立时国库中的现金只有 100 法郎。这或许是夸大之词，但说明国库空虚是严重的。为此，督政府增发指券 300 亿锂，借以缓和困境，但却加剧了货币贬值。指券竟下跌到只有票面额的 0.35%，已接近废纸。督政府财政困难并未缓解，于是又发行强制认购的公债。这是类似恐怖年代的做法，社会反应强烈，因而收效甚微。与政府贫困的同时，一批大供应商和某些高级文武官却大发横财。供应商们对有实权的官吏和军官大行贿赂，以便得到承包公共工程和军需供应的权利，从中牟取暴利。行贿者与受贿者都成为极富有的人。

1796 年 2 月上任的财政部长拉梅尔尽了极大努力，争取经济情况的好转和增加财政收入。他推行币制改革，发行"土地信用券"取代指券，比例为 1：30，以尚未卖出的国有财产（约值 15 亿锂）为保证金。在全社会普遍不信任纸币的情况下，信用券很快就遭到与指券同样的命运，流通仅 3 个月就贬值 98%。硬币成为人们最信赖的货币，谁也不肯轻易抛出，因而升值迅猛。据 1795 年 10 月 30 日巴黎金融市场的记录，1 路易（旧币，等于 20 锂）的开盘价为 3 700 锂，为面值的 185 倍，而当天晚上收盘价又涨到 4 800 锂。这样，1797 年 2 月拉梅尔宣布废止土地信用券，恢复硬币制度。这使货币行情逐渐趋于稳定，但因无人肯于大量抛出，出现了货币不足，通货紧缩的现象。此外，督政府还整顿了税制，收到一定效果。经历了多年税制混乱之后，督政府明确了 4 种直接税，即土地税；营业税；动产税、属人税和奢侈税；门窗税❶。其中，前两种是从制宪议会时期就有的，第 3 种则是拉梅尔从混乱的税收中理清的，第 4 种是新创立的，后来一直沿用到 1925 年。1797 年农业丰收，纳税额增加，财政状况有所缓解，社会经济状况也略有好转。出现了人口增多、实际工资有所提高的现象。不过，这都是很有限的，困难并未消除。共和 6 年（1797 年 9 月至 1798 年 9 月）国家财政预算的赤字仍为 2.5 亿法郎。督政府本身也不稳定，5 名督政官和部长们都各行其是，甚至培植私人势力。部长更换频繁，在其存在的 4 年中，7 个部前后共有 32 名部长，平均每人任期不足一年。这不能不削弱政府的工作效率。

在这种情况下，要实现政局稳定是不可能的。在 1797 年立法团进行选举时，

---

❶ 土地税按重农学派观点，是主要直接税。营业税是据商业许可证征收的直接税。动产税主要在农村征收，按地租收入定税额。属人税类似人头税，征收额为 3 天的工资，贫困者免税。奢侈税实为享受税，据拥有的马车、仆人等的数量征收。门窗税向住房主人征收，每个窗户 20 生丁（1 法郎为 100 生丁）每扇门 1 法郎。按当时规定，100 法郎等于 101 锂零 5 苏。

王党分子竟然获得了成功。这是因为王党势力经过基贝隆战役和葡月暴动的失败后，已感到武力复辟无望，遂转向合法活动，力图通过选举进入政权机关。他们大批进入议会两院，同议会原有的反对派合流，形成有影响的多数。他们操纵两院通过赦免逃亡者和恢复天主教的决议，甚至要求督政府撤换某几名部长。督政府深感危险严重，决定动用武力打击王党势力，遂向军队发出呼吁。时任意大利军团司令的波拿巴将军当即派奥热罗携军队抗议书来到首都。抗议书针对两院王党势力宣布："你们发抖吧，保王党们！……你们将在我们的刺刀下受到应有的惩罚！" 9月4日（共和5年果月18日）督政府发动政变。在奥热罗将军指挥下包围立法院，宣布198名代表当选资格无效，同时逮捕大批王党分子，不少人被流放。

果月政变后督政府政策左倾，给民主派以时机。1798年再次选举时，民主派又获得胜利。5月11日（共和6年花月22日）督政府又宣布106名代表当选无效，再次进行大逮捕。

果月政变和花月政变分别打击了王党势力和民主派力量，这种左右摇摆的政策被人们称为"秋千政策"，说明政局之动荡。这两次政变都是督政府发动的，打击对象是立法院，而被清洗的代表是按宪法规定选举产生的。因此，这是行政机构抛开宪法，以武力随意摆布立法机构的违法行为。它既表明当时要想求得稳定已不得不诉诸军队，又表明民主共和制度与实现稳定是不一致的；再选举下去又将发生什么事情，是十分令人担忧的。这就预示着民主共和制将向军人独裁制转化。

从当时社会各阶层的意向来看，也是人心思定，十分厌烦政局的动荡。资产阶级得不到强有力的政府来稳定政局，就等于没有合适的投资环境。广大群众则迫切需要得到生息。他们曾热心革命，先后信仰过人权理论、立宪制度、共和主义、恐怖统治、宽容政策，并为此流血战斗，付出极大代价。但是，不但自己的处境变化不大，而且当政者"换马"频繁，一拨接一拨地走上断头台的情景使人们无所适从。他们宁愿要一个强力政府使自己安定下来。

上述混乱局势和社会要求，督政府既无力克服又难以满足。恰在此时，英国又纠集俄国、土耳其、奥地利、那不勒斯等国于1798年组成第二次反法同盟。这次同盟将波拿巴将军1796年远征意大利时取得的战果全部抹去，法军处于被动地位。督政府对此也无力应付，因此，在对外战争方面同样也迫切需要一位精明的统帅。

这一切就是督政府将要被波拿巴独裁政权取代的背景，它有着很大的必然性。1798年起，波拿巴远征埃及，但是他时刻关注着国内的局势。他既是革命中涌现出来的卓越的军人，本身又有着强烈的权力欲。特别是在镇压葡月暴动和在远征意大利时取得辉煌战果之后，这种欲望就更为膨胀。他看不起督政府的那些掌权者。在他得知第二次反法同盟组成，国内又混乱不堪时，便急忙将军队交部下指挥，自己赶回国去。

1799 年 11 月初当享有盛名的波拿巴将军❶出现在巴黎时，立即受到一切渴望稳定的人们的普遍欢迎。5 个月前就职督政官的老立宪派西哀耶斯以及波拿巴之弟、当时任五百人院主席的吕西安·波拿巴和一些高级将领们，同波拿巴一起策划了政变计划，决定在 11 月 9 日（共和 8 年雾月 18 日）动手。接着，他们首先在元老院得到支持。雾月 18 日这天，元老院任命波拿巴为军队司令并决定两院迁移到圣克卢（巴黎郊区）开会。波拿巴举起军刀在元老院表示效忠。这时，由西哀耶斯带头，5 名督政官中有 3 名辞职，使督政府实际瓦解。只有五百人院还未表明态度。

拿破仑·波拿巴

11 月 10 日（雾月 19 日）两院在圣克卢开会。波拿巴在元老院发表讲话说："你们已经没有共和 3 年宪法了……这个宪法已不是救国图存的办法……必须另立宪章，另有新的保障。"预示他要改变制度。但是，在他到五百人院时却遭到斥责，并被逐出会场。于是，他和弟弟吕西安去发动军队，得到全力支持。士兵们立即开进五百人院会场，驱散了代表。

雾月 18 日到 19 日的事件便是著名的雾月政变。从此，结束了督政府统治时期，开始了波拿巴的独裁统治。法国大革命进入了最后阶段。

第七节　执政府的政绩

雾月政变后建立了临时执政府，波拿巴任第一临时执政。12 月 24 日临时执政府公布了新宪法即共和 8 年宪法。宪法仍规定法国为共和国，但权力集中在第一执政手中。虽设有第二、第三执政，却只起咨询作用。宪法破例地规定了执政们的人选，即波拿巴、康巴塞雷斯和勒布伦。康巴塞雷斯原是平原派成员，著名法学家；勒布伦过去属吉伦特派，曾任外交部长，督政府时为元老院成员。宪法规定的立法机关也破例地由 3 院组成，即元老院、立法院和保民院。产生办法是，以多级选举制选出"名流"❷，再由执政从中指定元老院成员，立法院、保

---

❶ 按传统，在法国只有成为君主的人才称其教名，此前则用姓氏。故称帝前称波拿巴，称帝后才称拿破仑。

❷ 有的书译为"新贵名流"，加"新贵"二字是译者为将其与旧贵族区别开。"名流"就是指大革命以来显赫起来的那一批人。

民院则由元老院指定。在第一执政身边还设立参政院，立法程序是参政院提出议案，交保民院讨论，立法院表决，元老院审议，最后由第一执政批准公布。另外设立最高法院掌司法权，这显然是一部集权制的宪法，其中没有规定公民的自由权利。波拿巴在公布宪法时发表的公告宣称："宪法所制定的各项权限必须是强大的和稳定的。公民们！革命已稳定在革命开始时的原则基础之上，这个革命已告结束。"在对宪法进行公民投票时，赞成票达 301 万张，反对票只有 1 500 张。于是，波拿巴便在各阶层对他寄予热望的情况下开始推行其政策，获得了极大的成功。

在政治上，他建立了一整套效率较高的国家机器。在这个国家机器中，他大权独揽，各部部长几乎成了他的办事员。在全国实行郡、区、市（公社）的行政区划，地方行政长官由执政任命。在 1800 年 3 月基本配齐的官员中，包括了革命以来各派的成员和相当一批旧贵族。任命他们的条件是忠于现政权和确有才能。新的官员队伍中没有派系之分。极富才干的老立宪派、精明的外交家塔列朗和干练而严酷的富歇，被任为外交部长和警务部长。这两人在政界的名声是很差的，波拿巴则不去计较。

对于政治上的反对势力，波拿巴的政策很灵活。民主派当时已势单力薄，波拿巴便毫无顾忌地使用高压政策，于 1800 年 10 月至 12 月接连三次以无端的罪名进行大逮捕和监禁、流放。对王党势力的政策则要慎重一些。因为得到欧洲各国支持的王党势力才是真正危险的。波拿巴极严厉地镇压了西部重起的叛乱，下令杀死一切手持武器者。对投降者则坚决赦免。同时，他也有意缓和同旧势力的矛盾，于 1800 年几次下令允许逃亡者回国，只要服从新政权，一概不予追究。只有自称路易十八的前王弟普罗旺斯伯爵不在此列。某些回国的逃亡者因有才能还被任命为官员。这种有原则的灵活政策是有利于实现政治稳定的，也反映出波拿巴的自信。

在经济政策上，波拿巴的许多决定是很有实效的。他在就任第一临时执政的第 2 天，就下令废除督政府的强制公债和征发军需品等项类似恐怖年代的政策，稳定资产阶级的情绪。他果断地恢复了有价证券的交易，使金融界感到欣慰。而且，他还借鉴以往包税制的做法，于 1799 年 11 月 24 日下令改革税制。一方面停止地方政府收税权，归中央统一管理，使纳税人明确其负担；另一方面还发行税收期票，凡购买期票者，在该项税额收齐后可贴现并得到利息。这些政策使 1792 年后一直受压抑的金融资产阶级重新活跃起来。这是很合乎国情的。因此购买税收期票者甚为踊跃，使财政状况较快得到好转，到 1802 年竟奇迹般地做到了收支平衡，略有结余。而且，正是在投资国债的活动中，两家大银行于 1800 年合并成法兰西银行，并马上购买税收期票 300 万法郎。1806 年法兰西银行成为国家银行，并且成为全国金融中心。在活跃金融业的同时，波拿巴也十分重视促进工商业的发展。他用多种方法促进商品出口，特别是获利很大的传统奢侈品的出口。他的鼓励出口和保护主义政策借鉴了以往重商主义政策的经验。波拿巴执政3年，经济状况有了极大好转。货币稳定了，执政府确定的黄金与白银的比价一直稳定了1个世纪；对外贸易也发展了，3年增长了2.4亿法郎。

值得一提的还有波拿巴的宗教政策。他既把天主教视为旧势力的组成部分，又把它当作控制意识形态的工具，因为信仰天主教的毕竟占人口多数。所以他需要将教会力量掌握在自己手中。为此，1801年7月16日他与罗马教皇签订了《教务专约》（又译《政教协议》），承认天主教是大多数法国人信仰的宗教，可以公开举行宗教仪式。但是教会必须遵守国家法律，教会不得收回被没收的财产，教会人员薪水由政府支付，主教要由第一执政提名，教皇任命。不久后又不经教皇而规定：罗马教皇向法国教徒发布圣谕、召集主教会议、授圣职等，也须经法国政府许可。这样，既照顾了法国多数人的宗教感情，又对天主教会进行了初步的改造，而且基本上剥夺了王党势力利用宗教从事活动的可能性。

在推行上述各项政策的同时，波拿巴还指挥了与第二次反法同盟的战争。1800年5月6日波拿巴在部署了莱茵战场上的作战计划之后，自己亲率部队前往意大利同驻守该地的奥军作战。时驻意奥军共有13万，装备精良，而波拿巴所部还不足4万。但是，他指挥得当，以少胜多，于6月在马伦哥平原决战中将奥军彻底击溃。据1801年2月所订和约，奥地利被迫承认法国占领德意志莱茵河左岸地区和意大利北部、中部地区。1802年1月建立了附属法国的意大利共和国，波拿巴兼任总统。在波拿巴取得意大利战场胜利的同时，法军在其他战场也取得胜利。已完全孤立的英国不得不在1802年3月同法国签订《亚眠和约》，将开战以来占领的法国殖民地和地中海的一些岛屿又退了出来。至此，波拿巴对第二次反法同盟的战争取得了全面胜利，赢得了和平和荣誉。

波拿巴和执政府在短短几年内便在政治、经济、军事各方面取得重大成就，基本上扭转了督政府末期那种困境。这些成就的取得同波拿巴的名字是分不开的，他的威信因此也得到极大的提高，成为法国绝大多数人心中的偶像。同时，他本人的权势欲也在增强。根据他的提议，立法机构于1802年5月19日通过了建立"荣誉军团"的决议。"荣誉军团"实际上是效忠他个人的组织，成员是从"名流"中选拔出来的有功人员。这些人可从国有财产中按年领到薪俸，已类似封建时代的俸禄。这就为未来的帝国贵族集团从组织上做了准备。

为了对第一执政表示"全国的谢意"，立法机关还在1802年8月2日授予波拿巴终身第一执政的称号。4日又通过共和10年宪法，规定第一执政可以指定继承人。这是向世袭君主制跨出的一步。到1804年《拿破仑法典》公布后，波拿巴终于实现了他称帝的夙愿。

还在1800年8月，波拿巴就任命了民法典的4人起草委员会，按照他的意图起草民法典。1801 年参政院开始非常认真地讨论法典的草案。在 107 次讨论会中，波拿巴亲自出席了 55 次，直接敲定了许多条款。到 1804 年 3 月 21 日才作为正式文件颁布，称《法兰西民法典》❶。法典共有 2 281 条，分为 3 篇、35 章。它明确规定成年法国人都平等地享有民事权利，体现了在法律上公民平等的原则。法典严格规定了私有财产权的合法性，在任何情况下都不受侵犯。此外，还确定了契约自由和契约的法律效力。这是一部典型的资产阶级法典，对后来许多国家民法典的制定都产生了影响。法典的资产阶级性质表明，波拿巴政权是大革命的延续。

民法典公布后不久，元老院就在 5 月 4 日讨好地向波拿巴表示："元老院认为把共和国托付给世袭皇帝拿破仑·波拿巴掌管是法国人民的最大利益。"5 月 18 日新宪法制定出来，正式宣布法国改制为帝国。于是波拿巴即帝位，称拿破仑一世。12 月 2 日在巴黎圣母院举行了加冕典礼，这就是历史上的法兰西第一帝国。

第八节　法兰西第一帝国和拿破仑战争

实现帝制后，拿破仑很快就封了一批新的贵族和 18 名元帅，包括内伊、达乌、缪拉、苏尔特、马塞纳、贝尔纳多特等名将。其政权进一步巩固和加强了。

帝国建立之时，法英关系已重新破裂。拿破仑于 1805 年初开始在布伦等几个与英国隔海相望的港口建立起布伦大营，准备渡海攻打英国本土。同时还与西班牙建立了法西联合舰队，在直布罗陀一带训练，以便渡海时北上配合作战。但是，这一计划未能实现。英国在 4 月同俄国订立了盟约。奥地利也于 8 月加入英俄一方，第三次反法同盟又形成了。因俄奥联军从陆地上向西攻来，拿破仑不得不放弃渡海计划，率军前去迎战。10 月 20 日他在德意志境内的乌尔姆消灭奥军 3 万。虽然法西联合舰队于 10 月 21 日在特拉法加海角被英国海军摧毁，但是拿破仑在全局上是胜利者。11 月 13 日他攻下维也纳，接着于 12 月 2 日在著名的奥斯特利茨战役中彻底打败了俄奥联军。第三次反法同盟又告瓦解。根据和约，奥地利除承认法对意大利的占领外，还将威尼斯、达尔马提亚和附近一些岛屿割让给附属法国的意大利王国。同时还向德意志境内的巴伐利亚、巴登、符腾堡等附庸于法国的邦国割让了部分领土。

在胜利的基础上，拿破仑在 1806 年采取了不少措施。这年元旦，他正式废除共和历法，恢复了格里历法（即公历）。他将占领国家的领土划出不少作为帝

❶ 1807 年改名《拿破仑法典》。此外，1806 年的《民事诉讼法典》、1807 年的《商业法典》、1808 年的《刑事诉讼法典》和 1810 年的《刑法典》都是实行帝制后颁布的，从广义角度说，均可称拿破仑法典。然而直接称《拿破仑法典》的，只有民法典。这也是波拿巴本人最为得意的一部法典。

国公爵领地，许多元帅被封为公爵。他还将兄长约瑟夫封为那不勒斯国王，弟弟路易封为荷兰国王，搞起"家天下"的统治。在德意志境内，他并小邦为大邦，并于 7 月将西部、南部 14 个邦国组成"莱茵邦联"（旧译"莱茵同盟"），自任"保护人"。8 月 1 日宣布莱茵邦联退出德意志帝国，使古老的帝国瓦解。于是他迫使帝国皇帝弗兰茨二世放弃了"神圣罗马帝国"的国名，此后只作为奥地利皇帝弗兰茨一世。

　　"莱茵邦联"的建立直接威胁到普鲁士的安全，1806 年 8 月又盛传拿破仑准备夺取汉诺威。于是普鲁士颁布军队动员令并向俄国求援。俄国、英国都表示支持普鲁士，于是在 9 月又组成了第四次反法同盟。在 10 月初普鲁士向法国发出最后通牒后，拿破仑于 10 月 8 日率军出征。一周后的 10 月 13—14 日，拿破仑在耶拿战役中

提尔西特会晤

歼灭普军主力。27 日占领其首都柏林。11 月 8 日最后一支普军投降。由于仅在一个月内普鲁士便全面失败，其盟国俄国未能来得及出动。但是拿破仑却继续东进向俄国攻去。1807 年 2 月双方在埃劳大战，损失均很严重。在 6 月 14 日的弗里德兰战役中，法军取得决定性胜利，随后便进抵俄国边境。战败者求和，7 月 7 日和 9 日，法俄、法普先后签订《提尔西特和约》。

　　《提尔西特和约》实际上是法俄以牺牲普鲁士为代价实现的妥协。根据条约，普鲁士在易北河以西的领土几乎全部丧失，拿破仑在那里制造出一个威斯特伐利亚王国，由其幼弟热罗姆为国王。普鲁士在 18 世纪末瓜分的波兰领土又退了出来，按拿破仑意旨组成华沙大公国，由附庸于法国的萨克森国王兼任大公，并加入莱茵邦联。这一条约明显暴露出拿破仑谋取欧洲霸权的野心，是拿破仑对外战争的转折点。在这之前，拿破仑也有露骨的占领欲，战争也具有掠夺性。然而，那时毕竟是反干涉的方面占首要位置，在更大程度上是粉碎反法同盟的进攻。而在打败第四次反法同盟后，英国再次陷入孤立，大陆上一切对手均遭惨败，没有任何力量能够威胁法国了，拿破仑却仍然通过《提尔西特和约》极力扩大占领，必然使战争性质发生变化。

　　拿破仑既已成为欧洲大陆的霸主，他便进一步动用大陆的力量去打击英国，实行了大陆封锁政策，同时力图建立起一个大陆体系。在打败普鲁士后，他于1806 年 11 月 21 日发布《柏林敕令》，宣布英国及其殖民地的船只一律不得进入大陆上帝国控制的任何港口。这是大陆封锁的开始。到 1807 年 11 月 23 日和 12月 17 日他在意大利两次发布《米兰敕令》，将大陆封锁政策推向了中立国家。敕令宣布，不属于英国及其殖民地的产品，必须出示原产地证明方能运进大陆；中

立国船只凡曾在英国靠岸者，货船一并没收；在海上曾屈从于英国要求者，则视为已被"剥夺国籍"，予以捕获。

对此，英国采取了反措施，宣布从海上封锁大陆，并想方设法打通英货进入大陆的渠道。结果，与英国有传统贸易关系的中立国葡萄牙为英货流入敞开了大门。骄横的拿破仑遂决定远征葡萄牙。1807年10月12日远征军出发。27日拿破仑与西班牙签订条约，西班牙同意法军穿境而过，法国则许诺将葡萄牙南部划归西班牙。11月30日法军进入葡萄牙首都里斯本。拿破仑不仅没有实现其对西班牙的诺言，反而在1808年3月派出了进攻西班牙的军队，于3月23日攻占马德里。连遭失败的西班牙国王卡洛斯四世，于5月声明将王位"赠与"拿破仑。7月，拿破仑封其兄约瑟夫为西班牙王，那不勒斯的王位由妹夫缪拉元帅继任。

这时，法兰西帝国已控制着意大利所在的整个亚平宁半岛、西班牙和葡萄牙所在的伊比利亚半岛、"莱茵邦联"所在的德意志大片地区及与之相连的荷兰和比利时。这就是拿破仑的大陆体系，在理论上应执行拿破仑的统一号令。然而事实上却远不是这样。分别在西班牙、荷兰、威斯特伐利亚、那不勒斯和意大利王国充当国王和总督的约瑟夫、路易、热罗姆、缪拉和欧仁·博阿尔内，都是拿破仑的亲族。正是这些人，大都有着强烈的离心倾向。约瑟夫明白表示，别指望"我只为法国的利益去统治西班牙"。缪拉声称："作国王不是为了听从别人的指挥。"路易则听任在荷兰走私英货，对拿破仑要他查禁的指示不予理睬。大陆体系内部存在的这种矛盾恰如封建时代君主与诸侯的矛盾，很难得到解决。

大陆体系的维持，完全依靠拿破仑对各地区的军事占领，这是不能持久的。反抗压迫的烽火到处点燃，使拿破仑顾此失彼，无法招架。西班牙人民的起义曾一度将约瑟夫赶出马德里，并使一个军团的法军投降，以致拿破仑不得不御驾亲征。在出征前，英国已出兵帮助葡萄牙打败法军，迫使法国于1808年8月缔结条约，撤出了军队。在德意志境内，威斯特伐利亚人民的反抗运动曾使热罗姆逃离首都。在《提尔西特和约》签订时蒙受奇耻大辱的普鲁士，进行了竞存图强的资产阶级改革。拿破仑虽强行干涉，但改革仍继续下去，并日益取得成效。所有这些反抗运动都是拿破仑无力遏制的，最终必然会促使大陆体系垮台。

此外，英国仍在积极活动，并于1809年1月同奥地利结成了第五次反法同盟。这就迫使远征西班牙的拿破仑留下30万大军，匆忙回国准备迎战。拿破仑不顾国内已明显存在的反战情绪，于4月12日离开巴黎，率领提前征募、缺乏训练的军队奔赴前线。5月12日他攻占维也纳，又去寻找奥军主力。拿破仑的敌人们原以为此次战争法国必将因缺乏准备而失利，故普鲁士中止了向法偿付战争赔款，教皇甚至宣布将拿破仑革出教门。在仓促间依然迅速取胜的拿破仑，在5月17日得知教皇的决定后，立即发出了逮捕教皇的命令。7月6日，法奥主力决战于瓦格拉姆，奥军大败。同一天，法军开进罗马逮捕了教皇，囚禁起来。10月

14日法奥签订和约，奥地利割让领土，赔款7 500万法郎。

打败第五次反法同盟后，拿破仑的占领地已相当于法国本土面积的3倍，人口7 500万。但是对头号敌手英国仍无可奈何。于是拿破仑开始不择手段地加强大陆封锁，甚至在1810年废除不肯认真执行大陆封锁政策的路易的王位，将荷兰直接并入法国。为控制德意志北部海岸，将原来汉撒同盟诸城市汉堡、不来梅、卢贝克等也并入法国。

大陆封锁政策对英国打击很大，但却不可能窒息这个拥有大量殖民地又掌握制海权的国家。因排除了英货竞争，法国某些工业得到了发展。而且，由于封锁使若干传统进口商品断了来源，自制这类商品和代用品的新兴工业建立并发展起来，还出现不少新的发明创造。但是，大陆封锁给法国带来的消极影响更大一些。依靠进口原料的工业萎缩了，包括棉纺织业、印染业等等。许多人民生活必需品如咖啡、糖、香料等等，在市场上消失了。法国的传统出口产品首先是奢侈品，市场急剧缩小了。德意志西部和中部地区以及捷克、比利时等地，都利用封锁的条件发展了本地民族工业，成了法国资产者的竞争对手。这些情况无疑在损害法国资产阶级和广大群众的利益。而且，帝国政府也受到了影响，那就是财政收入减少了。国内经济遭破坏，纳税额在降低。尤为突出的是，封锁给关税收入带来了灾难性的影响，1808—1809年就从6 000万法郎骤然降至1 150万法郎。财政支绌，只得由法兰西银行滥发钞票。1806年发行额是6 300万法郎，1812年竟猛增到1.11亿法郎。此外，由于物资短缺，走私现象异常严重，物价急剧高涨，许多商品较封锁前上涨5～12倍，群众不堪其苦。拿破仑却仍在无休止地征兵，前线又不断传来伤亡的消息，这就给无数家庭造成痛苦与悲伤。

所有这一切都表明，拿破仑帝国已经完成了实现国内稳定、抗拒外来干涉和巩固大革命成果的历史使命。这时的拿破仑已经在迫使法国所有各阶级为波拿巴皇室的利益作出牺牲。雾月政变时波拿巴独裁统治与法兰西民族利益相对一致的状况已成为过去，皇帝的野心同法兰西民族的愿望日益对立起来了。

第九节　拿破仑帝国倒台

处于多种矛盾困扰中的拿破仑仍在一意孤行，以君临天下的姿态加强其帝王的权势。他大力加强帝国贵族集团，到1812年已授封各种贵族头衔1 200余个，但同时却排除那些有才能有见地的大臣，重用二流人物。而且，为使自己更像个天命神授的正统皇帝，以使波拿巴家族的"皇统"永远传下去，他于1809年与未能生育的妻子约瑟芬离婚，次年4月迎娶了欧洲最古老皇朝——哈布斯堡皇朝的女大公、奥皇之女玛丽，路易丝为皇后。1811年拿破仑得一子，被封为"罗马王"，即从未登基过的"拿破仑二世"。拿破仑仿效正统君主使自己降到了一般封建君主的水平，从而毁掉了自己所以能够称帝的根基。如果没有大革命，就不会有拿破仑皇帝，而拿破仑此时追求的却正是大革命摧毁的旧事物。

拿破仑在国内不断向封建正统原则靠拢，同时在对外方面又要进一步扩大其征服范围。那时欧洲大陆上能够同他对抗的只剩下了俄国。当时俄国已同英国接近，而且始终没有实行过封锁政策。1812年6月，拿破仑率61万大军攻入了俄国领土。辽阔的俄罗斯平原，使法军一贯使用的速战速决和"以战养战"的特点（也是其优势）无法发挥，从而陷入困境。军需缺乏、病员增多、逃兵激增，军队减员异常严重。拿破仑于9月14日进入莫斯科时，占领的只是一座空城。俄国为避锋芒不得不付出巨大的代价，但是孤军深入的拿破仑却已无力经受这种消耗了。他在莫斯科渴望彼得堡派员前来谈判，以体面地撤军，但是希望完全落空。不得已只好在10月19日下令撤军。撤退路上迭遭俄国军民打击，损失惨重。退出边境时只剩下残兵1万，收拾失散者后，共得5.5万人。当时已是12月，半年之内将帝国大军消耗殆尽，庞大帝国的末日临近了。

败回巴黎的拿破仑曾向元老院掩饰其惨败的原因，但还企图重振旗鼓。然而，欧洲各国没有给他喘息的机会，于1813年3月组成了第六次反法同盟。拿破仑在力量对比悬殊的不利情况下仓促应战。虽然他也打了几次胜仗，但是在10月18—19日的莱比锡大会战中遭到失败。这次会战被称为"民族之战"，即决定各民族命运的大会战。战役后，反法联军乘胜攻向法国本土。1814年初，联军敲开法国国门，拿破仑于1月25日离开巴黎再度迎战。3月30日联军攻至巴黎城下，而拿破仑则正指挥有限的兵力在东部与敌周旋。早在1807年因政见不合便已背叛拿破仑的前外交大臣塔列朗，这时与联军进行了联系。3月31日联军进入巴黎，元老院任命塔列朗组织了临时政府，开始与联军接触。作为联军统率者的俄皇亚历山大一世，意识到法国在革命后发生的巨大变化，准备承认现实。4月2日，元老院通过决议，宣布废黜拿破仑的帝位，同时提出需制定新宪法，其原则是：保留现有立法机构，保留军队并维持军阶和薪金，继续偿还公债和出卖国有财产，公民有权发表政治见解而不因此获罪，享有言论、出版自由等等。实际上就是要维护大革命的基本成果，也是与联军谈判的根本条件。

匆忙赶回巴黎南部郊区枫丹白露行宫的拿破仑，积极准备进攻巴黎。但是，他身边仅存的几名元帅却抗命不遵，迫使拿破仑只得在4月6日签署了退位诏书。4月20日他被送到地中海的厄尔巴岛。5月3日路易十八回到巴黎，建立起复辟王朝。

路易十八即大革命初期逃亡国外的路易十六长弟普罗旺斯伯爵，离开国内已有多年。大革命促成的社会巨变令其瞠目。亚历山大一世担心复辟可能激起新的动乱，也力劝路易十八采取妥协的政策。这样，路易十八在6月颁布了钦赐宪章，全面接受了元老院提出的关于制定新宪法的原则。宪章规定，法国实行立宪制度，立法机构由元老院和联盟院组成。国家保护私有财产，继续偿还公债和出卖国有财产。军队的军阶、勋章、薪俸均予以保留，荣誉军团仍继续存在。公民享有言论出版自由。宪章同时还规定国王与议会共同享有立法权，并且规定了较高的选举权的财产资格限制。钦赐宪章表现出，路易十八实际上承认了革命的成果，同时也说明大革命所体现的历史潮流是不可逆转的。

然而，那些因复辟而立感身价百倍的顽固派贵族和旧天主教势力，对路易十八的妥协态度十分不满。在这批极端派王党分子压力下，路易十八也只得顺从他们的意志，实行了若干反动措施。他任命一些极端派分子做高官、领高薪，同时却给帝国留下的军官们发半薪，直接违背了宪章。此外，还给参加基贝隆半岛战役的贵族建立纪念碑，对被拿破仑处死的叛军头目卡杜达尔连封贵族爵号。这就使本来就对复辟深怀敌意的广大人民更加愤怒，促使矛盾激化起来。

被禁于厄尔巴岛的拿破仑得知了这一情况，决定偷渡回国，重新夺取政权。1815年2月28日他离开厄尔巴岛，3月1日在法国南部登陆受到军民的热烈拥护。在他向巴黎进发的路上，归附的队伍日益增多，3月20日抵达巴黎时，其声势已使路易十八不敢抗拒，只得再次出逃。于是拿破仑重登帝位，修改帝国宪法，又恢复了帝国。

这个失败者创造的奇迹震惊了整个欧洲。各国当即组成第七次反法同盟，以70万～80万大军扑向法国。拿破仑竟然于仓促间集合起70万军队去迎战。但是，由于武器库已告罄，马匹也极为缺乏，真正的作战部队只有约20万人。拿破仑亲率12万人向北出发，迎战英、普军队。6月16—18日双方在比利时境内的滑铁卢决战，拿破仑寡不敌众，终于遭到失败。6月21日他回到巴黎，次日第二次宣告退位。这次重建的政权共维持近百天（97天），历史上称之为"百日"。随着"百日"政权的倒台，法国于7月3日同联军签订巴黎投降书，路易十八于7月8日再次复辟。拿破仑被送到南大西洋的圣赫勒拿岛，1821年5月5日死于该岛。

轰轰烈烈的法国大革命经历多次大起大落，最后随着拿破仑帝国的垮台而结束。❶尽管代表封建势力的反法同盟打败了拿破仑，但是法国大革命开创的事业及其难以估量的影响却是无法阻挡的历史潮流。从这一点来说，法国革命是以胜利告终的。

---

❶　关于革命结束的时间，有1794年、1799年、1815年等多种说法，这里取1815年说。

第六章　17世纪至19世纪初的商业战争

第一节　资市主义早期殖民扩张

　　殖民扩张活动早在古代奴隶制时期就已出现。但是，带有资本主义性质的殖民活动则始于15—16世纪，是资本原始积累的重要手段之一。首先开辟新航路和发现美洲大陆的是西班牙人和葡萄牙人，它们最早建立了殖民帝国。到16世纪中叶，西班牙已占领了除巴西以外的整个中南美洲大陆，以及加勒比海上的圣多明哥、牙买加、古巴、波多黎各等岛屿。在亚洲，它占有了菲律宾群岛。葡萄牙人在1500年发现巴西之后不久，就宣布巴西为葡萄牙属地。此外，它还多次远征印度，在马拉巴海岸建立起据点。1509年在打败土耳其和阿拉伯的舰队后，于1510年占领了印度的果阿，定为东方殖民地的首府，派总督统治。随后，葡萄牙人又攻下马六甲，接着就在科伦坡、苏门答腊、爪哇、加里曼丹、苏拉威西和摩鹿加等地建立了商站。一时间，印度洋成了葡萄牙的势力范围。1553年，他们又通过对明朝官员行贿的手段，占据了中国领土澳门。

　　西班牙、葡萄牙当时都是封建国家。它们从殖民地掠夺了巨额财富，数量之大令人吃惊。16世纪末，世界贵金属开采量的近83％被西班牙占有。葡萄牙在16世纪仅从非洲东海岸就掠得黄金27.6万千克，还有难以数计的象牙。此外还有两国在贩卖黑人奴隶中所得的暴利。然而，这些巨额的财富在这两个封建国家里并未能转化为资本。宫廷、贵族的穷奢极欲，庞大官僚机构和进行战争的大量消耗，成为这些财富的主要用途。另外，还有很大一部分被用来购买外国输入的奢侈品，从而使这些钱财转入了外商的腰包。这种情况就使西、葡两国的殖民优势很快衰落下来。

　　从17世纪起，取代西班牙、葡萄牙的主要殖民国家是荷兰、英国和法国。这些国家内部资本主义发展的程度比较高，国势强盛，都在推行重商主义政策。

它们的殖民活动明显地具有资本主义性
质。它们的殖民活动首先是直接由资产
阶级的海外贸易公司进行的，而不是由
政府出面。荷兰的殖民活动就是 1602 年
成立的东印度公司最早进行的。这个由
大商人集股组成的海外贸易公司，从葡
萄牙人手中夺取了非洲的好望角殖民地、
亚洲的锡兰（今斯里兰卡）、印度的马拉

荷兰东印度公司的船队

巴海岸和科罗曼德海岸以及马六甲，进而又夺得了印度尼西亚的爪哇、苏门答
腊、婆罗洲之一部、摩鹿加群岛和西里伯斯。葡萄牙在印度洋的占有地几乎全部
转入荷兰人手中。香料群岛（印尼）成为荷兰殖民活动的中心。荷兰东印度公司
从政府那里得到了从好望角到麦哲伦海峡之间广阔地区的贸易垄断权。公司有权
代表国会对外宣战、签订条约、招募军队、在殖民地发行货币和任命官员等等。
公司就是殖民地的统治当局。1621 年荷兰又成立了西印度公司。其后两年内，该
公司在北美洲哈得孙河口殖民，建立了新阿姆斯特丹（今纽约），在南美洲占领
了圭亚那。

英国的贸易公司成立得更早一些。还在 16 世纪就建立了莫斯科、东方、利
凡特、几内亚等贸易公司并得到政府的支持。伊丽莎白女王在利凡特公司的投资
就占该公司资金的半数左右。1600 年成立的东印度公司则是势力最雄厚、进行殖
民活动最积极的公司。公司成立 15 年，就在印度、印度洋的一些岛屿、印度尼
西亚和日本等地建起了 20 多个商站；其中最重要的是在印度的孟买、加尔各答
和马德拉斯的商站。到 18 世纪，该公司已控制了印度的大片土地，俨然是个拥
有军、政、财权的国家。此外，英国的商人、冒险家等在 17 世纪里还夺得了美
洲的巴巴多斯、魁北克、牙买加、弗吉尼亚、卡罗来纳、康涅狄格、缅因、马萨
诸塞湾、纽芬兰、新罕布什尔、新泽西、罗得岛、纽约（从荷兰手中夺来的新阿
姆斯特丹）、鲁珀特地、宾夕法尼亚等等。到 18 世纪上半期，英国在北美大西洋
沿岸的殖民地已连成一气，共 13 个。

法国在 17 世纪也由一些大公司开辟了大批殖民地。法国的公司基本上是路
易十四时代即 17 世纪后半期建立起来的。获得王室授予垄断权的东印度公司、
西印度公司、北方公司、中东公司等到处开辟殖民地。在短短几十年中，北美洲
的加拿大、阿卡地、密西西比河流域、路易斯安那，南美洲的圭亚那部分和加勒
比海上的安德列斯群岛，非洲的塞内加尔、波旁岛、马达加斯加，印度的本地治
里、昌德纳戈尔等便成了法国的殖民地。法国各大垄断贸易公司在殖民地也享有
类似国家的权力。

在工业革命发生之前，各宗主国对殖民地的统治都具有原始积累时期的特

点，那就是以殖民地作为本国工业的原料产地和产品销售市场，同时还是取得贵金属和珍宝的掠夺对象。投资和办企业之类的事情还没有发生。其统治手法十分野蛮和残暴，包括公开抢劫、霸占土地和矿山、强制税收、进行奴隶贸易和推行种植园奴隶制度等等。从殖民地掠夺的巨额财富，在运回国内之后才会转化为资本。因此，早期殖民掠夺对促进和推动西欧资本主义的发展起了巨大作用。

到18世纪晚期，随着殖民地数量的增多，特别是随着各宗主国资本主义工商业的发展，由垄断公司直接管辖殖民地的方式已很难继续下去。各公司股东们那种急功近利的短视目光，也使这些公司日益捉襟见肘。于是，对殖民地的统治权逐渐转移到各国政府手中。英国东印度公司对印度的统治虽然延续到了19世纪中期，但是从1784年起，根据内阁的法令，对印度的统治权实际上已转入政府任命的监督委员会主席手中。这种变化同各国间进行的商业战争也是有关的。

第二节　英荷对立和英法争雄

一、17世纪的海上争雄

荷兰是17世纪的"海上马车夫"。当时，它拥有世界上最庞大的商船队，掌握着各国商品运输中的很大一部分。对波罗的海的贸易、对印度的贸易、对美洲的贸易，在很大程度上都操纵在荷兰商人手中。这是17世纪荷兰经济繁荣、政治发展的重要基础。然而，由于这个商业共和国的繁荣没有建立在本国工业发展的基础之上，一旦在海上的势力被削弱，它就难免衰落下来。

086

17世纪的殖民大国英、荷、法之间的争夺，主要是通过战争方式进行的。英荷之争是17世纪国际矛盾中最突出的表现。开始时，荷兰占有一定的优势。在1624年发生的争夺香料群岛的战事中，荷兰人将英国人逐出了该地，完全垄断了香料贸易。但是，从长远的观点来看，以本国产品为海外贸易主要货源的英国，在实力上是优于荷兰的。1640年英国发生资产阶级革命后，它对海外利益就更加重视了。1650年和1651年英国两次颁布《航海条例》，直接打击荷兰海上贸易和运输的利益。同时，英国海盗船还不断袭击荷兰商船。于是在1652—1654年间发生了英荷战争，荷兰战败，不得不接受《航海条例》。从此，荷兰人在英国及其殖民地的贸易活动中完全被排挤出去。1665—1667年，英荷之间再次发生战争。这次战争在欧洲和海外殖民地同时进行。在英吉利海峡和北海进行的海战中，荷兰常常占有优势。但在海外，英国取得了胜利。在这次战争前夕，英国人就已夺走了荷兰在北美的殖民地新阿姆斯特丹，改名纽约。战后，荷兰在美洲的殖民地，只剩下了南美的荷属圭亚那。

除英国之外，对荷兰提出挑战的还有法国。路易十四时代法国推行重商主义政策所遇到的强劲对手，首先就是荷兰。由于法国支持英国斯图亚特王朝复辟，又向英王查理二世提供津贴，故而英法间于1670年签订条约，英国许诺帮助法国占领西属南尼德兰（今比利时）和对荷兰作战。此外，法国还用 40 万埃居（法国货币名）买得了瑞典的支持。这样，1672 年由法国组织的包括英国、瑞典和一些德意志国家参加的对荷战争开始了。在战争中不断失利的荷兰发生政变，奥伦治家族的威廉三世执掌了政权。他以决开海堤淹没大片土地的坚决手段迫使法军撤退，又在海战中数次击败英军。1674 年，他首先与英国签订和约，又与西班牙和奥地利结盟，使法国分散了兵力。接着，它又联合了勃兰登堡选侯国。在局势演变得对法国不利的情况下，路易十四才在 1679 年和对手订立了和约，即第一次用法文书写的国际条约——《尼姆维根和约》。南尼德兰的一些城市划归法国。

在英、法的进攻下，荷兰衰落下来。特别是在 1688 年英国光荣革命之后，荷兰执政威廉就任了英国国王，荷兰在对外方面就更加屈从于英国的利益。当 18 世纪来临时，在国际商业利益上的主要竞争对手已是英法两家了。

二、西班牙王位继承战争

1688 年英国光荣革命后，新的英国国王威廉采取了敌视法国的政策。英法对立成为国际关系中的主要矛盾。18 世纪发生的国际战争中，凡有这两个国家参加，必定分别处在敌对的营垒之中。它们的首次交锋是在西班牙王位继承战争（1701—1713）中进行的。

当时，西班牙哈布斯堡王朝的国王卡洛斯二世病危，又无子女。同西班牙结亲的法国和奥地利都企图在不久的将来继承西班牙的王位。❶ 卡洛斯二世在遗嘱中宣布，将王位继承权给予法王路易十四之孙菲利浦，条件是两国永远不得合并。1700 年卡洛斯二世死去，菲利浦于 1701 年继王位，称菲利浦五世。路易十四背弃约定，宣布比利牛斯山不复存在，并声称菲利浦五世有继承法国王位的权利。于是，一些国家出面干涉，酿成了战争。英国首先发难，对法国宣战。接着，奥地利、荷兰、葡萄牙、萨丁王国和德意志的普鲁士等邦国也对法国宣战。

如此众多的国家卷入战争，其根本原因是觊觎西班牙的大量殖民地。战争在意大利、西班牙、德意志西部和南尼德兰 4 个战场上同时进行，此外还有海战。法国面对众多敌手，到 1705 年已渐渐支撑不住。后因反法各国内部发生矛盾，使法国免遭失败，双方在 1713 年签订乌特勒支和约。和约规定，奥地利得到西属南尼德兰、西班牙在意大利的属地米兰公国、托斯卡纳沿海地区、那不勒斯和萨丁岛；英国则得到西班牙的直布罗陀、地中海的米诺卡岛、北美的法属新斯科舍（今加拿大圣劳伦斯湾南岸），并使法国承认它对纽芬兰和鲁珀特地的占有。英国还得到了对西班牙及其美洲殖民地的贸易特权，包括贩运奴隶的专利权。作

---

❶ 查理二世之姐嫁给法王路易十四，查理二世之妹嫁给奥地利皇帝利奥波德一世。作为姻亲，他们都有继承王位的理由。

为交换条件，和约规定菲利浦五世继续保持西班牙王位，但他和他的后代永远不准继承法国王位。

不难看出，西班牙王位继承战争主要是英法间的商业殖民战争。其结果，资本主义的英国打败了封建制的法国，得到了大量殖民地并控制了地中海的出海口。为牵制法国，英国支持奥地利在欧洲扩大了领土。

三、奥地利皇位继承战争和七年战争

1740—1748 年的奥地利皇位继承战争也是一场国际战争，这场战争于 1740 年在普鲁士、奥地利之间爆发。法国在争夺西班牙王位时曾与奥地利交战，1733 年为争夺波兰王位又曾与奥地利交战，故而在这次普奥冲突中明确站在普鲁士一方，对奥作战。同时支持普鲁士的还有西班牙、萨丁王国以及萨克森、巴伐利亚等德意志国家。由于法国支持普鲁士，英国便参加奥地利方面对法作战。在陆地上，奥地利寡不敌众，遭到了失败。在海上，英国海军则打败了法国海军。在双方均感疲惫时，于 1748 年签订《亚琛和约》。普鲁士占领西里西亚被肯定下来，法国白白为普鲁士打了一仗，没有得到任何好处，英国则趁机加强了对法国在北美殖民地的渗透。

英法之间最大的一次战争，也是在 18 世纪最引人注目的战争，是 1756—1763 年的七年战争。还在 1755 年，由于英国向法属加拿大扩张，双方在当地已发生军事冲突。1756 年普鲁士、奥地利再起兵端时，双方便都介入，开始了七年战争。当时，英国支持普鲁士，法国则与俄、奥结成同盟。普鲁士打败了法、奥军队，俄军则战胜普军，并一度攻占柏林。最后双方在 1763 年议和，普鲁士继续占有西里西亚。在这场战争中，英、法交战的主战场并不在欧洲大陆，而是在美洲和印度。在这些地区的战争中，法国遭到了失败。两国在 1763 年签订的《巴黎和约》规定，法国将北美的加拿大、密西西比河以东和俄亥俄河流域的广大地区割让给英国。此外，在战争中和战后两年，英国在印度扩大了占领地，法国在孟加拉的势力被排出，只保留了在印度的 5 个商站。

七年战争使英国在海上的优势和在殖民地占有上的优势最终确立下来，而处在"旧制度"下的法国则处处失利，大大削弱了同英国在海上争雄的力量。

第三节 维也纳体系

拿破仑失败后，英、俄、普、奥四国立即扮演了欧洲主宰者的角色，尤以英、俄为最。1814 年拿破仑第一次退位后，实现复辟的路易十八政府于当年 5 月 30 日同英、俄、普、奥、西、葡、瑞典等 7 个反法同盟的国家签订了和约，即所谓第一次巴黎和约。和约规定，法国恢复到 1792 年战争开始前的国界。同时规定，于 10 月 1 日在维也纳召开所有参战国（包括战胜国和战败国）参加的国际会议以处理战后问题。接着，上述四国的代表便开始了频繁的幕后活动。9 月 20

日它们达成了如下的协议：欧洲领土的分配要由四国共同决定，事后通知法国和西班牙代表，再通知全体与会代表；由普鲁士、奥地利、巴伐利亚、符腾堡、汉诺威等国代表组成处理德意志问题的专门委员会，拟定组织德意志邦联的草案；整个会议的程序由四国与法、西代表讨论决定。当时四国在维也纳的主要人物有：英国外交大臣卡斯尔雷，俄国沙皇亚历山大一世和外交大臣涅塞尔罗德，普鲁士国王腓特烈·威廉三世和首相哈登堡，奥地利皇帝弗兰茨一世和首相兼外交大臣梅特涅。

接着，各国代表陆续来到维也纳。与会代表总数达 216 人。法国代表、外交大臣塔列朗于 9 月 23 日到达。他是近代最出色的资产阶级外交家之一。来到维也纳后，他巧妙地利用了正统主义原则，并常常以小国利益维护者的姿态出现，还从不放过利用四国内部矛盾的机会，终于争得了参与决策的地位。他一

维也纳会议

到维也纳，就驳斥了四国关于"盟国"的提法，强调拿破仑下台后同盟已失去了存在的意义，法国已是由正统王朝统治的国家。他要求会下的磋商应由《巴黎和约》的 8 个签字国进行，而不应只限于四国，而且必须经由全体大会的认可。

四国不肯召开全体大会，坚持私下会商，决定将大会延期。塔列朗表示同意，但在写给四国代表的信中提出："我什么也不要求，可是我给你们带来了重要的东西——神圣的正统原则。"塔列朗提出的正统主义不久就成为维也纳会议奉行的指导原则之一。在这个原则之下，不少国家恢复了法国革命前的旧正统王朝的统治。不过，根据当时的具体情况，正统主义的口号还有其积极作用的一面。首先，法国虽已复辟，但社会经济结构仍是资本主义的，复辟王朝并未完全破坏革命的基本成果。在欧洲大陆上，它仍然是资本主义力量的基本阵地。塔列朗利用法国已恢复正统王朝统治这一点，强调正统主义，就使法国取得了与列强平起平坐的地位，避免作为战败国受到宰割。这既保护了法兰西民族的利益，又起了维护欧洲资本主义制度的作用。其次，根据这个原则，凡是恢复正统王朝统治的国家，都应得到承认和尊重。这一点对限制大国的瓜分也有积极意义。

当然，这一切并不能完全改变大国主宰的局面。塔列朗主观上也没有这种愿望。所谓维也纳会议，实际上称不起是一次会议。从 1814 年 10 月 1 日到 1815 年6 月 9 日解散为止，从未举行过全体会议，连形式上的开幕式和闭幕式也没有。一切都由大国在幕后决定，其他代表则在无休止的社交活动包括宴会、舞会、观剧和私下交谈中度过，心神不安地等待大国安排自己的命运。当大国做出总决议

时，也是分别召来各国代表签字，没有全体通过的手续。这次会议充分暴露了霸权主义的蛮横。

在长达8个多月的"会"期中，大国间为安排欧洲政局和进行分赃，进行了频繁而激烈的讨价还价。它们之间矛盾重重，焦点是波兰-萨克森问题。

18世纪末被瓜分一空的波兰，1807年又局部地重新出现了。那就是拿破仑搞的华沙大公国。1812年拿破仑征俄失败，俄军乘机于1813年占领华沙大公国，而且宣布将建立波兰王国，由沙皇兼任国王。对此，普鲁士反应强烈，认为那原是它瓜分所得的领土，不肯轻易放弃。然而，它无力同俄国对抗，便提出了"补偿"的要求，就是将萨克森王国的全部领土划归普鲁士。而萨克森是德意志境内经济发达的地区之一，若归普鲁士所有，将使它的国力大大增强。这是奥地利和法国都不能容忍的。因此，波兰-萨克森问题便成为列强间矛盾的焦点。

俄国为占有波兰，支持普鲁士的补偿要求。英国担心普鲁士强大会破坏大陆的均势，因而支持奥、法。经过反复交涉而无法取得一致后，英、奥、法三国代表于1815年1月3日签订秘密同盟条约，态度变得强硬起来。俄、普见状不得不做出妥协。于是在2月11日达成协议：在波兰的大部分领土上建立波兰王国，由俄国沙皇兼国王（不久被宣布为俄皇室罗曼诺夫家族的私产）；奥地利继续占有它瓜分的加里西亚地区；普鲁士重新占有波兹南和但泽；克拉科夫一带约1000平方千米的地带成立克拉科夫共和国，俄、普、奥派驻使节，实际上是三国共管。同时，将萨克森2/5的领土划归普鲁士，下余3/5领土保留，仍由原国王统治。另外划归普鲁士的领土，还有莱茵地区、易北河沿岸几个要塞、威斯特伐利亚部分地区和原属瑞典的波美拉尼亚。

最为棘手的波兰-萨克森问题得到解决后，列强即开始着手制定会议的总决议。这时突然传来令人震惊的消息：拿破仑又回到巴黎，重登帝位。各国首脑惊恐万分，急忙拼凑第七次反法同盟。一些人，如代替卡斯尔雷的惠灵顿公爵等，匆匆离去，前往指挥作战。俄、普、奥的君主和梅特涅、塔列朗等留下来继续会议工作。

6月初，会议总秘书长根茨将拟出的包括121项条款的总决议草案发给《巴黎和约》的8个签字国代表。除西班牙代表因决议未恢复西班牙王室在意大利的旧日权力而拒绝签字外，其余七国代表于6月9日正式签署了这个最后总决议。接着，各国代表被逐个召去签字。从未开过全体会议的维也纳国际会议收场了。

根据总决议，除维持2月11日列强就波兰-萨克森问题达成的协议内容之外，俄国又占有了芬兰和比萨拉比亚。奥地利占有萨尔斯堡、提罗尔、达尔马提亚沿海地带，以及意大利的伦巴底和威尼斯。普鲁士占有了原属荷兰的欧庞、马尔梅迪。英国在战争中从法、荷两国手中夺得的殖民地被确认下来，包括特立尼达、多巴哥、圣卢西亚、塞舌尔、罗得里格、开普、锡兰、马耳他、圭亚那的一部分，并得到对爱奥尼亚群岛的保护权。决议还规定，将奥属南尼德兰（今比利时）与荷兰合并成尼德兰王国。瑞士作为永久中立国。

总决议关于德意志问题的处理，基本上体现了梅特涅提出的方案。决定建立德意志邦联，包括35个君主国和4个自由市（汉堡、不来梅、卢贝克、法兰克福）。邦联设立以奥地利为主席的、由各邦代表组成的邦联议会。议会没有中央政府的权力。德意志仍是四分五裂的割据国家。

关于意大利，除划归奥地利的领土外，撒丁王国收回了合并于法国的尼斯和萨瓦（不包括尚贝里地区），占有了热那亚。托斯卡纳划为奥地利腓迪南大公的世袭领地，摩德纳为奥地利德埃斯特大公的世袭领地，帕尔马给予奥地利女大公、原拿破仑皇后玛丽·路易丝作为终身领地。卢卡给了西班牙国王之女玛丽·露易丝公主。两西西里王国（那不勒斯）恢复原波旁王室的统治。教皇国也予以恢复。

北欧地区，原属丹麦的挪威，合并于瑞典。丹麦得到了石勒苏益格和荷尔斯泰因两公国。

法国、西班牙、两西西里三国的波旁王朝，葡萄牙的布拉冈扎王朝，撒丁王国的萨瓦王朝，荷兰的奥伦治家族，罗马教皇等，按正统原则都恢复了统治权。

拿破仑"百日"政权倒台后，1815年11月20日反法同盟诸国与法国订立了第二次《巴黎和约》。据此，法国从1792年时的边界恢复到1790年时的边界，割出了菲利普维尔、萨尔布吕肯和尚贝里等地。同时还要交出全部兵舰，退还拿破仑从各国抢去的艺术品，赔款7亿法郎。偿清赔款前，同盟各国军队占领其军事要塞3～5年。

维也纳会议的反动决议和第二次《巴黎和约》，使欧洲封建势力得逞于一时。为维护这种反动局面，1815年9月26日俄、普、奥三国君主签署了建立"神圣同盟"的条约。两个月后，俄、普、奥三国又与英国签订了四国同盟条约。这个条约规定，必须以武力维护维也纳会议的决议和第二次《巴黎和约》。四国同盟成了神圣同盟的补充。1818年法国偿清赔款后，也加入了同盟。1820年，西班牙和意大利的皮埃蒙特、那不勒斯发生资产阶级革命。神圣同盟马上接连召开会议，决定由奥地利派兵镇压意大利境内的革命，由法国派兵镇压西班牙革命。结果，这两国的革命均被镇压下去。

维也纳会议强加给欧洲的反动政治局面和神圣同盟的镇压活动，都只是历史的逆流，并不能长久维持下去。到19世纪中期，"神圣"的原则就变成了历史的陈迹。

第七章 开明君主专制

第一节 玛丽亚·特蕾西亚母子的改革

由哈布斯堡家族统治的奥地利，是神圣罗马帝国境内面积最大的国家。奥地利君主自 15 世纪以来一直兼为整个神圣罗马帝国的皇帝。奥地利当时还据有波希米亚（捷克）和南尼德兰（比利时），在德意志境外则据有匈牙利和意大利北部不少领土。它是中欧、东欧地区的多民族的"帝国"。这同西欧那种单一民族的国家很不相同。奥地利内部民族矛盾尖锐，政局长期得不到稳定。

在经济上，奥地利也很落后，是盛行农奴制度的农业国。农奴为领主服徭役的时间很长，有时每周多达 6 天。不过，资本主义性质的手工工场也已出现并有一定程度的发展。但是，分布地区很狭小，主要是在捷克地区和西里西亚，而且不少工场中的工人还具有农奴身份。

这种落后状态常使奥地利受到新兴的普鲁士的凌辱。在奥地利和普鲁士之间，谁想要独霸德意志，都必须打垮对方。1740 年即位的玛丽亚·特蕾西亚及其子约瑟夫二世的改革，便是在受到普鲁士欺辱的强烈刺激下开始进行的。

还在 1713 年，帝国皇帝查理六世就曾颁布《国本诏书》，宣布长女玛丽亚·特蕾西亚为王位继承人。到 1723 年，各国都承认了这一诏书，也包括普鲁士在内。但是，到 1740 年查理六世死去，新君主继位时，普鲁士却突然提出要奥地利割让工业发达的西里西亚地区，作为它承认新主即位的交换条件。这一无理要求被拒绝后，普鲁士便悍然出兵强占了西里西亚。于是，引起了长达 8 年之久的"奥地利王位继承战争"。英、法、西班牙、萨丁王国等也参与进来，形成一场国际战争。后来奥地利因消耗严重，无力再战，被迫议和，失地未能收复。这无疑是一个巨大的耻辱。于是玛丽亚·特蕾西亚为自立图强，遂进行了开明君主制改革。

她首先在国家机构上进行改革，加强中央集权。1749 年成立公共及宫廷事务督导部，管理除匈牙利外的各邦内务与财政。同时还成立管理外交和司法的王室与国家事务部和最高司法部，以及宫廷财务处、宫廷审计处、宫廷军事委员会等。1760 年进一步建立了以首相考尼茨为首的国务委员会，由 6 人组成，是君主的内政外交最高咨询机关。在国家机构改革中，隐约体现了分权的思想。最高司法部专司民事纠纷和刑事案件，而行政事务及其纠纷与案件则由内政部门解决。这种将行政与司法加以分工的做法在奥地利还是初次出现。此外，1753 年成立的以米夏尔·阿尔腾为首的法典编纂委员会，于 1768 年制出了刑法典和民法典。法典将司法权全部集中到国家法庭手中，在相当大的程度上剥夺了贵族领主的司法特权。法典规定，只有受过法律知识教育的法官才能执行审判权，特别是刑事案件审判权。这明显是加强法的地位，抑制贵族特权的重要措施，体现了法治将代替人治的趋向。

在财政和经济方面的改革也很全面。1751 年颁布了普遍征税法，将收税权集中到中央政府手中，取消了各邦和领主们的收税权。尤其重要的是，法令废除了贵族的免税特权。根据以女王名义发布的特蕾西亚土地册，一切臣民，包括贵族和教士在内，都要按照财产和等级普遍纳税。而且还具体规定了主教、贵族等的纳税额。为保证农民纳税人的数量和税额，国家限制贵族过于残酷地剥削农民。1767 年发布的法令，根据各地土地贫沃情况不同，分别规定了农民租地的数量和为此而承担的义务。据 1771—1778 年实行的法令，农民为领主服徭役的时间每周不得超过 3 天，每天不得多于 10 小时。此外，还宣布在王室领地上废除农奴制。

为发展经济，政府于 1762 年建立了主要由资产者和开明贵族组成的宫廷商业委员会，协助王室制定和推行经济政策。根据这个委员会的主张，奥地利实行起重商主义政策。首先是鼓励本国工业的发展，对新建工场免税 10 年。同时还放宽必须加入行会的规定。为了给工商业发展创造方便条件，国家统一了币制和度量衡（不包括匈牙利），废除了国内税卡，还修公路，建运河网，加宽港口。其次是实行保护主义政策，对进口工业品课以高关税，而对进口原料则降低关税，还禁止本国的亚麻、羊毛和金属业原料出口。

玛丽亚·特蕾西亚非常重视教育，认为教育是"全民族真正幸福的最重要的基础"，"如果不通过良好的学校教育清除愚昧和无知，全民族的幸福就不可能实现"。1766 年政府建立教育委员会，发布了国家教育总纲，规定年满 6 周岁的男女儿童都要入学，而不论其家长的职业和财产如何。教育总纲对初等教育实行了强制免费义务教育的政策。对中等和高等教育也进行了改革，一方面排除教会对教育的垄断，一方面建立统一的、世俗的学校制度和教学管理原则。原属天主教的维也纳大学被改组为世俗大学。1750—1770 年由国家拨巨款补助，建立了技术学校、农业学校、师范学校、商学院和矿业学院等一批专业学校。

此外，在军事上玛丽亚·特蕾西亚因有亲身经历的教训，更重视进行改革。在宫廷军事委员会主席道恩元帅的主持下，军中设立了总参谋部和总军需局。最重要的是取消募兵制，改行义务兵役制，制定了新的军税制度和征兵制度。新制度规定，所有各邦和贵族领地（不包括匈牙利）每年都要向中央缴纳规定数额的军税，国家用以装备和训练军队。兵源也由各领地提供，由全体有服役义务的人抽签决定。常备军就由这些人组成，终身服役。中古以来一直实行的贵族军官世袭的制度被取消，改为根据军功和学历选拔军官。1751年建立的玛丽亚·特蕾西亚军官学校，为军队培养了很多人才。军队的装备也得到了改善，特别是配备了新式火炮。到18世纪80年代，奥军已由40年前的十几万人增加到27.8万人。

约瑟夫二世和未来的利奥波德二世

玛丽亚·特蕾西亚的改革是全面而有成效的。她是奥地利历史上很有作为的君主。1780年，她在从事改革40年之后去世。其子约瑟夫二世皇帝继续进行了改革。约瑟夫青年时期就受到法国启蒙学说的影响，主张使启蒙哲学"成为帝国立法的基础"。他强调君主应像路易十四那样总揽大权，而且一定要实行开明专制，如同伏尔泰主张的那样。还在玛丽亚·特蕾西亚在位时，他就积极参与朝政，并认为其母的改革步伐不够大，速度也不够快。所以，他即位后以更为激进的姿态进行了改革。这位39岁的皇帝年轻气盛，也做出了一些不合时宜之事，反而增加了改革的困难。

约瑟夫二世不遗余力地继续加强中央集权，改变了其母有区别地推行政策的做法。女王时期的某些政策往往对匈牙利有所照顾，这是考虑到匈牙利的民族情绪和避免引起新的民族纠纷。在多民族的国家，这种考虑原是必要的。但是，约瑟夫二世则要求做到政令统一，将整个国家严格控制在哈布斯堡家族的管辖之下。他将全国统一划分为13个行政区，由中央派总督进行管理。并且规定德语为全国通行的官方语言，取消了过去以拉丁语为官方语言的规定。他要求在数年之内必须在全国的一切政府机关、司法机构和学校中使用德语办公、办案和教学。这对各民族地区来说是很不得人心的。但是，约瑟夫提出的官吏制度改革却很值得赞许。他要求在录用官吏和法官时要根据大学的学历，或者经过考试。对官员要实行考核制度，进行年终鉴定，由上级官员为下属填写《考绩表》。这实际上是取消了在充任官吏上的贵族特权。

在经济领域，约瑟夫推行了全面废除农奴制的政策。女王时期只在奥地利本土废除了农奴制，并未推广到占领地区。约瑟夫则于 1781 年颁布《臣民特许令》，宣布在匈牙利和捷克也废除农奴制，农民获得人身、迁徙、结婚和选择职业的自由。在得到领主同意的情况下，农民可赎买封建义务，将份地变为私有财产。80 年代末，又对土地税进一步改革，规定农民以收入的 12％向国家纳税，以 18％向领主缴贡赋，其余 70％归己。

此外，约瑟夫二世还进行了宗教方面的改革。女王改革时曾大大削弱了教会控制教育的权力，但是教会仍然是听命于罗马教廷的一支相对独立的力量，而且具有明显的保守倾向。约瑟夫二世下令取消了教会掌握的书刊检查和出版批准权。还重新划分了教区，与行政区相一致。他还关闭了不从事教育也不从事医疗护理的修道院共 700 余座，将其财产用来建立国家神学院，培养效命本国的神职人员。为削弱天主教势力，对新教各教派和东正教实行了宽容政策。教皇庇护六世曾为此而亲自访问维也纳，力图说服约瑟夫，不要采取如此激烈的反天主教政策，结果遭到拒绝。这些宗教改革显然具有使宗教国家化的特点。

约瑟夫二世的改革来势猛烈，对保守派贵族和天主教会的限制和打击也较严厉，因而遭到了他们的强烈反对。同时因为他的改革忽视各地区的差异，不顾各被压迫民族的情感，也不注意联会各民族上层分子，因而还受到各民族地区的抵制。到他统治晚期，改革已面临很大困难。就在这种环境中，他因病于 1790 年去世。约瑟夫二世同其母一样，也是很有作为的开明君主。

经过玛丽亚·特蕾西亚和约瑟夫二世母子两代的改革，奥地利的资本主义工商业有了明显的发展。棉、毛、麻的纺织业中出现了一批新型手工工场，木材加工、造船、冶金、造纸、玻璃和制糖等工业也兴旺起来。城市人口增加，改革前后由占全国人口 10％增到了 20％。值得注意的是相当一部分贵族在改革中投身于资本主义经济活动，成为资产阶级化的新型贵族。这又一次证明，将开明君主制视为向资本主义过渡的改革式道路的起点，是不无道理的。

第二节　普鲁士的开明君主政治

18 世纪时，在德意志众多的邦国中，普鲁士是发展最快、最具有活力的国家。这同它的统治者一贯实行与资本主义发展的历史潮流相对一致的政策是分不开的。

普鲁士所在的德意志，名义上仍称为神圣罗马帝国，但实际上则是四分五裂的封建割据国家。经过 1618—1648 年的三十年战争，德意志更像恩格斯所形容的，被"撕成了碎片"。在全境分布着 360 个邦国（18 世纪后半期合并为 296 个），1 000 余骑士领地，盛行着"诸侯君主专制"。实际上就是每个邦国或领地，不管领土少得多么可怜，其元首都实行专制统治，夜郎自大地割据一方。在这个破碎的德意志中，只有普鲁士和奥地利两国面积最大，力量最强。

三十年战争之前，德意志境内还没有普鲁士国家。1618 年德意志的勃兰登堡选侯国从波兰王国那里得到一块领地，即处于德意志境外的普鲁士公国。这样，勃兰登堡的统治家族——霍亨索伦家的首脑就成为一身二任的统治者，既是勃兰登堡选帝侯，又是普鲁士大公。1660 年勃兰登堡——普鲁士国家的统治者利用波兰同瑞典发生战争的机会，迫使波兰同意将普鲁士并入勃兰登堡，摆脱了对波兰的臣属关系。1701 年又利用奥地利参加西班牙王位继承战争的时机，迫使同时是神圣罗马帝国皇帝的奥皇承认它为普鲁士王国。

普鲁士王国出现的过程表明，它的发展是迅速而顺利的。这里的原因很多，其中包括它所据有的有利的地理位置。❶ 然而，最根本的还在于它的政策。早在16 世纪，勃兰登堡就已成为新教国家，肯于接受进步性的新事物。它奉行重商主义政策，重视发展工商业。1685 年法王路易十四宣布废除《南特敕令》，大肆迫害新教徒，它却公开宣布收容这些人。于是，不仅法国，而且其他一些国家如南尼德兰（今比利时）、瑞士、波希米亚（捷克）的新教徒都纷纷来到这里，到1703 年已达 3.3 万人。这些新教徒中有许多资产者、熟练的手工业者，他们同时带来了资本和技术，促进了这里的经济发展。

此外，它还采取了支持易北河以东容克经济发展的政策。三十年战争后，由于死亡人口过多，劳动力严重不足，容克们便以强制手段恢复自 13 世纪以来就趋于瓦解的农奴制度，以便将劳力控制在土地之上，这就是通常所说的农奴制"再版"。在农奴制的容克农庄中，也实行领主制经济，农奴有自己的份地。但是，随着西欧资本主义的发展，所需商品粮的数量增加，大量出口粮食就成为容克的重要财源。于是，他们对份地农民缴纳的贡赋已不满足，便致力于从事集体劳动的大农庄经济，类似农场，具有了资本主义因素。普鲁士政府对容克是支持的，在主导方面，普鲁士就是一个容克阶级专政的国家。还在 1653 年，勃兰登堡-普鲁士国家的贵族议会便通过决议，从法律上肯定了容克规定农民徭役和收取代役租的权利，还承认了容克在庄园中享有的警察权和司法权。作为报答，容克也同意国家建立常备军并向城乡居民征收军事税。

进入 18 世纪时，正是在容克支持下，普鲁士王国建立起绝对君主制。到该世纪后半期，普鲁士已成为欧洲强国之一。这首先得归功于国王腓特烈二世（1740—1786）推行的开明君主制改革。腓特烈二世与启蒙运动的大师伏尔泰是朋友，曾邀请伏尔泰访问普鲁士。腓特烈二世在主观上追求的当然是富国强兵，

---

❶ 德意志 4 条通海的河流即莱茵河、易北河、威悉河和奥得河，都流经勃兰登堡——普鲁士国家的领土。因此，德意志中部、南部各邦国的出口商品，凡由水路运输者都要受到它的税卡的控制，从而使它大大增加了收入。

加强自己王朝的力量。但是，他为此而采取的改革措施则是进步的。他鼓励并保护工商业的发展，特别对军火工业更为重视，甚至对其免税和给予津贴。为给工商业发展提供便利条件，他统一币制、创办银行。建立邮政，而且修公路、开运河等等。在农业上则鼓励垦荒，将奥得河沼泽地改造成耕地。他果断地宣布在王室领地上废除农奴制，而王室领地占全国耕地面积的近 1/3。但是，他并没有将废除农奴制的措施推广开来。因为，易北河以东那些使用农奴劳动的容克农庄，经济效益是很高的，他对此采取了保护政策。此外，在发展科学文化方面，他也是重视的。在改革中，重建了普鲁士科学院，进一步发展了教育，还支持艺术的发展。当然，他对改革军事更为重视，以便推行其传统的对外扩张政策。他在位时，常备军增到 20 万人，按人口比例已占欧洲第一位。

从勃兰登堡选侯国到普鲁士王国，又进一步演变成欧洲强国之一，这整个的过程几乎都是在推行顺应资本主义潮流的改革政策中进行的。这在腓特烈二世实行开明君主制改革时尤为明显。可以说，开明君主制是经由改革道路从封建主义向资本主义过渡的萌芽形式。

第八章　美洲的革命

第一节　美国的建立

一、英属北美殖民地的社会经济状况

1492 年哥伦布对美洲大陆的发现，"给新兴的资产阶级开辟了新的活动场所"。为了掠夺财富，西班牙、葡萄牙、荷兰、法国和英国形形色色的拓荒者，循着冒险家的足迹，涌向美洲大陆。

1607—1733 年，英国在东起大西洋沿岸，西到阿帕拉契亚山脉的狭长地带建立起 13 个殖民地。北美是一片新的土地，小农经济占优势，英国殖民者所带来的封建剥削关系并未能发展起来。移居北美大陆的人多数是因破产和不堪忍受压迫而来，民主意识较强，再加上英国工业先进技术通过各种渠道的输入，这就给殖民地资本主义的发展提供了便利条件。独立前，资本主义成分是这一地区经济发展的主流。

资本主义经济主要集中在北部的 4 个殖民地，即马萨诸塞、罗得岛、新罕布什尔、康涅狄格。1643 年，它们被联合称为新英格兰。这里的大商人从事黑奴贩卖活动，从中获取了巨额利润，成为资本原始积累的重要手段之一。在这里，造船和冶铁业是重要的工业部门。18 世纪中期，英国船只吨位的 1/3 是北美殖民地制造的。冶铁业发展迅速，生铁的出口量 1745 年为 2 000 吨，1771 年即增长到 7 500 吨。此外，酿酒、面粉、锯木、玻璃、麻织等资本主义手工工场也发展起来。捕鱼业也很发达。波士顿成为北部工商业的中心。

在北美殖民地的经济结构中，还有前资本主义的封建经济成分及种植园奴隶制经济。

封建的经济成分主要在中部 4 个殖民地：宾夕法尼亚、纽约、新泽西和特拉华。这里工商业发展的程度明显逊于新英格兰，但是土地肥沃，农业和畜牧业都

很发达。封建的经济结构主要是英国贵族移民带来的。在殖民地创建时期，他们受封于英国国王而得到大量土地，成为大地主。他们按租佃的方式进行经营，还实行了长子继承制。不过，这种经济结构并不占优势。北美辽阔的未开垦土地，使得劳动者有可能以自行占地的方式发展自由的小农经济。因此，中部地区更普遍存在的是自由小农所有制。这里以种植小麦、稞麦为主，小麦出口量最大，有"面包殖民地"之称。

南部5个殖民地是弗吉尼亚、马里兰、北卡罗来纳、南卡罗来纳、佐治亚。这里的地理条件适合于大规模生产烟草和大米。1619年，黑奴开始输入弗吉尼亚，从此南部的蓄奴风愈演愈烈，持续200多年之久。独立前，弗吉尼亚人口中有一半是黑奴，南卡罗来纳有2/3是黑奴。这里生产的烟草和大米，在当时的欧洲很有销路。从生产目的和动力来看，南部的种植园奴隶制经济已被纳入商品经济的轨道，这种生产方式并非衍生于奴隶制，而是接种到奴隶制上面的。南部的种植园奴隶制经济是资本主义的孪生物，对资本主义的发展起着某种配合作用。

上述情况表明，北美社会经济是朝资本主义方向发展的。北部的资本主义工业自不待言，就连中部的自由小农所有制和南部的种植园经济，在重要环节上也都与资本主义生产有着不可分割的联系。至于北美经济中的封建成分，其作用是十分微弱的。

殖民地的居民来自欧洲各国，有爱尔兰人、荷兰人、日耳曼人等等，其中人数最多的是英格兰人。于是，英语便成为殖民地人民长期生活中共同使用的语言。随着经济的发展，各殖民地间贸易频繁，以新英格兰为中心形成了统一的市场。南部需要北部工业品，北部进口南部的粮食和原料。沿海南北大路上，定期的驿车络绎不绝，通邮往还不断。殖民地间的文化交流也很发达。正是这种共同的地域、语言和文化，促成了北美殖民地人民的共同心理特征，一个新的民族，即美利坚民族正在开始形成。

二、殖民地与英国矛盾的尖锐化

英国对北美殖民地采取了不同的统治形式，有直属王室的皇家殖民地，经英王批准的业主殖民地和自治殖民地。在殖民地，总督拥有行政、军事、司法和财政大权。每个殖民地虽然都设置了立法议会，但总督有否决权。总之，实权操在以总督为代表的英国殖民当局手中。

英国殖民者，力图使北美殖民地成为自己的商品销售市场和原料供应地。英国政府于1660年颁布《列举商品法》，规定糖、烟草、棉花、靛青、木材等货物只能运销英国。1663年又颁布《主要商品法》，禁止欧洲各国直接把商品运入北美殖民地。后来又颁布了《羊毛织品法案》（1699年）、《制帽条例》（1732年）《制铁条例》（1750年），对殖民地有关产品的品种、规格、行销地区、工人人数都作了严格的限制。1763年10月，英国殖民当局下令禁止北美人民到阿帕拉契亚山以西开荒。这一法令引起了渴望获得土地的小农的不满，也损害了土地投机家和南方种植园主的利益。

总之，英国的殖民统治已成为北美资本主义发展的主要障碍。这表明，当时殖民地人民进行的民族斗争，本质上是资产阶级性质的。目标是通过争取政治上的独立来为资本主义发展铺平道路。

七年战争（1756—1763）后，英国对殖民地的控制和掠夺空前加强。双方的矛盾主要表现在税收问题上。1765 年，殖民当局颁布《印花税法案》，规定凡殖民地的商业契约、广告、历书、执照及新闻纸类甚至毕业证书都要缴纳印花税。这种普遍勒索的政策引起殖民地各阶层的广泛不满。一场以反对印花税为中心的群众运动轰轰烈烈地开展起来。在斗争中涌现出一些革命群众团体，如"自由之子"和"自由之女"等。1765 年 10 月底，殖民地人民又广泛展开了抵制英货运动，并且捣毁税收机关，驱逐税吏。在群众斗争的压力下，英国国会被迫于 1766 年撤销了《印花税法》，但仍宣称英国有权在殖民地征税。1767 年，英国颁布《汤森法案》，对输入殖民地的玻璃、纸张、颜料、茶叶等商品课以很重的入口税，并在波士顿设立了海关税务司总署。1768 年，又增派军队至波士顿。这就引起了反抗运动的进一步高涨。

1770 年 3 月，波士顿人民与英军发生武装冲突，英国开枪打死 4 名居民。愤怒的波士顿人民将安葬死者的仪式变成了游行示威。各地人民也纷纷表示声援。英国政府不得不取消《汤森法案》，但保留了茶叶的入口税。在萨缪尔·亚当斯的倡议下，1773 年有 6 个殖民地成立了"通讯委员会"，以使各殖民地加强联系，互通情况，协调抗英斗争。

同年，英国政府授予东印度公司在北美殖民地销售茶叶的专利权，该公司于 11 月将大批积存茶叶运抵波士顿。12 月 16 日，波士顿群众采取行动，将公司船上的价值 1.5 万镑的茶叶抛入大海。这就是著名的"波士顿倾茶事件"。恼怒的英国政府于 1774 年 3 月下令封锁波士顿港；取消马萨诸塞州的自治特许权，任命北美殖民地英军总司令盖奇为该州总督；严禁一切集会；扩大驻军。这项法令被当地人民称为"不可容忍法案"，成为触发独立战争的导火线。一些地区开始组织民兵。

在抗英斗争高潮中，根据弗吉尼亚议会的倡议，1774 年 9 月 5 日至 10 月 22 日在费城召开了有 12 个殖民地代表参加的大陆会议。原来分别从属于英国的各个殖民地，终于在斗争中互相联合起来。这也是各殖民地后来建立统一政权的最初准备步骤。会议通过了《殖民地权利和怨恨陈情书》及呈交英王的请愿书，控诉英国国会和殖民当局的高压政策，提出不经殖民地同意不得擅自征税。会议制定了停止对英贸易和抵制英货的法案，委托各地通讯委员会下属的监察委员会监督执行。会议通过的大不列颠和各殖民地人民的权利宣言提出，取消各种对工商业的限制，废除英国各项税收法令。作为各殖民地间第一次联合的会议，它表现了某种不成熟性和局限性。会上，多数代表还不能打破旧传统，而是主张将殖民地与英国合并，设立北美议会与英国共同管理北美事务。

三、独立战争

列克星敦的人民武装打响了独立战争的第一枪。1775 年 4 月 18 日夜间，马萨诸塞州总督盖奇派 800 名英军前往波士顿附近的康克德搜查民兵所储备的军火。4 月 19 日拂晓，当英军走近列克星敦时遭到民兵的伏击。英军在败退波士顿的途中，又遭到民团的包围痛歼，死伤 200 余人。列克星敦的胜利大大鼓舞了人民群众的斗争信心，一场轰轰烈烈的反英革命战争开始了。

战争打响后，为了应付紧急局势，1775 年 5 月 10 日，13 个殖民地的 66 名代表云集费城，举行第 11 届大陆会议。新当选的代表中有本杰明·富兰克林和托马斯·杰斐逊。杰斐逊等人起草了《关于拿起武器的原因和必要性的公告》。当会议通过的要求英国让步的请愿书遭到拒绝后，大陆会议便果断地下令募集志愿军，并把民兵整编为大陆军，任命乔治·华盛顿为总司令。华盛顿早年曾在殖民军中服役，有上校军衔。1758 年退役后在弗吉尼亚殖民地议会中任议员，从事反英斗争。他性格坚强，富有军事指挥才能。

第二届大陆会议期间，殖民地各阶层人民都强烈要求摆脱英国而独立。著名的政论家、资产阶级激进民主主义者潘恩所写的题为《常识》的小册子引起了很大的反响。他在《常识》中痛斥英国政府的暴行，指出："辩论的时期已经结束，应该用武器这最后的手段来解决争议"。

1776 年 4—5 月间，弗吉尼亚、北卡罗来纳、马萨诸塞、罗得岛等殖民地议会都自动宣布独立。大陆会议顺应这一趋势，于 7 月 4 日通过了杰斐逊起草的著名的《独立宣言》。宣言用天赋人权的思想表述了北美殖民地资产阶级的政治要求。它宣布，一切人生而平等，上帝赋予他们生存、自由和追求幸福等不可割让的权利。人们成立政府就是为了保障这些权利。任何政府一旦损害人民的权利，人民有权废弃它而成立新的政府，直至使用武力。宣言向全世界宣告北美各殖民地脱离英国而独立。后来，7 月 4 日被定为美国的独立日。《独立宣言》的颁布，使大陆会议实际上成为临时政府和各殖民地反英斗争的统一领导机构。

独立战争初期，交战双方力量对比十分悬殊。英军装备优良，大陆军则既缺乏训练，装备也十分不足。这就决定了斗争将是艰苦的、漫长的。美国独立战争开始于 1775 年 4 月 19 日列克星敦之战，结束于 1781 年 10 月 19 日英将康华利在约克镇的投降。历时 6 年半。

1776 年 7 月北美发表《独立宣言》之际，英国政府调集 3.5 万人的陆军，在海军的配合下攻占纽约。1777 年 9 月，英国从海上进兵，占领当时美国最大的城市、大陆会议所在地费城。这时大陆军处境极为困难，但斗志仍很旺盛。1777 年

6月，英将柏高英率兵8 000人由加拿大出发，沿哈得孙河谷南下，企图与据守纽约城的英军汇合，以钳形攻势切断新英格兰与其他各地的联系。可是，柏高英一踏进新英格兰，就陷入人民的包围之中，民兵切断公路，破坏桥梁，使英军寸步难行，只得退守纽约北部的萨拉托加。各地民兵和大陆军乘胜追击，把龟缩在萨拉托加的英军团团围住。柏高英弹尽粮绝，于10月17日率残部5 600余人投降。萨拉托加大捷扭转了战局，增强了美国人民的必胜信念，成为独立战争中的重要转折点。

萨拉托加战役提高了北美的国际地位，扩大了欧洲各国与英国的矛盾。法国于1778年2月公开承认北美独立，并正式对英宣战。西班牙也于1779年6月参加对英作战。随后，荷兰于1780年参战。此外，1780年俄国联合普鲁士、丹麦、瑞典等国组成"武装中立同盟"，冲破了英国对北美的海上封锁。英国陷入了孤立境地。美国独立战争开始带有了国际商业战争的性质。

在这样的形势下，大陆会议起草了带有宪法性质的《邦联条例》（全称是《邦联和永久联合条例》），于1777年11月15日通过。1779年，条例被12个国家批准。1781年3月，最后一个国家马里兰也予以批准。于是条例正式生效。美利坚合众国自此正式诞生。它由13个州联合组成，故称合众国。❶ 合众国以各州代表组成的邦联议会为中央政权机构。北美人民的反英战争开始在一个新的独立国家的名义下进行，更加联合一致的力量使战斗力进一步增强了。1778年，许多州根据大陆会议的建议，没收了本地亲英派（称效忠派或托利党）的地产并废除了代役租，将没收来的地产一部分出卖，一部分以土地券形式分给了士兵。北部各州还宣布废除奴隶制，允许黑人参军。同时，由于英国不准殖民地人民跨过阿帕拉契亚山的禁令已实际废弛，大批农民到西部开发，得到了土地。所有这一切，都大大鼓舞了人民的斗志，战局越来越朝着有利于美国的方向发展。

从1778年开始，英军在北部已无力再战，于是将军事行动的重点转向南方。12月占领了佐治亚的萨凡纳港，1780年又占领南卡罗来纳重要港口查尔斯顿。南部军民奋起作战，到处袭击英军和亲英派。美国任命了铁匠出身的将领格林为华盛顿的南方集团军司令官，在他的领导下正规军和民兵配合默契，迫使英军主力在1781年初退守弗吉尼亚的海港城市约克镇。同年9月，一支拥有36艘舰艇的法国舰队在约克港外打败英国海军，切断了英军海上供应线。华盛顿闻讯后率军南下与法军汇合，由法国拉法耶特指挥的一支部队也赶来约克镇合围。英将康华利在经过一番挣扎之后势穷力竭，被迫于1781年10月19日率部下8 000人投降。美国独立战争到此胜利结束。

1783年9月3日，英美在巴黎签订和约，英国承认美国独立，并将阿帕拉契

---

❶ 13个殖民地宣布独立后均称"国"，这里按惯例译为"州"。

亚山和密西西比河之间的北起加拿大、南至佛罗里达的全部土地划归美国。

北美独立战争是取得完全胜利的民族独立运动，在很大程度上为美国资本主义的发展清除了障碍。因此，它也是一场资产阶级革命。美国从此作为一个新兴的资本主义国家迅速发展起来。

独立战争是在资产阶级和种植园主的领导下进行并取得胜利的。然而在战争中做出巨大贡献的劳动群众在生活上却没有得到改善，甚至还更加贫困了。战争期间因物资短缺曾出现严重的物价飞涨现象，1776—1780 年货币贬值近 40 倍。结果使大批群众负债累累。士兵们在战时领得的土地券多数被迫卖掉还债。而各州政府还纷纷颁布债务法令，对逾期偿还债务者给予惩处。这就激发了谢司领导的农民起义。

丹尼尔·谢司是刚刚退役的、曾在独立战争中屡立战功的上尉。1786 年秋，他在独立战争爆发地康克德发动了当时规模最大的，有农民、手工业者参加的起义。他们提出了重新分配土地，取消一切债务，降低土地税和改革司法制度的主张。起义队伍一度发展到 1.5 万人。在伍斯特，起义军围困了法院大厦，冲进监狱，释放了大批因负债而遭监禁的穷人。1787 年 2 月起义被镇压下去。

四、1787 年美国宪法

1781 年 3 月生效的《邦联条例》显然是美国历史上第一个具有宪法性质的文件，但是它所建立的仍是 13 个独立国家的松散联盟。作为中央权力机构的邦联议会，表决时每州只有 1 票。议会休会时由每州 1 名代表组成的州际委员会作为常务机构，推举主席 1 人。按条文，邦联议会拥有宣战、媾和、缔约、建立商务关系、任命高级军官和处理州际争端等权力，但这些权力的实施要经过 9 个州的同意方能生效。实权则操在各州的手中，拥有征税、征兵及发行纸币等权力。邦联制对赢得独立战争的胜利起了重大作用，但是，独立后它不能适应国家发展的需要了。它无权实行统一的保护关税政策，这就给英国的商品涌入以可乘之机，并影响了国内贸易的发展。独立战争给美国留下了近 4 000 万美元的内债和外债，而邦联政府却无征税权，其国库收入主要靠向各州募集，因而缺乏强有力的经济职能。在政治上，这种松散的状态也无法形成强有力的中央政府来稳定统治秩序和对外保卫国家利益与主权。可见，调整原有的统治体制，建立强有力的中央政府，是美国社会政治、经济发展的迫切需要。

这样，各州代表于 1787 年 5 月 25 日至 9 月 17 日在费城召开了制宪会议。经过反复讨论，终于制定了一部新宪法，即 1787 年宪法。宪法使美国从一个松散的邦联过渡为联邦制国家，使 13 个州真正联合成为统一的国家实体。

根据宪法，联邦的中央国家机关具有超出各州之上的权力。宪法体现三权分立的原则。国家最高行政首脑是总统，由选民间接选出，任期 4 年。总统既拥有行政大权，又是武装力量的最高统帅。总统及其任命的内阁不对国会负责。总统需要定期向国会提出国情报告，同时有权否决国会通过的法律。如国会两院重新以 2/3 的多数票通过该法律，即可直接生效。宪法规定的最高立法机构是国会，由参、众两院组成。参议院由每州议会选两名代表组成，任期 6 年，每两年改选 1/3。众议院议员由选民直接选出，任期两年。国会拥有税收、贷款、发行货币、规定度量衡、邮政、宣战、征兵等权力。一切法律经国会通过，总统批准，即可生效。最高司法机关是最高法院。法官由总统任命并须取得参议院的同意，终身任职。最高法院有解释一切法律和条约的权力。从国家体制来讲，这部宪法体现了分权和制衡的原则。它通过三权分立的体制来协调社会上的许多矛盾，并且防止少数人权力过分膨胀以及个人独裁的产生。1789 年又制定出对宪法的 10 条修正案，规定了若干公民自由权利，使这部首次出现的资产阶级成文宪法更加完整。

根据宪法选出的美国第一任总统是华盛顿。在他任内（1789—1797 年两届连任），国会和总统制定与发布了一系列具体的条例和法令，使美国的立法趋向健全。此外，还在整顿货币、发行公债、保护关税、建立国家银行等方面采取了有效的措施。这一切都大大推动了美国早期的发展，证明 1787 年宪法确定的国家体制是合乎美国国情的。

第二节　拉丁美洲独立战争

拉丁美洲是指北自墨西哥北部边境的格兰德河，南至阿根廷南端合恩角的广大区域，包括北美洲的墨西哥、中美洲、西印度群岛❶和南美洲。因为这个地区曾经是西班牙和葡萄牙的殖民地，这两个国家的语言文字都属于古拉丁语族，所以它们在美洲的属地就被叫作拉丁美洲。

哥伦布发现新大陆以后，欧洲殖民者便不断地向拉丁美洲进行殖民侵略。最早在这里从事殖民活动的是西班牙和葡萄牙。到 18 世纪末，除牙买加（属英）、洪都拉斯（属英）、圭亚那（属英、法、荷）、海地（属法）等地区外，拉丁美洲绝大部分地区仍被西班牙、葡萄牙两国所占有。它们在这里进行了长达 300 年的殖民统治。

一、欧洲殖民者的统治和奴役

西班牙和葡萄牙都是封建国家，它们的殖民统治无不打上封建的烙印。

1524 年，西班牙设立了直属于国王的"印度事务院"，国王委派总督对殖民地实行直接统治。西班牙把美洲殖民地分为 4 大总督辖区：（一）新西班牙区，包括今墨西哥、中美洲、西印度群岛；（二）秘鲁区，包括今秘鲁和智利；（三）

❶ 西印度群岛主要包括古巴、海地、多米尼加、牙买加、波多黎各和巴哈马群岛等岛屿。

新格拉纳达区，包括今哥伦比亚、巴拿马、委内瑞拉和厄瓜多尔；（四）拉普拉他区，包括今玻利维亚、阿根廷、乌拉圭和巴拉圭。总督掌管殖民地所辖地区民政、司法、军事及任命世俗、宗教主要官员的最高权力。葡萄牙在拉丁美洲的殖民地是巴西。这个拉美面积最大的地区，也是葡属的一个总督区。

西班牙殖民者把本国的封建授地制度搬到了殖民地，将掠夺来的土地连同土地上的印第安人授予到殖民地去的西班牙贵族。这些贵族是殖民地统治阶级的重要组成部分，称为"监护者"。

这种授地后来演变为世袭土地。1720 年以后开始实行大地产制度，大地产主成为欧洲式的封建领主、庄园主。

印第安人为耕种一小块份地，必须担负沉重的地租和繁重的劳役。这些佃农实际上就是农奴。有的印第安人被迫到地主庄园去当雇工，常常被迫沦为债务奴隶。

在南美大西洋沿岸、巴西和西印度群岛等热带和亚热带地区，主要种植甘蔗、棉花、烟草等作物。殖民者在这里实行了种植园奴隶制。最初使用印第安人，后主要使用从非洲贩卖来的黑人奴隶。拉美蕴藏丰富的黄金、白银是欧洲殖民者大肆掠夺的对象。他们在采矿区实行"米达制"，规定印第安人每年要轮流到金银矿场去做苦工，每天要劳动 10 多个小时。

西班牙政府不准殖民地种植桑树、葡萄、橄榄、亚麻等作物，以保证宗主国的丝绸、葡萄酒、橄榄油、亚麻布能在殖民地高价出售。对于能为宗主国带来暴利的农作物，如甘蔗、棉花、咖啡、可可、烟草等，则强迫大量发展。同时还禁止殖民地开采和加工铁矿石，禁止生产宗主国能够输出的商品。殖民地盛产羊毛和棉花，但却不准造毛织品和棉布。原料由殖民者廉价收购，回国加工后再运回殖民地高价出售。在对外贸易方面，禁止殖民地同宗主国以外的任何国家做生意，各殖民地间也不准直接贸易。

天主教会是殖民统治的精神支柱。教会遍布于各殖民地区。教会也是最大的地租剥削者。在殖民统治的末期，殖民地 1/3 以上的土地归教会所有。

300 年来，欧洲殖民者从拉丁美洲掠夺了大量财富。西班牙殖民者掠走了250 万千克黄金和 1 亿千克白银。葡萄牙殖民者从巴西掠走价值 6 亿美元的黄金和 3 亿美元的金刚石。

19 世纪初，拉丁美洲约有 2 000 万人口。来自西班牙的大约 30 万封建贵族、没落地主、高级官吏、高级僧侣和大商人，称为"半岛人"，他们独占行政、军队、法庭和教会的高级职位，是殖民地社会的上层统治人物。约 300 万称作克列奥人的土生白人是西班牙移民的后裔，名义上与半岛人平等，是宗主国的公民，但实际上被排除于行政机构、军队和教会的高级职位之外。他们都是地主，部分人担任了中下级文武官员。此外就是混血种人❶，多半是手工业者、小贩、店员和自由农民，也有少数人做下层神甫。他们在身份上也算作"自由人"，但并不享有法律上的公民权利。印第安人和黑人处在社会最底层，大批人是奴隶。印第安人、黑人和混血种人虽然与土生白人有矛盾，但殖民地人民和宗主国之间的民族矛盾是主要的社会矛盾。因此，反对殖民统治，争取民族独立，是殖民地各阶级、各阶层人民的一致要求。

18世纪后半期，殖民地的工农业在种种限制之下仍然得到了一定程度的发展。一些大城市出现了，城里的许多手工作坊生产着铁器、布匹、玻璃等。殖民地生产的棉花、蔗糖、烟草等开始行销到欧洲各地。巴西也出现了纺织、造船等手工工场。随着生产力的发展，殖民地人民的独立要求更强烈了。

18世纪欧洲资产阶级启蒙运动、美国独立战争和法国大革命的胜利，促进了拉丁美洲人民民族意识的觉醒。18世纪末西班牙、葡萄牙对殖民地控制的削弱，也为拉丁美洲人民革命提供了有利条件。

二、海地革命

海地位于加勒比海北端的圣多明各岛西部❷，1502年沦为西班牙殖民地，1697年割让给法国，时称法属圣多明各。1789年的法国革命直接促成了海地革命的爆发。

1791年8月22日夜，杜桑·卢维都尔领导黑人奴隶在海地角附近的诺埃种植园发动武装起义。起义者到处焚烧种植园，捕杀作恶多端的奴隶主。起义者很快就控制了北部地区，只有少数据点还在官府手中。

奴隶主依靠法国远征军对起义者进行镇压，但遭到了失败。企图重新占领海地的西班牙于1793年派兵侵入海地。接着，英国也派来军队，意欲抢夺法国的海外殖民地。海地人民在杜桑领导下奋勇抵抗，赶走了西班牙军，又打败了英军。英国于1798年被迫撤军，并与海地签约，承认其独立。

杜桑乘胜进攻东部的西班牙殖民地，于1801年1月攻克圣多明各城，解放了整个圣多明各岛。杜桑立即实行改革，下令解放黑奴，并召开议会，制定了宪法。宪法规定海地为共和国，全体居民不分肤色一律平等。根据宪法，杜桑·卢维都尔当选为终身总统。

海地挣脱殖民枷锁并建立起独立的共和国，对它原来的宗主国法国震动很大。当时法国的执政者波拿巴不能容忍海地的独立，于1802年1月派3万名远

---

❶ 西班牙人和印第安人的混血后代叫墨斯提左人，西班牙人和黑人的混血后代叫穆拉托人，黑人和印第安人的混血后代叫桑保人。

❷ 海地，印第安语意为"多山的地人"。圣多明各岛东部是今多米尼加共和国，西部便是海地。

征军前来镇压。法军战败后提出和谈。1802年5月杜桑出席和谈会议时，被法军背信弃义地逮捕，押往法国。1803年4月杜桑在法国狱中牺牲。

杜桑牺牲后，海地人民在杜桑的战友克里斯多芬和戴沙林的领导下继续进行战斗，给法军以沉重打击。波拿巴先后派往海地的4.3万军队，最后只剩下残兵8 000人。1803年10月法军被迫投降，从而结束了法国在海地100多年的殖民统治。11月29日，海地人民通过《独立宣言》。1804年1月1日，海地正式宣告独立，在拉丁美洲建立了第一个独立的黑人共和国。它揭开了整个拉丁美洲革命的序幕。

三、西班牙殖民地的独立战争

受到海地革命的鼓舞，又由于西班牙已被拿破仑占领，西属拉丁美洲殖民地便利用时机于1810年开始了独立战争。到1826年取得胜利为止，独立战争大致可分为两个阶段：

从1810年至1815年是第一阶段。这是各地人民普遍发动武装起义的时期。1811年许多地区都脱离西班牙，建立了革命政权。1814—1815年间国际形势发生变化，拿破仑帝国被击溃，斐迪南七世在西班牙恢复了统治。在神圣同盟支持下，西班牙增强了它在拉丁美洲的兵力，进行反扑。同时，革命力量内部的弱点也暴露出来。到1815年底，各地新建的革命政权大部分被西班牙军队摧毁。

1816年，独立战争进入第二阶段。起义者吸取前段的教训，较明确地提出了革命目标和纲领，得到了群众的支持和拥护。各地的独立运动再次高涨，1826年取得胜利，推翻了西班牙殖民统治。

西属拉丁美洲独立战争爆发后，很快就形成了3个中心地区，即：以委内瑞拉为中心的南美洲北部地区；以拉普拉他为中心的南美洲南部地区；以墨西哥为中心的北美洲和中美洲地区。

1810年4月19日，委内瑞拉首府加拉加斯爆发起义，成立了革命政府。12月，革命的先驱者米兰达领导"爱国协会"进行建立共和国的宣传。米兰达出生在一个土生白人富商家庭，参加过北美独立战争和法国大革命。他曾提出西属拉丁美洲独立的口号，主张建立君主立宪制的大哥伦比亚国家。

1811年3月2日，革命者在加拉加斯城召开国会。7月5日，国会通过独立宣言，宣布脱离西班牙统治，成立以米兰达为政府首脑的共和国，即委内瑞拉第一共和国。但是，西班牙殖民者于1812年趁加拉加斯发生大地震之机，攻占了该城，委内瑞拉第一共和国被绞杀。米兰达被俘，1816年7月16日牺牲于狱中。从1813年起，领导斗争的是玻利瓦尔。

玻利瓦尔

西蒙·玻利瓦尔出生于加拉加斯土生白人家庭。青年时代留学欧洲，深受法国启蒙思想的影响。1810年和米兰达一道从英国回到委内瑞拉，被推举为革命军的统帅。米兰达被俘后，玻利瓦尔成为南美洲北部独立战争的主要领导人。1813年初，他率部再克加拉加斯，于1814年1月建立起委内瑞拉第二共和国。同年7月，西班牙殖民者重新集结兵力，侵占了加拉加斯，委内瑞拉第二共和国又被摧毁。玻利瓦尔流亡国外。1816年在海地革命胜利的鼓舞下，玻利瓦尔重整旗鼓，从海地出发，在委内瑞拉东部登陆。他在奥里诺科地区建立革命根据地，下令废除奴隶制，解放黑奴；没收西班牙王室财产；许诺在取得独立后给战士们分配土地。成千上万的黑奴、印第安人、混血种人踊跃参军。1818年10月，玻利瓦尔在安哥斯土拉（今玻利瓦尔市）召开国会，宣告成立委内瑞拉第三共和国。

1819年5月，玻利瓦尔越过安第斯山，向波哥大进发。8月7日全歼守敌近3 000人，解放了波哥大。1819年12月，大哥伦比亚共和国宣告成立，玻利瓦尔任总统。1821年革命军解放基多，厄瓜多尔宣布独立，加入了大哥伦比亚共和国。❶ 从此，南美洲北部沿海地区和安第斯山一带全部获得了解放。

独立战争的另一个中心地区是拉普拉他区。1810年西班牙全境被法国占领的消息传来后，5月25日，阿根廷布宜诺斯艾利斯市就爆发武装起义，成立了临时政府。随后，巴拉圭革命者于1811年5月举行起义，8月4日宣布独立。1811年春，乌拉圭人民响应民族英雄何塞·阿蒂加斯的号召，自动武装起来，到处打击西班牙殖民者，曾先后两度围攻首府蒙得维的亚。1816年7月拉普拉他各地代表聚会，正式宣布脱离西班牙，建立独立的"拉普拉他联合省"。会议通过了实行自由贸易，铸造新币，取消印第安人人头税，禁止输入黑奴等一系列法令。1826年联合省改组为阿根廷共和国。

拉普拉他地区革命运动杰出领导人是阿根廷民族英雄何塞·圣马丁。他在青年时代曾随父迁居西班牙，参加过反拿破仑占领军的战争，与留学西班牙的拉丁美洲革命人士过从甚密。1812年他放弃在西班牙军中的中校职务，回到布宜诺斯艾利斯，投身于拉丁美洲解放事业。他制订战略计划，打算由阿根廷西部越过安第斯山，先攻取智利，然后再从海上进攻秘鲁。但因秘鲁驻扎着几万殖民军，一时难以攻破，1817年圣马丁攻入智利，解放了首府圣地亚哥。1818年2月，智利宣告独立。

1820年西班牙国内爆发资产阶级革命，形势对起义军十分有利。9月，圣马丁率起义军在秘鲁登陆。1821年7月解放首府利马，秘鲁宣布独立，圣马丁就任国家元首"护国公"。然而，秘鲁东部尚未解放，2万名西班牙军构成了对共和国的威胁。此时，玻利瓦尔军已解放厄瓜多尔，成为秘鲁北邻。圣马丁于1822年7

---

❶ 1830年大哥伦比亚共和国分裂为委内瑞拉、哥伦比亚和厄瓜多尔3个共和国。

月主动与玻利瓦尔举行会谈，共商破敌之策。为使军令统一，圣马丁自动引退。1823 年玻利瓦尔进军秘鲁，于 1824 年 6 月在胡宁平原大败敌军。12 月 9 日在阿亚库乔的决战中，革命军以少胜多，取得决定性胜利，活捉了西班牙驻秘鲁总督、4 名元帅和 10 名将军，共俘敌 2 000 余名。接着，革命军乘胜东进，于 1825 年 1 月解放上秘鲁，8 月 25 日上秘鲁宣布独立。为纪念玻利瓦尔，取名为玻利维亚。1826 年 1 月 23 日，西班牙军最后的残余力量在秘鲁卡亚俄港投降。至此，西班牙在拉丁美洲的殖民统治全部垮台，独立战争终于取得胜利。

独立战争的第 3 个中心地区是墨西哥和中美洲地区。1810 年 9 月 16 日，在墨西哥北部一个村子多洛雷斯爆发了农民起义，领导人是该村的主管教士伊达尔哥。他深受法国启蒙思想影响，平日接近群众，同情印第安人的处境。9 月 16 日凌晨，伊达尔哥敲起教堂大钟，召集数千印第安人集会，向大家高声问道："你们愿意作自由人吗？300 年前可恨的西班牙人夺取了我们祖先的土地，你们愿意全力以赴去夺回吗？"群众挥舞着镰刀、锄头高呼："绞死这些西班牙强盗！""独立万岁！美洲万岁！打倒坏政府！"这就是墨西哥历史上著名的"多洛雷斯呼声"。广大人民群众从四面八方赶来参加起义队伍，人数达 8 万余人。他们占领了墨西哥中部的一些城市，乘胜向墨西哥城进军。1811 年初，起义军遭敌人伏击受挫。3 月，因叛徒出卖，伊达尔哥等被俘就义。

伊达尔哥牺牲后，他的学生摩里罗斯继续领导革命斗争。他领导起义队伍展开游击战争，到 1811 年底解放了南部大部分领土。1813 年 9 月，起义者在契尔潘辛戈召开国民议会。11 月 6 日通过《墨西哥主权和独立宣言》。次年 10 月颁布共和国宪法，宣布了种族平等，废除军队和教会特权，征收教会土地，没收富人财产，消灭大地产，鼓励小土地所有制及实行普选等原则。这是拉丁美洲独立战争中出现的最激进的纲领。殖民者紧急调集大军进攻，起义军因寡不敌众而失败。1815 年摩里罗斯被捕，英勇牺牲。

1820 年西班牙爆发革命后，形势发生了变化，曾参与指挥镇压摩里罗斯起义的墨西哥高级军官伊都维德摇身一变，趁机提出"宗教、联合和独立"的口号，得到教会、有产者和许多群众的支持。1821 年他率军进入墨西哥城，宣布独立。1822 年伊都维德发动政变，建立帝制，自称皇帝奥古斯丁一世。1823 年墨西哥人民举行起义推翻帝政，处死伊都维德。1824 年 10 月 24 日正式成立了墨西哥共和国。

1821 年 9 月，西属中美洲的危地马拉、尼加拉瓜、洪都拉斯。哥斯达黎加、萨尔瓦多宣布脱离西班牙独立。1823 年 7 月，它们一度联合组成中美洲共和国联邦。1838 年又分立为 5 个国家。

四、巴西的民族独立运动

16 世纪中期葡萄牙占领巴西后，在这里建立了封建制经济和种植园奴隶制度。1807年底，葡萄牙被拿破仑军队占领，王室逃到巴西，1815年，摄政王阿尔加尔弗亲王宣布成立葡萄牙和巴西"联合王国"，次年自任国王，称约奥六世。葡萄牙王室在巴西实行重税政策，1816年又发动入侵乌拉圭的战争，激化了人民的反抗情绪。1817年3月，伯南布哥省土生白人发动起义，宣布成立共和国。起义坚持76天后，被镇压下去。

1820年，葡萄牙本土发生资产阶级革命。葡萄牙议会于1821年要求约奥六世回国。他在回国前任命其子彼得罗为巴西摄政王，并吩咐说，如果形势恶化，巴西要走自己的路，那就亲自宣布独立，将王冠戴在自己头上。约奥六世走后，巴西独立运动进一步高涨，不少地方建立了革命政权。葡萄牙政府又取消巴西的许多权利并将其划分为若干军区，于是，彼得罗在当地大种植园主支持下，于1822年9月7日宣布巴西独立，自立为皇帝。巴西独立为社会经济发展创造了一定的条件。但是，独立后的政权完全操纵在大种植园主手中，依然保存着种植园奴隶制度。后来巴西人民经过几十年的艰苦斗争，终于在1889年推翻帝制，建立了巴西联邦共和国。

拉丁美洲独立战争的胜利，使拉丁美洲绝大部分地区摆脱了西班牙和葡萄牙的殖民统治，建立了17个独立国家。❶ 革命后，教会的权力受到限制，宗教裁判所被废除，贵族称号被取消。多数国家明令禁止奴隶制，也取消了农民对国家、地主和教会担负的无偿劳役。各国商业专卖权被取消，各国经济得到了较为自由发展的条件。然而，由于独立战争是在土生白人地主和种植园主领导下进行的，胜利后建立的土生白人政权继续维护了封建大地产制度。因此，多数国家出现了独裁式的政权。拉丁美洲人民还需要长期斗争，完成资产阶级民主革命的任务。

在整个美洲，独立之前，北美有13个英属殖民地，而中南美洲的西属殖民地却只有4个总督区，相对更"统一"一些。但是，独立后，北美13个英属殖民地联合起来，组成了统一的美利坚合众国；而西属殖民地却由4个总督区分立出十几个独立的国家，两者的后果截然不同。造成这种结局的原因是多方面的，但是最根本的一点是英属13个殖民地在独立前资本主义经济就已成为社会经济发展中的主流，大致形成了统一的市场，一个新的美利坚民族在开始形成。而西属殖民地的相对"统一"是西班牙殖民当局以行政手段划分的区域，内部并没有使其有机结合的强有力的经济纽带。各地在战争中虽有过联合的行动，但最终仍只能各自为政，分立成若干国家。

---

❶　17个独立国家是：墨西哥、危地马拉、洪都拉斯、尼加拉瓜、哥斯达黎加、萨尔瓦多、哥伦比亚、厄瓜多尔、委内瑞拉、秘鲁、玻利维亚、智利、阿根廷、巴拉圭、乌拉圭、巴西和海地。

第九章　处于传统文明中的东欧和亚洲

第一节　东欧和俄国

一、东欧概述

17、18 世纪时，东欧地区除俄国、波兰之外几乎都处在外族统治之下。奥斯曼帝国占领着巴尔干半岛上的希腊、保加利亚和南方斯拉夫人居住的地区。18 世纪初奥地利将捷克和匈牙利划为自己的行省，还占据着意大利东北部的大片领土。俄国、奥地利、奥斯曼帝国分占着罗马尼亚。控制东欧的这三国都是封建国家，在它们统治下，东欧农奴制盛行，经济发展缓慢，存在着残酷的民族压迫和封建剥削。

波兰曾是欧洲强国。14 世纪末当俄罗斯还在蒙古人统治之下时，波兰与立陶宛大公国联合，组成了当时东欧最强大的国家。到 17 世纪各国向中央集权制转化之时，波兰却因实行贵族自由否决权制度而使国家失去凝聚力，逐渐衰落下来。18 世纪初波兰迭遭瑞典、俄国、普鲁士的欺凌，30 年代又因王位继承问题引起国际战争，俄、法、西、奥等国纷纷派兵参战，使波兰经济和主权进一步受到破坏。

18 世纪后半期波兰出现资本主义萌芽，兴起了爱国革新运动，但在强邻干涉下被遏制。1772 年、1793 年、1795 年，俄、普、奥接连三次瓜分波兰，使波兰在地图上消失，亡国之恨绵延了 123 年之久。

二、俄国彼得一世改革

15 世纪末在摆脱了蒙古人约三个世纪的统治后，俄罗斯于 16 世纪初建立了以莫斯科公国为中心的统一国家。随后它便大举对外扩张，合并乌克兰、鲸吞西伯利亚，到 17 世纪末已成为世界上领土面积最大的国家。俄国盛行封建农奴制，95％以上的农民是农奴，分属于皇室、贵族和东正教会。

与西欧相比，俄国十分落后。尽管 17 世纪时在冶金、制革、造纸、玻璃等行业中也出现了一些手工工场，但总计只不过 30 余家，而且除个别外商开办的之外，全都使用农奴工人。商业也有所发展，以莫斯科为中心的全俄市场开始形成。每年夏季阿尔罕格尔斯克港解冻时，都有英、荷、德意志北部城市的商船到来进行贸易。正因为在落后的俄国出现了这些新的因素，所以社会上很多地主和商人便提出了改革的要求，希望国家为经济活动提供有利的条件。统治阶级中有眼光的人也在寻求摆脱国家落后状态的途径。彼得一世的改革便是在这种背景下实施的。

彼得一世改革

彼得一世 1682 年 10 岁时即位，1689 年亲政。他痛感俄国的落后，亲政后便锐意革新，成就卓著，后被尊为"彼得大帝"。他依靠中小地主和商人，严厉打击大贵族势力，处死千余人。在此基础上他建起了中央集权制度，以参政院为权力枢纽，下设行政、外交、陆军、海军、财政、司法、工商、矿务各部。彼得选官最注重才干，声言："应将官衔赐予干实务的人，不应赐予炫耀门第的无赖和寄生虫。"

他大力提倡发展工商业，下令由政府出面兴办手工工场，也鼓励私人办工场。他调拨大批皇室农奴到工场做工，允许私人手工工场主购买农奴去做工，甚至可以整村购买。他极为重视吸取西方先进技术和人才，曾化装出国考察，购买西欧的设备，并延聘数百名技术人员到俄国工作。同时他还派出很多人员赴西方留学。在外贸方面，他实行了高关税等保护主义政策。彼得在位期间，俄国新建的手工工场达 240 余家。

军事改革是全部改革的重点。彼得实行强制征兵制度，在位时先后征兵 53 次。他选派贵族子弟出国学习军事，同时在国内创办陆军学校和海军学校。新建的军火工场、造船工场发展很快，为适应战争需要，造出了大小战舰。到彼得晚年时，图拉的军火工场已能年产步枪 1.5 万支，手枪千余支。彼得在选拔军官上也以才能为准，不看门第。他十分倚重的将领并被封为公爵的孟什科夫，原来就是一名小贩。

彼得改革还包括吸收和借鉴西方先进文化的内容。他仿效西方，创办科学院、医科学校、数学学校，出版报纸，组织人翻译外国书籍，引进公历与俄历并用，规定在宫廷中用法语对话，还引进了芭蕾舞艺术等。此外，他还下令进行了文字改革，改革后的文字一直沿用到十月革命前。

彼得以强制的手段推行改革，镇压一切反对者。列宁曾赞扬说他用野蛮的手段来改造野蛮的俄国。他的改革是迅速而有实效的，为俄国经济的发展，国家体制的演进和跻身于欧洲强国的行列，做出了巨大的贡献。

三、北方战争

对外扩张是俄国的传统。彼得之前，主要是实行"地域性蚕食"。彼得则从西方的发展中悟出，海上活动对于一个强国是不可少的，而俄国还没有一个长年不冻的出海口。于是他将扩张的重点转到了海上，决意打开一个从水路通向欧洲的窗口。当时，波罗的海在瑞典的控制之下，黑海沿岸则在土耳其手中，俄国疆界与这两处海岸都存在相当的距离。为此，彼得曾两度对奥斯曼帝国用兵，但均以失败告终。不久他发现，当时丹麦、萨克森正与瑞典发生冲突，便于1699年与丹、萨结成反瑞的"北方同盟"。瑞典闻讯后，于1700年主动出兵，很快打败了萨克森和丹麦。彼得当即出兵参战，与瑞典接连作战21年之久。这场俄瑞之战，史称北方战争。

战争初期俄军大败。瑞典轻敌，调军转攻波兰。俄军得以喘息后便趁机攻占了波罗的海沿岸几处要塞，开始在其中的尼恩尚茨堡一带建造圣彼得堡，于1712年迁都于此。彼得重新转为攻势后不久，瑞典军便重新攻来，于1708年再次打败俄军，攻入俄境并南下乌克兰。俄军尾随其后，于1709年7月在波尔塔瓦与瑞军进行了大会战。经过激烈战斗，俄军取得全胜，瑞典国王仅以身免，逃往土耳其。此后，俄军又在1714年和1720年两度打败瑞军，瑞典被迫求和。根据双方在1721年签订的和约，波罗的海沿岸大片领土落入俄国手中，彼得终于解决了出海口问题，打开了通往欧洲的窗口。彼得堡、纳尔瓦、勒弗尔、里加等，都是不冻港。

1721年10月22日彼得正式称皇帝，俄罗斯也改称帝国。俄国罗曼诺夫王朝、奥地利哈布斯堡王朝、普鲁士霍亨索伦王朝、法国波旁王朝一并成为当时欧洲大陆势力最强的王朝。

四、叶卡捷琳娜二世时的俄国

1725年彼得一世死后，俄国出现了大贵族争权夺势的混乱局面，先后发生过5次宫廷政变。直到1762年叶卡捷琳娜女皇即位后，政局才逐步稳定下来。叶卡捷琳娜二世自诩为"开明君主"，并与法国著名启蒙思想家伏尔泰、孟德斯鸠、狄德罗结交，书信往来甚密。女皇继承了彼得一世的政策，加强农奴制，发展工商业和大力对外扩张。

女皇政府加强贸易保护主义，凡本国能制造的商品一律禁止进口，而对国内急需却又不能生产的商品则可免税进口。女皇准许贵族经营工商业，取消工业专利权，宣布工商业自由。她在位期间，俄国手工工场由彼得时的不足300家增至千余家。俄国绝大多数工业集中在它的欧洲国土上，冶金工业则主要在欧亚交界的乌拉尔地区。在少数工场中已开始使用雇佣工人。这些工人大多是来自较贫瘠的非黑土地带的农奴。因为这里地力薄，产量低，地主们便收取货币地租。为了完租，农奴只得离开土地外出做工人。还有些农奴去经商，做些小本生意。其中一部分人由经商而发迹，成为资产者。19世纪前半期俄国资产阶级中约有1/3系农奴出身。到女皇统治末期，国家手工工场使用雇佣劳动力的已占60%。工商业的发展也促进了对外贸易的增长，从1781年到女皇去世的1796年，外贸额由2 400万卢布增至6 800万卢布。

不过，雇佣工人以及多数资产者在身份上仍是农奴。女皇始终在大力加强农奴制，并以此来笼络贵族，加强皇权。她以向贵族赏赐农奴作为重要的统治手段之一。在位期间，她共赏赐出农奴80万人，仅宠臣波将金公爵便得到10万人。在她的宫廷里，普通的卫兵都可拥有29～45名农奴。社会上买卖农奴之事很普遍，一名即将成年的女农奴只售价10卢布。

野蛮残酷的压迫激起了农奴的强烈愤怒与反抗，仅60年代便发生约40次农民暴动。1773年，一场规模空前的农民战争爆发了，领导者是普加乔夫。这场农民战争有组织，有纲领，波及莫斯科以东至乌拉尔山的广大地区，多次打败官军。直到1775年，女皇政府调动大批军队才将起义镇压下去。

叶卡捷琳娜的扩张野心极大，曾扬言："如果我能活到200岁，俄国将统治全欧洲。""不将土耳其人赶出欧洲，不征服傲慢的中国人，我死不瞑目。"她在位期间，俄军两次打败土耳其，夺取了黑海出海口并取得在黑海海峡的自由航行权。俄国将罗马尼亚的3个公国置于自己的"保护"之下。通过3次瓜分波兰，俄国得到了立陶宛、库尔兰、白俄罗斯、西乌克兰等大片地区。女皇政府还宣布，北美的阿拉斯加和太平洋上的阿留申群岛为俄国所有。在1867年将阿拉斯加卖给美国之前，俄国是地跨欧亚美三洲的大帝国。

18世纪末、19世纪初，俄国农奴制盛极而衰，成为它背离历史潮流和明显落后于西方的根源。它与西方的差距越拉越大，长期逗留在传统的农业文明之中。

第二节 亚洲

一、日本"幕藩体制"的建立

自古以来日本曾经历了多次的分合。1603年天皇任命德川家康为右大臣和征夷大将军，在江户建立了幕府。德川家康于1615年统一了全国，建立起相当稳固的中央政权。天皇虽然还是全国最高的精神权威，但已没有实权。大权在握的幕府将军才是真正的统治者。

幕府的直辖领地占国土的1/4以上，在其余的领土上存在着大约200个藩国。幕府统辖藩国，但各藩大名（藩主）有相对的独立性并拥有自己的武装。这就是"幕藩体制"。由于幕府设在江户（今东京），故而直到明治维新前的这段时期称为"江户时代"。在幕府将军麾下有大批的武士，其中少数人领有幕府封赏的采邑。各藩的大名也赏赐土地给陪臣。这就形成了层层分封的领主土地制。各级领主都将领地分成小块份地交由农民耕种，按年收取贡赋，基本上采用实物地租形式，

幕府推行严格的封建等级制度，将全国居民划分为士、农、工、商四个等级。士即武士，是统治等级。其余三者都是被统治者，没有政治权利。武士对他们有生杀大权，即法定的"格杀勿论"的权力。

幕府崇尚儒学，特别是强调朱子学即理学。理学荒谬地论证，等级制度中的贵贱不同，符合天地上下的道理，这是万古长存的"天理"。幕府还实行锁国政策，不进行对外交往。

在江户时代，武士靠禄米生活，绝大多数居住在城市。因此，他们追求的奢侈品及日常所需，都要从市场上购买。这就要出卖从领地上收来的年贡米和幕府发的禄米，以换取货币。于是便促进了领主经济的商品化，并使幕府直辖的江户、京都、大限诸城发展成全国性市场。此外，在各地城市中也出现了一些主要为大名和各级领主服务的商业与金融业的店行，由此而产生出一批特权商人和高利贷者。领主们在商品经济环境中争相追求豪华奢侈的生活，常常搞得入不敷出。即使是各藩大名也多有财政支绌之感。在这种情况下，他们大大加强了对农民的压榨，不时激起农民反抗，使社会矛盾趋向尖锐。

由于全国实现统一，江户时代开始处在和平环境之中，使社会经济有了一定程度的发展。耕地面积和农业产量都有所增加，而且随着领主经济商品化的加强，经济作物的种植在逐步扩展，农村中的副业也日渐兴旺，许多农民转化为小商品生产者。这一切为18世纪后半期资本主义萌芽的出现准备了条件。

二、印度莫卧儿帝国

1526年帖木儿的后裔巴布尔攻占德里，灭德里苏丹国，建立莫卧儿帝国。"莫卧儿"（Mughal）原是"蒙古"的转音。由于本是突厥人的巴布尔却强调自己是蒙古人，故由此定下国号。从16世纪中叶起，莫卧儿帝国大举扩张，并在国内推行改革，领土扩大，国力日增。到17世纪中叶奥朗则布统治时期，帝国达于鼎盛，但也开始呈现衰象。那时帝国版图几乎包括了整个南亚次大陆和阿富汗。

莫卧儿帝国实行高度中央集权的制度，皇帝把持一切大权。从中央到地方的行政制度都带有军事化特点，文官武官都按军事编制，逐级领有军事封建领地，称"贾吉尔"，领主死后收回，不得世袭，这是帝国封建土地制度的基本特点。皇室领地最多，占有全国耕地的半数。

莫卧儿帝国农业较发达，已初步形成棉花、生丝、蓝靛、烟草等经济作物产区。工业上出现了一些手工作坊，但更多的是家庭手工劳动。较大型的作坊都是

官营的，主要为满足宫廷和贵族的奢侈消费。商业也有相当的发展，少数城市呈现出繁荣景象。个别大城市如德里，拉合尔等，其规模之大已可与伦敦、巴黎相比。在对外贸易方面，以孟加拉和古吉拉特地区最为发达。

不过，帝国的工商业还属于封建性经济，并未出现向资本主义转化的趋势。到奥朗则布晚年，帝国在政治上也出现不稳定的现象。奥朗则布死后，各省总督便纷纷割据一方，帝国陷于四分五裂状态，莫卧儿王朝的有效统治地区大为缩小。

正是在这种情况下，英国殖民者大举侵入了印度。早在 17 世纪初，东印度公司就已开始染指印度，在沿海地带建立殖民据点。到 18 世纪中叶，苏拉特、马德拉斯、孟买、加尔各答、孟加拉等地都受到东印度公司的控制，仅在孟加拉它便建有 150 个贸易站和 15 个大商馆，1757 年公司更侵吞了整个孟加拉。随后，它又蚕食鲸吞，占领印度许多领土。莫卧儿王朝既不能驾驭国内局势，又无力抵御外来侵略，皇帝阿拉姆沙遂于 1764 年向东印度公司投降。从此，莫卧儿王朝成为英国殖民者的附庸，全印度也迅速沦为英国的殖民地。

三、鸦片战争前的中国明清王朝

1368 年朱元璋（1368—1398 年在位）建立明朝后，起初仍袭元制，设丞相，但不久便废丞相，将六部事权提高，各部尚书直接听命皇帝，加强了中央集权。地方上设 13 个布政使司（相当于省）。同时又设按察使司、都指挥使司，与布政使司合称"三司"，互不相统，既防止地方擅权，又有利于中央集权。朱元璋又设锦衣卫，利用特务手段加强统治。同时还杀戮功臣，仅胡惟庸、蓝玉案，受牵连而死者即达 4.5 万人之多。明成祖时更增设东厂，由宦官提领，权在锦衣卫之上，特务政治进一步加强。

1398 年朱元璋死去，传位皇太孙，称建文帝。燕王朱棣以"靖难"为由起兵，夺得帝位，是为明成祖（1403—1425 年在位）。为防御北方民族鞑靼、瓦剌的侵扰，明成祖于永乐十八年（1420 年）定北京为都城，次年正式由南京迁都。截止到永乐二十二年（1424 年），明成祖曾 5 次率兵亲征，打入鞑靼和瓦剌，巩固边防，保护了北方农业生产。

明初社会经济得到了恢复和发展。朝廷重视农业，开垦荒地，大兴屯田，兴修水利。据《明会典》载，洪武二十六年（1393 年）全国垦田 850.7 万顷，比元末增长 4 倍，也为后来的清代所不及。工商业也有一定发展，商税有所减轻。

到明朝中期，政治腐败加深了。宦官专权就是一个突出表现。英宗（1436—1450 年、1457—1465 年在位）时的王振、宪宗时的汪直、武宗时的刘瑾，都是能够左右朝政的宦官，刘瑾甚至可将大臣奏章带回家中处理。朝中大臣争相攀附掌权宦官，"敬奉"惟恐不丰。王振家产有金银 60 余库；刘瑾家产有黄金 24 万锭又 5.78 万两，白银 500 万锭又 158.36 万两。1449 年瓦剌首领也先举兵犯境，曾受瓦剌贿赂又全然不懂军事的王振，竟擅自调兵，挟持英宗亲征，致使明军在土木堡（今河北怀来东南）被歼，英宗遭俘，王振也死于乱军之中。土木之变后，京城告急。于谦等爱国大臣坚决抵抗，率领北京军民保卫京师，将瓦剌击退，英宗也随后获释。英宗归朝后，发动政变，重新称帝，竟将于谦杀死，大权再入宦官之手。

此时，皇室、贵戚、宦官、朝臣以及地方豪绅正大肆兼并土地，朝廷又加重赋役，造成农民困苦不堪，卖儿鬻女、结队逃亡现象十分严重。于是，农民起义接连爆发，波及浙、闽、赣、川、陕、豫、鄂、湘、晋、冀、鲁、皖等许多地方。

面对朝政腐败、社会矛盾加剧的情况，嘉靖、万历年间，内阁首辅张居正（1525—1582）推行"一条鞭法"，把田赋、徭役以及各种杂差、贡纳，并成一条，折成银两征收。这个重大改革，在一定程度上顺应了当时商品货币经济的发展。

明朝中后期商品经济有所发展，农产品和家庭手工业产品出现商品化的趋势。民间独立手工业兴起，如在景德镇瓷器业中，官窑有 58 座，民窑则有 900 座。以工商业著称的城市也走向繁荣，如景德镇、铅山、佛山、汉口，在苏、松、嘉、湖、杭五府地区，这样的城镇更多。商业城市多集中于运河和长江两岸，北方少，南方多。正是在南方，产生了资本主义萌芽，在苏松地区尤为明显。

苏州地区出现许多机户，以织绢为生。多数机户靠家中成员劳动，自食其力。但也有一些户拥有两三架织机，设起小作坊，雇佣工人劳动。待有了一定积累，便添购织机，扩大生产。有的机户有织机 20～40 张，雇佣工人数十名，遂成为最初的资产者。

不过明代资本主义萌芽十分微弱，只是个别地方的零散现象。在封建专制统治下，在传统的重本抑末政策的遏制下，又没有海外贸易的配合，弱小的萌芽是很难发展的。

皇室虽也重视与海外沟通，并有郑和（1371—1435）七下西洋的壮举，比哥伦布发现新大陆、麦哲伦到达菲律宾分别早了 87 年和 116 年，但那主要是为了立威扬名，炫耀天朝的威信，并非商品经济发展的表现。郑和带回国的主要是珍宝、象牙、珊瑚、香料之类奢侈性消费品和一些珍禽异兽。

明帝国作为东方大国，确实显露了它的威力。自永乐朝至万历朝，在抗倭斗争中迭获胜利，并出现了戚继光等爱国名将。

但是，明末之时，西方近代科学技术已产生和发展起来，并在大力开拓海外市场，造成了世界性的经济网络。明帝国却游离于这种经济网络之外，固守古老传统，科技发展也止步了。迄于明末，称得起科技名著的，只有李时珍（1518—

1593）的《本草纲目》、徐光启（1562—1633）的《农政全书》、宋应星（1587—?）的《天工开物》和《徐霞客游记》等寥寥几部，而且基本上都是总结前人的成果，几无创新。此后，整个有清一代，再无科技论著问世。

已落后于时代潮流的明帝国，后期社会矛盾更趋激烈。土地兼并日益严重，赋税徭役大为增多，人民反抗不断加强。朝廷中宦官愈发肆虐，天启年间还出了人称"九千岁"的魏忠贤，祸乱朝纲，朝野间众多士大夫结成东林党与阉党抗争。民怨沸腾，朝政紊乱，终至引发了明末农民大起义。

崇祯年间（1628—1644），灾荒连绵，陕北之地民以蓬草树皮为食仍不能继。天灾人祸逼得群众揭竿而起，农民起义如熊熊烈火燃烧起来。崇祯八年（1635年）各路起义军十三家七十二营的首领集会于荥阳。此后，起义军特别是力量最大的李自成（1606—1645）、张献忠（1606—1646）两支队伍，经过几番起落，到崇祯十七年（1644年），李自成在西安建立政权，国号大顺，年号永昌。这时，他麾下马步兵已达百万之众。这年3月，李自成大军攻进北京，崇祯帝朱由检自缢万岁山（景山），明朝灭亡。

李自成农民军进入北京后，初时尚好，未久便沉溺于声色犬马并骄纵起来。《甲申纪事》载，军士白日还较少妄为，"至夜则以防奸细为名，将马兵拦截街坊出路，兵丁斩门而入，掠金银，淫妇女，民始苦之"。昔日"秋毫无犯"的军纪已荡然无存。李自成、刘宗敏、牛金星等首领也终日嬉戏，搜刮财物，贪恋美色，迷于庆典，将天下大势弃置不问。已决定率部归降李自成的明朝山海关守将吴三桂，见状后又回师山海关，向清摄政王多尔衮请兵。在清朝、吴三桂联军攻击下，农民军大败，从此一蹶不振。

山海关一役，李自成败退回京却举行了即位大典，后即离京南行。大顺军在北京只停留了42天。清军随后进入北京，夺得全国政权。

清王朝入主中原后，当务之急是削平反抗与叛乱，稳住统治秩序。清初的政策十分残暴，诸如在畿辅大肆"圈田"，将500里内的汉人土地圈占后分给八旗将士；在全国颁行"剃发令"，强制施行，有"留头不留发，留发不留头"之说；在多处采取惨绝人寰的屠城手段，有"扬州十日"、苏州之屠、嘉定之屠、嘉兴之屠、广州之屠等等大屠杀事件。因此反抗斗争此起彼伏，包括李自成、张献忠农民军余部的反抗，南明诸王的抵抗，群众的反剃发斗争，郑成功（1624—1662）的抗清斗争等等。在清军和明朝降将的征剿下，农民军自身的弱点、南明诸王政权内部的倾轧与腐败更明显地暴露出来，故而除郑氏仍雄踞台湾之外，其余反抗斗争很快被平息下去。

到康熙年间（1662—1722），又平定了三藩之乱，收复了台湾。三藩即平西王吴三桂、平南王尚之信、靖难王耿精忠，都是明朝降将，因曾为清朝出力最大而被封王。三藩分驻云南、广东、福建，坐地称霸，俨然成为独立王国。康熙十二年（1673 年）朝廷决定撤藩，吴三桂遂反，尚、耿二藩也继而起兵。经 8 年征战，终于平定三藩之乱。此时，康熙帝又将收复台湾提上日程。康熙元年郑成功死后，其子郑经在台湾开展经济文化建设，得以富庶起来，此时，攻打大陆，恢复明室江山已绝无可能，台湾实际上成为郑氏割据地盘，阻绝了与大陆联系，变成国家统一的障碍。康熙二十二年（1683 年）清军水师攻台，澎湖一战，郑军大溃，台岛危殆。郑成功 14 岁的孙子郑克爽遂率众剃发归降。台湾与大陆得以统一，大有利于自身发展和国家东南海防的巩固。

这时，康熙帝又着手部署驱逐俄国侵略势力。原来，俄国鲸吞西伯利亚后，即屡屡侵入中国领土，肆虐于黑龙江流域，在尼布楚、雅克萨筑城据守。清初忙于关内之事，无暇北顾。平定三藩、收复台湾后，康熙帝即派兵驱逐入侵俄军，在雅克萨之战中迭获胜利。俄军战败求和，双方于 1689 年签订《尼布楚条约》。据此，中国收复失土，划定格尔必齐河、外兴安岭和额尔古纳河为两国边界。

为巩固国家统一，清政府在西南各少数民族地区实行了改土归流政策，即把当地永久世袭的土官，改为可随时任免的流官，从而加强了政治统一。同时，清廷还平定了蒙古准噶尔部叛乱，加强了在蒙古、西藏、新疆、青海的统治。

康熙、雍正、乾隆三朝，平内乱，逐外敌，海内宁谧，经济发展，成为清代时期的盛世。在这段时期里，朝廷招民垦荒；将原来明代藩王庄田共 16 万余顷免价给予原来佃户耕种；治理黄河、永定河；多次下令蠲免钱粮，仅康熙一朝便免去上亿两白银；改革税制，将按人征收的丁税银并入地税中征收，即地丁合一，摊丁入亩，有利于减轻无地少地农民负担和人口核实。

这样，在康雍乾盛世，社会经济恢复和发展起来，人口也迅速增加，从清初的 5 000 余万增至 18 世纪中叶的 1.7 亿。同时，资本主义萌芽也得到了缓慢增长。至道光年间，江宁、苏州已出现一些"账房"，拥有数百张织机，将原料、织机分配给小机户为其生产，验收成品后付给工资，与西方的手工工场十分相似。棉织业中也有了资本主义萌芽。此外，造纸、铸铁、陶瓷、木材、制糖等等行业，也可发现手工工场的踪迹，虽然还属个别现象。

清代这一段盛世，已是中国封建社会的最后辉煌，一定程度上也可说是回光返照。在资本主义萌芽已较明显的情况下，清廷仍坚持传统政策。雍正帝就曾明确表示，农为本，工商为末，须重本抑末。专制主义也在不断加强。清初便设议政大臣，由他们具奏，皇帝裁决，决定国政，内阁权力受限。康熙时又设南书房，拟进谕旨，内阁已徒具虚名。雍正时更设军机处，后来成为总揽军政大权的机构，内阁更被架空。军机大臣全按皇帝意旨办事。八旗兵驻扎各地，构成了对全国的军事控制网。此外，虽在盛世，朝廷却屡兴文字狱，对知识分子杀戮之多之惨，史无前例，在经济上，盛世之时土地兼并却愈演愈烈，权贵之家占地尤多，民不堪苦。朝廷与贵族极度腐败，乾隆帝六下江南，全为玩乐，沿途置离宫，购珍玩，掠美女，骚扰百姓，残民以逞。正是在乾隆一朝，国库由盈而匮。

　　清朝盛极而衰，乾嘉之时，苗民起义、白莲教起义、天理教起义接连爆发，甚至出现了大理教众攻入东西华门，与清军激战于隆宗门之事。嘉庆帝也哀叹道："从来未有事，竟出大清朝。"

　　清廷式微，却仍闭关自傲，以天朝大国自居，视域外为夷狄。其实，自身已远远落在了历史潮流的后面。道光年间，鸦片战争结束了清廷自居"上国"的迷梦。

第二编

进入工业资本主义时期 工业化的发端

第十章　第一次工业革命

工业革命是资本主义发展史上的重要转折。它是由技术革命引起的资本主义工业化的起点，是从工场手工业生产向以工厂制为基础的大机器工业生产的重大飞跃。它改变整个社会的经济结构，开始摆脱长期以来的传统农业社会，代之以工业化、技术化和城市化的近代工业社会。它极大地提高了社会生产力，建立了真正近代意义上的资本主义经济基础。工业革命是近代社会各种关系存在的条件，它使现代资产阶级和现代无产阶级开始形成。随着工业革命的发展和资本主义力量的增长，资产阶级不断地按照自己的意志来改造世界，它引起了各国经济结构、政治体制的变革，观念的更新，也改变着整个世界的面貌，资产阶级最终在各个领域里确立了自己的统治。

英国是工业革命发生最早的国家，也是工业革命及其后果表现最典型的国家。它的工业革命从 18 世纪 60 年代开始，到 19 世纪 40 年代完成。步入 19 世纪时，法国和美国也相继开始了工业革命，随后又有德国、俄国和日本。

第一节　英国工业革命

一、工业革命的前提

1688 年政变奠定了君主立宪制政体的法律基础。辉格党因政变有功而在 1689—1714 年占有政治上的优势，到 1714—1760 年，辉格党更达到独占统治的地位。根据王位继承法，从 1714 年起，德意志汉诺威选帝侯乔治一世和乔治二世先后即英国王位。他们不懂英语，不谙英国事务，经常不参加枢密院会议。从 1717 年起，会议就由财政大臣沃尔波尔主持。由于枢密院大臣议事于密室，因此逐渐被称为"内阁"，枢密院主席就被称为"内阁首相"。❶ 从此开创了首席大臣领导内阁，英王不参加内阁会议的先例。沃尔波尔任首相 20 余年，后因丧失国会信任而下台。这又开创了内阁得不到国会信任即应辞职的先例。小威廉·皮特 1783 年开始担任首相，当未得到国会支持时，血气方刚的皮特没有辞职，而是解散国会重新选举，结果取得了完全的胜利。这又开创了一个先例，即内阁得不到国会信任时，除辞职外，还可解散国会，重新选举。这表明，内阁必须对国会负责，接受国会的全面监督。随着这种责任内阁制日趋完善，就逐渐把国王排斥于决定内阁构成的权力之外。以国会为核心的政治体制一旦确立，作为上层建筑的积极作用就更大地发挥出来，英国才开始了资产阶级社会的巨大发展和改造。

上层建筑的巨大作用，在改造农业方面得到了典型的表现。18 世纪中叶起，英国从私人圈地进入了国会圈地时期。英国的农业革命正是通过这次圈地运动以及伴之而来的农业技术革新完成的。这次圈地的直接动因是由于人口的增长特别是城镇人口的急剧膨胀所造成的对商品粮及原料的巨大需求。1760 年开始的乔治三世在位时期，国会颁布圈地法令达 3 000 个以上。从 1760 年到 1815 年共圈占农民土地 600 多万英亩。资本主义的土地所有制最终确立起来，大租地农场的经营方式占据了绝对优势。农村的阶级结构也发生了质的变化，形成了地主、租地农场主和农业工人三大阶级。到 19 世纪中叶，英国农村的社会变革以及阶级关系的演变，已基本上和城市相平衡了。英国农村的资本主义化，大租地农场的经营方式，鼓励了对农业的投资，为农业技术的革新和机器的应用扫除了障碍。大地主和农场主在土地上纷纷实行排水、施肥、改良土壤等措施。工业革命用先进的设备武装了农业，播种机、收割机、打谷机应运而生。在农业革新的高潮中，1793 年成立了农业委员会。1838 年成立了皇家农业协会。国王乔治三世还为《农业年鉴》撰稿，署名为"农夫乔治"。足见英国资本主义农业的黄金时代已经到来。英国的农业革命为工业革命的开展创造了必要的前提条件。它不仅为工业革命提供了必需的粮食和原料，造就了一支自由劳动力大军和广阔的国内市场，而且也为工业革命积累了雄厚的资本。

对殖民地的掠夺和血腥的奴隶贸易是英国资本原始积累的又一重要手段。七年战争后的 55 年间东印度公司从印度搜刮的财富达 50 亿英镑以上。海外市场的扩大使英国的出口贸易迅速发展。1697 年英国的对外贸易额为 350 万镑，1770 年即达 1 420 万镑。从 1688 年到 1750 年，英国商船的吨位增加了两倍以上。在对外活动中获利最大的是奴隶贸易。18 世纪末英国每年从奴隶贸易中获得 30 万镑的惊人利润。利物浦和普利茅斯的繁荣在相当大的程度上就是建立在万恶的奴

---

❶ "内阁"一词 1900 年首次见诸国会公告。1937 年英国通过《国王大臣法》，内阁这一名称及首相职位才有了法律依据。

隶贸易之上的。

此外，从 17 世纪末起，英国建立了国债制度。这也是资本积累的途径之一。过去是以国王名义借债，以补财政之不足。1694 年英格兰银行的成立，标志着由国王债务制度过渡到了国债制度。当时，国债增长很快，西班牙王位继承战争时为 5 300 万镑，到七年战争时即高达 1.22 亿镑。从 1716 年起政府平均每年要支付 300 万镑的利息。为偿还国债本息，英国政府采取了提高消费税的办法。1688 年的消费税额为 62 万镑，到 1755 年就超过了 350 万镑。这就是说，金融资产阶级所得的高额利息，来自广大纳税人的腰包。政府起杠杆作用。

总之，英国通过农业革命、海外贸易、殖民掠夺、国债制度和税收政策，使它的资本原始积累以超过任何国家的速度顺利地进行着，为工业革命的勃起创造了重要的条件。

英国发达的手工工场和科学技术的发展又为工业革命的实现准备了技术条件。到 18 世纪，手工工场内部已经有了比较精细的分工，生产过程被划分为一系列的简单操作，生产工具也实行了专门化，使手工生产过渡到机器生产成为可能。通过分工和工具专门化培养出来的掌握某一专门技艺的工人，成为工业革命中的重要技术力量。另外，到 17 世纪中叶，伦敦已成为欧洲科学研究的中心。1662 年成立的英国皇家学会倡导科学家把兴趣集中于广泛的经济活动领域。由于殖民活动和海外贸易扩大的需要，格林尼治天文台建立起来。1666 年牛顿提出力学三定律及万有引力定律。1687 年他的划时代巨著《自然哲学的数学原理》问世，提出了一套完整的力学理论体系，解决了行星运动、落体运动、声音和波、潮汐运动等一系列问题，成为"大工业的真正科学的基础"❶。这一时期，英国实验科学研究促使天文学、地理学、力学、数学获得了长足的进展。这些自然科学成就为英国工业革命向广度和深度发展提供了可能的条件。

到 18 世纪中叶，在急剧扩大的国内外市场需求面前，英国的手工工场已走到了尽头。手工劳动的局限性，使它无力进一步扩大生产的规模和迅速增加产品的数量。摆脱落后了的手工劳动状态，过渡到更高的生产模式，已成为当务之急。广阔的世界市场是英国进行工业革命的主要原因。

二、工业革命的进程

马克思曾提出，工具机或工作机是 18 世纪工业革命的出发点。英国的工业革命首先是从棉纺织业开始的。棉织业是新兴的工业部门，较少受传统的约束，易于采用新的生产技术，1733 年兰开夏的机械师凯伊发明了飞梭，使织布效率提高 1 倍。结果棉纱供不应求，造成了长期的"纱荒"。不久，织工哈格里夫斯发明的手摇纺纱机——珍妮机提高工效 15 倍。珍妮纺纱机的发明，是由手工工具

---

❶ 《马克思恩格斯全集》第 26 卷第 2 册，116 页，北京，人民出版社，1973。

发展为机器的开端。它体积小，容易普及，但要靠人力转动。随着所带纱锭的增多，人力就越来越难以胜任；而且它纺的纱细而易断，只能作纬线使用。1768年阿克莱特剽窃木匠海斯的成果，制成了水力纺纱机，纺出的纱较为粗韧，可以作经线。用自然力代替人力作动力，是一个重大的进步。1771年阿克莱特在德比附近的克隆福德建立了英国第一座棉纱工厂。从此，英国的纺织工业开始进入了近代机器大工厂时期。1779年青年工人克隆普敦综合珍妮纺纱机和水力纺纱机的长处，制成了骡机（意指两种机器的综合），标志着新一代纺纱机械的产生。纺纱机的应用，使纺纱与织布出现了新的不平衡，1785年工程师卡特莱特制成水力织布机，使织布工效提高40倍。1791年建立了第一座织布厂。随着棉纺织工业的机械化，与纺织有关的其他行业如净棉、梳棉、漂白、印染等也渐次采用了机器。

瓦特

大量纺织机器的出现，使动力不足的矛盾突出了。以水力作动力受到地点和季节的限制，迫切需要一种方便、实用、大功率的发动机。于是瓦特的蒸汽机应运而生。瓦特综合前人的成果，于1782年制成了可以作为机器动力的复动式蒸汽机。它与传送机和工作机构成了机器系列。蒸汽机的发明，使机械化生产冲破自然条件的限制，向更广阔的领域发展，大大加速了工业革命的进程，是物质生产开始进入机械化时代的标志。到19世纪初，英国整个轻工业部门已在相当大程度上实现了机械化。

机器的大量制造，增加了对金属原料的需求，推动了冶金和采煤工业的发展。1735年达比父子采用焦煤熔铁，提高了生铁铸品的产量。1760年又加设鼓风设备，高熔点去掉了铁矿中的硫黄和其他杂质，焦煤炼铁获得了成功。近代大规模的冶铁业从此诞生。1784年科尔特发明精锻法，用焦煤炼出了熟铁和钢。煤和钢铁的产量迅速提高，为工业革命继续发展提供了重要条件。

瓦特的蒸汽机

工业产量的提高促进了商业的发展，同时促使交通工具也要有大的改进。18世纪中叶英国国会制订了开凿和疏浚运河的计划，1830年全国形成了水运网。到1906年英国运河全长已达4 000千米。1807年美国人富尔顿发明汽轮后，1811年英国的第一艘轮船在克莱德河下水。随后，英国轮船的总吨位迅速提高，从

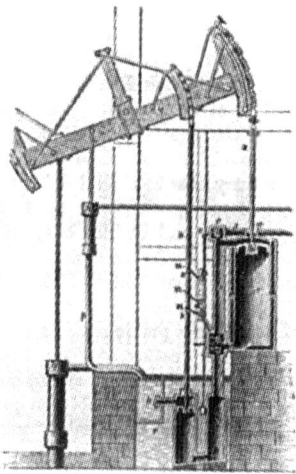

1850 年的 16.84 万吨提高到了 1870 年的 111.29 万吨。1814 年煤矿工人史蒂芬森发明了蒸汽机车。经过改进，1829 年他又设计了"火箭式"机车，时速为 29 千米，1830 年为利物浦、曼彻斯特公司所采用。40 年代以后，英国开始了大规模铁路建设。今天英国的铁路网在 19 世纪 70 年代就已基本建成。

早期的火车

大规模的铁路敷设和远洋轮船的制造，都需要对坚硬的钢材进行裁截和造型，火车、轮船上的多种金属配件，在精度和质量上要求也很高，加上各个工业部门对机器的需求不断增长，制造工作母机和重型机器就提上了日程。发展机器制造业已势在必行。19 世纪的最初 10 年，用机器制造工具机的现象逐渐增多，到 30—40 年代，作为一个新的工业部门——机器制造业诞生了。用机器制造机器，是英国工业革命完成的标志。英国工业革命历经 80 年，使英国很快取得在国际上的工业垄断地位，并以出口机器和多种产品而成为"世界工厂"。

工业革命时期的谢菲尔德

三、工业革命的社会经济后果

工业革命比政治革命更加深刻地改造了英国。

机器的广泛使用，根本改变了工业的技术面貌，大大提高了劳动生产率，带来了生产力的迅猛发展。英国的棉布产量，1796—1830 年增长了 15.5 倍；煤产量 1700—1840 年增长了 12.8 倍；生铁产量 1740—1850 年增长了 120 多倍，其钢铁产量已占资本主义各国总产量的 60% 以上。

工业革命使英国由农业——乡村为主体的经济体制转变为工业——城市为主体的经济体制，开始从农业社会向工业社会过渡。工业的大发展改变了英国人口的布局，大批人口向工业区集中。兰开夏的人口中有 3/4 是在 18 世纪后半期增加的。西北部大工商业城市的兴起，吸引了大量人口，形成了新的人口中心。1801—1831 年，伯明翰、曼彻斯特、格拉斯哥、利物浦等城市的人口增加了两倍多。由于工业生产日益集中在城市工厂中进行，使城乡和工农业人口的比重发生了重大变化。1851 年城市人口已占全国总人口的 52%。1831 年国家在农业方面的收入是 795 万镑，在工业方面的收入则为 1171 万镑。英国在走向城市化社会。

工业革命引起了英国社会阶级结构的深刻变化。现代工厂制度的确立，使两个新的阶级——工业资产阶级和工业无产阶级诞生了。过去的中等阶级，包括小企业主、小店主、手工业者、商贩等等，除因机器工业的竞争而破产者外，大多数还继续存在。他们要为自己的生存与发展而奋争。手工工场工人也还有很多，正在面临着社会的巨变。在工业革命的浪潮面前，一切人都在新的环境中寻找出路。于是，形成了种种社会利益集团，出现了观念上革新与守旧并存的局面。年轻人的择业标准和价值取向在改变，外出求职，自由择偶组成小家庭的现象剧增，社会生活在发生巨变。总之，在经济发展的大浪潮中，社会群体在重新组合，呈现某种"乱"的形势。但是，大工业的发展是带动整个社会前进的主流。

工业无产阶级是大工业的产物，集中在大城市里，与宗法的、自然经济的环境割断了联系，而且是完全没有财产的阶级，与雇主之间只有雇佣和被雇佣的关系。机械化的生产使工人的一部分体力消耗和技能的运用被机器所代替，使工人的劳动失去了独立的性质，成为机器的附庸。同时也使资本家可以利用女工和童工来排挤成年男工，从而压低工资。使用机器进行生产又成为资本家增加工人劳动强度和延长劳动时间的有力手段，它甚至突破了起码的道德标准和人的生理承受限度。这表明，那时资产阶级追求的还是扩大生产规模，增加产品数量，并没有把建立在科学基础上的提高劳动生产率摆在首要位置。他们仍然是以剥削绝对剩余价值为主，即依靠残暴的手段压缩必要劳动时间，延长剩余劳动时间。对于工人来说，也就必然会造成贫困、受奴役、粗野和道德的堕落。

无产阶级反对资产阶级的斗争，是与它的存在同时开始的。开始时，无产阶级把机器当成了攻击的直接目标。相传卢德是捣毁机器的首创者，因而破坏机器的运动就被称为"卢德运动"。这是一场反饥饿、反失业的斗争，其实质则是手工工人反对现代资本主义生产方式的运动，因为机器的使用破坏了他们技术的价值并砸了他们的饭碗。这是刚刚沦为无产阶级的手工工人的保守心理和不成熟的表现。严格说来，捣毁机器的斗争并不属于工业无产阶级运动的范畴。开始进入19世纪时，工人运动有了新的发展。他们试着组织职工会，举行罢工，为改善生活状况和维护自身权益而斗争。罢工运动锻炼了工人，并导致他们与资产阶级国家政权直接发生冲突，使大批工人逐渐形成了阶级意识。到19世纪30年代，英国无产阶级作为一支独立的阶级力量登上了政治舞台。

随着工业资本的增加，工业资产阶级的财富迅速地膨胀着。工业收入超过农业收入，工业人口超过农业人口，说明工业资产阶级的经济实力超过了土地贵族；机器工业排挤手工业，人口重心的转移及工业城市的兴起，说明工业资产阶级的实力超过了商业金融资产阶级而成为资产阶级中的主体。工业资本主义发展前期出现的反对国家干涉，否定保护主义传统，要求自由放任的倾向日益强烈。经济上的自由主义，必然导致要求改革已经过时了的政治制度，首先是打破土地贵族对政治的垄断。工业资产阶级在英国成了经济上最富有的阶级，也就必然要求成为政治上的第一阶级。

四、英国工业垄断地位的确立

工业革命造成的生产力大发展，使英国出现了空前的繁荣。到19世纪50至70年代，英国经济发展到了鼎盛时期，把其他国家远远抛在后面。下面的统计表说明了英国在国际贸易中所占的遥遥领先地位。

（单位：亿马克）

年份	世界贸易总额	英国	法国	德国	美国
1850	145	33.8	15	21	12.8
1870	374	91.8	45	42	34

在英国的工业总产值中，出口额的比重，1851年为1/4，1861年为1/3，1871年达到了3/5。产品的销售越来越依赖于国际市场，经济的对外扩张性日益明显。

在英国出口商品中，工业制品占85%，原材料仅占8%；在进口商品中，则原材料占61%，工业制品仅占6%。这就使保护贸易政策成为英国经济发展和对外经济扩张的障碍。于是资产阶级展开了争取自由贸易政策的斗争并逐步取得了胜利。随着自由贸易政策的实行，英国的对外贸易额扶摇直上，1850—1871年出口总值从7100万镑增加到近2亿镑，进口总值从1亿镑增至3亿镑。在出口的商品中，重工业产品特别是机器产品日渐占据重要地位，1845—1870年机器的出口量增加了4倍。欧美各国的工业革命在相当程度上是靠输入英国的技术装备进行的。

对外贸易的发展，促使英国工业生产出现了新的高涨。"过去应用蒸汽和机器获得的惊人成果，和 1850—1870 年这 20 年间的巨大产量比起来……就微不足道。"❶ 1850—1870 年仅棉花的消耗量就由 5.88 亿磅增加到 11 亿磅。这一时期不仅轻工业发展迅速，而且生产资料的生产在工业生产中的比重不断增加，由1812 年的 31％上升至 1851 年的 40％，再升至 1881 年的 47％。煤产量从 1850 年的 4 900 万吨增至 1870 年的 1.1 亿吨。铸铁产量由 1840 年的 140 万吨增至 1860年的 380 万吨。钢产量 1870 年达到 22 万吨。动力机械由 1840 年的 35 万马力增至 1870 年的 90 万马力。英国工业的总产值在 1850—1870 年间大约翻了一番。此时，英国的城市人口已占全国总人口的 60％。伦敦成为国际金融中心，各国的公债和证券在这里进行交易。英国还向欧美及殖民地输出大量资本，至 1870 年达14 亿镑。

英国的铁路建设和远洋航运也有了很大的发展。1863 年伦敦建成第一条地下蒸汽铁路。1850—1870 年全国铁路从 1 万千米增加到 2.4 万千米。这一时期，英国开始使用金属造船，并逐渐用汽船代替了帆船。英国垄断了国际的航运业，它的装备了大炮的商船队借着廉价的商品和海上优势，打着"自由贸易"的旗号，满载着工业制品，在海洋上纵横无阻，强行打开了亚、非、拉美许多国家的大门，瓦解了这些地区的经济结构，把它们卷入了资本主义商品经济的旋涡。

第二节　各国工业革命

一、法国工业革命

18 世纪晚期，法国开始从英国引进蒸汽机、珍妮纺纱机，出现了极个别的使用机器的工厂。但是，这种工业革命的萌芽状态在封建统治下很难发展。法国大革命摧毁了封建制度，为法国资本主义的发展开辟了道路，从而也奠定了工业革命的基础。1825 年英国取消禁止机器出口的法令后，大批机器输入法国，提高了法国的工业技术水平。七月王朝时期，工业革命真正开始起飞，取得了长足的进展，纺织工业的发展最为突出，40 年代末全国已有棉纺厂 566 家，纺纱机 11.6万台。工业中蒸汽机的使用更加广泛了，从 1830 年的 625 台增加到了 1848 年的5 212 台。而且，每台蒸汽机的平均马力降低了，从 16 马力降至 12.5 马力。说明蒸汽机已小型化，从主要应用于矿山抽水发展到轻纺工业也用作动力装置。法国的铁矿资源较丰富，主要分布在洛林地区和阿摩利干丘陵区。1830 年冶铁业中使用的焦煤熔炉已有 379 座，1839 年增至 445 座，是七月王朝时期的最高数字。整体来说，法国冶铁业是发展较快的，生铁产量从 1818 年的 11 万吨增长到了1848 年的 40 万吨。法国煤矿资源贫乏，虽然在 1828—1847 年从年产量 177 万吨增至 515 万吨，但每年依靠进口的煤仍为二百几十万吨。在纺织业中，以水力装

---

❶ 《马克思恩格斯全集》第 22 卷，320 页，北京，人民出版社，1965。

置带动工作机的企业，也明显多于使用蒸汽机的企业。作为工业发展重要标志的铁路，自 1831 年建成第一条后发展很慢。到 1842 年政府才通过修建全国铁路的法令，逐渐修起了由巴黎通往各主要城市的铁路。1848 年开始的政治动荡又使工业革命的进程中断。

到第二帝国时代，法国的经济才真正进入大踏步前进的阶段。国家政治局势的安定为工业高涨提供了有利的环境。拿破仑三世政府的经济政策也顺应了工业资本主义发展的潮流。政府支持大的合股公司的发展，1863 年的法令规定，资金在 2 000 万法郎以内的公司可自由建立，不需申报、批准。这就为集资进行固定资本的更新创造了便利条件。为促进工商业发展，政府对重要工业部门减轻税收并在商业中实行了商标制。1853—1856 年减收产品税的部门有煤、生铁、钢、机器制造、粗毛制品等行业。1857 年的商标法则保护了优质产品和专利权。在工业发展的基础上，帝国于 60 年代实行了自由贸易政策。1860 年法国与英国签订了互相给予最惠国待遇 10 年的商约；随后又与意、西、葡、比、奥、荷、普以及德意志关税同盟诸国订立了商约。1855 年和 1867 年还先后两次降低国内航运税。政府十分重视修筑铁路、疏浚运河和加强城市建设。帝国将铁路修筑权承包给大公司，成效明显。建成了以巴黎为中心，通往斯特拉斯堡、马赛、波尔多、布列斯特等大城市的铁路网。运河航道到 1869 年也有了 4 700 千米。城市建设发展迅速，仅在巴黎就新建 7.5 万座建筑物和十余座桥梁，建成了全市下水道工程。随着工业发展，法国的金融业开始出现新变化，投资企业、干预企业、促使小企业合并为大企业的新型银行发展起来，诸如动产信贷银行、地产信贷银行、巴黎贴现银行、工商信贷银行、里昂信贷银行、通用银行等。在这种情况下，政府于 1865 年下令允许银行支票在全国合法流通，大大方便了资金的流通与周转。此外，在农业上，帝国政府颁布了排水法、开垦法等法令，兴修水利，拓垦荒地，提高技术，促进了发展。

在政策适当的环境下，工业资本主义的发展十分迅猛，增长率超过了 19 世纪的平均发展速度。1850—1870 年，煤产量从不到 450 万吨增至 1 333 万吨。1851—1870 年，生铁产量由 44 万吨增至 118 万吨，钢轨由近 3 万吨增至 17 万吨以上。1850—1869 年钢产量从 28 万吨增至 101 万吨。1850—1870 年蒸汽机从 6.7 万马力增至 33.6 万马力。20 年内工业总产值增长两倍，对外贸易额增长 3 倍。农业也开始由工业装备起来，化肥、脱粒机、收割机、刈草机的使用日益普遍。农业劳动生产率提高，帝国时期农业人口由占总人口的 61.5% 降到 49%。故而此时被称为法国的"农业黄金时代"。第二帝国晚期，重工业、机器制造业的迅速发展和工业装备农业的状况表明，法国的工业革命已经完成。

不过，整体看来，法国的工业发展水平还是不高的，远远落后于英国。特别是小生产仍占绝对优势。到 1872 年，全国平均每个企业雇佣的工人只有 2.9 人，即使在工业集中的巴黎，也不过为 4 人。就是说，使用机器生产的大工业企业为数是极少的。当然，大工业能量大，可以左右整个国民经济。从生产力总量来说，法国当时仍是仅次于英国的世界第二工业大国。

造成法国经济发展相对缓慢的原因很多，但主要的是历史的传统。在政治上，法国大革命留下的激进主义传统，常常使社会矛盾的解决采用暴力的形式，政治局势长期处在动荡不宁的状态之中。英国式的渐进改革的方式在这里很难被采用。于是，生产的进程屡次中断，投资心理难以形成。国际环境也常令人产生不安之感。同时，旧制度下小生产的传统和大革命中雅各宾派的平均主义倾向，也给大工业的发展和集约式农场制的发展投下了阴影。正由于工业对农业的改造能力不强，进行农业投资的诱惑力很弱，使得小农分化过程相当缓慢，这又反过来影响了工业的发展。在经济上，法国自 16 世纪以来形成的金融资本占优势的传统，并未由于大革命的洗礼而破除。金融家始终是社会上最富有的人。而且，越是缺少良好的投资环境，人们就越是不肯冒巨大的投资风险。因此，借贷业务很发达，企业投资却很少。人们热衷于坐收利息，不愿投资办厂，造成长期的工业资金短缺。法国一直拥有大量"过剩资本"，后来便走上了外流的道路，形成某种民族性的高利贷心理。严格说来，法国的这种状况直到第二次世界大战后才完全扭转过来，发展成为工业先进的大国。

二、美国工业革命

美国独立后，很快就开始了大规模的领土扩张。1812 年美英间发生战争，战后在 1814 年签订巴黎和约，英国重申承认美国独立，并实际上放弃了对美国在贸易上的压制。1803 年美国政府趁拿破仑忙于应付欧战之机，以每英亩不到 3 美分的价格，从法国手中购买了路易斯安那，使领土扩大了一倍有余。1810 年美国利用西班牙被拿破仑占领的时机，兼并了西属佛罗里达西部，1819 年又廉价购买了佛罗里达其余地区。墨西哥属地得克萨斯的居民多属美国移民，1836 年他们脱离墨西哥而独立。1845 年美国合并了得克萨斯，并乘机挑起美墨战争（1846—1848），吞并了墨西哥从加利福尼亚到新墨西哥的广大地区。1846 年，美国通过协议把英国从俄勒冈挤走。到 19 世纪中叶，美国已拥有东起大西洋，西濒太平洋，北接加拿大，南连墨西哥的大片领土。在半个多世纪里，美国领土增加了 7.5 倍。领土的扩张为美国的工业化提供了优越的地理条件和丰富的自然资源，也为美国农业的发展提供了广阔、肥沃的土地。这里有丰富的矿产资源、水利资源和森林资源，有适宜的气候，漫长的海岸线和优良的海港。

为了开发这片浩瀚无垠的西部土地，东部成千上万的人们向伊利诺斯、印第安纳、威斯康辛等密西西比河以东地区推进。接着，他们又穿过草原，越过高山峻岭，到达了森林广被的中西部密苏里、明尼苏达、依阿华、堪萨斯及内布拉斯加等地，最远达到了荒凉的俄勒冈地区。在这里，他们扫荡森林，切除野草，开垦土地，驯服西部的边疆。1848年在亚美利加河畔发现了黄金之后，全国沸腾，出现了"黄金热"，滚滚的人流通过水路和陆路奔赴加利福尼亚。这就是美国历史上的"西进运动"。伴随而来的，是西部印第安人遭到了巨大的灾难。他们不是遭到移民当局残酷的屠杀，就是被驱赶到荒凉山区的"居留地"，印第安人沉痛地称之为"眼泪之路"。

　　西进运动对美国经济的发展和国力的增强有着十分重大的意义。西部肥沃的土地为美国农业的发展提供了广阔的天地，使美国一跃成为最大的农产品出口国之一。东部传统的工业区和西部农业区，促

西进运动

使美国的专业化经济发展起来。充满暴力、竞争、流血和冒险精神的西进运动，在某种程度上提高了美利坚民族的进取心理。西部领土给美国带来了新的活力，也带来了惊人的经济效益。在密苏里河和俄亥俄河以北地区，有着适于小麦和玉米生长的气候，形成了"小麦王国"。1859年仅俄亥俄、伊利诺斯、印第安纳和威斯康辛4州的小麦产量就占全国总产量的40%。圣路易斯市成了面粉加工业的中心。先期开发的西北部有优越的天然牧场，成为著名的"牧牛王国"。在辛辛那提发展了罐头业，有"猪肉罐头业的大都市"之称。后来芝加哥成为牲畜屠宰和加工的肉食基地。密西西比河下游的墨西哥湾平原地区，冬季温暖多雨，属亚热带气候，适于烟草和棉花的生长，形成了"棉花王国"。加利福尼亚则成为远西部地区的水果之乡，是美国最大的葡萄产区。

　　美国经济发展中遇到的首要问题，是劳动力的严重不足。19世纪初，全国人口只有700万，平均每平方千米仅1.6人。这个问题在很大程度上是靠吸收大量外来移民解决的。1862年《宅地法》的实施，带来了西进运动的新高涨。同时，西部广袤的土地，对于欧洲人也有着巨大的吸引力。1864年美国成立了移民局，通过了鼓励移民法案，准许雇用外国工人，并向移民预支工资作为路费。19世纪中叶欧亚地区不断发生灾荒及战争，也促使大量人口涌向美国。在1861—1914年的半个世纪中，移民竟达2700万人，在整个人类移民史上，像美国移民这样规模之大，范围之广，持续时间之久，对社会影响之深是罕见的。移民中大部分流入西部，成为开发西部的生力军。

1784 年、1785 年和 1787 年，美国政府连续颁布土地法令，明确规定西部土地为属于全体人民的公地，在这块土地上新建立的州拥有与原来各州相同的权利。同时，对西部土地的出售和建州问题作了具体的规定。宣布土地公有即土地国有化政策，是解决西部土地问题的重要措施，成为美国整个西部政策的基础。政府以低廉价格向任何私人出售西部土地，再加上大量西进者自己开拓和私占的土地，就使得西部出现了成千上万的自由小农。1868—1900 年间，西部地区共分出宅地 68 万份，总面积达 8 000 万英亩。西进运动使美国的耕地面积迅速扩大，1860—1900 年由 4.07 亿英亩增加到 8.4 亿英亩，相当于英法两国面积的总和。这样，美国的私人小农场迅速发展起来，还出现了一些大型农场。农场数由 1860 年的 204 万个增加到 1900 年的 573.7 万个。全国农业雇佣工人 1900 年达到 200 万人。大面积的土地开垦和众多农场的出现，使劳动力不足的矛盾很难得到缓和。依靠机械化来提高生产效率成了唯一的出路。60—80 年代，农业机械化过程进展迅速，从翻耕、播种、施肥，到收割、打谷、装袋，基本上实现了以畜力为动力的半机械化。1850—1900 年美国农业机械的总值增长了 5 倍。1870—1900 年农业劳动生产率提高了 47%。1860—1900 年农业总产值由 22 亿美元增至 58 亿美元，为迅速发展中的美国工业提供了充足的粮食和原料。西部重要矿藏的开采，如伊利诺斯和威斯康辛的铅，匹兹堡的铁，苏必略湖区的铜，加利福尼亚的金矿等保证了工业革命所需的原料。西部还形成了东北部工业品的广阔的国内市场。美国高度发达的农业成了工业革命的坚实基础。

美国取得独立后，在一段时间里还未能摆脱在经济上对英国的依附地位。因此，进行工业革命与争取国家的经济独立是同步进行的。联邦政府实行了促进工业发展的政策。根据密尔顿的建议，1791 年成立了第一国家银行，1816 年又成立了第二国家银行。国家银行通过发行纸币，吸收游资，促进商业与信贷活动等手段控制了国内的金融，并贷款给东北部的资本家。联邦政府还实施了保护关税政策，1816 年将关税率提高了 1 倍，1824 年关税率已高达进口商品价格的 27%。政府鼓励科学技术的进步，1790 年国会通过《专利法案》。1790—1800 年正式注册的发明专利有 276 项，1850—1860 年达到 2.52 万项。这些措施有力地促进了国内工业的发展。在 19 世纪外来移民中占 27% 的英国人，也带来了许多英国的先进技术。

美国的工业革命首先开始于纺织工业。1790 年塞缪尔，斯莱特仿造英国人的设计，制成了珍妮型新式纺纱机，揭开了美国工业革命的序幕。1793 年惠特尼发明的轧棉机使清理棉花的工效提高了近百倍。1813 年波士顿商人洛厄尔又引进了英国织布机的制造技术。至此，美国棉织业的纺、织两个环节的技术革命大体完成。新英格兰地区成为最早的棉纺织业基地。1830—1850 年美国的棉织工厂由 795 座增加到 1 000 多座。继棉织业之后，到 30 年代中期，服装业、制革业、玻璃业、羊毛织业等轻工业部门也先后实现了机械化。南北战争后，美国的工业革命进入决定性阶段，技术革命扩展至重工业部门。1860—1900年煤产量由1 400万吨增至2.4亿吨。1860—1890年生铁产量由92万吨增至935万吨。两项皆居世界第一位。在钢铁工业方面，19世纪中叶威廉·凯利发明了新式转炉炼钢法，炼出了质量合格的钢。后为冶炼含磷量高的矿石，又改用平炉冶炼。1870年至1890年，钢产量由10万吨增至435万吨，超过了英、法两国。1859年在宾夕法尼亚及其他地区发现了油田，美国石油产量大幅度上升，1865年为250万桶，1880年达到2 600余万桶。美国工业的发展速度远远超过英、法等老牌资本主义国家，至80年代初已跃居世界第一位。美国的工业化基本完成，工业总产值超过农业的两倍。

南北战争消灭了南部的种植园奴隶制度。但是，战火对南部的生产和居民生活造成了严重的破坏。1867年后棉花价格下降，许多大种植园主不得不低价出售土地。来自北部的土地投机家和南部的高利贷者、银行家购买土地或承包种植园，办起资本主义农场，许多保留了土地的原种植园主，开始用分成制的方式将土地分块出租给黑人。于是南部的农业经济逐渐转向资本主义。

已获得自由的黑人，除少数拥有自己耕地者外，绝大多数是无地少地者。他们成为既无土地又无生产工具的租地者，每年要将收成的一半或一半以上交给地主。租佃制是从种植园奴隶制经济向资本主义农场经济的过渡形式。

在重建南方时期，北部的工业资本大量涌进南部，有些种植园主也投资于工业，南部的工业革命也逐渐开展起来，纺织、木材加工、烟草等轻工业，采矿、钢铁等重工业，都有了较大程度的发展。

西部的开拓对交通运输业提出了新的要求。独立后，一些私人公司投资修筑了收费公路，联邦政府也拨款修建公路干线。其中最主要的是穿过马里兰、宾夕法尼亚和俄亥俄的坎伯兰大道。这些公路的建成使东西交通得到初步的改善。1807年富尔顿发明了汽船，汽船业在西部兴盛起来。密西西比河成了内陆交通运输的主动脉。1825年伊利运河的开通，将大湖区与东部大城市沟通起来，极大地改善了西部与东北部间的经济联系。到1850年，全国运河总长度已达3700英里。1833年凿通的俄亥俄——伊利运河最为重要，成为从伊利湖，经俄亥俄河，连接密西西比河的水路干道。

为了从根本上改变国家交通运输状况，1862年和1864年，美国国会两次通过了建筑横贯大陆铁路的方案，鼓动私营公司向铁路投资，政府实行补贴。19世纪后半期美国掀起了兴建铁路的狂潮。1869年中央太平洋铁路和联合太平洋铁路接轨，第一条横贯大陆的铁路线建成。随后，圣塔菲铁路、北太平洋铁路、南太平洋铁路和大北方铁路等4条横贯大陆的干线相继竣工。1900年美国铁路总长度达20万英里，超过了欧洲铁路长度的总和。

随着交通事业的发展，大大小小的商业运输线一直延伸至远西部地区，东部的商人和企业家争先恐后到西部投资。工业化的北部，生产棉花、甘蔗的南部和生产粮食为主的西部，在各自专业化经济发展的基础上，加强了相互之间的物资交流，国内贸易达到异常活跃的程度。1839—1860 年，西部对北部的商品售出额增长了 14 倍，对南部的商品售出额增长了 5.6 倍。芝加哥成为连结 3 方的重要交通枢纽和商品转运站。1880 年芝加哥有 7 条铁路通往东部，6 条铁路通往西部，3 条铁路通往南部。1875 年前，每天进入芝加哥的火车达 750 列。一年流入该市的商品价值为 700 万美元。

在东北部工业区的带动下，通过西部的开拓和南部的改造，19 世纪末美国国内各地区的经济逐渐结合成一个不可分割的整体。这个基本上靠市场调节机制和客观经济规律的支配而发展成的统一经济实体，使美国成为世界上经济实力最强大的国家。同时，它也体现了不依人的意志为转移的客观经济规律的巨大作用。

三、德国工业革命

19 世纪 30 年代当英国工业革命即将完成的时候，四分五裂的德意志开始走上了工业革命的道路。1834 年以普鲁士为首的 18 个邦国建立了德意志关税同盟，取消同盟内的关税壁垒，制定统一的税制，加速了商品的流通，有力地推动了德国工业的发展。纺织工业捷足先登，1846 年关税同盟各邦已建成 313 家纺织厂，萨克森的开姆尼兹成为棉纺织业的中心。采矿业和冶金业也得到一定发展，但主要仍集中在矿区所在地的山区，用当地的矿砂、木炭和水力作为原料和动力炼铁。40 年代末鲁尔煤矿的开发，以煤代炭进行冶炼多了起来，冶铁中心才从山区转到鲁尔区。1835 年从纽伦堡至费尔特的第一条铁路通车。1848 年德国的铁道线达到 2 500 千米。但是从整体看来，19 世纪中期以前的德国工业仍以手工工场和小手工业为主。1848 年时，手工工人占全德工人总数的 2/3 以上。19 世纪中期以后，德国工业才迅速发展起来。

从 19 世纪初施泰因——哈登堡改革开始，到 50 年代，普鲁士政府陆续不断地进行农业方面的改革，容克经济完全走上了资本主义道路，农业机械化水平大为提高。这一改革也影响到其他一些邻国。1850—1870 年德国农业净产值从 50 亿马克增长至 67 亿马克。农业的发展，在原料、市场、劳动力等方面配合了正在进行的工业革命。

到 1852 年，关税同盟扩大到德国全境，以经济为纽带，突破政治分裂状态，把全德意志连结成统一的国内市场，大大促进了资本主义工商业的发展。50—60 年代德国出现了工业高涨。各种名目繁多的信贷机构和股份公司也纷纷出现，它们集中社会游资投入工业生产，在很大程度上克服了工业资金不足的弱点。全德统一市场的形成促进了交通运输业的大发展。1850—1870 年德国掀起了修筑铁路的热潮，铁路线长度增加几倍，达到 1.88 万千米。铁路运货量增长了 27 倍。修筑铁路对冶金业及相关的其他工业有很大刺激。1850—1870 年德国的煤产量增加了 4.1 倍，生铁产量增加了 5.6 倍，钢产量增加了近 28 倍。恩格斯说，1848 年革命后，德国"在 20 年中带来的成果比以前整整 1 个世纪还要多"❶。在 50—60 年代德国的工业高涨中，重工业的发展最为突出。这就为德国较快地发展成资本主义工业强国奠定了基础。

德意志统一的完成，为德国经济的发展开辟了更广阔的前景。德意志帝国政府于 1873 年建立了帝国银行，实行了金本位货币制度，统一了商业法规和度量衡，对交通运输业进行统一管理，实施了保护关税政策。所有这些措施对最终消除分裂状态，加强国内统一市场和促进经济向更高层次发展创造了极为有利的条件。

普法战争后对法国的掠夺为德国经济的发展带来了巨大好处。50 亿法郎的赔款有相当一部分转化为工业资本。割占来的阿尔萨斯蕴藏着重要的非金属矿钾盐，洛林则是重要的铁矿石产地，储量占全法铁矿总储量的 85％。钾盐对德国化学工业的发展有重要价值。洛林的铁矿给鲁尔产煤区的冶金工业注入了新血液，使鲁尔很快成为德的钢铁基地。今天德国 7 大钢铁财团中最大的 4 个，包括著名的克虏伯公司，就都在鲁尔区。

德国工业革命的重要特点之一，是它对新的科学技术成果的运用。这与它重视教育，注意科学研究与生产发展的结合有着密切的关系。早在 19 世纪 20 年代，德意志许多邦就开始实行强制性义务教育并大力兴办职业学校。德国是 19 世纪后半期文盲率最低的国家。德国的高等教育既注重基础理论的教学，又重视应用科学的研究。19 世纪 20 年代，著名化学家李比西在基森大学创办的化学实验室，被誉为化学家的摇篮。哥根丁大学成为数学家的荟萃之地。70 年代又建立起许多国家级的科研机构，如国立物理研究所、国立化工研究所和国立机械研究所等等。德意志民族在工艺技巧、科学文化水平及实际运用能力方面都居欧洲之冠，拥有许多高级专门人才。19 世纪后半期，英国科学家法拉第提出的电磁感应定律，在德国得以付诸实践，1867 年西门子制成了第一台发电机。德国的酸、碱等有机合成工业也有很大的进展。TNT 炸药也是这一时期发明的。如此等等。到 19 世纪 80 年代，德国的煤、生铁和钢的产量已分别达到 5 910 万吨、273 万吨和 62 万吨，进入世界先进行列。1889 年工业总产值超过农业，德国成为工业国家。德国工业革命起步较晚，但发展迅速。而且，它的第一次工业革命的完成和第二次工业革命的开始是交错在一起的。

---

❶ 《马克思恩格斯全集》第 16 卷，450 页，北京，人民出版社，1964。

第三节　工业革命的影响

发生在经济领域的工业革命与通常的政治革命不同，不会像政治革命那样产生出强烈的冲击波和引起社会的大动荡。但是工业革命对社会的改造作用，却常常在许多方面能够超过政治革命。生产力超乎人们意料的大发展，使用机器的工厂制取代手工工场，工业成为整个社会经济的先导，展现出资本主义社会机制的新面貌，带动了整个社会的快速演变。几十年下来，以农业和乡村为主体的经济体制就转变成为以工业和城市为主体的经济体制，大规模地改变着人们的生活和国家经济地理面貌。新城市兴起，旧城市改观，人口由农村大量流向城市，国家向城市化方向迈进，工业产值大幅度超过农业产值等等，都使身处其境的普通人和当政者大为惊讶，有悲有喜，但却只能去适应，谁也无法阻拦。

这些全面深刻的变化，实际上是人类社会从农业文明转向工业文明的表现，是工业化的开端，表明资本主义由手工工场时代开始进入蒸汽时代。工业文明比农业文明更具有创造性、进取精神和竞争意识，更具有挑战性。它以不可逆转的气势，改变着人们的传统观念、价值取向和择业标准。在这种社会大转折、大改组的进程中，既有发财致富带来的狂欢，也有破产或剥削加强造成的悲痛，正所谓"几家欢乐几家愁"。产业结构、阶级结构的巨变，在社会上组合成一些利益群体或利益集团。其中最重要的是工业资产阶级和工业无产阶级这两大阶级的形成。

工业资产阶级远比手工业时期由商人组成的资产阶级更具有活力。他们更懂得在竞争中求发展，而且以使用机器的产业为依托去加强竞争力。他们所拥有的产业，在对农业的改造能力上、吸收自由劳动力的容量上、占有国际市场的实力上、对全社会的影响上，都是手工工场时期所无法比拟的。

无产阶级即产业工人队伍也与手工工场工人大不相同。恩格斯在论及这种差别时指出，16—18世纪的手工工场工人几乎都占有织布机、家庭纺车等工具和一小块土地。而且由于住在乡下，和地主或雇主保留着一定的宗法关系。这一切都是无产阶级所没有的。无产阶级是纯然的雇佣劳动者。使用机器的劳动条件和由机器联结的集中劳动环境，使他们具有了集中、团结、纪律性强的特点。他们被压迫、被剥削的屈辱地位推动他们从一诞生便开始了自己的斗争。作为无产者，他们没有过去小生产者那么多的局限性，其斗争显得更坚决，更有彻底性。而且，连同农场的雇佣工人在内，工人阶级组成了工业社会中最大的社会利益群体，对推动各资本主义国家的民主改造也有着重大的作用。

由于机器工业对手工业的排挤，原来人数众多的小资产阶级发生了分化和改组。一部分人破产，大量流入无产阶级队伍。一部分人受到破产的威胁，地位岌岌可危。大部分人还能维持现状，但对前景也颇感忧虑。他们这个社会利益群体渴望在工业革命引起的社会巨变中求得一席之地，因而热衷于参加民主运动。同时也寻求改造社会的方案，以致出现了众多的小资产阶级社会主义流派。其中，无政府主义大体上反映的是破产者的心态；极力宣传保留小私有制的学说，则常常是反映了小资产者忧心忡忡的情绪。

工业革命造成的生产力大发展和产品的迅速增多，还推动资产阶级更疯狂地进行殖民扩张以占有更多市场。

上述工业革命的各种影响，再加上法国大革命精神和各项原则的传播，对19世纪交错存在的三股历史潮流的形成起了巨大推进作用。

首先是自由主义潮流，也就是资产阶级革命与改革的潮流。生产力的迅猛发展大大增强了资本主义的力量，使前资本主义的势力相形见绌。于是，资产阶级性质的革命和改革浪潮滚滚而来。19世纪20年代欧洲南部三大半岛都发生了资产阶级革命或民族独立运动。30年代法国、比利时的革命取得成功，英国进行了国会改革。1848年爆发了遍及欧洲大陆的革命。60—70年代俄国、德国、意大利、奥匈帝国和日本通过改革或革命转变为资本主义国家。大洋彼岸的美国则经过南北战争废除了奴隶制并使工业革命迅速完成。在整个19世纪，自由主义潮流占有着历史主潮流的地位。

其次是社会主义潮流，由工人运动和社会主义运动组成。无产阶级诞生后掀起的工人运动，在19世纪30年代形成第一次高潮，发生了法国里昂工人的两次起义和长达十余年的英国宪章运动。这些早期工人运动表明，工人阶级已作为一支独立的力量登上了历史舞台。同时，它也推动社会主义由空想发展成为科学，马克思主义诞生了。随后的1848年巴黎工人六月起义、第一国际的建立、巴黎公社革命的爆发，显示出工人运动和社会主义运动已成为一股强大的历史潮流。不过，由于时代条件的限制，它还未能成为历史的主潮流，常常对自由主义的主潮流起着推动的和辅助的作用。

最后是民族主义潮流，包括欧洲带有资产阶级性质的民族独立运动和殖民地半殖民地的民族解放运动。爱尔兰民族运动和波兰民族起义，以及东南亚的民族反抗斗争等属于前者。后者则以亚洲地区最为突出，发生了印度尼西亚的爪哇人民大起义、伊朗巴布教徒起义、印度民族大起义和中国太平天国运动等反抗斗争。19世纪中叶，一个资本主义世界体系初步形成。其形成的主要渠道，一是一系列国家过渡到资本主义时期；一是殖民扩张加强，将世界上大片地区强行纳入了资本主义的统治之下。民族解放运动的高涨，就是在这一背景下出现的。不过，此时的殖民地半殖民地民族运动还属于封建时代人民反抗斗争的范畴，还不能提出根本改造社会的先进纲领。到各地民族资本主义产生，由民族资产阶级领导的运动才可能做到这一点。

第十一章　19世纪前半期的欧洲

第一节　20—30年代欧洲的革命运动

工业革命使资本主义的经济结构和社会结构都发生了巨大变化，这种巨变是人类社会开始走向工业文明的象征。一切不适应工业资本主义发展的制度、体制、政策和观念，都必不可免地要受到冲击和改造。于是，首先在欧洲发生了一系列资产阶级性质的社会改造运动。

一、20年代的革命运动

还在拿破仑战争时期，西班牙就于1808—1814年爆发了资产阶级革命。革命者建立了临时政府，制定了1812年宪法，进行了一系列资产阶级改革。拿破仑失败后在西班牙复辟的波旁王朝，曾经是革命者寄予希望的国家独立的象征。革命临时政府曾将被法国关押的国王费尔南多七世称为"我们的国王和元首"。但是，1814年3月被拿破仑释放的费尔南多却一心要恢复其封建统治，一回到西班牙就和保王党势力勾结在一起，并且宣布1812年宪法从来都是无效的。他在5月进入首都马德里后，很快将革命中建立的从中央到省市的议会解散，监禁和流放自由派成员，全面恢复了旧统治。领导过抗法解放战争和反封建革命的贵族资产阶级自由派，以共济社的组织形式重新开展起秘密活动，进行反封建斗争。经过抗法斗争的军队再次成为自由派活动的阵地。1812年宪法仍然是他们斗争的纲领。1820年1月，在黎耶哥上校领导下在加的斯城发动起义，开始了西班牙的第二次资产阶级革命。起义得到全国的热烈响应，革命浪潮很快波及各地。革命者到处建立起新政权，从根本上动摇了复辟王朝的统治。惊慌失措的费尔南多七世于3月被迫宣布接受1812年宪法。根据宪法规定选举产生的议会于7月开幕。议会废除了复辟王朝的各项反动政策，重新通过一系列反封建和反天主教的改革法令。

在西班牙革命影响下，意大利的那不勒斯和撒丁王国也爆发了革命。还在1807年，在拿破仑统治下的意大利南部就出现了"烧炭党"的革命活动。烧炭党是资产阶级民族主义组织，宣传自由、平等思想。拿破仑失败后，它的活动扩及到整个意大利，并在维也纳会议后进行了反对奥地利势力的斗争。西班牙革命爆发的消息传来后，那不勒斯王国的烧炭党人在米尼基尼领导下于1820年7月2日在诺拉城发动起义。起义参加者主要是军队中具有自由主义思想的官兵和部分诺拉的居民，起义者宣布要奉行西班牙的1812年宪法。由于军队支持革命，国王斐迪南一世不得不作出让步，宣布立即着手制宪并任命其子弗朗西斯科为监国，总理政事。弗朗西斯科于7月7日宣布以西班牙1812年宪法作为那不勒斯王国宪法的蓝本。宪法制定后，进行了议会选举。新议会于10月开幕，资产阶级自由派占据了多数。

1821年初，撒丁王国首府都灵发生烧炭党大学生的反政府活动，遭到当局的镇压。同时又传来了奥军开进那不勒斯镇压革命的消息。于是，这里于3月也爆发革命。在亚历山大里亚举行暴动的人们建立了临时政府。都灵自由派军人也发动起义，打出了烧炭党的蓝红黑三色旗。各地起义者都宣布要实行西班牙1812年宪法。3月21日热那亚爆发有3万人参加的起义，两天后建立了新的行政委员会。

1812年宪法是西班牙革命者按照法国大革命的原则制定的，它宣布了主权在民和分权的原则，规定国家最高权力机关是普选产生的一院制议会，议会有权决定王位继承人。这是一部体现资产阶级民主精神的君主立宪制宪法。西班牙和意大利的革命者都宣布以这部宪法作为自己的纲领，表明这两国的革命均属资产阶级性质，反映出资本主义必定要胜利的历史发展总趋势。

在伊比利亚半岛、亚平宁半岛相继爆发革命的同时，巴尔干半岛上的希腊也燃起了革命的火焰。希腊在将近4个世纪的漫长岁月里遭受着奥斯曼帝国的军事封建统治。17世纪起希腊出现资本主义萌芽，到18世纪后半期，它的商船队已驶出爱琴海，沿多瑙河将贸易活动深入到欧洲大陆。奥斯曼帝国同俄国、德意志各国的贸易已逐渐掌握在希腊商人之手。在法国大革命影响下，希腊的先进人士开始在国内传播启蒙思想，还建立了秘密组织"埃特里亚"，制定了资产阶级性质的宪法草案。1814年流亡国外的希腊革命者成立了革命组织"友谊社"，决心建立独立自由的希腊民族国家。从1818年起领导友谊社的是伊普希兰狄斯。1821年3月6日伊普希兰狄斯在罗马尼亚的雅西宣布希腊总起义开始。当时，国内的伯罗奔尼撒地区正在准备武装起义。3月25日（儒略历，公历4月6日）伯罗奔尼撒起义正式开始，很快取得胜利。各地人民纷纷起来响应，两个月内革命浪潮便席卷了爱琴海诸岛和希腊中部地区。当时伊普希兰狄斯虽已在奥地利被捕，但希腊本土的革命烽火却越烧越旺。革命者于10月5日攻下伯罗奔尼撒首府特里波利斯。1822年1月，革命者召开国民议会，正式宣布希腊独立。议会制定了宪法，建立了以马夫罗柯尔达托斯为主席的行政委员会和以伊普希兰狄斯之弟季·伊普希兰狄斯为主席的议会。

地中海3个半岛上发生的革命直接冲击着维也纳体系和神圣同盟的原则。神圣同盟各国急忙召开会议，商讨镇压革命事宜。根据接连两次会议的决定，奥地利派兵于1821年3月将那不勒斯和撒丁王国的革命扑灭；1823年5月，法军攻下马德里，将西班牙革命镇压下去，1824年沙皇还召开神圣同盟会议，准备干涉希腊革命。由于英、奥等国反对俄国在东地中海建立霸权，在巴尔干地区俄奥矛盾又相当明显，故而会议不欢而散。随后，英国开始向希腊提供贷款，对土耳其施加压力。俄国、法国也跟着插手进来。1828年还爆发了俄土战争。奥斯曼帝国疲惫不堪，希腊军队利用时机大举反攻，于1829年9月取得决定性胜利。经谈判，奥斯曼军队撤出。经历8年半之久的希腊独立战争胜利结束。

俄国十二月党人

就在俄国沙皇充当欧洲宪兵，到处插手镇压革命之际，它的本土在1825年也发生了革命运动。由于斗争发生在当年12月，故而这批革命者被称为"十二月党人"。十二月党人是由进步的贵族青年军官组成的。他们受拉吉舍夫、罗蒙诺索夫、普希金等人著作的影响，又读了法国启蒙学者的著作。1812年拿破仑侵俄失败后，他们随军远征，进入西欧地区。在那里，他们开阔了眼界，对比之下更感到俄国封建农奴制的黑暗腐朽。回国后，这批青年人在1816年开始组织秘密团体，决心废除农奴制，将国家从愚昧落后状态下解救出来。1821年他们的领导人佩斯特尔制定了称为"俄罗斯真理"的斗争纲领，提出了废除农奴制，推翻专制制度，建立分权制民主共和国的主张。1825年12月1日，沙皇亚历山大一世死去，其弟继位称尼古拉一世。革命者们议定，在12月26日（俄历12月14日）新沙皇宣誓时举行起义。26日起义在彼得堡开始，到下午已有3 000多士兵参加。但黄昏时被4倍于己的沙皇军队包围。黑夜降临后，沙皇下令向起义者发射霰弹，起义被血腥镇压下去。

二、1830年法国和比利时的革命

20年代的革命运动，除希腊取得胜利外，其余均被反动势力镇压下去。但是，这并没有阻挡住革命洪流。1830年7月，法国发生著名的七月革命，推翻复辟王朝，建立起七月王朝。政权回到资产阶级手中，维也纳体系被打开一个巨大的缺口。

《自由引导人民》（法国七月革命）

在法国七月革命的影响下，同年 8 月比利时爆发革命。多少世纪来比利时先后受到西班牙和奥地利的统治，维也纳会议后又被合并于荷兰，组成尼德兰王国，国王是荷兰奥伦治王朝的威廉一世。比利时的资本主义工业远比荷兰发达，比利时人的语言和宗教信仰也与荷兰人迥异。威廉一世派荷兰籍官员统治比利时地区并宣布以荷兰语为官方语言，引起比利时人民的极大不满。比利时要求实行区域自治遭到拒绝后，更加深了这种不满。于是，在法国革命影响下比利时爆发革命。沙皇尼古拉一世提出了镇压比利时革命的主张，受到英、法等国的反对。1831 年比利时召开议会，宣布独立，并于 7 月 21 日选出利奥波德一世为国王。后来 7 月 21 日就被定为比利时国庆日。利奥波德一世原系德意志萨克森-科堡亲王，1816 年与英国公主结婚。不久该公主死去，又与法王之女路易丝，玛丽结婚。即比利时王位后，荷兰军队攻来，利奥波德一世邀法军相助，打败荷兰。1839 年比荷签约，荷兰承认比利时独立。同时，由英、法、俄、普保证比利时的永久中立国地位。

当俄国企图干涉法国、比利时革命时，波兰的民族起义牵制了它的力量。维也纳会议将波兰王国划归俄国后，俄国曾以恩赐形式颁布过波兰宪法。但波兰被划为俄皇室罗曼诺夫家族之私产，受到严厉的统治。1830 年 11 月俄国驻军中的波兰籍士兵举行了争取民族独立的起义。起义者很快发展到数万人，并占领华沙，建立起新政权。他们坚持战斗 10 个月，在俄国十数万大军镇压下，于 1831 年 9 月失败。

20—30 年代的革命运动预示着更大革命风暴的即将到来。

第二节　英国的国会选举制度改革

一、18 世纪末的资产阶级民主运动

工业革命开始后工业资本主义的发展和工业资产阶级的壮大，要求国家制定适应于这种新状况的政策，实行相应的体制改革。一系列新兴工业城市也要求在政治上得到承认。

自 1688 年政变以来，经过 18 世纪内阁制度基本形成的发展阶段，国会的地位大为提高了。在国会中占有多数，已成为执掌政权和制定政策方针的前提条件。工业资产阶级要想参与政权管理，就必须取得进入国会的资格。但是，英国国会的选举制度却仍然是中世纪时确定的，它将国会下院的议席固定地分配给各个选区，这些选区不仅不包括新兴的工业城市和经济地区，而且有很多地方随着星移斗转早已凋敝。有些"衰败选区"甚至已在自然变化中被海水吞没，或者已变为荒丘、公园。以往选区的分配本来就是按贵族势力的分布决定的，"衰败选区"大量出现后又继续占有原来议席的份额，这同工业革命后的新状况产生了非常尖锐的矛盾。于是，以要求改革国会选举制度为中心的民主运动发展起来。

1760 年即位的乔治三世无视《权利法案》的规定，任命所谓"国王之友"内阁，干预下院议席的分配，力图独揽行政和立法大权。托利党此时成了国王的主要支持者。这股逆流的社会基础是土地贵族。18 世纪圈地运动的新热潮使土地贵族进一步资产阶级化，同时也大大加强了经济实力。传统的国会选举制度保证了他们在政治上的优势，乔治三世的施政方针恰好与他们的要求合拍。面对这种情况，资产阶级自由派的威尔克斯于 1763 年 4 月撰文抨击国王的专横和国会的趋炎附势，警告国王不要步斯图亚特王朝专制主义的后尘。威尔克斯的抨击在社会上引起了强烈反响。法国大革命爆发后，进步人士纷纷赞颂法国革命体现的自由民主和公民平等精神。1792 年资产阶级自由派组织了"人民之友协会"，再次要求进行国会选举制度改革。后来，随着资产阶级对法国革命日趋激进的反感和英国对法国革命的干涉，小资产阶级民主派逐步成为运动的中坚。运动有了更强烈的民主色彩，并且吸取了法国大革命的部分口号，要求实行成年男子的普选权和保障劳工权利，强调劳动群众必须有代表进入国会才能解脱苦难。不久，运动具有了全国性规模。

皮特内阁采取了镇压政策，促使国会于 1794 年 5 月通过中止人身保护法案的决议。1799 年运动被压制下去。

二、1832 年国会改革

在对法战争紧张进行的年代里，民主运动被平息下去，但是引发运动的矛盾并没有解决。打败拿破仑后，英国胜利地结束了战争，而国内的矛盾却又重新尖锐起来。为弥补战时庞大的军费开支，政府提高了间接税，加重了纳税人的负

担。战后政府停止了军需品订货，同时欧洲各国的购买力也明显下降，从而造成了英国经济的不景气。部分物价下跌，生产萎缩，失业人口增多。于是，民主运动重新高涨起来。1815 年国会通过的《谷物法》更使运动将主要矛头对准了保障土地贵族专权的政治制度。《谷物法》是在欧洲大陆廉价农产品输入英国数量增多的情况下，为保护地主利益而制定的。它规定，在国内市场小麦价格低于每夸特 80 先令时，禁止谷物进口。这表明，当权的土地贵族将传统的重商主义变成了农业保护主义。由此造成的粮价上涨，首先使城镇人民生活更加困苦，而且生活费用的上涨也提高了劳动力的价格，不利于工业资本主义的发展。激进派报纸《政治纪事》提出，唯一解决的办法就是改革国会选举制度，使所有纳税人都享有选举权，而且每年改选一次，"舍此别无他途"。

由激进派领导的有广大工人参加的民主运动迅速发展。1819 年 8 月在曼彻斯特圣彼得广场举行群众集会，执政的托利党政府派兵镇压，打死打伤数百人。群众将此事与滑铁卢战役相比，称之为"彼得卢之役"。进入 20 年代后，战后的经济萧条过去了，工业革命已取得很大进展，其影响也更多地发挥出来。1825 年发生了第一次工业资本主义时代特有的生产过剩危机，1829 年又发生了农业歉收。生活恶化的群众更积极地投入了斗争。群众的斗争推动了工业资产阶级，1829 年工业家阿特伍德创立了"伯明翰政治同盟"。同盟明确提出，只有使工业家和贸易家的代表入选国会，才能"恰当地维护和保障工业阶级的权利和利益"。在其他一些城市也出现了类似的工业界的政治组织。1830 年 3 月伦敦工业资产阶级组织了"首都政治联盟"。在国会中作为反对派的辉格党，这时也支持改革的要求。

法国七月革命给了英国改革运动以新的推动。木工洛维特创立了工人阶级和劳动者的"全国联盟"，宣传普选权的主张。在运动高涨的情况下，托利党惠灵顿内阁倒台，辉格党的格雷上台组阁。1831 年 3 月格雷向国会下院提出了国会选举制度改革的方案，在相当程度上反映了工业资产阶级的愿望。但是，改革方案遭到下院否决。格雷遂解散下院，并在新的大选中获胜，新下院通过了方案。10月间提交上院时却又被否决。这就激发了运动的新高涨。各改革团体在伦敦、曼彻斯特、伯明翰等城市纷纷举行群众大会，支持改革方案，抗议在格雷内阁辞职后国王重新任命惠灵顿组阁。给国王的请愿书不断呈递上来。人们纷纷从银行提取存款，造成金融风潮。有鉴于此，惠灵顿未敢受命组阁。于是，国王被迫挽留格雷并劝说上院通过方案。1832 年 6 月，方案得到通过并经国王批准。这就是英国第一次国会选举制度改革。改革的主要内容是：调整选区和重新分配各选区议员名额。56 个人口不到 2 000 人的选区被取消，31 个有 2 000～4 000 人口的选区各减少 1 个议员席位。余出的 143 个议席中，各大新兴工业城市得到 65 个，各郡选区，特别是北方郡选区得到 65 个，其余分给了苏格兰和爱尔兰。在选民资格方面，城市居民年收入房租或年缴纳房租 10 镑以上者有选举权；农村中年收入 10 镑以上的土地所有者和年收入 50 镑以上的租地经营者享有选举权。这个方案虽然在农村选区还更多地照顾土地所有者，但在整体上是有利于资产阶级的。新兴大工业城市由此首次得到了选代表进入国会的权利。同时，对选举权规定财产资格的限制，也表明了财产权对贵族传统权利的胜利。1832 年改革是工业资本主义时代到来时在政治上的典型表现。矛盾以改革的方式得到解决，使社会经济得到持续发展，为英国不久后进入工业高度发达阶段开辟了道路。

由于这次改革使工业资产阶级的代表得以入选国会，直接参与政权管理，这就为施政方针方面的调整和改革创造了条件。工业资产阶级的第一个攻击目标就是《谷物法》。1838 年在曼彻斯特成立了"反谷物法同盟"，并吸引了不少工人群众参加活动。1846 年，国会在社会压力下终于废除了《谷物法》，3 年后又废除了实行近两个世纪的《航海条例》。贸易自由代替了保护主义，1846—1849 年英国取消了大约 200 种商品的进口税。这些政策大大帮助了英国工业品的出口并使原料和粮食进口增加，价格下降，促进了英国工业的更大发展。恩格斯认为，1832 年的改革和 1846 年《谷物法》的废除，即使英国资产阶级在国会中得到了"公认的和强大的地位"，又使工业资产阶级永久地取得了"对土地贵族的优势"❶。

第三节　法德的社会运动

一、法国复辟王朝时期的自由主义运动和七月革命

1814 年波旁王朝在法国第一次复辟后，路易十八以钦赐宪章表示了对大革命基本成果的承认。经过革命洗礼而形成的资本主义社会结构存在了下来。但是，复辟王朝毕竟是原来的正统王朝，要恢复封建旧制度的倾向是十分明显的。正如当时人们所说的，存在着"两个法国"——顽固派贵族要恢复的旧法国和革命后出现的新法国。

自革命爆发以来受到 25 年压制的旧贵族，由于王朝复辟而获得了一种快意的解脱感，迫不及待地要重建封建秩序。他们是极端派保王党人，首领是路易十八之弟阿图瓦伯爵。在极端派活动下，违反钦赐宪章，将原帝国元老院中的 55 名成员除名，其中有 28 人的罪名是"弑君者"。在补入的议员中，有 40 名是旧贵族。此外，还对军队和荣誉军团进行了改组，大量增加旧贵族成员。拿破仑的"百日"政权垮台后，波旁王朝第二次复辟，极端派带着复仇的情绪搞起了白色恐怖，而且从大赦者名单中划出许多"例外"，予以镇压。在这种气氛下，1815 年 10 月选出的议会联盟院（即下院），402 个席位中极端派占有了 350 席，被路易十八赞誉地称为"无双议会"。

---

❶ 《马克思恩格斯选集》第 3 卷，712 页，北京，人民出版社，1995。

坚持大革命成果的资产阶级自由派同这股反动逆流进行了斗争。自由派的重要代表人物有大革命时期君主立宪派的老革命家拉法耶特、大银行家拉菲特、佩里埃和自由主义思想家贡斯当等。哲学家库赞、历史学家基佐等也属自由派。他们在议会中和社会上大造舆论，要求改革选举法，实行政治自由，得到群众的广泛支持。

国王路易十八担心矛盾加剧会激发社会动乱，便任命王党中的温和派组阁，以居间调和。温和派主张遵守钦赐宪章，在保障王权的前提下实行宪政，故称王政立宪派。代表人物为黎士留公爵等。这一派为路易十八所倚重。由于内阁采取温和态度，与"无双议会"的极端派立场便发生了冲突。在行政与立法机关的冲突中，路易十八决定支持前者，于1816年9月解散了"无双议会"。这也是自由主义运动的胜利。

自由派的影响日益增强，在1817—1819年的几次议会选举中不断获胜，席位由25个增至90个。在这段时间里，议会通过了有利于资产阶级的选举法；进行了以"民族的"军队代替"王家的"军队的军事改革，排除了贵族对军队的指挥权；颁布了体现政治自由的出版法。在经济上实行了保护主义政策，限制纺织品的进口，对进口钢铁征收高关税，对某些重要商品实行以国内行情为据的浮动关税制，使国内经济得到了较快发展。在此基础上，法国提前偿清了战争赔款，使外国军队撤离国土。在"两个法国"的斗争中，自由主义取得的胜利是十分显著的。

然而，1820年2月发生的王位继承人贝利公爵遇刺事件，为极端派进行反扑提供了借口。他们叫嚷刺死贝利的匕首就是"自由主义"。于是出现了第二次白色恐怖。1820年6月，在反动气氛中对选举法进行了有利于贵族地主的重大修改。11月，极端派在选举中获胜。随后，议会通过了书报检查法令。天主教势力也猖獗起来，重新控制了文化教育大权。许多进步教师被开除，巴黎大学中库赞的哲学课和基佐的历史课被迫停开。人们称这一现象为"黑色恐怖"。1824年路易十八死去，极端派首领阿图瓦伯爵以王弟身份继位，称查理十世。他上台伊始便大力加强天主教势力，还宣布要保护"被革命抢劫的贵族"。1825年4月他发布了赔偿逃亡者10亿法郎的法令，并为此而向资产者发行强制性公债。

查理十世的反动政策激起了自由主义运动的重新高涨。这时从外省来到巴黎的梯也尔已投身自由主义运动，成为主要代表人物之一。梯也尔在反对复辟王朝的斗争中颇有创见地提出了国王应该"统而不治"的主张。他说，在治理国家上，应该"统归国王，治归大臣，由两院裁决"。这实际上是对英国式的君主立宪制的概括。在自由派的斗争下，1827年选举时极端派被击败。但是，在极端派的强烈反对下，查理十世于1829年任命了最声名狼藉的波利涅克内阁。议会中自由派议员拒绝与内阁合作。在罗瓦耶·科拉尔带动下，221名议员联名签字向国王递交请愿书，要求与议会多数议员对立的内阁下台。查理十世则回答说："我的决定是不可改变的！"形势立即紧张起来。

1830年7月24日内阁会议决定要进行政变，彻底抛开议会，实行完全依靠敕令的专制政治。26日，官方的《公报》公布了查理十世的4道敕令：封闭各报刊，解散议会，实行只有土地所有者享有选举权的选举法，按新法于9月重选议会。反动的"七月敕令"引发了七月革命。

1830年7月27—29日在历史上被称为"光荣的三日"。巴黎人民高呼"打倒波旁王朝""自由万岁"的口号举行武装起义。经过3天激烈的战斗，终于攻下王宫。查理十世仓皇出逃，七月革命取得胜利。

二、七月王朝时期的共和运动

在武装起义取得胜利时，自由派议员们在银行家拉菲特家中聚会商讨下一步的安排。29日上午，梯也尔提出，由奥尔良公爵任新的国王，得到一致赞同。8月9日奥尔良公爵路易·菲利浦宣誓即位，建立起奥尔良王朝，又称七月王朝。很明显，七月王朝是以大革命事业的维护者和继承者自居的。自1789年以来，为实现大革命开创的事业，埋葬封建制度，建立资本主义社会，法国经历了革命与反革命、内战与外战、复辟与反复辟的长期动荡不宁的时期，共计41个年头。最后才由于七月革命而造成了一种稳定与平衡。它表明，资本主义终于战胜了封建主义，在法国站稳了脚跟。七月王朝恢复了大革命创立的"八九年原则"，重新建立起议会政治。1830年8月14日颁布了七月王朝的宪章。宪章再现了三权分立的原则，国王掌握行政权，立法权归两院制议会，上下院议员一律选举产生，司法独立。选举权仍有财产资格限制，但选民人数从复辟王朝时期的9万余人增至20多万。这使一般小资产阶级未能得到选举权。不过公民的自由权利基本上得到了恢复。宪章规定，国王不得将天主教定为国教。

七月王朝的建立为经济的发展创造了有利条件。然而，随着工业革命所造成的工业资本主义的发展，使七月革命所实现的那种稳定与平衡又被打破了。

七月王朝是金融资产阶级的王朝，自由派是金融资产阶级的代表。它的重要领导人中不乏显赫的银行家。拉菲特在帝国时期就已是很有地位的金融巨子。佩里埃家族在旧制度下已是大银行家并拥有工业企业。此外，德勒塞尔、阿尔丰斯等也都是富有的银行家。1830年宪章实行后，就任第一和第二届内阁首脑的就是拉菲特和佩里埃。

这个金融贵族的王朝在施政方针上有着很强的排他性。它只维护金融资产阶级而排斥其他阶级和阶层。它实行财政赤字的政策，整个统治时期的政府年预算从9.9亿法郎增长到14.5亿法郎。为此，它大量举债，到统治末期国债已达55亿法郎。债权人就是金融家本身，而债务人则是他们控制的国家。还债的款项主要是国家税收。其赋税政策是重消费税而轻直接税。王朝期间，直接税率提高了

8％，而消费税却提高了近 60％。这既损害工商业的利益，又大大加重了广大群众的负担。在对外政策上，他们强调"无论如何也要和平"，"决不为荣誉花 1 文钱"。处处唯英国的马首是瞻。这不仅不利于工业资产阶级开拓海外市场的要求，而且也损害了自拿破仑失败后甚感压抑的法兰西民族的感情。工业资产阶级和广大小资产阶级群众强烈要求打破这种寡头专擅的排他性统治。但是，高额财产限制的选举制度使金融资产阶级以外的人们无法去叩打政权管理的大门。从议员状况的变化也可证明这一点。七月王朝初建时，议会中还有近半数是工业界的议员，而到晚期只占 1/3 的席位了。

这样，要求根本改变国家体制的共和主义运动便发展起来。参加共和运动的有反映工业界意愿的资产阶级共和派，代表人物有马拉斯特、拉马丁等，其中心是《国民报》。还有代表小资产阶级的极端民主派，以勒德律·洛兰为首，中心是《改革报》。同改革报派在一起活动的还有反映当时工人要求的一些社会主义者，主要代表人物有路易·勃朗、蒲鲁东等。他们的共同口号是改革选举制度，实行共和制。不过在激进程度上有所不同。自称"明智激进派"的以马拉斯特为首的国民报派，要求大幅度降低选举权的财产资格限制。改革报派和工人则坚决主张普选制，并且要求实行若干改善工人生活状况的社会改革。法国的共和运动远比英国的改革运动激烈，它要根本改变国家的政体。然而运动在开始时还是以要求改革的形式出现的，这就是盛行一时的宴会运动，即以举行宴会的方式进行政治性的集会。由于七月王朝采取了高压政策，宴会运动最终演变为革命。

三、德意志的改革和民主运动

根据维也纳会议的决议，德意志被划分为 35 个邦（不久并为 34 个）和 4 个自由市，继续保持了封建割据局面。这种封建的反动激起了人民的不满。知识分子，特别是大学生们最先发出了抗议。1815 年在魏玛公国的耶拿成立了德意志大学生协会，要求"建立一个以自由和统一为基础的德意志民族国家"。德意志的民主运动是以政治自由和国家统一为目标的。1817 年大学生协会在图林根的瓦特堡组织了大规模的政治集会和示威。德意志邦联议会主席梅特涅于 1819 年召集各邦代表开会，作出了查禁大学生协会，加强新闻检查，对各大学进行监督的决定，还成立了中央调查委员会。民主运动受到挫折。

然而，德意志各地资本主义经济的发展同德意志的封建割据状态是不相容的。割据造成的关卡林立和无法实行统一的保护关税政策，给德意志经济带来了重大损害。1814 年英国棉纺织品涌入德意志市场的数量已超过德意志自身的总产量。这种状况使得部分邦国的统治者也逐渐感到了进行改革的必要性，普鲁士率先统一了本国的税则，又陆续和一些邦国订立了关税条约。在此基础上，1834 年在普鲁士倡议下 18 个邦成立了关税同盟，实际上形成了统一的贸易区。关税同盟的建立促进了德国工业革命的发展。但是，仅仅在经济方面采取一些改进的措施，而在政治上依然如故，是难以适应历史潮流的前进步伐的。

在法国七月革命的影响下，德意志的自由主义运动又高涨起来。1832 年在巴伐利亚诺伊施塔特城的汉巴赫宫，举行了有 3 万人参加的群众大会，要求进行民主改革和实现国家统一。在美因河畔的法兰克福，1833 年发生了大学生和民主派职员冲击警察总署，进行共和起义的事件。1834 年在黑森出现了"人权社"，宣传法国大革命的口号。各地高涨起来的民主运动迫使汉诺威、不伦瑞克、黑森等邦国颁布了宪法，萨克森进行了一些改革。在文化领域，文学团体"青年德意志"成立起来，白尔尼、海涅都是它的成员。它赞颂法国大革命，攻击德意志的封建制度，宣传公民平等和政治自由，不久后，在哲学领域又出现了青年黑格尔派。大卫·施特劳斯、布鲁诺·鲍威尔是他们的主要代表人物。青年黑格尔派集中力量批判封建制度的精神支柱基督教。他们宣传要批判基督教义，以解放人类的自我意识。

第四节　1848 年革命

到 19 世纪 40 年代，已完成工业革命的英国，凭借工业资本主义发展的经济力量以及崇尚稳健的民族传统，以改革的方式化解冲突，向工业化更高的程度上发展，体现了资本主义制度的自我调节能力。而在欧洲大陆，一方面由于工业资本主义发展的程度还不高，另一方面由于封建势力和金融资产阶级的势力相对更强大一些，而且对自由主义运动和民主运动以及被压迫民族的斗争采取了高压政策，故而社会矛盾愈演愈烈。在矛盾激化的基础上，终于在 1848 年爆发了几乎遍及整个大陆的革命。

一、法国二月革命和法兰西第二共和国

七月王朝对共和派的活动采取了完全敌视的态度，顽固坚持对选举权的高额财产资格限制。首相基佐甚至公开声言："要得到选举权吗？就请发财吧！"1848 年初基佐颁布的严禁举行宴会活动的法令，成了二月革命爆发的导火索。

在巴黎，原定 2 月 22 日举行大规模宴会活动并进行示威游行。因遭禁止，以工人为主体的巴黎群众于当天上街示威。在与军警发生冲突后，示威于次日演变为武装起义。群众高呼"打倒路易·菲利浦！""共和国万岁！"的口号。24 日起义者攻下王宫，路易·菲利浦出逃英国。二月革命取得胜利。

在革命胜利之际，原在议会中的共和派议员们拟就了组成临时政府的人员名单。起义者占领市政厅后也拟定了名单。后经双方协商，达成协议，临时政府正式成立。在 11 名成员中，有 7 名属资产阶级共和派，由 81 岁高龄的杜邦任主席。政府的真正实权派是外交部长拉马丁。民主派领导人勒德律·洛兰担任了内政部长。另一名民主派成员弗洛孔和国民报派的马拉斯特，以及社会主义者路易·勃朗和阿尔伯是政府的 4 名秘书。共和派的加尼埃·帕热斯为巴黎市长，也

是政府成员。不难看出，临时政府包括了进行革命的各方力量的代表，而以资产阶级共和派为主体。

临时政府当时是集立法权和行政权于一身的最高权力机构。它在成立宣传中提出，希望建立"一个共和国"。次日即 2 月 25 日，它正式宣布废除君主制，建立共和国。❶ 这就是历史上的法兰西第二共和国。不久又确定 18 世纪大革命时法兰西第一共和国的三色旗为国旗。

临时政府仅存在 76 天，其政绩则十分显著。它宣布要选举制宪议会，制定共和国宪法，并明确规定制宪议会以普选方式选举产生。普选制的实行和共和国的成立表明，临时政府在几天之内便实现了二月革命的基本政治要求。临时政府还释放了七月王朝时关押的政治犯。它明令在法国实行新闻自由、集会自由和政治信仰自由，但不得损害共和国的原则。政府保护各政治俱乐部。当时约有 300 个政治俱乐部。此外还宣布废除各殖民地的奴隶制度，禁止奴隶买卖。为贯彻这些新的原则和政策，临时政府派出大批特派员到全国各地去，取代旧的省长，建立共和秩序。在对外政策方面，外交部长拉马丁于 3 月 4 日通报法国驻各国使节，说明新政府反对维也纳会议建立的体系，法国将奉行和平政策，不侵犯他国。为维护革命后建立起来的秩序，临时政府在宣布共和的当天，下令建立了 24 营别动卫军，全部由 15～20 岁的青少年组成，任务是保卫首都的秩序。

临时政府建立时，财政上是极为困难的，国库里的现金只有 1 亿法郎。为解决财政困难，政府于 3 月 5 日下令规定，法兰西银行所发货币为合法货币，任何公共机构和私人均不得拒绝接受。该银行立即印发货币并增加发行了 100 法郎的小额货币。4 月又宣布，将各省银行改为法兰西银行的分行。在增加通货的同时，政府还改革了税制。2 月 29 日宣布取消商品入市税、盐税和报刊印花税。3 月 16 日下令将 4 种直接税（土地税、动产税、营业税、门窗税）提高 45％，即每法郎提高 45 生丁。俗称 45 生丁税。4 月初又开征累进继承税，同时宣布贫穷者可免纳 45 生丁税。

临时政府还进行了若干社会改革。当时，仅巴黎就有 18.4 万失业者。大批小资产者在七月王朝统治下陷于困境，巴黎有 7 000 家商店付不出房租。因无力偿还而拖欠的到期债务和各种票据的数额，巴黎为 2 100 万法郎，外省有 1 100 万法郎。面对这一情况，再加上革命后大批握有武器的群众的威慑力量，临时政府实行社会改革是很自然的。它在 2 月 25 日就发布了几项重要的法令，规定不超过 10 法郎的典当物要无偿归还原主；将工人的劳动时间减少 1 小时（巴黎为 10 小时，外省为 11 小时）。特别重要的是劳动权法令，宣布"保证全体公民都有

---

❶ 由于政府是"临时"的，故而在 1848 年 5 月 4 日制宪议会开幕时，又以国家立法机关身份再次宣布建立共和国。共和国成立以 5 月 4 日为法定日期。

工作"。不久又成立了由路易·勃朗和阿尔伯主持的政府劳工委员会，设在卢森堡宫，俗称卢森堡委员会。2月27日下令成立国家工场，缓和失业问题。3月2日巴黎的国家工场开始接纳工人，到6月中已达12万人。这里每人每天工资2法郎，休息日1法郎。为缓解沉重的债务负担，2月26日下令将商业性票据的兑现期延长10天，4月又改为15天。3月9日宣布废除对欠债者实行的民事拘留。

在很短的时间之内临时政府作出如此众多的决策，其政绩是很突出的。然而，它仍然面临着不可克服的矛盾。法国以二月革命的暴力形式一举推翻了金融资产阶级的七月王朝，工业资产阶级在工业革命远未完成的情况下靠一次突变就建立了独占统治权。所以，临时政府的建立实际上依靠的只是暂时的政治优势。作为其社会支柱的工业资产阶级，在经济实力上和社会影响上都还不占优势，因而也难以支撑住这个政权。事实上，最富有的阶级还是金融资产阶级。在国民经济构成中，依然是小生产占绝对优势。这个国家并没有真正跨入工业资本主义时代。在这种环境里，临时政府的政策收效也就较小了。革命后政治上失意的金融界立即抽回资金，造成银行储蓄额锐减，通货紧缩。如上所述，临时政府令法兰西银行发行货币，而且在3月初下令，除存款在100法郎以下者可提取硬币外，101法郎以上的储户则只能提取100法郎硬币，下余部分50%改为公债，50%改为国库券。这就更加深了金融界的敌对情绪，使社会上的财力无法运用于促进经济的发展。国家的财政状况也难以得到真正的改善。临时政府征收45生丁税增加了小资产者和群众的负担，尤其是土地税给广大农民带来了损害。共和国的形象在农民眼里变成了税吏，引起极大反感。在财政负担压力很大的情况下，临时政府的社会改革政策也就很难有效地执行。卢森堡委员会得不到任何经费，国家工场的开支也日益捉襟见肘。政府许诺的对二月革命中牺牲者和七月王朝下受害者的救济工作，逐渐变成了空话。这就使下层群众也开始产生失望的情绪。不过，临时政府时期矛盾并未发展到十分尖锐的程度，群众仍然支持共和派，将自己的要求向政府提出。在临时政府解散之后，矛盾才激化起来。

按照临时政府的决定，4月23日开始了制宪议会的选举活动。选举结果，共和派当选者达550人，占绝对多数。保守派即具有君主制倾向者，有大约250人当选。此外还有100名左右民主派代表和社会主义者当选。5月4日制宪议会开幕，当天就宣布法国为共和国，会场上17次响起"共和国万岁"的口号声。议会选出了由5人组成的行政委员会作为行政机构，临时政府于5月10日解散。行政委员会是集体的政府首脑，下设各个部。它刚刚成立5天，巴黎就发生了大规模的群众示威活动。5月15日，各左派俱乐部以支持波兰人民起义为由组织了15万人参加的游行示威。示威者来到制宪议会所在地波旁宫，当场提出了解决失业与贫困、向富人征税、成立劳动部（卢森堡委员会已随临时政府解散）、将军队撤出巴黎、支援波兰人民等等要求。一部分人还提出要大多数现任部长辞职和解散议会的主张，并拟出了新政府成员的名单，包括路易·勃朗、拉斯巴依、布朗基等社会主义者和共产主义者，以及巴黎约 200 个政治俱乐部联合机构的领导人巴尔贝斯。然后，示威者又到了市政厅。这时，市长马拉斯特调来了军队，将示威压制下去。接着，巴尔贝斯、阿尔伯、拉斯巴依、布朗基等先后被捕，一大批俱乐部遭封闭。

　　刚刚成立便受到群众运动冲击的制宪议会和行政委员会，很自然地在施政方针上比临时政府明显地右倾。议会上发言者开始公开地责骂巴黎工人，攻击举办国家工场耗费过大等等。据此，行政委员会规定，国家工场工人由计日工资改为计件工资，还宣布工人中非巴黎出生者一律调到索洛涅地区去。索洛涅是沼泽地带，疟疾流行，环境极坏。6 月 21 日制宪议会又通过了解散国家工场的决定，22日公布。面对重新被抛上街头的命运，工人拿起了武器，开始了著名的巴黎六月起义。

　　6 月 22 日傍晚，数千工人举行示威，布朗基派号召工人拿起武器。23 日，更多的人来到先贤祠广场，又到巴士底广场举行集会，决定进行起义。随后就到圣安东区等地发动群众。12 万国家工场工人中约有 1/3 参加了起义，连同其他行业的工人，起义者总计 4 万～5 万人。起义共进行了 4 天，26 日被镇压下去。起义者修筑了数百座街垒，提出了"自由或死亡""民主的社会的共和国万岁"等口号，同大约 30 万镇压的军队浴血奋战。起义者在战斗中牺牲和在失败后遭杀害者达 1 万余人，被捕者 2 万余。镇压起义后当局下令收缴民间武器，到 7 月 4日，共收步枪 10 万支，还有大批手枪、马刀等。

　　经过六月起义，共和派掌权者的政策更加右倾了。6 月 24 日，议会在起义高潮中任命军事部长卡芬雅克为"行政首脑"。卡芬雅克于 28 日组成清一色的共和派政府，将民主派成员勒德律·洛兰、弗洛孔等排斥出去。10 月进行改组，吸收两名奥尔良派成员担任部长。在此期间，当局对国民自卫军进行了清洗，解散了全国所有的国家工场，恢复了原来的 12 小时工作日，实行了身份证制度，限制迁徙自由等等。对一些农村地区发生的反对增收 45 生丁税的运动也进行了镇压。

　　随着六月起义被镇压和一系列严厉政策的实行，局势得到暂时的稳定。制宪议会加紧了宪法制定工作。11 月 4 日议会正式通过宪法，21 日公布生效。宪法规定法国是民主、统一、不可分割的共和国，共和国的原则是"自由、平等、博爱"❶，基础是"家庭、劳动、财产权、公共秩序"。立法权属普选产生的一院制立法议会，共 750 名代表，任期 3 年。行政权由总统执掌。总统由普选产生，任期 4 年，不得连任，总统任命内阁，但内阁部长的人数和权限由议会规定。总统

---

❶　自由、平等、博爱的口号产生于 18 世纪大革命中，1848 年宪法第一次将其用于国家正式文件。

有权部署军队，但个人无权指挥。总统无权解散或延期议会，司法独立，法官由总统任命，法庭辩论公开。公民享有言论、新闻、结社、集会、请愿、信仰等自由。宪法规定，一切公民均可担任公职，但公职不准继承。宪法保护劳动自由、工业自由和财产权利，显然，宪法是按共和派的意愿制定的。

12月10日根据宪法进行了总统选举。结果共和派的两名候选人卡芬雅克和拉马丁，民主派的勒德律·洛兰，社会主义者拉斯巴依，具有君主倾向的巴黎国民自卫军司令尚加尔涅等5人均落选，而拿破仑的侄儿路易·波拿巴则得到了超过上述5人得票数总和两倍以上的选票，以绝对压倒优势当选为总统。自二月革命以来，法国政局激烈动荡，大起大落，经济不得发展，人心不得安宁，资产阶级和广大群众都盼望稳定。在这段时期里，各派政治力量及其代表人物都曾在政治舞台上亮过相，表明他们都无力稳定地建立起统治秩序。在人心思定的情况下，选民们就把希望寄托在曾给法兰西带来荣誉的拿破仑皇帝的后代身上。尤其是广大农民，原来就对共和制度不抱好感，皇权主义的传统也未熄灭，第二共和国又以增加税收招致了他们的厌恶，于是就呼喊着"皇帝万岁"将选票投给了波拿巴。这种要求稳定、结束动荡的普遍心理，同历史发展的客观趋势是吻合的。法国需要稳定，需要出现有利于发展的局势，这是时代的大潮流。波拿巴托庇于其伯父而取得的这个地位，是有着某种必然性的，他本人也显示了才能。

路易·波拿巴于1848年12月20日宣誓就职。他任命原七月王朝反对派领导人、君主立宪主义者奥狄隆·巴罗组成内阁，尚加尔涅任巴黎卫戍区和国民自卫军司令。这就给国家政治涂抹上一层君主制倾向的色彩。总统在制宪议会发表演说时，借助其伯父的大名表达了自己的施政纲领："拿破仑，仅仅这个名字本身就是一整套纲领。对内是秩序、权威、宗教和人民福利；对外是民族尊严。"

1849年1月29日，制宪议会宣布在5月13日举行立法议会的选举。选举结果，在750个议席中保守派得到了近500个，占绝对多数。保守派实际上是君主派，由七月王朝的残余力量奥尔良派和复辟王朝的残余力量正统派所组成。在竞选时，他们提出的口号是：宗教、家庭、财产、秩序。其中以"秩序"为中心。于是，他们得到了"秩序党"的称号。在秩序党中，奥尔良派的作用更大些。共和派只得到了约80个议席。民主派和社会主义者在议会中占有180个左右席位，称"人民代表"，又称"山岳派"。当选者的构成情况表明，公众的情绪已倾向保守，二月革命时的胜利者又遭到了失败。秩序党的得势说明，法兰西第二共和国已进入了保守派执政时期。

立法议会开幕不到1个月，巴黎就发生了有3万人参加的示威运动。当时意大利已发生革命，于1849年2月建立罗马共和国。法国总统波拿巴不仅不支持，反而派兵攻打罗马，在议会中引起山岳派的强烈抗议。勒德律·洛兰、费利克斯·波亚、孔西德朗等122名议员联合签名发表宣言，宣布总统、内阁和议会中的秩序党议员违反宪法，已处于宪法保护之外，号召人民起来保护宪法。示威就是这样发动起来的。这次示威很快被镇压下去，洛兰等 33 人被取消议员资格，不少人被捕，《改革报》等 6 家报纸被封闭。秩序党在议会中的地位更加巩固，政策也更趋保守。6 月 19 日，议会决议要内阁在一年之内消除危害治安的俱乐部和公众集会。7 月 27 日颁布新闻法，限制言论、出版、新闻自由。11 月 27 日下令禁止罢工。对共和派、民主派的官员进行了大清洗，到 1850 年 11 月共清洗了数千人。更为严重的是在 1850 年 5 月 31 日宣布废除普选权，重新实行有财产资格和居住条件限制的选举制度。这样，普选产生的立法议会废除了自身形成的合法基础。在教育政策上，重新提高了天主教的地位。在 1850 年 3 月成立的公共教育高等委员会中，除政府官员、教育家外，教会代表占 7 人之多。从中不难看出在控制思想方面秩序党与教会的合作。

在这种政治气候下，君主主义的情绪又复苏了。1849 年夏秋时节，官方的《公报》上不断刊登政界头面人物攻击共和制度、呼吁重建君主制的言论。这些舆论都来自秩序党，特别是奥尔良派。他们在议会中也常常以赞颂的口气谈起七月王朝，甚至提议在巴黎的卡卢塞广场为路易·菲力浦塑一座骑马的铜像。

秩序党的活动与总统的意向发生了矛盾。路易·波拿巴向往的是自己称帝，而决不允许重建奥尔良王朝或正统王朝。他们之间的这种不和，实际上反映了资产阶级不同利益集团之间的矛盾。此时，政治上失意的工业集团为反对秩序党，已开始从总统那里寻求支持。路易·波拿巴在竞选总统中的辉煌胜利和他那种超党派、超阶级的统治姿态，又使金融界和商界的不少人收回了对奥尔良派的支持，归附于波拿巴。这就加强了总统在政治上的优势。于是，波拿巴从初当选时依靠秩序党，任命巴罗内阁，转为自己独立理政，培植波拿巴派的势力。1849 年 10 月 31 日，他以咨文通知议会，宣布巴罗内阁已被免职，新内阁已组成。新内阁的部长们除财政部长富尔德为议员之外，其余都不是议员。这个波拿巴派的内阁被人们称为"爱丽舍宫党"。富尔德是商界、金融界大亨，由他出任财政部长很反映波拿巴政权的社会基础。

这样，在总统、内阁与秩序党的立法议会之间，便出现了不断发生冲突的现象。为争取军队的支持，波拿巴为军队提薪，不断检阅军队，并宴请官兵。他还以赦免六月起义时的被捕者和兴办有利于工人的"荣誉贷款银行"等手段，赢得了工人的好感。波拿巴也很重视舆论，于 1850 年 1 月支持其拥护者创办了《拿破仑报》，争得了相当众多的读者。内阁、军队、大多数群众和社会舆论都站到了总统一边。秩序党的立法议会孤立了。

1851 年 1 月，总统解除了秩序党分子尚加尔涅的巴黎卫戍区和国民自卫军司令职务，这个职务实际上相当于军队的主帅。于是冲突达到了极尖锐的程度。财界、商界、工业界大多支持总统，巴黎交易所的股票在上涨。议会中秩序党发生分化，近 290 人脱离秩序党，使其失去了多数。波拿巴独揽大权的条件日益成熟了。

这时，各种反对派的力量均已不足为虑，阻挡波拿巴改变体制的最大障碍是宪法。宪法规定总统任期 4 年，不得连任。同时规定需经议会 3/4 票赞成才能修改宪法，而出席会议者还不得少于 500 人。在当时的议会中，从哪个方面来看都不可能使修改宪法得到通过。唯一的办法是动用武力，发动政变。为准备政变，波拿巴一方面继续争取舆论支持，于 1851 年 11 月提出恢复普选权，虽遭议会否决，但总统的声望提高了。另一方面加紧在军队中的活动，更频繁地检阅军队，发表演说。此外，他的以流氓无产者为主体的御用团体"12 月 10 日社"也大力活动，在群众中鼓吹总统。在这种情况下，波拿巴开始亮明自己的态度，赢得了工业界和普通群众的喝彩。1851 年 11 月 25 日他在一次工业界为主的集会上发表演说，指责议会"削弱普选中产生的权力"，"束缚国民的意志"，"没有进步，只有斗争"。他宣布："我保证你们将来会得到安宁。"保证安宁的诺言极受欢迎，得到了异常热烈的掌声。

到 1851 年 10 月底，军事部长圣阿尔诺已在首都部署了军队，准备迎接政变。12 月 2 日，即 47 年前老拿破仑加冕之日和奥斯特利茨战役 46 周年之日，波拿巴发动了政变。当天，5 万军队控制了议会、市政厅、各区政府、各报刊和印刷厂以及各要害部门。总统发表了告人民书，宣布解散立法议会，恢复普选制。还宣布即将举行公民投票，对此次政变表明态度。在整个政变中，反对力量的抵抗是微弱的。12 月 21 日举行公民秘密投票的结果，赞同政变的有 700 万票，反对者仅 60 万票，另有 100 万票弃权。

政变后 1 个多月，新宪法就在 1852 年 1 月 14 日颁布。宪法仍规定法国为共和国，遵循"八九年原则"，但总统权力加大了，任期由 4 年改为 10 年，直接对选民负责而不对议会负责。内阁各部长则直接对总统负责，不要求内阁的一致性。司法权要以总统名义行使。这就使总统凌驾于各种权力机构之上，形成带有浓厚专制色彩的政治体制。

1852 年秋，总统到各地巡视，在发表演说时不断暗示帝制比共和国优越，并一再保证稳定局势，支持工商业发展。11 月 7 日，议会上院（元老院）通过决议，恢复帝制，由波拿巴即"法国人皇帝位"。11 月 21—22 日就此举行了公民投票。结果赞成票 780 万，反对票只有 2.5 万，6 万票弃权。12 月 2 日波拿巴加冕，称拿破仑三世，共和国改制为帝国。这就是历史上的法兰西第二帝国。后来的发展表明，第二帝国的建立符合法国经济特别是工业革命深入开展的要求，使资本主义制度在法国最终确立下来。

二、德意志革命

长期处于封建割据状态的德意志，经过 30—40 年代民主运动和工人运动的冲击，到 1848 年在法国二月革命的刺激下，也爆发了革命。

　　1847 年底，由于受到农业歉收和经济危机的影响，德意志各邦国到处掀起了罢工浪潮和饥民暴动，革命有一触即发之势。巴黎二月革命胜利的消息传来，毗邻法国的西南各邦国——巴登、黑森、符腾堡、巴伐利亚等首先爆发革命。在城市，群众举行大规模示威游行，反对封建专制政府，要求撤换反动内阁，制定宪法，实行立宪制度；在农村，农民起来捣毁地主庄园，焚毁地契。在革命浪潮冲击下，各邦国的反动内阁纷纷倒台，成立了有资产阶级自由派参加的新政府。

　　在西南各邦革命的影响下，3 月 13 日，奥地利首都维也纳的工人、学生和市民举行反政府示威，"打倒梅特涅！" "宪政万岁！" 等口号声响彻全城。示威迅速转变为武装起义，群众与政府军展开了浴血战斗。首相梅特涅惊恐万分，被迫辞职，乔装改扮逃出维也纳。面对这一形势，皇帝斐迪南被迫让步，宣布立即制定宪法，成立有资产阶级代表参加的新内阁，同意成立国民自卫军和由大学生组成的学生军等。不久，颁布了钦定宪法，宪法为皇帝规定了很大的权力。随后颁布的选举法又规定了高额财产资格限制，剥夺了下层群众的选举权。群众对这样的 "宪政" 极为不满，决心将革命继续推向深入。由于 5 月 14 日政府下令解散学生军并封闭维也纳大学，激起了 5 月 15 日和 26 日维也纳新的人民起义。起义的胜利迫使政府收回了解散学生军的命令，宣布从维也纳撤军，并且答应召开立宪议会，重新制定宪法和修改选举法。

　　梅特涅的垮台，极大地鼓舞了柏林人民。3 月 18 日，革命群众包围了王宫，要求国王腓特烈·威廉四世把军队撤出柏林。国王下令军队向群众开枪，激起了武装起义。经过一昼夜激战，打败了政府军。腓特烈·威廉四世被迫下令停战，并宣布立即召开国民议会，制定宪法，改组政府，释放政治犯和撤退城内驻军。3 月 29 日国王任命莱茵

1848 年柏林的街垒战

区的大资产阶级代表康普豪森组阁，参加内阁任部长的有容克的代表阿尔宁—鲍依森堡、贵族地主施维林、银行家汉塞曼以及资产阶级保守派代表、政客等等。这是一个资产阶级和容克妥协的政府。4 月 2 日康普豪森召开会议提出了制定宪法和选举法的问题。4 月 8 日公布了两级制的选举法、群众曾对这个选举法提出抗议，并决定在 4 月 20 日举行大示威。但是，政府阻止了这一行动。还在 3 月底，威廉四世就已将军队调回柏林，重新控制了局势。正是在这样的气氛下 5 月 22 日新选出的国民议会正式开幕。在 400 名议员中，拥护王朝的占 150 名。坚持

革命的左翼议员约100名，其余为中间派。在整体上，资产阶级代表占优势。威廉四世在开幕式上发表演说，强调制定宪法必须与王室协调。康普豪森内阁向议会提交了宪法草案。这是参考法国七月王朝宪法和比利时宪法制定的。它规定普鲁士实行君主立宪制度，赋予国王很大的权力。当时，群众对此深表不满，6月间柏林人民几次示威，并于14日与军警发生冲突，遭到镇压。在议会中，康普豪森政府因压制群众运动而遭到左派的攻击，又因主张立宪而受到右翼的反对，陷于孤立。6月20日康普豪森提出辞职，内阁倒台。6月25日国王任命了以奥尔斯瓦德为首的新内阁。

6月26日，新内阁发表宣言，表示要以赎买的方式废除农民的封建义务，改革司法制度和税收制度，组织对国家有益的公共工程，为失业工人提供工作等等。但是，新内阁也对群众的斗争进行压制，封闭革命俱乐部、取消学生团体，逮捕工人运动和民主派的领导人。

自三月革命爆发以来，德意志各邦国的革命取得了一定的成就。到10月，维也纳又掀起了革命高潮。10月初，为阻止奥地利政府从维也纳抽调军队去镇压匈牙利革命，维也纳的工人、学生和市民于6日再次举行起义。经过一天的战斗，起义取得胜利，绞死了军事大臣拉土尔，皇帝和皇室再度出逃。不久，奥皇调集7万大军和200门大炮强攻维也纳。起义军与强敌浴血奋战，终因寡不敌众而失利。11月1日维也纳陷落，起义遭到残酷镇压。随后，奥皇任命了新内阁，由贵族和资产阶级代表组成。议会被迁往摩拉维亚的一个偏僻的小城市克列麦尔日。12月2日即位的新皇帝弗兰茨，约瑟夫宣布要"消除弊端和结束革命"。他下令解散了各民主组织和大学生军团。1849年3月又颁布了新宪法，规定奥地利为中央集权国家，大权完全由皇帝和大臣们掌握。颁布宪法3天后，议会被强行解散。至此，奥地利又恢复了封建王朝的黑暗统治。

在普鲁士，反动势力也日益嚣张。8月18日，各地容克的代表在柏林召开了"各阶级私有财产保卫者大会"，号召全国贵族都应维护容克的共同利益。这个会议被人们称为"容克议会"。容克势力还渗入了军队，许多有共和倾向的军官被清洗。奥尔斯瓦德内阁无力阻止容克势力，民主派和广大群众则强烈要求内阁惩办反革命。软弱的内阁被迫于9月9日辞职。国王任命极为反动的勃兰登堡将军组阁。11月9日组成的新内阁要求议会休会。在国民议会表示抗议后，内阁调来军队多次驱赶议员，同时封闭了各革命俱乐部和进步报刊。12月5日，国王正式下令解散议会，普鲁士革命以失败告终。

在德意志革命中，马克思、恩格斯进行了大量的革命活动。法国二月革命胜利后，巴黎成了欧洲革命的中心。大批德国、波兰、意大利的流亡者纷纷来到巴黎，掀起了组织革命军团以打回故乡参加革命的热潮。马克思和恩格斯也从布鲁塞尔来到巴黎。在巴黎，他们帮助改组了共产主义者同盟，组成了以马克思为主席，有恩格斯参加的新的中央委员会。他们批评了流行一时的组织革命军团，从外界强行输入革命的思潮，并把赞同自己观点的流亡者组织起来，准备回国参加革命。为此，他们为共产主义者同盟拟定了参加德意志革命的斗争纲领，即《共产党在德国的要求》。《要求》明确指出：无产阶级在这次革命中的基本任务，是建立一个统一的、不可分割的、民主的德意志共和国。要实现这个任务，就必须彻底消灭封建制度。

1848年4月初，马克思、恩格斯和同盟的其他领导人回到普鲁士莱茵区的科隆，以此作为从事革命活动的基地。与此同时，数以百计的德国流亡者也陆续返回自己的家乡参加革命。马克思、恩格斯根据德国革命是资产阶级性质的革命这一基本前提，结合德国当时的实际情况，提出了无产阶级必须高举民主主义旗帜，同民主派结成联盟的斗争策略。他们带头加入了小资产阶级民主派的民主协会。同时号召各地的共产主义者同盟盟员采取同样的策略。

马克思、恩格斯认为，要实现《要求》提出的政纲，推动德国革命，必须进行理论上的宣传，及时向革命者和广大群众分析形势。1848年6月1日，由马克思、恩格斯主办的《新莱茵报》在科隆创刊。《新莱茵报》以鲜明的立场、犀利的笔锋和敏锐的洞察力，对当时欧洲各国（主要是德国）发生的重大事件都及时发表了述评。其中，大部分文章是马克思和恩格斯亲自写的。这些评论文章有力地声援和鼓舞了德国和欧洲各国人民的革命斗争。《新莱茵报》出版发行虽然还不满一年，但由于它坚决捍卫各国人民的革命事业，在人民群众中赢得了很高的声望。尽管报纸的股东日益减少，但订户却越来越多。发行量最多时达6 000份，成为当时欧洲最有影响的报纸之一。

到1849年春，报纸将主要注意力转到了维护帝国宪法的斗争之上。席卷德意志各邦国的三月革命风暴，沉重打击了封建势力，为实现德意志国家的统一创造了有利条件。当时，在各邦国初步掌握了政权的资产阶级，纷纷提出成立全德国民议会，制定统一的宪法，以建立统一的君主立宪制国家。

根据原德意志邦联议会的提议，由各邦国代表组成的全德国民议会于1848年5月18日在美因河畔的法兰克福开幕，史称法兰克福议会。这是革命的重要成果之一。法兰克福议会共有代表573名，其中普鲁士占了200名，奥地利为121名，这两个大邦国实际控制了议会。议会中大部分是拥护君主立宪的资产阶级和贵族代表，共和派与小资产阶级民主派的代表只占少数。多年来普鲁士与奥地利争夺在德意志的主宰地位的斗争，在法兰克福议会中也表现了出来。议会在如何实现国家统一的问题上，明显分为两派。一派主张在奥地利皇帝领导下建立包括奥地利在内的德意志帝国，被称为大德意志派；另一派主张排除奥地利，建立由普鲁士国王领导的德意志帝国，被称为小德意志派。在法兰克福议会里，这两派进行了争辩。

在奥地利和普鲁士等国革命已经失败，旧的封建统治恢复之后，法兰克福议会在经过反复辩论、勉强取得一致的情况下，于1849年3月28日制定出一部统一的宪法，即《德意志帝国宪法》。宪法规定，建立统一的德意志帝国，中央政府掌管全国的军事和外交，各邦在帝国内保持其内政的独立自主权。立法权属于由联邦院和人民院组成的两院制帝国议会。帝国元首是世袭的皇帝，称"德意志人的皇帝"，由议会从德意志各邦国君主中选出。宪法规定取消贵族的等级特权和农奴制（要偿付赎金）。全德实行统一的关税、贸易、货币和度量衡，私有财产不可侵犯。公民有人身、信仰、言论、集会和结社的自由等。这是一部资产阶级自由主义的宪法。

在通过宪法的同一天，议会选举了普鲁士国王威廉四世为帝国皇帝。4月初议会派代表团到柏林，向威廉四世呈送宪法和皇冠。但是已经恢复绝对王权统治的威廉四世拒绝做自由主义的皇帝。他还向各邦发出拒绝承认宪法的通告。不久，巴伐利亚、萨克森等邦的君主也效法普鲁士，公开拒绝承认宪法。未能当选皇帝的奥地利不仅拒绝宪法，而且宣布从议会召回自己的代表。

德意志帝国宪法虽然没有提出推翻各邦国原统治者，但是，它宣布实行资产阶级君主立宪制度，取消贵族特权和农奴制度，保障公民的自由权利，体现了资产阶级立国的基本原则，是根本改造整个德意志的资产阶级总纲领。它既是1848年德意志革命的重大成果，而且也符合德意志民族要求实现国家统一的愿望。因此，德意志各邦君主对帝国宪法的抵制和拒绝，激起了人民的强烈不满，他们迅速掀起了维护帝国宪法的运动。运动从5月初萨克森首府德累斯顿人民起义开始，随后在普鲁士莱茵区的一些城市，以及巴伐利亚、巴登、普法尔茨等地也先后爆发了起义。有些地方还成立了临时政府。这时，德意志又出现了新的革命形势。

护宪运动是德意志各邦国人民保卫三月革命成果的斗争。马克思、恩格斯和共产主义者同盟盟员以极大的革命热情支持并参加了这场斗争。马克思、恩格斯在《新莱茵报》上发表评论，号召人民用革命暴力来对付反革命的恐怖。恩格斯还亲自组织和参加街垒战斗。当时，由于右翼代表纷纷离开法兰克福议会，小资产阶级民主派已在议会中占有优势。马克思、恩格斯建议他们以法兰克福议会和临时政府的名义，公开号召武装起义，积极主动进攻，把起义扩展到全国；在起义地区立即废除封建义务，发动广大农民起来共同保卫革命成果。但是这些建议没有被采纳。6月18日法兰克福议会被反动军队解散。7月中旬，各地的护宪运动先后被镇压。在镇压护宪运动中，普鲁士军队起了主要作用，这就大大加强了它在德意志境内的地位。随着护宪运动的被镇压，1848年德意志革命便以失败而告终。马克思和恩格斯先后离开德国流亡伦敦。

三、东南欧的民族运动

在法国革命和德意志革命的影响和推动下，长期遭受俄国、奥地利和普鲁士等国奴役的东南欧各被压迫民族——意大利❶、捷克、罗马尼亚、波兰和匈牙利，掀起了波澜壮阔的民族独立运动，成为 1848 年欧洲革命的重要组成部分。东南欧各国人民由于遭受异族的统治、分割以及本国封建主的压迫，因而面临着摆脱外国统治和消灭本国封建制度的双重任务。革命的首要目标就是建立独立、统一的民族国家。

根据维也纳会议有关决议，意大利被划分为 8 个封建邦国，除撒丁王国保持独立外，其余都直接或间接受奥地利帝国和西班牙波旁王朝的统治。19 世纪 30 年代至 40 年代，随着资本主义经济的发展，要求摆脱异族统治和消除封建割据、实现民族独立和国家统一的运动迅速发展起来。以马志尼为首的"青年意大利党"的活动，是这一运动的重要组成部分。它的宣传和鼓动唤醒了意大利民族的觉醒，为日后的革命高涨创造了条件。

1845 年以来遍及欧洲的农业歉收和经济危机，给意大利带来了严重的灾难，革命形势日趋成熟。1848 年 1 月，那不勒斯王国西西里岛首府巴勒摩首先爆发起义，并取得了胜利。在巴勒摩起义的推动下，起义浪潮迅速蔓延到那不勒斯王国、撒丁王国和托斯卡纳公国以及教皇国。在强大的群众运动面前，上述邦国的统治者被迫让步，纷纷宣布立宪，并建立起有资产阶级自由派参加的政府。在奥地利直接统治下的伦巴底和威尼斯也爆发了革命，打败了奥地利占领军，建立起自己的政权。

在举国上下强烈的反奥民族情绪推动下，撒丁王国于 3 月 24 日宣布对奥作战，其他各邦也相继参战，从而开始了意大利民族的反奥独立战争。在战争中，人民群众组织义勇军开赴前线与敌人作战。这时，撒丁王国国王查理·阿尔伯特派出特使到意大利北部各邦国游说，宣传只有在查理·阿尔伯特领导下建立起联合王国，才能将奥地利人赶出意大利。于是，伦巴底首先与撒丁王国合并。接着，帕尔马、摩德纳和威尼斯也先后并入撒丁王国。6 月以后，随着全欧洲革命进入低潮，奥地利加强了对意大利革命的镇压。撒丁王国军队连连失败，8 月 6 日米兰失陷。9 日，撒丁王国与奥军签订了屈辱的停战协定，同意让出伦巴底、威尼斯、摩德纳、帕尔马等地，使意大利北部重新沦入奥地利统治之下。

对奥战争的失败，激起人民的强烈不满，威尼斯人民首先起来，宣布脱离撒丁王国，恢复共和国。托斯卡纳革命也重新高涨，发出了召开全意大利制宪议会的呼吁。11 月罗马爆发革命，推翻了教皇的世俗政权，并于 1849 年 2 月 9 日建立以马志尼为首的罗马共和国。革命运动的重新高涨，使撒丁国王再次对奥宣

---

❶　在法国二月革命前，意大利就已于 1848 年 1 月爆发了起义。

战。但是战争只进行了 21 天，撒丁军队就遭到惨败。新上台的国王维托里奥·埃曼努埃莱二世与奥地利签订停战协定，反奥战争以失败告终。不久，热那亚、托斯卡纳、西西里也出现了革命高涨，但很快又相继被镇压下去。1849 年 7 月，路易·波拿巴派出的法军攻占罗马，共和国被毁灭。教皇政权重新恢复。8 月，奥军再次占领威尼斯，意大利革命遂告结束。

在捷克，也掀起了民族独立运动的高潮。1848 年 3 月 11 日，在小资产阶级民主派组织"列比里"的倡议下，布拉格人民举行集会，讨论并通过了致奥皇的请愿书，要求召开议会，成立责任内阁和进行社会经济改革等。奥地利当局一方面迫于形势同意建立责任内阁，承认捷克语和德语享有平等地位；另一方面又派大军进驻布拉格，准备随时进行镇压。6 月 12 日，布拉格的工人、学生和市民举行示威游行，遭到反动军队的枪杀，示威立即转为武装起义。"列比里"领导了起义。附近的农民也起来支援首都，但为反动军队所阻。起义者在孤立无援的情况下坚持了 5 天，最后遭到失败。

罗马尼亚长期以来一直遭受异族的统治和奴役。俄国控制了摩尔多瓦和瓦拉几亚两公国，特兰西瓦尼亚公国则处在奥地利帝国的统治之下。1848 年 3 月，摩尔多瓦公国发生群众骚动，反对斯图尔扎大公的暴政和俄国的统治。广大农民开始建立革命武装。但是，刚刚兴起的群众运动很快就被入侵的俄军所平息。同年 6 月，瓦拉几亚公国爆发武装起义，成立了临时政府，颁布了一系列民主改革法令。但是，革命很快被土耳其军队和俄国军队扼杀。同时，特兰西瓦尼亚公国的革命也被俄奥联军所镇压。

波兰自 18 世纪末被俄国、奥地利、普鲁士瓜分后，人民一直没有停止过争取独立和复兴国家的斗争。1848 年的欧洲革命风暴有力地推动了波兰的民族独立运动。3 月 20 日，普鲁士统治下的波兹南地区爆发武装起义，成立了有各阶层代表参加的民族委员会。当时正值柏林三月革命高潮时期，普鲁士政府无力控制波兰政局，被迫答应给予波兹南自治，并准许其建立军队。4 月下旬，普鲁士即派军队进入波兹南。波兰军民进行英勇抗击后，于 5 月初被镇压。在加里西亚地区，波兰人民也掀起了反对奥地利统治的斗争。此外，在克拉科夫、里沃夫等地都先后发生了大规模的群众集会和示威，有的地方还成立了民族委员会和国民自卫军。群众运动的高涨，迫使奥地利当局特赦了一些政治犯，同意组织国民自卫军，颁布了废除封建义务的法令等等。4 月下旬，在普鲁士派兵镇压波兹南的同时，奥地利也派军队进入其占领区进行镇压。到 11 月反抗运动被平息。在俄国统治下的波兰王国地区，群众运动刚刚开始就被当局所扼杀。

匈牙利是奥地利帝国直接统治下的国家，奥皇兼任匈牙利国王，由他派总督代行统治。匈牙利虽有议会，但无实权。从 19 世纪 30 年代起，随着资本主义的发展，新兴的资产阶级和资产阶级化的地主日益要求摆脱奥地利的控制。一些已经资产阶级化的贵族知识分子反映他们的要求，发出了改革的呼声。其中最优秀的代表人物是拉约什·科苏特和山多尔·裴多菲。

1848年3月初，杰出的诗人裴多菲等一批爱国者提出了争取民族独立的政治纲领，即著名的《十二条》。《十二条》提出，保障信仰、集会和出版自由，在法律面前人人平等，废除劳役制和贵族特权，成立匈牙利议会、责任内阁和国民自卫军，撤出外国军队和释放政治犯，等等。这个纲领对推动匈牙利人民的斗争起了重大作用。3月15日晨，首都佩斯人民在裴多菲领导下举行起义。当天下午，成千上万的群众在国家博物馆广场集会，会上通过了《十二条》。接着，裴多菲满怀激情地朗诵了自己的新作——《民族之歌》。会后，示威群众包围了市政厅和总督府，迫使市长、总督接受了《十二条》。这时起义者控制了整个首都。在匈牙利议会中，科苏特提出了废除封建制度、建立匈牙利独立政府的议案，得到通过。科苏特当即率代表团去维也纳要求奥地利皇帝批准。当时维也纳已爆发革命，奥皇斐迪南一世不得已于3月17日任命巴蒂安尼伯爵组成了匈牙利第一届责任内阁。次日，议会和政府通过了一系列决议，宣布内阁对议会负责，在军事和财政上独立自主，取消劳役制、什一税，废除免税特权，实行普遍纳税等。

奥地利在镇压了布拉格起义和意大利革命后，于9月11日派军队大举进犯匈牙利。匈牙利革命进入了民族解放战争阶段。9月22日，议会罢免了软弱无能的巴蒂安尼内阁，成立了由科苏特领导的国防委员会。在科苏特领导下，匈牙利军民英勇抗敌，经过一个月的激战，把敌军赶出国土，开始了反攻。但是，奥地利在镇压了维也纳十月起义后，很快调集20万大军再次侵入匈牙利，并于1849年1月初占领了首都佩斯。匈牙利军民为收复失地，捍卫独立，在科苏特统率下坚持抵抗，于4月初扭转了战局。4月14日匈牙利议会发表宣言，正式宣布独立。推举科苏特为国家元首。5月21日，首都光复。

战败的奥地利急忙向俄国求援。5月8日沙皇尼古拉一世发表干涉匈牙利革命的反动宣言。不久14万俄军侵入匈牙利。7月初在科马罗姆会战中，匈军惨遭失败。8月13日匈军总司令戈尔盖向俄军投降，轰轰烈烈的匈牙利革命遂告失败。裴多菲和成千上万的匈牙利优秀儿女，在保卫祖国独立的战斗中献出了生命。恩格斯指出：匈牙利是最后拿起武器来保卫1848年革命的民族！

1848年欧洲革命是欧洲近代史上规模最大的革命。这次革命虽然未能取得完全的胜利，但是它体现了工业资本主义时代降临时的历史大潮，对封建势力和工业革命前的陈旧体制产生了极大的冲击作用。旧的统治者已不可能完全按老样子统治下去，到处留下了革命洗礼的痕迹。这就预示了新的资产阶级改革和革命浪潮将更广阔地开展起来。

第十二章　19世纪中期的资产阶级改革与革命

第一节　英国的自由主义改革

一、自由党的执政

维多利亚女王

继19世纪30—40年代国会选举制度改革以及废除谷物法和航海条例等项改革之后，英国在自由贸易政策的推动下经济更得到长足进展，取得了在世界上的工业垄断地位。

19世纪50—60年代执行自由贸易政策的主要是自由党❶。在这20年中自由党执政15年以上，保守党只执政4年多。自由党主要代表工商业资产阶级的利益，而它的上层领导人物又多是同资产阶级集团有密切联系的贵族。他们中有很多人原属托利党，后因支持自由贸易政策而转入辉格党，如这一时期英国政治舞台上最著名的人物帕麦斯顿和格拉斯顿就是如此。他们是贵族代表，却又转入自由党执政。由此就不难理解为

❶　自由党由辉格党演变而来，60年代格拉斯顿组阁时始用"自由党"一词。保守党由托利党演变而来，30年代皮尔组阁时始用"保守党"一词。

什么到 19 世纪中期以后，当政的工业资产阶级仍然把君主制、上院、贵族的闲职厚禄以及国教教会等都保存下来。

英国资产阶级在实行经济上的自由贸易政策的同时，在政治上也实行了"自由主义"统治。当时英国政权的真正中心，不是女王维多利亚，也不是内阁，而是国会。同时，地方和各郡也享有一定自治权。国内不存在庞大的军事官僚机器，这是与大陆各国不同的。英国在政治生活中容许有较多的资产阶级民主自由，如言论、出版、集会、结社的自由，工人团体及民主团体可以合法存在，赋予外国革命流亡者以避难的权利等。从 1849 年秋天起，马克思和恩格斯都住在英国。1864—1872 年伦敦是第一国际总委员会所在地。1858 年取消了对犹太人政治权利的限制。英国的自由主义政治是国内阶级矛盾缓和的产物。它的"世界工厂"的地位和占有广大殖民地，不仅使资产阶级取得惊人的利润，而且也使英国工人得到了较高的工资，生活状况有一定改善。这就使阶级矛盾缓和，社会秩序稳定，资产阶级的统治很少受到威胁。事实证明，当工业革命完成，大机器生产的工业资本主义发展起来后，为适应经济基础的这一变化，政治上层建筑日益呈现出自由主义的倾向是必然的。只有这样才能有利于资产阶级实现稳定的统治秩序，为经济发展创造安定的环境。这是资本主义国家政治发展中的一般规律，英国体现得最早，也最典型。

二、第二次国会改革

经济和政治上的自由主义给英国带来了发展和繁荣。而发展又提出了更进一步改革的要求。1832 年的国会选举改革使工业资产阶级取得了选举权，但工人阶级、小资产阶级和乡村广大劳动人民则还没有得到这种权利。30—40 年代开展的轰轰烈烈的宪章运动，就是工人阶级为争取普选权而进行的斗争，结果失败了。但是，广大群众要求改革选举制度的斗争一直没有停止，50 年代末至 60 年代初，工人阶级和中小资产阶级的广大阶层都参加了资产阶级激进派领导的争取国会选举改革的斗争，到 60 年代中叶，这一运动更加具有了广泛的群众性。如此广泛的群众参加争取改革选举制度的斗争，说明进入工业资本主义时代后，一般群众的公民意识和对政治的参与意识大为提高了。

1865 年，资产阶级激进派领袖科布登和布莱特领导建立了"全国改革联盟"。马克思和第一国际总委员会积极支持英国工人参加争取国会改革的斗争。为争取工人代表进入国会，1866 年产生了"伦敦工人协会"，英国工联领袖、第一国际领导人奥哲尔、克里默等在协会中起着领导作用。

在全国改革联盟的领导下，1866 年争取国会选举改革的运动在全国蓬勃展开。迫于群众运动的压力，约翰·罗素的自由党内阁在当年 8 月向国会提出了一项改革法案。这个法案虽然只增加 40 万选民，还是遭到保守党议员的坚决反对，被下院否决了。这更引起了广大群众特别是工人的愤怒，各大城市发生了大规模的群众集会和示威游行。根据全国改革联盟的号召，1866 年 7 月 23 日在伦敦海德公园举行了约 20 万人参加的群众大会。政府下令军警阻拦，但群众冲进了公园。9 月 24 日曼彻斯特有 10 万人参加集会示威，大部分是工人。10 月 16 日格拉斯哥 15 万人集会，并举行了示威游行。1867 年 4 月 22 日伯明翰举行了 15 万人参加的群众示威集会。

1866 年 7 月德尔比上台组成保守党内阁。在德尔比内阁里起主要作用的是担任财政大臣的本杰明·狄斯累利。他是 19 世纪下半期英国最重要的政治家之一。他认为，改革已势在必行。于是就把他曾反对过的自由党格拉斯顿的改革方案接过来加以修改，在 1867 年向国会提出一项新的改革法案。该方案经国会讨论通过后，于 1867 年 8 月 15 日由维多利亚女王签署批准，成为正式法律。法案要点包括：取消 46 个"衰败城镇"在下院的席位，将其转给工业城市；降低选民财产资格，乡村选民资格由年收入 15 镑降为 12 镑；城市中一切房东和每年交房租满 10 镑，能缴纳济贫税并在某一选区住满一年的房客，都有选举权。这一法案使选民人数从 1866 年的 135.9 万人，扩大到 1868 年的 245.5 万人。城镇选区的公民，除寄宿的工人外都取得了选举权，但农业工人和不住在城镇选区的产业工人，包括绝大部分矿工，都没有选举权。这就是英国历史上的第二次国会选举制度改革。到 1885 年，英国才把选举权普及到城镇选区和各郡的男性居民。

1867 年德尔比—狄斯累利内阁还实行了一项关于工厂立法的改革，把工厂立法条例普及到 50 名工人以上的企业，过去只在少数最大的工厂里实行。

1867 年改革虽然还与普选制度有很大距离，但它扩大了选民范围，进一步巩固了工业资产阶级的统治地位，与此同时，英国还实行了文官制度的改革，使工业资产阶级的统治进一步得到加强。

19 世纪中叶以前，英国的官吏任用存在严重混乱和舞弊现象。反映工业资产阶级要求的自由主义者极力主张改革。1848 年财政大臣格拉斯顿组织专人就文官制度问题对财政部、海军部等部门做了详细调查，1853 年底写出了《关于建立常任文官制度的报告》。报告尖锐批评了当时文官制度中存在的弊端，对文官的录用、考试、晋升、分级等提出了一整套建议，建议的中心是要求确立公开竞争的考试制度，择优录用。这个报告虽然在提出不久就在 1855 年 2 月被国会否决，但是它的内容则成为 50—70 年代英国文官制度改革的基本依据。1855 年英国政府对文官制度进行了初步改革，要求在任命文官时要从被推荐的候选人中进行考试后录用，而且只限于以往充任低级职务的年轻人。

1868 年上台的格拉斯顿自由党内阁，曾力争用公开竞争的考试制度任用文官。1870 年 6 月，以枢密院名义颁布了关于文官制度改革的命令，规定以公开竞争考试来录用文官，但外交部和内务部除外，某些高级文官仍可不经考试直接由大臣任命。从此建立了公开竞争考试的原则。后来经过不断的补充修正，使文官任用制度逐渐完备起来。

文官制度的改革，提高了政府官员的素质，保证了一定的效率；而且他们一般任期较长，不随内阁更迭而更换，有利于政策的连续性和政局的稳定。这些都是有利于工业资本主义发展的。

第二节　法兰西第二帝国的改革

一、稳定局面的形成

拿破仑三世统治的法兰西第二帝国共存在 18 年，于 1870 年灭亡。但是就在这短短的 18 年内，法国得到了迅速发展，完成了工业革命。这是与第二帝国建立所形成的政治局势和帝国政府所推行的政策分不开的。

政局的稳定从来都是经济发展的必需条件之一。帝国的建立提供了这样的条件。由共和国改制为帝国，主要并不是路易·波拿巴依靠武力实现的，而是当时特殊历史环境造成的。工业资本主义的发展需要良好的投资环境，广大人民群众渴望安定的生活条件，而连年动荡不宁的局面和各派政治力量追逐权力的斗争，违背了这一客观历史潮流。于是，就像当年渴望稳定的人们拥戴老皇帝拿破仑一样，人们又将希望寄托在小拿破仑身上。拿破仑三世的若干专断的政策被社会上暂时容忍和接受，从根本上说是因为它们符合了当时的客观需要。正是在这种情况下，帝国在政治上取消了"自由、平等、博爱"的口号，解散了国民自卫军，停止了政治俱乐部的活动，集会结社也要经过当局的批准。在政府官员和议会议员中，严格执行"服务宪法和效忠皇帝"的宣誓，凡属反对皇帝和危害国家罪，均由最高特别法庭审理，而且是终审判决，不得上诉。在地方上，实行省长专权的制度，省长有权不经法律程序而宣布某些决定，包括封闭报刊。按规定，省长须在 65 岁时退休、不称职者要撤换。在 1858 年 1 月巴黎发生企图谋杀皇帝的爆炸案后，拿破仑三世于 2 月颁布《治安法》，规定对反对皇帝、政府者，破坏社会安宁和从事谋杀活动者严厉惩处。大批人被监禁，驱逐出国，流放海外或处死。对官员队伍也进行了清洗。几个月内被免除职务者包括了内政大臣、巴黎警察局长、4 名省长等高级官员在内的很多人。地方行政的军事色彩加强了，全国被分为 5 个大军区，各由 1 名元帅管辖。1854 年又实行起老拿破仑在 1803 年曾实行过的"工人手册"制度，控制工人运动。在教育上则借助天主教势力，世俗的师范学校被封闭，公立中学有很多被耶稣会学校所代替。

所有这些带高压色彩的制度和政策，都有第一帝国时代的影子。但是，它们在特定历史时期里则除去符合实现稳定的时代需求之外，还迎合了大多数法国人要求安定的心理以及对以往"荣誉"的回忆或想象。因此，在 50 年代的"专制帝国"时期，社会上并没有发生大规模的反抗运动，政局是相当平稳的。

正是稳定的政局给工业革命的发展造成了适合的环境。同样十分重要的是，第二帝国的经济立法对工业革命起了促进作用。它促进大股份公司的发展，公布商标法，降低重要产业部门的税收，实行自由贸易政策，推行发展农业的措施，使工业革命在 60 年代得以完成。

从工业发展和金融界发生变化以及出现一批投资工商业的新型银行的情况来看，可以说明第二帝国既不同于金融资产阶级独占统治的七月王朝，也不同于工业资产阶级共和派单独执政的第二共和国。它是比较适合法国国情的金融界和工业界上层联合掌权的国家。它除去为经济发展创造了适合的环境和推行了相应的政策之外，对外推行的波拿巴主义的扩张政策，也在一段时期里扩大了法国商品的海外市场，而且满足了法兰西民族主义的"扬威"倾向。自老拿破仑失败后，复辟王朝受制于维也纳体系，七月王朝"不为荣誉花一文钱"，第二共和国内部混乱自顾不暇，在国际舞台上法国已有多年失去了强国的地位。拿破仑三世的扩张野心一度唤起了许多法国人对第一帝国时期法国雄踞欧洲的"光荣"回忆，但这却是一种有害的民族利己主义。第二帝国的扩张活动已伸向世界各地。它远征墨西哥、奴役阿尔及利亚、征服塞内加尔、与英国一起发动对中国的第二次鸦片战争、入侵越南等等。

二、转向自由帝国

到 60 年代来临时，一方面，持续多年的稳定局势使帝国的统治秩序已相当巩固，而且通过在克里米亚战争和对奥战争中的胜利使帝国在欧洲的地位大为提高。另一方面，随着工业资本主义的发展，各社会利益群体对政治民主化的愿望和要求也加强了。这就出现了从"专制帝国"向"自由帝国"转化的必要性和可能性。1859 年 8 月实行的大赦政治犯、允许被流放者回国的法令，可视为向"自由帝国"转化开始的标志。

在 60 年代的 10 年里，政治体制有所改变，议会政治得到加强，公民自由权利有一定提高，社会生活较为活跃。在"专制帝国"时期，议会每年开会之日，皇帝都要去发表演说，宣布其施政方针。议会一般都必须服从并且据此去立法。1860 年 11 月拿破仑三世发布敕令，宣布今后议员们在皇帝演说之后，有权提出陈述书，对施政方针自由发表意见，供皇帝参考。议会开会的记录，一律于次日在政府的公报上公布，向全社会公开。而在这之前，议会是秘密开会的。尽管这些新规定还没有达到真正议会民主制的应有高度，但是它毕竟朝着代议制民主前进了一步。议会讨论的公开化为舆论监督和公民参与提供了方便。1867 年 1 月又规定，议员可享有对政府的质询权，从而向责任内阁制迈进了一步。60 年代竞选议员的活动加强了，工人代表也参加了竞选。议会中反对派的席位在逐渐增加。

1861 年 12 月进行了议会在财政问题上提高决策权的改革。根据过去的规定，议会对国家的财政预算只能进行整体表决，不能修改。改革后，可以分开表决，赞成某些部分而否决另外的部分，使政府财政开支受到一定限制。这一改革使赤字减少，得到资产阶级拥护。

1868 年以后，改革有了较大进展。颁布了报刊出版自由的新闻法和政治性与宗教性以外的自由集会法。1869 年 9 月规定，议会下院（立法团）可与皇帝共同享有立法创议权；上院（元老院）享有对内阁大臣起诉权。

最重要的是 1870 年 5 月由拿破仑三世批准的元老院关于明确帝国宪法原则的法令。这个包括 45 项条款的法令实际上等于帝国的新宪法。它规定，皇帝与议会共享立法创议权；皇帝的敕令需由参政院先拟成议案，提交议会通过；皇帝对全体公民负责，随时可举行公民投票；元老院改为一般的上院，不再拥有宪法解释者和保护者的权力；立法团享有一般下院的权力，税收法案须先经立法团讨论；各部大臣对议会有从属性，等等。宪法重申了"承认、坚信并保证 1789 年宣布的各项伟大原则，这些原则是法国人公共权利的基础"。这些规定已比较接近完全的议会政治了。

然而，1869—1870 年采取的这些自由主义的措施显得为时已晚了。帝国的自由主义改革速度慢，步子小，很不适应工业革命完成时的经济与社会状况。随着工业资本主义发展而重新组合的各社会利益集团，包括工业界、小资产阶级、工人阶级等等，都要求自己的利益和社会地位。只有走政治民主的道路才可能协调各种矛盾。然而，帝制本身就是民主政治的最大障碍。虽然有自由主义的改革，但法国皇帝是掌握实权的国家元首，不像英国的"虚君制"，国王没有实权。另外，第二帝国的穷兵黩武已不得人心。它耗资巨大，损伤国力，极大地加重了国内纳税人的负担。在这种情况下，反对帝制的共和主义运动，工人运动和社会主义运动，以及要求进一步加强代议制民主的自由主义反对派运动，都高涨起来。这是帝国的那些自由主义改革平息不了的。

以甘必大为首的共和派赢得了越来越高的威信，在议会选举中得票数逐次增长。共和派于 1869 年提出了贝尔维尔纲领，公开反对帝制，要求公民的自由民主权利，主张实行政教分离和免费初等义务教育，得到群众的支持。

工人运动在经历了 50 年代的低潮时期后，又重新高涨起来。1864 年蒲鲁东派的工人代表托兰等，组织起来参加议会竞选，发表了《六十人宣言》，要求社会平等、提高工资、集会自由等等。1865 年建立了以蒲鲁东主义者为主要成员的第一国际巴黎支部。布朗基派也加强了斗争，1870 年 8 月发动过武装起义。

梯也尔为首的自由派以议会和舆论为阵地进行斗争，要求人身自由、新闻自由、政府尊重公众舆论、确立完全的议会体制等。

这些社会运动说明，第二帝国后期国内的矛盾已相当尖锐。专制主义的帝国是在法国急需克服动荡、实现稳定的历史条件下建立的，并不是资本主义正常发展中的必经阶段。随着工业革命的完成，帝国的使命也完成了。需要更民主化的政体去适应工业资本主义时代到来的新社会结构。于是，当拿破仑三世与普鲁士的俾斯麦共同挑起普法战争的时候，法国的社会矛盾也急剧尖锐化起来。法国在军事上的失败和拿破仑三世在色当投降并成为普鲁士的俘虏，也就很自然地引发了1870年9月4日的巴黎革命，第二帝国遭到了覆灭的下场。

第三节　德意志统一

一、19 世纪 50—60 年代的德意志

　　1848 年的革命冲击既没有使德意志完成国家的统一，也没有摧毁各邦国的封建统治。在 1848 年革命中，实力战胜了理想。正是普鲁士的实力，镇压了维护帝国宪法的运动。人们从失败中开始意识到，政治是现实的，只有同权力结合起来，理想才有可能实现，于是现实主义逐渐代替了理想主义。一代新人抛掉空幻的理想主义，全力扑向现实的追求。他们追逐物质的需求，创办实业，在生活现实中显露身手。于是，在政治民主运动沉寂的 20 年时间里，德意志在经济上起飞了。经济实力与政治权力的结合，使德意志在普鲁士王朝战争的形式下完成了国家统一。统一后经济得到了更大发展，但是却丢掉了民主和自由。这就是德意志统一道路的特点和统一后造成的复杂历史现象。

　　德意志在 1848 年后经济的发展和工业革命的进程，第 10 章第 2 节已有所述。在政治上，经过革命的洗礼，也发生了一定程度的变化。一般说来，革命后各邦国的封建统治都恢复了，但是在政策的制定和执行上，又都具有了对资产阶级妥协的色彩，有些邦国还保留了宪法。奥地利于 1851 年废除了 1849 年颁布的宪法，但是实行了取消国内税卡、放宽对进出口的限制、允许土地买卖和开采煤矿等政策。普鲁士在 1850 年 5 月颁布了钦定宪法，维持了自 1848 年以来的宪政形式。宪法规定设立两院制议会，议员选举按财产资格限制进行，分为三级选举制。国王对议会的决议有完全的否决权，内阁对国王负责而不对议会负责。但是议会毕竟还有权参与国是，进行立法表决。这种初步的代议制度表明，普鲁士的绝对君主制已在向容克—资产阶级立宪君主制转化。它在 1851 年颁布的财产所有者法令、1865 年的通用矿山法以及农业改造方面的一些法令等等，都是有利于资本主义发展的，表明这个国家正通过改革的道路向资本主义过渡。在奥地利、普鲁士之外的一些邦国，也在走着同一条道路。个别邦国自拿破仑战争后就一直保留宪法，实行一定程度的宪政制度。德意志国家所走的改革道路，使它在 50—60 年代取得了工业革命的重大成就，鲁尔、萨尔河畔、普鲁士、西里西亚、萨克森、南德意志诸邦等等地区成为德意志境内经济最发达、工业革命已接近完成的地区。按照恩格斯的说法，德意志在这 "20 年中带来的成果比以前整整 1 个世纪还要多"。

　　这种迅速的发展和资产阶级性改革的推行，与国家四分五裂的割据状态更不

能相容了。最后完成统一已是德意志的当务之急。不过，1848年革命式的统一道路已不可能重演。普鲁士经济发展的状况和它在平息维护帝国宪法运动中显示出来的实力，以及它在50—60年代的政治、经济发展中将老对手奥地利远远抛在后面的逼人的态势，表明领导建立德意志统一民族国家的大任已历史地落在了它的肩上。它在德意志关税同盟中扮演的"盟主"角色，对它领导统一运动实际上是个预演。长久以来德意志存在的"诸侯君主专制"的状况，尤其是普鲁士、奥地利两个最大邦国的由来已久的敌对关系，使普鲁士只能以武力完成统一。普鲁士本身的军国主义传统也使它必然选择这条道路。

二、俾斯麦的政策

普鲁士为加强实力，于1860年实行了兵制改革。普军原分为常备军、后备军两种建制，其中后备军士兵有较强的民主精神。改革实际上取消了后备军，而将常备军人数增加1倍，服役期3年。

因为增强军事力量而大幅度增加的军费预算，在议会中引起了强烈的反应。1861年成立的自由资产阶级的进步党以及一些小资产阶级民主派分子，在议会中占有较多席位。他们对政府的军费预算表示了异议，使预算未获通过。他们以议会为阵地竭力显示自己的存在，力图将宪政制度推向前进。这是资产阶级向容克势力争夺政治主导地位的活动。1861年即位的国王威廉一世不能容忍这种情况，也急于对陆军进行改革，于是下令解散议会，重新选举。结果，进步党在选举中取得胜利，新议会于1862年9月再次否决了军费预算，政府与议会间形成僵局。在这个问题上，宪法没有明确的条文，于是发生了"宪法纠纷"。拥护王政的保守党人趁机提出了"漏洞理论"。即政府应得到权力来弥补宪法的这个"漏洞"，在国王与议会不能达成一致时，在财政预算得到议会通过之前，政府可自行筹措资金处理国家事务。这种无视议会权力的"理论"得到威廉一世的赏识。他任命了容克出身的铁腕人物俾斯麦担任宰相兼外交大臣，去填补"漏洞"。

奥托·冯·俾斯麦出身于勃兰登堡的贵族世家，在普鲁士官场中是强硬派容克代表人物。就任后他在议会里公开说："我们这里不是英国，我们这些大臣是国王的仆人而不是你们的仆人。"在议会预算委员会上他又声称："德国所瞩望的不是普鲁士的自由主义，而是它的威力……普鲁士必须积聚自己的力量以等待有利时机，这样的时机我们错过好几次了……当前的重大问题不是靠演说和靠多数通过决议所能解决的——这正是1848年和1849年的错误——而是要用铁和血。"由此，他得到了"铁血宰相"的称号。

俾斯麦宣布的施政原则将"宪法纠纷"推向了高潮。强烈的民族主义情绪使俾斯麦的政策得以推行。在4年时间里，他不顾议会的意愿，强行按国王旨意完成了军事改革。到1866年胜利结束统一过程中的第二次战争，打败最主要的敌手奥地利之后，俾斯麦才与议会表示和解，通过国王请议会追认他在过去4年中采取的行动。由于人们（包括进步党人）共同盼望的统一事业，依靠"铁血政策"已克服了最关键性的障碍，议员们竟受宠若惊地纷纷责备自己过去的"见识短浅"。

俾斯麦的确是依靠"铁和血"的手段，为统一全德国做了大量准备。他大力加强军备，巩固统治秩序，以取缔新闻自由的办法排除舆论的干预。在外交上，他极力拉拢因在克里米亚战争中失败而感到失意的俄国。他还向拿破仑三世许下诺言，在普鲁士发起对奥战争时法国如守中立，则战后将支持法国占有卢森堡。经过一番准备，俾斯麦开始了战争行动。

三、德意志统一的完成

德意志统一是由普鲁士发动三次战争最后完成的。第一次是 1864 年的对丹麦战争。起因是石勒苏益格、荷尔施泰因两公国的归属问题。位于丹麦南边的这两个公国自 1460 年就结成联盟，有共同的议会，归丹麦国王领有，但一直没合并。荷尔施泰因公国同时又属于德意志邦联，居民也以日耳曼人为主。石勒苏益格在德意志境外，居民中丹麦人占大多数，也有日耳曼人。这两个公国从来不可分割，丹麦国王对此也作过保证。但是，1863 年丹麦颁布新宪法，突然宣布将石勒苏益格正式并入丹麦，遂引起纠纷，并且招致德国境内日耳曼民族的反对。于是，俾斯麦趁机挑起对丹麦的战争，并将奥地利作为"盟友"拉入战争，以防腹背受敌。1864 年 2 月战争开始，丹麦很快战败议和。根据 10 月签订的和约，丹麦将两公国交普奥共管。不久，普鲁士占有了石勒苏益格，奥地利占有了与自己领土不相连的荷尔施泰因。

对丹麦战争结束后不久，俾斯麦便着手准备向最主要的敌手奥地利开战。他除得到俄、法守中立的保证外，还与 1861 年刚建立的意大利王国订立了同盟条约，使奥地利被孤立。这样，普鲁士于 1866 年 6 月出兵占领荷尔施泰因，挑起了对奥战争。开战后普军进展顺利，于 7 月 3 日在捷克境内的萨多瓦村大败奥军主力，14 日逼近维也纳。奥军无力再战，遂请法国出面调停。为避免法奥结盟，俾斯麦没有向维也纳进军并同意议和。据 8 月签订的布拉格和约，奥地利退出德意志邦联并宣布解散邦联；承认普鲁士有权在美因河以北建立北德意志联邦；承认普鲁士占有荷尔施泰因和吞并在战争中协助奥地利的汉诺威、黑森、拿骚和法兰克福自由市；奥地利将威尼斯归还意大利；普奥两国均不过问南德 4 邦的领土主权问题。

普奥战争是统一过程中的关键性一战。此战消除了普鲁士统一全德的最大障碍，而且使普鲁士领土连成一片，面积增加到 34 万多平方千米，占全德面积的 2/5，人口增至 2 400 万，占全德人口 2/3。1867 年由普鲁士控制的北德意志联邦成立，包括 21 个邦国和 3 个自由市。它有统一的议会，军、政、外交大权掌握在普鲁士手中，联邦主席是威廉一世，总理由俾斯麦兼任。北德意志联邦明显带有统一国家的性质，它的成立是统一过程中的决定性步骤。多民族的奥地利帝国被排除出德意志之外，使德意志具备了建立统一民族国家的条件，日耳曼民族主义一时成为鼓舞人们热情的精神力量。

在统一活动中取得的胜利成果，使俾斯麦的声望大为提高。资产阶级为他的成就拍手叫好，收回了以往对他的反对。1866 年 7 月举行的议会选举中，保守派得到明显多数，进步党失去了优势。后来该党分化，自由资产阶级分子另外组织了国民自由党。小资产阶级民主派则势单力薄，很难发挥重大作用。

遭到惨败的奥地利，在巨大压力下于 1867 年实行了资产阶级改革，而且给予匈牙利以自治权，虽仍由奥皇兼任匈牙利国王，但匈牙利自治王国被允许设立自己的立法和行政机构。二元制的奥匈帝国建立了。1867 年的改革是奥匈进入资本主义时代的标志。

北德意志联邦的建立，使整个德意志只剩下了美因河以南、邻近法国的巴伐利亚、巴登、符腾堡和黑森-达姆施塔德 4 个邦国仍维持着独立的地位。这 4 个邦国历来受法国影响较深，对普鲁士军国主义政策抱抵制态度。拿破仑三世不愿失去对它们的影响，更不愿德意志完全实现统一，成为自己的强邻，从而对法国构成威胁。他在为普奥调停时就很强调普鲁士的势力要限制在美因河以北。在这种情况下，普鲁士要最后完成德意志的统一，就难免要同法国兵戎相见。实际上，俾斯麦并不满足于仅仅实现德意志的统一，而且还有称雄欧洲的欲望。随着国势的日益强盛，觊觎法国领土之心终归要见诸行动。法国的阿尔萨斯和洛林地区大量的日耳曼族居民和十分丰富的矿藏，更使他必欲得之。因此，普法之战在所难免。

1870 年 7 月普法战争爆发。当时，普鲁士连年取得战争胜利，国力兴盛，士气正旺。而法兰西第二帝国已进入末期，国势衰落，士气低下。在军事准备上，普鲁士也要充分得多。因此，开战后普军很快就攻入法国领土，而法军则接连败北。到 8 月中旬，法军主力被普军分割包围。巴赞元帅所部困守在北部要塞梅斯，拿破仑三世和麦克马洪元帅所部则被包围在与比利时接壤处的色当要塞。9 月 1 日双方在色当会战，法军大败，被迫投降。9 月 2 日，拿破仑三世、麦克马洪元帅连同全体官兵全部成为普军俘虏。

色当投降为第二帝国敲响了丧钟。9 月 4 日巴黎发生革命，推翻了波拿巴皇朝，成立了资产阶级的临时政府。面对普军的继续进攻，临时政府宣布自己是"国防政府"。但是，它一方面在实力上自感无法同普军抗衡，另一方面则更担心革命激情高昂的巴黎工人。外交部长法夫尔在写给内政部长甘必大的信中明确表示，最需要"防御的不是普鲁士士兵，而是巴黎工人"。于是"国防政府"派梯也尔为特使，赴英、俄、奥等国，吁请出面调停。

普鲁士方面仍在进攻，于 9 月 19 日包围巴黎。几天后法国外长法夫尔与俾斯麦会见，请求和谈。和谈尚未进行，驻守梅斯要塞的巴赞元帅于 10 月 27 日率部投降，法国在军事上完全瘫痪。大获全胜的普鲁士占领凡尔赛，于 1871 年 1 月 18 日在凡尔赛宫的镜厅正式宣布德意志帝国成立。至此，德意志统一最后完成。

德意志帝国成立

　　1 月 28 日法国与德国签订停战和巴黎投降协定，规定解除法国正规军武装，按德国提出的草案签订正式和约。2 月 8 日法国新选出的国民议会在波尔多开幕。议会选出了以梯也尔为首的政府，"国防政府"解散。梯也尔被迫于 2 月 26 日同德国签订和约，3 月 1 日议会批准了和约。根据和约，法国向德国赔款 50 亿法郎，割让阿尔萨斯和洛林，在偿清赔款之前，德军继续占领法国部分地区。

　　随着 1871 年 1 月 18 日在凡尔赛宫的历史性宣告，一个新的统一民族国家在欧洲出现了。这个由不断改革跨入资本主义时代，又依靠武力实现了统一的德意志国家，由于扫除了历史积留下来的障碍，获得了前所未有的飞速发展。民族的活力、解放了的生产力的迅猛跳跃、国威的张扬，都表现出实现统一给德意志国家带来的历史创造力量。统一是德意志历史上的划时代转折点，有重大的进步意义。统一后德意志的经济发展是神速的，而在政治上则难以摆脱专制主义的色彩。德意志以新的姿态屹立于世界工业强国之中。但是在战争灾难制造者的名单里，它却总是占有显赫的地位。所有这一切，都是不乏历史根源的。

第四节　意大利统一

一、加富尔与民主派的活动

中世纪以来，意大利长期处于分裂割据状态并受到外族统治。1815 年的维也纳会议总决议维持了这一局面。1848 年革命一度将其冲破，但随着革命的失败，旧秩序又重新恢复。北部、中部各邦国处在奥地利的直接或间接的控制下，罗马有法国驻军，南部的那不勒斯王国（两西西里）由西班牙的波旁王朝统治。只有萨瓦王朝统治的撒丁王国是唯一独立的君主立宪国家。它保留了 1848 年的宪法，实行体现资产阶级自由主义的宪政制度，作为立宪君主的国王维托里奥·埃曼努埃莱二世任命了自由派的加富尔为首相。

卡米洛·本佐·加富尔出身于皮埃蒙特贵族家庭，自幼受到很好教育，游历过英、法，倾心于英国式的君主立宪制度。他参加过 1848年革命，曾在自己的土地上经营资本主义农业，并从事谷物贸易和制造化学肥料，成为资产阶级和资产阶级化地主的代表人物。他力主意大利统一和实现工业化，并希望撒丁王国能强大起来，成为意大利统一运动的领导。他主持内阁期间，采取了一系列鼓励工商业发展的政策：国家大力资助铁路建设，开办银行，鼓励建立新的工业部门；实行自由贸易政策，大大降低关税率，从而使得工业家获得国外廉价原料和

加富尔

工业设备。因此，50 年代撒丁的经济出现空前高涨，1851—1858 年间商业流通额增加了 1 倍，工业和资本主义农业有了迅速发展。撒丁成为意大利半岛最先进的资本主义国家，因而成为意大利各邦自由主义贵族和资产阶级向往的中心，他们把实现国家统一和驱逐外国势力的希望寄托在撒丁王国身上。

加富尔在政治上也实行了一定程度的自由主义政策。他接纳意大利其他邦的革命者到撒丁避难，允许报刊登载反对奥地利的文章等。仅伦巴底、威尼斯的意大利人到撒丁避难的就有两万户。加富尔的政策提高了撒丁在意大利的声望，也赢得了许多民主派的好感。1857 年加富尔创立的"意大利民族协会"，就是由民主派"青年意大利"组织的成员曼宁和加里波第担任主席和副主席，加富尔与民主派都主张驱逐外国势力，完成国家的统一，消灭封建势力。在根本的目标上他们是一致的。但是也存在某些分歧。

作为自由派的实际领导人加富尔，将意大利的统一事业同撒丁王国的利益联

系在一起。他主张在撒丁的萨瓦王朝领导下，通过战争的手段，赶走外国势力，实现民族独立和国家统一。为此，可借助法国的力量和本国群众的斗争。应该说，这一主张是比较符合当时的客观形势并切实可行的。

民主派及其领导人马志尼、加里波第等人的主张则更要激进一些。他们反映了中小资产阶级和进步知识分子的情绪，认为必须发动一场革命，仍然以 1848 年采取过的方式实现民族解放，打倒各邦国的封建统治，建立起统一、民主的意大利共和国。在撒丁王国实际上起着民族独立和国家统一运动的旗手作用的客观条件下，这个共和主义的纲领是很难实现的。加里波第等人后来在实践中也没有坚持建立共和国，而是采取了与撒丁王国合作的态度。

马志尼

二、意大利统一的实现

奥地利对意大利许多地区的占领和控制是意大利统一的主要障碍。1858 年 7 月，加富尔与拿破仑三世秘密会见，双方协议组成联军发动对奥战争；打败奥地利后，由撒丁王国兼并伦巴底-威尼斯地区；而撒丁王国则将自己的萨瓦和尼斯两地割给法国作为报偿；在意大利建立 4 国组成的联邦（包括皮埃蒙特、托斯卡纳公国、教皇国、那不勒斯王国），由罗马教皇任名誉元首；为加强撒丁王国与法国的关系，将撒丁国王之女嫁给法国皇帝的堂弟拿破仑亲王。加富尔以割让国土为条件换取了拿破仑三世对反奥战争的支持；拿破仑三世也想借此达到取代奥地利，加强法国在意大利半岛影响的目的。

1859 年 4 月，对奥战争爆发。除法国和撒丁的正规军外，革命家加里波第回国后也组织志愿军参加了反奥战争。6 月 22 日，奥军被赶出伦巴底。战争开始后，意大利北部和中部各地爱国革命运动迅速高涨。从 4 月到 6 月，托斯卡纳、帕尔马、摩德纳先后爆发起义，推翻了当地的封建统治者。教皇领地罗曼纳也脱离教皇统治，建立了临时政权。起义各邦要求与撒丁王国合并，因担心法国反对，加富尔拒绝了合并要求。

拿破仑三世参加对奥战争，但却厌恶革命，他决定退出反奥战争，并阻止意大利革命的发展，1859 年 7 月初，拿破仑三世单独同奥皇会晤，订立了和约。和约规定：奥地利把伦巴底交由法国转交撒丁王国；威尼斯仍归奥地利统治；恢复中意大利各邦的君主统治。拿破仑三世的出卖，使加富尔非常气愤，但迫于形势撒丁政府还是在这年 11 月与奥地利签订和约，承认了上述条款，并按以前的约定，于 1860 年将萨瓦和尼斯割让给法国。

意大利各邦人民继续斗争，意大利中部起义各邦抵制原政权恢复，于 1860 年 3 月举行公民投票，正式决定合并于撒丁王国。意大利实现了局部的统一。

这时，意大利南部的两西西里王国就成了统一运动下一步的主要目标。1860年4月，西西里岛首府巴勒摩爆发人民起义，反对西班牙波旁家族的统治。起义很快波及全岛，领导者主要是马志尼派。起义消息传到北意大利后，加里波第为支援起义，率领他组织的"千人红衫军"，从热那亚乘船向西西里进发。这支主要由工人、手工业者和渔民组成的志愿军，于5月11日在西西里岛西部登陆。在当地起义者的配合下，5月27日攻占巴勒摩，到6月底解放了全岛。

加里波第在西西里宣布了一些改革措施，包括废除贵族、教士的等级特权，实行贸易自由和航海自由，取消磨粉税，参加起义的农民有权从公共土地中分得小块土地等。

1860年8月，加里波第率领1万多人的队伍，渡过海峡在意大利半岛南部登陆。9月进入那不勒斯城，推翻了波旁王朝，建立了临时政府。加里波第被拥戴为两西西里国家的元首。从远征西西里到解放那不勒斯，加里波第始终都打着撒丁王国国王的旗号，从未表示要单独建立政权。这表明他是非常顾全统一大局的。

但是，加富尔为将局势控制在撒丁王国手中并防止加里波第力量的扩展，急忙

加里波第进入那不勒斯

于1860年9月11日派出4万军队抢先进攻教皇国。得手后于10月进入那不勒斯境内。这时加富尔向加里波第提出在南意大利举行公民投票，表决把南意大利（两西西里）并入撒丁王国问题。当时民主派反对加富尔策划的这一主张，但加里波第同意举行公民投票。1860年10月21日投票结果，南意大利正式并入撒丁王国，加里波第交出了政权，回到他的家乡卡普列拉岛。他的军队被解散，革命期间颁布的关于分配公共土地的法令也被取消；农民运动遭到撒丁王国政府的镇压。

还在对奥战争开始之前，加里波第就受撒丁国王委派组织一支队伍，后被撒丁王国政府命名为"阿尔卑斯山猎兵"，加里波第任司令官。对奥战争开始后，他率领这支队伍英勇作战，攻入伦巴底。他在对当地发表的公告中宣称，是"我们最高统帅维托里奥·埃曼努埃莱派我到你们当中来领导这场斗争"。解放西西里岛后，他又宣布："意大利和维托里奥·埃曼努埃莱！——这就是我们的战斗口号。"攻占那不勒斯后，他接受加富尔的主张，不久又与维托里奥·埃曼努埃莱同乘一辆马车进入城里。这一切都表明，加里波第一心只为完成国家统一的大业而奋斗，并不图谋个人权势。而且，他深知当时除去撒丁王国之外，还没有任何势力能够担当掌握全国政权的大任。他交出权力，实际上是避免了一场内战，

使全国统一得以较为顺利地完成，称得上是顺应历史潮流的大智大勇之举。

随着两西西里并入撒丁王国，意大利的绝大部分领土已统一起来。建立统一国家的条件基本成熟了。1861 年 3 月，意大利王国宣告成立。撒丁国王维托里奥·埃曼努埃莱二世成为意大利国王。王国的实权掌握在自由派贵族和大资产阶级手里，他们实行了一些资产阶级性质的改革，把原撒丁王国的资本主义立法扩大到全意大利王国。

此时，尚未统一的地区只剩下了威尼斯和教皇辖地。威尼斯仍在奥地利统治下，教皇领地由法国驻军保护，教皇庇护九世对意大利王国抱极端敌视态度。

1866 年 6 月，普奥战争爆发，意大利按照同普鲁士的同盟协定，参加了对奥战争。国王埃曼努埃莱为利用加里波第的声望，邀请加里波第组织志愿军参战。意大利海陆军在对奥战争中均遭失败，只有加里波第率领的志愿军节节胜利。奥军主力因被普鲁士军队击溃，被迫投降。根据 1866 年 10 月所订维也纳和约，威尼斯归还给意大利。

1870 年 9 月初，法国在普法战争中失败，拿破仑三世当了俘虏。9 月 20 日，加里波第的志愿军和王国政府军同时开进罗马，教皇世俗政权被推翻。10 月举行公民投票的结果，罗马合并于意大利；意大利王国政府同意教皇避居梵蒂冈，并每年拨给 322.5 万里拉作为教皇活动经费。至此，意大利统一最后完成。1871 年 1 月，意大利王国首都从佛罗伦萨迁往罗马。

意大利人民经过半个多世纪的斗争，终于实现了国家的独立和统一。意大利统一和民族解放运动实质上是一次资产阶级革命，把意大利历史推进到了资本主义时代。

第五节　俄国农奴制改革

一、资本主义的发展和农奴制加速瓦解

自彼得一世为俄国打开通向欧洲的窗口之后，俄国一直积极参与欧洲国际事务。但是，它的参与几乎没有一次是支持进步的运动，而是扼杀进步和扩张自己。进入 19 世纪后，它更扮演了欧洲宪兵的角色，到处插手镇压革命。其根源就在于直到 19 世纪中期它仍然是个封建农奴制国家。它的封建专制主义的统治与资产阶级自由主义是不相容的。因此，它对外极力参与扑灭别国革命，对内残酷镇压"十二月党人"起义等一切革命斗争。完全违背时代潮流的农奴制经济是俄国封建专制制度的基础，也是它远远落后于西欧的根本原因。然而，历史的辩证法注定了它不可能永远按老样子存在下去。外部世界改革与革命浪潮的冲击和国内资本主义的发展使它不能不改变自己的面貌。

到 1860 年，俄国城市人口只占全国人口的 10%，90% 的居民从事农业生产，并且绝大部分处于被奴役的状态下。农民分为地主农民、国有农民和采邑农民 3

种。地主农民占大多数，包括耕种地主土地的农奴及家奴，农奴须服劳役或交代役租。国有农民又称官家农民，大部分是 18 世纪收归国有的教会地产上的农民和编入官营工场的农民，他们以缴代役租为主，可外出经商，做工，购买土地，有一定自由；采邑农民即原来的宫廷领地农民，一律交代役租，其份地比国有农民少。

在农奴制束缚下，农业生产力低下，生产工具和耕作方式落后，普遍使用木犁，并实行三圃制耕作，粮食产量往往只有种子的一两倍，收成好的也不过四五倍。农民生活非常困苦。但是，随着商品经济的发展，农业中也出现一些新现象，特别是在南俄及伏尔加河下游比较富庶的地区。一部分地主为增加货币收入，为市场需要而生产粮食或改种经济作物，在庄园中开始使用新式农具和雇工劳动。随着俄国粮食出口迅速增加，生产商品粮获利日益明显。在这个过程中，有少数地主已意识到自由雇佣工人的劳动效率大大高于农奴劳动，因而采用雇工生产。到 19 世纪 50 年代，据 25 个省的统计，农业雇佣工人已达 70 万人。乌克兰南部每年外出做工的农民约 30 万人。采取新经营方式的地主人数还不多，大约只占地主总数的 3％～4％。但商品性农业的发展，自由雇工的使用，破坏了农奴制的经济基础，俄国农业正向资本主义演进。

随着农奴制经济的趋于瓦解，地主为加强对农民的剥削，便增加代役租和削减农民的份地。各地农民不断起来斗争，他们拒服劳役，拒交代役租，1801—1861 年农民暴动达 2 000 多起。

19 世纪上半期，俄国的工场企业也有较大发展。雇佣工人的增加，新技术和机器的使用，工业生产的显著增长，也是封建农奴制经济走向崩溃的重要标志。西欧工业革命的迅速推进也波及俄国（过去苏联史书认为，俄国 19 世纪 30 年代开始工业革命，近来多认为 1861 年后才真正开始），工场手工业日益向工厂化过渡。1804 年，俄国拥有 16 名工人以上的工场企业 1 200 家，工人 22.5 万人；而到 1861 年改革前，这类企业已有 2 800 家，工人达 86 万人，而且日益普遍地采用自由雇佣劳动。到 1825 年，除冶金业（冶金业主要使用农奴劳动）外，俄国工业部门已有自由雇佣工人 11.45 万人，占工人总数的 33％；1860 年增加到 52.86 万人，占工人总数的 61.4％。在加工工业中这个比例更大，例如棉纺织业中，雇佣工人比例达 94.7％，占绝对优势。不过这些雇佣工人中大部分仍是向地主或国家交纳代役租的农民，他们的身份对工厂主来说是雇佣工人，对地主或国家来说仍是农奴。

工场手工业和雇佣劳动制的发展，生产规模的扩大和分工的细密，为采用机器生产提供了条件。1804 年，俄国在棉纺业中开始采用蒸汽机。1812 年莫斯科已有 11 家纺织厂，780 台纺纱机。到 1850 年，棉纺业已基本上工厂化。造纸、制糖等部门也相继采用机器生产。这些机器主要靠从英国进口。1824—1860 年俄国进口机器的总值增加 72 倍以上，尤其是 40 年代后，进口量猛增。这时俄国自己也开始发展机器制造业。到 1860 年，彼得堡已有 15 家机器制造厂。工农业的发展也促进了商业和对外贸易的增加。40 年代，俄国有 4 000 个集市。商品输出额在 1801—1860 年增长 3.5 倍多，主要是粮食、大麻、油脂等农产品。

农奴制度严重阻碍俄国资本主义的发展和生产技术的提高，使俄国社会经济越来越落后于西欧。1860 年，英国生铁产量超过俄国 11 倍。冶金工业是俄国农奴制工业最典型的部门，因而发展尤为缓慢。尽管在西欧工业革命的影响下，俄国在 19 世纪上半期也出现了新的交通工具——火车、轮船，但是，这种新型交通工具为数极少，到 1856 年克里米亚战争结束，俄国才有 980 俄里铁路，1861 年为 1 500 俄里，而当时英国的铁路网已达 1.5 万俄里，德国有 1 万俄里。

封建农奴制生产关系与资本主义工业发展的矛盾是明显的。资本主义需要自由劳动力，可是俄国农民没有人身自由。一些交代役租的农民虽能外出做工，但地主仍有权随时召回他们；而且他们还要从挣得的低微工资中拿出不少去交代役租。落后的农村也使国内市场十分狭小。经济的落后和农民的斗争也曾迫使沙皇政府不得不研究农民问题，并且几次颁布法令，要求地主自愿与农奴成立协议，允许农奴交付大量赎金以取得人身自由。然而，极少有地主肯于"自愿"解放农奴。农奴制危机继续加深。

二、革命民主主义思潮和革命形势出现

19 世纪上半期俄国社会矛盾的日趋尖锐使它处在动荡不宁和孕育变革的环境之中。在这个期间，农民暴动不断发生，动摇着建立在农奴制基础上的地主政治和专制统治。这些自发、分散的暴动都遭到镇压，但仍加深了农奴制危机。农奴制危机和农民反抗斗争，在俄国的意识形态领域里也反映出来。早在 18 世纪末，著名作家拉吉舍夫就写了《从彼得堡到莫斯科旅行记》一书，号召人民起来推翻农奴制度。19 世纪 20 年代，俄国贵族革命家十二月党人，提出了解放农民，无偿给予农民土地的要求。他们唤起了新一代革命者起来反对农奴制和沙皇专制制度。

从 40 年代起，俄国解放运动由贵族革命家时期进入资产阶级革命民主主义者时期。他们的代表人物，包括直接在十二月党人影响下成长起来的赫尔岑和以别林斯基、车尔尼雪夫斯基、杜勃罗留波夫为代表的平民知识分子。"所谓平民知识分子就是受过教育的自由派和民主派资产阶级的代表。"❶ 他们从资产阶级立场出发，利用创办刊物、发表文学评论等形式，宣传自由、平等、博爱和资产阶级人道主义，主张废除农奴制度，推翻沙皇专制制度，建立民主共和国。

---

❶ 《列宁全集》第 25 卷，98 页，北京，人民出版社，1988。

赫尔岑　　　　　　　　车尔尼雪夫斯基

赫尔岑出身于贵族家庭，青少年时代深受十二月党人影响，立志要废除农奴制度。在莫斯科大学学习期间，他积极参加进步学生运动，与奥加略夫等自称是十二月党人的儿子。大学毕业后被沙皇政府作为"对社会极为危险的大胆的自由思想分子"而两度遭流放。1847年来到西欧，在那里目睹1848年法国革命，受到很大影响。1852年移居伦敦，1853年建立了"自由俄国印刷所"，1855年创办《北极星》杂志，1857年创办《钟声》杂志，并把它们秘密运进俄国进行宣传，愤怒谴责农奴制度，呼吁解放农奴，并分给他们土地。赫尔岑的革命鼓动在俄国解放运动史上发挥了巨大作用。

别林斯基是俄国伟大的革命民主主义者和卓越的文学批评家，出身于平民知识分子家庭。在大学读书时，曾写剧本批判农奴制度，被开除学籍。他短暂的一生都在探寻人类解放和俄国解放的现实可行的道路。早年他企图用"启蒙教育"的办法"打开同胞的心灵"，起来拯救俄国。40年代成为彻底的革命民主主义者。他反对农奴制和专制制度，同时批判斯拉夫派关于俄国发展的非资本主义道路和"回到彼得以前去"的错误观点，认为资本主义是"历史的召唤"。1847年他在《给果戈理的信》中批判了果戈理倒向黑暗势力的行为，揭露农奴制的黑暗，号召推翻沙皇专制统治。这封信在当时革命派中影响很大。别林斯基一直比较重视知识和思想的作用，而对群众的力量认识不足。

50—60年代，以车尔尼雪夫斯基和杜勃罗留波夫为代表的一些平民知识分子，是更为彻底、更具战斗性的革命民主主义者。50年代，他们共同编辑《同时代人》，揭露农奴主贵族的反动和自由派的欺骗，唤起人们为争取新生活而斗争，并号召俄罗斯"拿起战斧来"，消灭农奴制和沙皇专制统治。

革命民主主义者是一群光辉的革命家，他们在俄国解放运动史上有巨大贡献，并占据重要地位。但是，当他们进行反对农奴制和专制制度的斗争时，在欧洲已暴露出资本"对劳动的独裁"，他们憎恶资本主义制度，鼓吹建立"社会主义"。他们的社会主义是空想的，是一个"既没有沙皇，也没有臣民，大家都是兄弟，大家都是人"的社会。他们鼓吹将农民连同土地一同解放，实行土地平分，通过农民村社跳过资本主义，直接实现社会主义，他们这种完全背离现实的思想和主张，后来成为民粹派理论的根据。

1859—1861年俄国曾出现农民运动高潮，但是斗争始终是自发、分散和孤立的。尽管如此，这种形势和俄国在克里米亚战争中遭惨败而留下的教训，终于促使沙皇政府进行了重大的改革。

1853—1856年的克里米亚战争是俄国同西方列强为争夺奥斯曼帝国"遗产"而进行的。1853年10月俄国挑起对土耳其的战争，于11月在西诺普将土耳其舰队击溃。1854年1月英法联合舰队开进黑海，又于3月正式对俄宣战。克里米亚战争开始了。俄国在武器装备、军队训练、军需供应、交通运输等各个方面，都远远落后于英法。其失败的结局是无法避免的。1855年英法联军最后打败俄国，双方于1856年3月签订巴黎和约。根据和约，俄国不仅失去了自由通过海峡的权利，而且不准在黑海保留舰队。同时还失去了在巴尔干的许多特权。克里米亚战争的结局表明，落后的农奴制俄国即使在自己的本土上作战，也不敌先进国英法的远征军。这次惨败使俄国本已存在的社会矛盾更趋尖锐化和表面化。革命民主主义者的抨击和农民运动的加强，使得改革成为唯一的出路。

三、农奴制度的废除

在巴黎和约订立后12天，刚刚继位不久的沙皇亚历山大二世在接见莫斯科贵族代表时说，与其等待农民自下而上地来解放自己，不如自上而下地来进行改革。1857年1月，沙皇亲自主持召开了农民事务秘密委员会，讨论如何按照地主的利益拟定解放农民的方案。各州地主提了几十种不同的方案。围绕解放农奴时带不带土地的问题，土地贫瘠的非黑土地区的地主们主张带土地解放农奴，由农奴交付巨款赎买，他们好得到一大笔赎金。而黑土地带的地主则希望解放农奴时不带土地，或只许赎取少量土地，地主可以掌握更多的肥沃土地，经营资本主义农业；农民无地或少地，可迫使他们到地主的农场上当雇工。广大农民不但要求解放，而且要求无偿分到土地，革命民主主义者支持他们的要求。

因为贵族地主们意见分歧，秘密委员会工作几年仍无结果，而农民暴动越来越多。1861年初，亚历山大二世要求加速制定改革法令。他在国务会议上说："继续拖延只会更加引起灾祸，只会对整个国家，特别是对地主造成有害的、灾难性的后果。"1861年俄历2月19日（公历3月3日），亚历山大二世正式批准了改革法令，并签署了废除农奴制的特别文告。2月19日法令包括《关于脱离农奴依附关系的农民的一般法令》等共17个文件，规定在一个时期内分阶段地解放欧俄部分的地主农奴（包括大俄罗斯、白俄罗斯、乌克兰和立陶宛）。法令主要内容有以下几个方面：

农奴人身得到解放。他们可以自由处理个人和家庭事务。有权拥有动产和不动产，可以自由转换职业，从事工商业活动，并以自己的名字签订契约等。

农民在获得人身解放的同时，可赎取一块份地和宅旁园地，有永久使用权（在法律上仍属地主的财产）。在仍然保存村社的地区，赎地和签约由村社和地主而不是由农民和地主之间交涉，农民所得份地，村社要定期重新分配。在订立赎地契约前（法令未规定赎地期限，直到 1881 年才规定农民必须赎地），农民对地主仍有"暂时义务"，交租和服役依旧。宅旁园地可随时赎取，赎取份地须得地主同意后订契约。赎金数额按该地区每年代役租的金额多少来计算，把它作为 6％的年利率求出得数。如果过去这块份地每年的代役租为 10 卢布，那么赎金便是 10÷6％，即 166.66 卢布。这比当时的地价还高，实际上包括了人身自由的赎金。农民在赎地时一次先付赎金的 20％～25％，其余由国家银行垫付，农民在 49 年内连利偿还（到 1905 年农民缴赎金共达 2 亿卢布）。份地数额多少，各地不一，政府只规定最高和最低定额，具体面积由地主决定（后来全俄平均为 3.4 俄亩）。如农民现有份地超过当地定额标准，地主割去超过部分，低于最低额则不补。在实行中地主总是利用各种手段割去农民份地中的最肥沃部分。"割地"面积平均占改革前农民份地的 18％，在中央黑土地带、南俄、伏尔加河中下游等肥沃地区则更多，约达 20％～40％，有的州甚至占一半。非黑土地带"割地"较少，平均占 9.9％。

为加强对农村的统治和管理，在俄罗斯各州（乌克兰、白俄罗斯、立陶宛除外）保留了村社，政府把农民组织在村社中实行连环保。村社在名义上由农民选举公职人员，实行"自治"，但又规定村社隶属于地方行政机构，必须执行政府的一切法令；地主有权否定村社的决议，有权要求撤换村社公职人员，甚至把农民开除出村社。此外还特设一个由地方贵族担任的调停吏，名义上是为监督地主和农民签订契约文据，调解纠纷，实际上是为了保障地主对农民的剥削和控制。

1861 年 2 月 19 日改革法令，只适用于欧俄大部分地主农民，按该法令解放的农民共有 1 025 万。1863 年和 1866 年，又先后两次颁布法令，解放了 100 万采邑农民和 950 万国有农民，完成了农奴制度的废除。他们赎得的份地数额，一般比地主农民多，采邑农民平均得土地 4.2 俄亩，国家农民为 5.7 俄亩。

废除农奴制度是一项带根本性质的资本主义改革。随后，沙皇政府又在政治上层建筑领域实行了一些资产阶级性质的改革，主要有：

建立地方自治机构。1864 年沙皇颁布《省、县地方机构法令》，这是由内务大臣瓦鲁耶夫主持，经过 3 年多的准备制定出来的。根据这个法令，在 60—70 年代，俄国大部分地区建立了地方自治机构，在省和县都设立了地方自治会议和它的执行机关地方自治局。1870 年又规定，城市也建立类似的自治机构——城市杜马和自治局。这些机构名义上由选举产生，实际上却是由贵族地主和富裕的资产阶级代表人物包办。省、县代表由 3 个选民单位产生：县土地占有者、城市团体、村社代表。具有一定财产资格的人可参加选举，保障了贵族的优势。城市按纳税多少分 3 个选民单位。据 1865—1867 年的统计材料，在 29 个已成立自治机关的省中，省县两级自治会议选举结果是：省一级代表中，地主贵族占 74.2%，商人占 10.9%，农民（主要是富农、村长）占 10.6%，其他占 4.3%。在县一级，地主贵族占 41.7%，教士占 6.5%，商人占 10.4，农民占 38.4%，其他占3%。地方自治机构虽然从一开始就主要掌握在贵族手中，但它毕竟是通过选举产生的，对俄国经济发展起过一定作用（它的权力有限，主要管理一部分文教卫生、地方经济事务），对俄国社会政治运动也发生过一定影响。地方自治派运动是俄国早期自由主义运动的主要形式。

司法改革。1864 年建立了统一的各级法院，废除过去的等级法院❶。规定了司法的独立性。审判公开进行，有陪审员参加，允许律师辩护。

1874 年还进行了军事改革，实行普遍义务兵役制，年满 20 岁的青年不分等级都要应征入伍，一部分服现役，一部分服预备役。

在财政、教育等方面也进行了一些改革，包括设立财政稽核厅（署）；颁布初等国民学校条例、中学法规，实行大学教授自治等。

俄国农奴制度的废除和随后的一系列改革，是由沙皇政府进行的，但按其内容来说是资产阶级性质的。这次改革是俄国历史上从封建生产方式过渡到资本主义生产方式的转折点。可是这次改革又是不彻底的，它没有摧毁地主土地所有制和沙皇专制制度，保留了大量封建残余，资本主义发展仍受到一定阻碍。彻底肃清封建农奴制残余，推翻沙皇制度，仍是俄国历史日程上的主要任务。

第六节　美国内战

一、南北方发展中的矛盾与冲突

独立后，美国经济的发展依地区不同形成 3 种各异的类型：东北部的工业化，西部自由农民土地所有制的发展和南部棉花种植园的膨胀。前两种都是以资本主义的自由劳动为基础的，而后一种则是以奴隶制为基础的。

18 世纪南方种植园生产的商品作物是烟草、稻米和蓝靛。独立战争后，这些农产品的价格曾剧烈下跌，种植园经济一度衰落。由于英国棉纺织业蓬勃发展和美国北部工业革命的兴起，国内外市场对棉花的需求量激增；1793 年伊莱·惠特尼发明的轧棉机极大地提高了清除棉籽的效率，降低了棉花生产的成本；种植棉花需要长年而简单的劳动，大量地役使奴隶非常有利可图。这就使地处亚热带的

---

❶　18 世纪，女皇叶卡捷琳娜二世时设等级法院，不同等级的人犯法在不同的法院受审。

美国南方奴隶制种植园经济迅速地发展和扩大起来。

19世纪初，奴隶贸易被欧洲各国废止。1808年后，只有5.4万黑奴从非洲偷运进美国。但是，在美国南方的国内奴隶贸易却日益兴盛。种植园成为奴隶的"生产"与出售单位。南方黑奴人数从1790年的70万增加到1860年的395.4万，其中60%在棉花种植园里劳动。

黑奴的地位与古代奴隶没有什么区别。他们在手执皮鞭的工头监督下劳动，劳动产品和人身完全由奴隶主支配。主人可以任意惩罚、买卖甚至杀死他们。

南方种植园经济是为资本主义世界市场而生产的，因而构成世界资本主义经济的一个组成部分。但是，整个南方停留在传统农业社会的发展水平，几乎没有工厂，大城市很少，大多数州的道路都很原始。美国东北部几乎人人都能读写，而南方20%以上的白人是文盲。

受到非人待遇的黑奴不断进行反抗压迫和争取自由的斗争。1822年、1831年都发生过规模较大的奴隶起义。

内战前夕的里士满奴隶市场

在北部和西部，各州禁止奴隶制度。少数先进政治家和人道主义者在竭力唤醒白人的良知，反对奴隶制度。19世纪初，一些人道主义者发起遣送黑人返回非洲的事业。1817年成立的"美国殖民协会"在西非购置了几片土地。1847年，被遣送到那里定居的几千名黑人建立了利比里亚共和国。但是，由于遣送花费甚巨，这项事业难以扩大。

到19世纪30年代，一些坚决主张废除奴隶制度的人（废奴主义者）展开斗争，形成废奴运动。1832年，"新英格兰反奴隶制协会"成立。翌年，全国性的"美国反奴隶制协会"（又称废奴社）成立。到1837年，北方共有废奴组织2000个。1840年时，参加"废奴社"的人数约有15万～25万人，包括工人、农民、黑人和妇女。其中起领导作用的是知识分子和宗教界人士。在废奴运动的高潮中，女作家哈里特·比彻·斯托夫人发表了小说《汤姆叔叔的小屋》（旧译《黑奴吁天录》）。小说生动地展示了黑奴的悲惨生活，具有强烈的感染力。小说出版后风行欧美，在它的感召下，英国有50万妇女在声讨美国奴隶制宣言上签名。

废奴派还组织了帮助南方黑奴逃亡的"地下铁道"。北方的"乘务员"将南方的"乘客"（黑奴），经过一个个"车站"（废奴派的住所），秘密转送到北方或加拿大。据估计，参加这项工作的有3万多人。被称为地下铁道主席的利维·科芬在1826—1860年帮助3.3万名黑奴获得自由。著名的黑人女英雄哈丽特·塔布曼只身潜入南方19次，先后救出300名黑奴。

　　北方的资本主义自由劳动制度与南方的奴隶制度在本质上是互相对立的。随着经济的发展，北方和南方的矛盾日益尖锐起来。

　　在关税问题上，北方资产阶级要求提高关税，保护本国年轻的工业。政府在1816年制定保护关税法，1828年又提高关税45%。但是南方的棉花主要输往英国，换取英国廉价工业品。南方种植园主发起反对"可憎的税率"的抗议运动，并提出"否认原则"，即否认联邦政府有权干涉各州重大事务。南卡罗来纳州甚至以脱离联邦相威胁。1832年，政府只得取消一些进口商品的高税率。

　　西部新开发领土的建州问题引起南北双方更大的冲突。南方种植园主极力扩张种植园经济，因此要使新建州成为蓄奴州。北方资产阶级和农民则要发展白人自由劳动制度，在新建州内禁止奴隶制度。新建州是作为自由州还是蓄奴州加入联邦，还关系到北方资产阶级和南方种植园主谁能控制参议院的问题，因为在参议院中各州的议员都是两名。

　　1819年密苏里地区建州，申请加入联邦。南北双方经过激烈争执，于1820年通过《密苏里妥协案》，确定密苏里州为蓄奴州，同时从马萨诸塞州划出一个新州——缅因州作为自由州；规定北纬36°30′以北永远禁止奴隶制。矛盾暂时得到缓和。

　　1849年加利福尼亚建州，制定了禁止奴隶制的州宪法。南方种植园主不顾他们一贯坚持的每个州有权处理内部事务的原则，拒绝加州加入联邦，并再次以南北分离相威胁。在国会中，南北双方代表再次发生激烈争论，达成《1850年妥协案》，确定加州作为自由州加入联邦，但规定国会要制定一部严峻的《逃亡奴隶法》，允许在全国缉捕逃亡奴隶，惩办拯救和收藏逃亡奴隶者。

　　1854年，为在密苏里河以西的"处女地"修建铁路和吸收移民，国会决定在这一地区建立堪萨斯和内布拉斯加两个州。这一地区位于北纬36°30′以北，按规定不准蓄奴。但是在奴隶主的压力下，国会通过了《堪萨斯-内布拉斯加法案》，规定新州的奴隶制问题由当地居民"自决"。这实际上等于取消了《密苏里妥协案》对奴隶制的地域限制，使南北双方的矛盾更激化了。

　　为了争夺这块处女地，奴隶主们纷纷越过密苏里河来到堪萨斯。北部的普通劳动者也竞相迁居到这里。1855年3月举行了立法议会的选举。南方组织数千人涌入堪萨斯，把大叠选票塞入投票箱。选出的议会立即制定了维护奴隶制的法律。10月，自由民代表另行召开议会，制定了反对奴隶制的法律，堪萨斯出现了两个对立的政权。1856年5月，奴隶主袭击了自由移民的一个定居点。自由移民开始武装起来，同奴隶主展开战斗。武装冲突持续了半年之久，是为"堪萨斯内战"，成为美国内战的序幕。

　　在堪萨斯内战中因率先进行武装斗争而闻名全国的废奴主义者约翰·布朗，

准备用武装起义摧毁奴隶制，在阿帕拉契亚山区建立一个废奴主义共和国。1859年10月16日夜，布朗带领16名白人（包括他的3个儿子）和5名黑人在弗吉尼亚的哈普斯渡口举行起义，占领一座军火库，拘捕一批奴隶主，并开始发动黑奴。次日，当地民团和海军陆战队陆续开来，展开激战。布朗的两个儿子先后牺牲，布朗负了重伤。18日下午起义失败，布朗等6人被俘。12月2日布朗及战友被处以绞刑。布朗的殉难激起北方广大群众的悲愤，也推动了原来持非暴力观点的废奴派领袖们的思想转变。他们宣布，反奴隶制斗争"经过30年'思想起义'阶段，现在已进入'武装起义'的新阶段。……哈普斯渡口便是今天的来克星屯"。

二、林肯当选总统和内战爆发

在《堪萨斯-内布拉斯加法案》通过后，国内政治力量进一步分化和改组，形成民主党和共和党对垒的局面。

美国全国性政党起源于18世纪末。1796年大选时出现了两个竞选的政党。一个是由汉密尔顿和约翰·亚当斯领导的联邦党，一个是由杰斐逊领导的民主共和党。联邦党在1800年大选失败后，逐渐衰落，1816年瓦解。1828年，民主共和党分裂，一部分组成民主党，另一部分以后演变成辉格党。除1840年和1848年选出的总统出自辉格党外，民主党一直把持着总统职位。民主党越来越受南方奴隶主的支配。

共和党于1854年成立，以反对奴隶制扩张为宗旨。它逐渐包容了大多数原辉格党人、一部分分裂出来的民主党人以及其他反对奴隶制的人。

1860年大选时，共和党在竞选纲领中提出"不再让给奴隶制一寸新的土地"，保护关税等主张，并许诺实行"宅地法"，给每个移民免费分配一小块公共土地。共和党推出的总统候选人是林肯。阿伯拉罕·林肯出生于肯塔基一个农民家庭。他自幼参加劳动，当过雇农、船工、店员、乡村邮务员以及土地测量员的助手。他刻苦自学，钻研法律。后来当上律师。他4次当选为伊利诺伊州的议员，当选过国会众议院议员。他对美国的民主制度抱有信心，并竭力维护联邦的统一。他主张限制奴隶制的扩张，认为这样会使奴隶制逐渐萎缩、消亡。

共和党的竞选纲领和林肯的出身、品德赢得广大工人、农民、废奴派和资产阶级的支持。林肯于1860年11月当选为美国第16届总统。林肯当选意味着共和党反奴隶制扩张的纲领势在必行。南方各州不愿受制于北方，立即采取了分裂行动。从12月起，南卡罗来纳等7个蓄奴州相继宣布退出联邦。1861年2月，7州代表开会，宣布成立"美利坚联众国"即"南部同盟"，制定了宪法，选举了"总统"。

3月，林肯在白宫就职。4月，南部军队炮击和占领了联邦军驻守的萨姆特要塞。林肯遂下令征募志愿兵，号召保卫联邦政府。内战开始了。内战爆发不久，又有 4 个蓄奴州加入南部同盟。南部同盟将首都设在弗吉尼亚的里士满。

三、内战的进程

从南北力量的对比看，北方占有优势。它占有 3/4 的领土，拥有 2 200 万人口，工业产值在 1860 年占全国的 92%。南方只占有 1/4 的领土，人口 900 万，其中黑奴占 350 万，工业产值很低。但是，内战初期，南方占有军事优势。南方在战略上处于防御地位，且有维护奴隶制的共同目标，因此投入了全部物力和人力；南方早就酝酿分裂，战备比较充分；南方奴隶主为了防范奴隶暴动，平时都有军事方面的训练，联邦军队中许多干练的将领是南方人，林肯当选总统后，他们纷纷南下，参加叛乱。这些条件使南方得势于一时。

林肯政府最初对战争的艰巨性估计不足。4 月、5 月两次征兵，服役期限仅为 3 个月。7 月，匆忙组织起来的联邦军在进攻中遭到惨败。林肯政府开始清醒。国会授权林肯征召 50 万志愿军，服役期为 3 年或整个战争期间。

联邦政府为消除叛乱，维护国家统一，采取了进攻性战略。联邦军一方面实行"长蛇计划"，力图从海上到密西西比河将南方封锁起来；另一方面"进军里士满"，攻占南部同盟的首都。这样，除海上封锁外，在陆地上主要形成了以波托马克河流域和弗吉尼亚州为中心的东战场和以密西西比河与田纳西河为中心的西战场。东战场是主战场。

在东战场上，到 1862 年底，罗伯特·李指挥的南部同盟军多次挫败联邦军。

在西战场上，格兰特率领的联邦军以及其他联邦军接连取得胜利。到 1862 年底，除维克斯堡和哈得逊港以外，密西西比河已处于联邦军控制之下。

美国内战受到欧洲的关注。英、法都想借机干涉。1861 年，英国表示承认南部同盟为交战一方，并准备对北方开战。但是，英国工人在全国各地召开群众大会，反对干涉。英国政府挑起战争的企图未能得逞。

林肯政府在战争开始后奉行的基本政策是反对分裂，维护联邦的统一。这一战争的目标鼓起了北方广大人民群众的爱国主义热情，赢得了北方部分民主党人的支持，并使得西南边境上的 4 个蓄奴州继续留在联邦之内。林肯政府坚持"根据宪法原则"进行战争，回避南方各州奴隶制的存废问题，拒绝黑人参加联邦军作战。这在当时是正确的，有利于维护联邦的统一。

共和党中以史蒂文斯和萨姆纳为首的激进派支持林肯政府进行的战争，而且要求扩大战争目标，马上宣布废除奴隶制以及采取革命措施，包括武装黑人、镇压反战活动、撤换贻误战机的将领和采取坚决的军事行动等。各地群众也纷纷集会、游行，向政府递交请愿书，要求解放奴隶。

为了争取战争的胜利，林肯审时度势，果断地采取了一系列革命民主措施。1862 年 5 月，他颁布了北部广大劳动者渴望已久的《宅地法》，规定一切忠于联邦的成年人交付 10 美元登记费，即可在西部领取 160 英亩土地，耕种 5 年后就成为这块土地的主人。这个法案鼓舞了广大劳动者参战的热情。他们知道，战争的胜利是实现《宅地法》的先决条件。1862 年 7 月，林肯签署《没收法案》，宣布没收叛乱分子的全部财产，解放他们的奴隶。

1862 年 9 月，林肯发表了震动世界的预告性的《初步解放宣言》，宣布自 1863 年 1 月 1 日起，所有南部叛乱各州种植园主的奴隶应当被视为自由人；赋予这些黑人在陆海军服役的权利。1863 年 1 月 1 日，正式的《解放宣言》发表。宣言明确了内战的真正性质，公开提出了战争的第二个目标：消灭奴隶制。这标志着"根据宪法进行战争"阶段的结束，内战进入第二阶段。

林肯还发布了严厉镇压反战通敌活动的公告。据此，先后逮捕了 1.3 万多人，对于安定后方起了重要的作用。1863 年 3 月，国会通过《征兵法》，取消由各州政府召募志愿兵的制度，改为由联邦政府直接征兵，凡 20～45 岁的男子都有服兵役的义务。新征兵法使联邦军队的数量从 1862 年的 55.6 万人增加到 1863 年的 91.8 万人。国会于 1862 年还制定了征收累进所得税法案。这样就使富人负担了较多的战争费用。

林肯政府的这些措施深得民心，对战局的转变产生了积极影响。工人、农民和黑人积极参加联邦军作战。1863 年 7 月初，东战场上南北两军在葛底斯堡会战。这是内战中最大的一次战役。联邦军歼灭了敌军主攻部队。同时，在西战场上，雅克斯堡和哈得逊港的南方守军被迫投降。联邦军完全控制了密西西比河。战争形势扭转了。

1864 年林肯任命战功卓著的格兰特将军为联邦军总司令，西线由谢尔曼指挥。谢尔曼从田纳西州挥师挺进，夺取了佐治亚州首府亚特兰大。随后开始"向海洋进军"，横越佐治亚中部，一路扫荡，留下一条长 300 英里、宽 60 英里的焦土地带，在年底占领了滨海的萨凡纳。在东战场上，格兰特率领大军南下，与罗伯特·李角逐苦战，起到了牵制敌人主力、支援谢尔曼的作用。1865 年初，谢尔曼挥师北上与格兰特会合，完成了对南部同盟心脏地区的包围。4 月初，面对优势的联邦军，罗伯特·李被迫放弃里士满，但退路已被截断。4 月 9 日，罗伯特·李率残部 3 万余人向格兰特投降。不久，各地南方军队相继放下武器，历时 4 年之久的内战结束了。

四、重建南方

内战结束后，南方面临着建立各州新政权以领导政治改革和社会复兴的工作。这也关系到消除南北对立的根源。早在 1863 年底，林肯就向国会提出一份《大赦重建宣言》。《大赦重建宣言》规定，一切参加叛乱的人，只要宣誓效忠联邦、承认废除奴隶制，都可以得到赦免；只要有 10% 的选民举行效忠宣誓，就可以举行选举，成立新的州政府；剥夺少数南部同盟高级军政官员的选举权和担任官职的权利，但恢复其除奴隶之外的财产权。这个方案坚持了维护联邦统一和废除奴隶制这两个原则，对南方叛乱者极为宽大，但没有给被解放的奴隶以选举权。

1864 年底北方进行大选，林肯再次当选总统。1865 年 4 月 11 日，即罗伯特·李投降后两天，林肯发表公开演讲，阐述其重建南方的方针。私下里，他开始考虑让有知识的和参加过内战的黑人享有选举权。

4 月 14 日，林肯在华盛顿福特剧院看戏时，被暗杀致死。林肯的猝亡引起美国千百万人的哀痛。各国进步人士和劳动人民也为失去这位伟大的"奴隶解放者"而感到痛惜。马克思在为第一国际总委员会起草的吊唁信中写道："他是一位达到了伟大境界而仍然保持着自己优良品质的罕有的人物。这位出类拔萃和道德高尚的人竟是那样谦虚，以致只有在他成为殉难者倒下去以后，全世界才发现他是一位英雄。"❶

林肯去世后，副总统安德鲁·约翰逊依法继任为总统。他在 1865 年 5 月公布了一个与林肯的重建方案相似的《大赦宣言》。《大赦宣言》还规定，原南部同盟的高级军政官员可以申请特赦。结果，绝大多数申请者都获得特赦。

南方各州重新建立了州议会和州政府，其中多数或全部成员都是前叛乱分子，包括不少前南部同盟的高级军政官员。他们制定了一些压迫黑人的法律，总称《黑人法典》。还有一些白人组织了三 K 党等恐怖团体，秘密或公开地虐杀黑人和进步白人。在这种情况下，约翰逊竟然建议国会承认南方重建已经完成。

南方反动势力的猖獗和约翰逊总统的纵容，激起了黑人和北方人民的不满。1866 年 3 月，共和党激进派促使国会通过《公民权利法案》，规定一切在美国出生的人和归化美国的人（不纳税的印第安人和外侨除外）均有完全的公民权。该法案被约翰逊否决。6 月，国会再次通过该法案，是为《宪法第 14 条修正案》。南方有 10 个州拒绝批准该修正案。1866 年秋，共和党激进派在国会选举中取得了压倒多数的席位。1867 年，国会不顾约翰逊的反对，通过重建南方的方案，宣布对南方 10 个州实行军事管制；重新选举各州政府；剥夺前叛乱分子的选举权；赋予黑人以选举权。1868 年，格兰特将军当选总统。格兰特基本上执行了激进派的重建纲领。

1867 年 3 月重建法案付诸实施。南方 10 个州重新选举了州议会和州政府。各州主要权利掌握在白人激进派手中。有些黑人当选为议员和副州长。这一时期，南方州政府被称为"黑白混合政权"。各州政府废除《黑人法典》和过去的奴隶法，颁布了《黑人公民权利法案》。在社会经济方面，各州政府奖励工商业发展，拨款资助铁路建设，对低利润企业实行免税，同时提高土地税。此外各州还厉行教育改革，实施普通义务教育。黑人中出现了学习文化的热潮，到 1880

❶ 《马克思恩格斯全集》第 16 卷，109 页，北京，人民出版社，1964。

年文盲率降到 70%。

种植园主不甘心失败，竭力恢复白人至上的地位。在白人数量大大超过黑人的州，民主党通过合法方式很快重新掌握了政权。在其他州，种植园主用经济力量和社会影响打击和排斥白人激进派。三K党等种族主义组织发展很快，对黑人进行极其残忍的报复，至少有 5 000 名黑人被杀死。各州"黑白混合政府"逐渐瓦解了。

到 1876 年大选时，民主党已能够在全国范围内向共和党挑战。共和党内要求与南方和解的保守势力也日益加强。在选举中，两党因舞弊问题发生争执，最后达成妥协。1877 年共和党候选人出任总统，然后撤销对南方的军事管制。民主党控制了南方全部政权，民主重建时期结束。

从此，"黑人问题"交由南方自己处理。南方各州用各种借口限制黑人的权利。三K党等也肆意横行。以后，南方实行一整套种族隔离政策，一些州还剥夺了黑人的选举权。黑人被置于公然受歧视的地位。

尽管如此，北方在内战中打败南方仍然有着巨大的影响。南北战争是美国历史上唯一的一次内战。列宁指出，美国内战具有"极伟大的、世界历史性的、进步的和革命的意义"❶。

第七节　日本明治维新

一、明治维新的历史背景

德川时代（1603—1867 年）的日本是一个封建制国家。在德川幕府统治的初期，日本仍然是自给自足的自然经济占统治地位。由于社会生产力的发展，从 18 世纪中叶起日本农村的自然经济开始向商品经济转化，并逐渐产生了资本主义萌芽。

在德川时代，日本农业的发展虽然仍较缓慢，但取得的成就还是比较显著的。耕地面积和农产品产量都有大幅度增长。在此基础上，商业性农业也有了一定发展，经济作物的生产在农业中占的比重显著提高。特别是靠近大城市（大阪、京都等城市）的一些地区，棉花和其他经济作物的种植面积在 19 世纪上半期已超过稻米的种植面积。农村手工业也迅速发展起来，并逐渐同农业分离。随着商业性农业和农村手工业在全国范围内的广泛发展，商品交换关系也日益频繁起来，并初步形成了以大阪为中心的全国市场。

在商品经济发展的基础上，开始产生了资本主义萌芽。以商人为代表的商业资本直接控制生产，是日本资本主义因素产生的一条重要途径。以大阪附近的棉织业中心河内为例，在 19 世纪中期出现了许多经营"木棉寄屋"的包买主，他

❶ 《列宁选集》第 3 卷，564 页，北京，人民出版社，1995。

们收购农村手工业者的产品，再转售给大阪的棉布批发行。商业资本进一步控制生产的形式是"换棉"和"出机"。"换棉"即商人供给皮棉，由农村手工业者纺成纱或再织成布，商人按成品数量支付现款，或分给一部分产品作为工资。"出机"是指商人供给棉纱和织机，由手工业者在家里织成布匹，商人则按成品多少支付工资。后来"出机"资本家便设立自己直接经营的手工工场，从贫苦农家招募"机织下女"即女工从事生产。幕末，由包买主直接控制生产从事资本主义家庭劳动的经营方式，已得到比较广泛的发展。资本主义的手工工场也陆续在缫丝、丝织、棉织、陶瓷、酿酒、造纸等生产部门出现。在经济较为发达地区的一些生产部门，如浓尾、泉州地区的棉织业部门，工场手工业已开始占据统治地位。

由于受到封建制度的种种限制，总的说来幕末日本资本主义的发展水平还是不高的。资产阶级尚处于形成的初级阶段，他们虽然还没有能力领导革命，但对现存的旧体制是不满的。商品经济的发展还导致新兴地主阶层的出现。一些农村的富裕农民、商人高利贷者和手工工场主通过抵押或典当的方式非法占有农民的份地，转化为地主。他们或者雇佣工人自营耕作，或者把土地出租给佃农征收封建地租，同幕藩封建领主之间也存在许多矛盾。这些被称为"豪农豪商"的资产阶级与新兴地主，后来成为倒幕维新运动的社会基础。处于幕藩领主封建统治下的广大农民是反封建的主要动力。在德川时代日本共发生 2 809 次农民暴动。幕末农民暴动更加频繁，仅 1801—1867 年就爆发了 1 169 次，在推翻幕府统治的斗争中起了非常重要的作用。

19 世纪中叶日本能够成功地进行一场资产阶级革命的另一个原因，是日本的封建制度异常僵化，缺乏自我调节的机制，统治阶级内部矛盾重重，从中分化出一支主张变革的力量——资产阶级化的下级武士，代替资产阶级充当了革命的领导者。

在德川时期，占统治地位的是幕藩领主土地所有制。幕府禁止土地买卖，新兴地主的土地所有权无法得到法律的承认。因此，领主阶级不仅不能将他们包容进自己的队伍之中，相反却将其推向反对派的怀抱。就国家的政治体制而言，日本是一个封建的幕藩制国家，它既有作为中央政权的幕府，又在地方保留了由领主——大名自行统治的二百几十个藩国。一些藩国的领主，主要是外样大名，对幕府的统治心怀不满。这不仅会导致领主阶级的公开分裂，而且为倒幕势力进行反对幕府的活动提供了方便条件。在幕藩体制下，日本除实际上的全国最高统治者将军外，还存在着形式上的国家君主——天皇。他虽被剥夺了统治大权，但历史的传统使他仍具有强大的精神影响力，可以成为革新势力反对幕府统治的有力政治工具。在德川时期，日本在选拔和任用官吏方面，实行的是世袭门阀制。幕府和诸藩的各种官职，均依武士等级身份的高低来分配。"权门武士"把持了政府要职，一些门第较低而富有才干的下级武士则无缘获得较高的职位，对上层武士产生了强烈的不满情绪。因此，幕藩体制和武士等级的内部充满了各种矛盾，这一方面使幕府的统治易于陷入孤立的地位，另一方面又便于在旧统治营垒中分化出一支主张变革的力量。

在德川时期，全体武士的年均收入为 35 石，下级武士的收入自然要比这个数字还低得多。从 18 世纪中期起，在商品经济的冲击下，将军和大名"皆感国用不足"，常采用削减甚至停发下级武士俸禄的手段来解决自己的财政困难。对门阀制早已怀有不满情绪的下级武士，由于经济地位的急剧恶化而"恨主如仇"。这就使武士等级内部的矛盾进一步激化。大批下级武士为生活所迫不得不从事手工业生产以维持生计。他们的实际阶级地位也随之发生变化，逐步转化为同幕藩体制相对立的小商品生产者。另外，下级武士中经营商业或组织资本主义家庭劳动的也不乏其人；有的则以从富商家族中收容养子的方式出售自己的武士身份，或者是同富商通婚，甚至过继给他们做养子，来解救自己的经济困难。这就使他们同资产阶级发生了密切的联系，两者在经济利益上逐渐趋于一致。此外，还有一些下级武士改业为教师、医生等，补充了知识分子队伍。他们中间有些人就学于兰学家❶，接触了西方的资产阶级文化，并深受兰学家的朴素民主思想和富国强兵主张的影响，产生了走资本主义发展道路的朦胧愿望。正是通过上述途径，部分下级武士的社会经济地位和世界观逐渐地向资产阶级方面转化，成为资产阶级的政治代言人。这就使日本能够在资本主义和资产阶级尚未成熟的条件下，成功地进行一场资产阶级革命。

就国际环境而言，明治维新是在日本面临沦为半殖民地的严重威胁下爆发的，这一外部条件催化了这场革命的提早发生。

1853 年，美国海军准将培里率一支船队来到日本江户湾的浦贺港，要求日本放弃锁国政策，同美国友好相处，缔结通商条约。在武力威胁下，幕府被迫接受了美国国书，答应在 1 年内给予答复。1854 年 2 月培里再次率船队来到浦贺港。3 月幕府被迫在神奈川同培里举行谈判，签订了《日美和好条约》。这是日本同外国签订的第一个不平等条约。随后，英、俄、荷等国也先后援例同日本签订了类似的"和好条约"。1856 年 8 月，美国任命的驻日本总领事来到下田，同幕府进行谈判。他利用英、法在中国发动的第二次鸦片战争进行恫吓，终于迫使幕府于1857 年 6 月签订了《日美条约》。1858 年 7 月又逼签了《日美友好通商条约》。同年，英、法、俄、美也同日本缔结了通商条约。因为这些条约均签订于安政五年，通称"安政五国条约"。西方国家通过这一系列不平等条约，不仅迫使幕府同意开港通商，还取得如下特权：领事裁判权、片面最惠国待遇、认定关税权、

---

❶　兰学即西方启蒙学说和文化知识。日本人首先从荷兰人那里得知，故名兰学。

建立居留地权等等，使日本的国家主权遭到破坏。从 1859 年 7 月起，日本据约正式开港通商，成为西方资本主义国家的商品销售市场和原料供应地，社会经济遭到严重破坏。

日本被迫开国的结果，进一步加剧了国内的各种矛盾，对革命的爆发起了催化作用。首先，幕府因屈服于西方殖民者的武力威胁而被迫开国，暴露出它的腐朽和虚弱。开国所带来的严重民族灾难与社会灾难，又使幕府成为众矢之的，陷于孤立，甚至在统治阶级内部也发生了严重分裂。这就使幕府已无法再按老样子统治下去。其次，开港通商给广大人民群众带来了深重的灾难，因而反封建的斗争空前高涨，1863—1868 年共发生 370 次农民起义和市民暴动，其中仅 1866 年便发生 141 次。由于开国而受到打击的工商业者和下级武士也积极行动起来。尊王攘夷派和倒幕派就是以他们为社会基础而形成的。最后，严重的民族危机以及随着开国而逐步加深的对西方资本主义国家的了解，使一些出身于下级武士的有识之士逐步认识到在日本"采取资产阶级的生产方式"的必要性，为此就必须首先以武力打倒幕府的反动统治。他们从爱国主义的立场出发，走上了资产阶级革命家的道路。正是他们成功地领导了倒幕维新运动。

二、倒幕运动

幕府在开国问题上屈辱和无能的表现，引发了早已不满幕府专制统治的强藩大名主要是西南外样大名的反幕活动。他们乘机抬出天皇，围绕缔结通商条约和因将军家定后嗣而引起的继承人问题对幕府施加压力，以图改革幕政、参与中央政权。于是，在封建统治阶级的上层发生了公开的对立。一些主张改革的志士和浪人，也标榜"尊王攘夷"，积极配合强藩大名进行反幕活动。但幕府竭力维护它的专制统治，拒绝实行任何让步。1858 年 7 月，主持幕政的大老井伊直弼一意孤行，未经天皇批准便与美国签订通商条约同意开港贸易。同时他还决定由血统最近的德州庆福继任将军（就任后改名家茂）。接着就在 1858 年 10 月至 1859 年发动"安政大狱"，逮捕了从事反幕活动的志士百余人，将倒幕维新运动的先驱者吉田松阴等处死。主张幕政改革的一些公卿和大名也受到了处罚。为了替被害者复仇，水户和萨摩两藩的 18 名志士于 1860 年 3 月 24 日在江户的樱田门外刺死了井伊直弼，给予幕府的专制统治以强烈的冲击。"安政大狱"和"樱田门之变"是幕府专制势力同反幕势力之间公开冲突的开端，从此斗争便日趋激化了。

井伊的后继人久世广周和安藤信正为缓和封建统治阶级内部的矛盾，巩固幕府的统治地位，策划将天皇的妹妹嫁给将军家茂，实现以幕府为中心的"公武合体"❶。强藩大名也接过"公武合体"口号，以萨摩藩主之父岛津久光为首，积极推进他们自己的公武合体运动。目的是利用天皇的权威，迫使幕府进行改革，

---

❶ "公"指朝廷，"武"指幕府。

建立以将军为首的雄藩联合政权，使整个幕藩领主阶级联合起来，共同克服所面临的内外危机。但因受到坚决维护幕府专制制度的反动势力的阻挠，以雄藩大名为主导的公武合体运动虽曾在 1862 年 7 月和 1863 年底迫使幕府作出一些让步，但终于还是破产了。

在两种对立的"公武合体"运动交错展开的同时，以西南强藩的下级武士为主体、得到"豪农豪商"支持的尊王攘夷运动也迅速兴起。对领导这一运动的具有资产阶级倾向的先进分子来说，尊王是借"王政复古"之名，行改革幕府专制制度之实；攘夷则已不是盲目的排外运动，而是为了反对列强的殖民侵略政策，维护国家和民族的独立。他们一方面通过尊攘派公卿三条实美等人把孝明天皇争取过来，并利用他的权威迫使将军同意在 1863 年 5 月 10 日（阴历）开始实行攘夷；另一方面又鼓动天皇"亲征攘夷"，企图借机发动政变，举兵讨幕。5 月 10 日傍晚，长州藩的尊攘派率先实行攘夷，炮击了通过下关海峡的一艘美国商船，随后又炮击了法国和荷兰的军舰。但长州藩很快就遭到美、法两国军舰的报复。1864 年 9 月英、美、法、荷 4 国组成联合舰队，再次炮击长州藩的下关（史称"下关战争"），长州藩惨败后宣告投降。

在攘夷遭到失败的同时，尊攘派的反幕活动也受到挫折。孝明天皇虽然是个狂热的攘夷分子，但他不愿使封建秩序遭到破坏，暗中把尊攘派的政变计划告诉了幕府。于是幕府便联合公武合体派大名，于 1863 年 8 月 18 日（阴历）先发制人，用武力把以长州藩下级武士为主力的尊攘派尽行逐出京都，史称"八一八政变"。而早在同年 7 月，长州藩尊攘派的著名领袖高杉晋作便被藩政府起用，负责守卫下关以防西方列强进行报复。他建立一支由下级武士和农民、市民组成的武装队伍——奇兵队，到 1864 年已发展到 4 000 余人，在经济上得到豪农豪商的有力支持。此外，长州藩还出现了一些效仿奇兵队而建立的名目繁多的武装队伍，泛称为"诸队"。随着军事力量的增加，长州藩的尊攘派产生了急躁冒进的情绪。为了报"八一八政变"之仇，他们不顾高杉晋作的反对，于 1864 年 7 月（阴历）向京都发起进攻，在宫门外与幕府军发生激战，结果遭到惨败，史称"禁门之变"。幕府随即联合萨摩藩的公武合体派发动第一次征讨长州藩的战争，企图一举消灭尊攘派的势力。长州藩的保守派借机重新掌握了藩政实权，并向幕府谢罪投降。幕府在同尊攘派的斗争中取得了暂时的胜利。

在下关战争、"八一八政变"和"禁门之变"中遭到的挫败，使长州藩尊攘派认识到，在与外国武力相差悬殊的情况下，实行攘夷是轻率无谋的；只有推翻幕府的反动统治，实行"开国进取"的方针，使日本真正富强起来，才能维护国家和民族的独立。为此，必须"联合草莽志士"，建立巩固的根据地，实行"武装割据"并进一步在全国范围内组织倒幕阵线，以实现武力倒幕。正是基于这种认识，倒幕便取代攘夷成为尊攘派的首要战略目标，尊攘派也就开始转化为倒幕派了。

1864 年 12 月（阴历），高杉晋作等人以藩内最大的商业城市下关为据点，依靠豪农豪商和人民群众的支持，发动武装起义，夺取了落政实权。随后，他们就在"富国强兵""殖产兴业"和"开港贸易"的近代化方针指导下，大力推行政治、经济和军事等方面的改革，努力把长州藩建设成为"割据倒幕"的根据地。这时，萨摩藩的实权人物西乡隆盛和大久保利通等人也因岛津久光的公武合体路线失败，转化为倒幕派。这就使萨、长两藩开始接近。因此，当幕府打算再次发动征讨长州的战争时，萨摩藩不但表示拒绝参加"私战"，而且经土佐藩报本龙马从中斡旋，在 1866 年 1 月（阴历）与长州藩结成倒幕的军事联盟。萨长联盟的建立改变了幕府与倒幕派之间的力量对比，倒幕派开始占据优势。

幕府一意孤行，于 1866 年 6 月（阴历）悍然发动了第二次征长战争。但因萨摩藩拒绝参战，幕府直辖地的农民起义风起云涌，以及长州藩全体军民的奋勇抵抗，幕府遭到失败。在战争进行期间，德川家茂突然去世，德州庆喜继任将军职。1867 年初，他接受法国公使的建议，进行军事和财政改革，以图重振幕府的权威。与此同时，萨长两藩也在积极进行讨幕战争的准备。英国看到倒幕势力壮大，决定支持他们倒幕，积极出售武器给他们。不久，安艺藩加入讨幕联盟，土佐藩也约定响应，进一步扩大了倒幕阵营。这时，人民群众的反封建斗争席卷了包括京都、大阪、横滨、江户等大城市在内的幕府管辖区；幕府的根据地关东一带农民起义连绵不断，幕府统治势力薄弱的边远地区斗争更加激烈。这一切使幕府统治发生了根本的动摇。在这种形势下，德州庆喜采取以退为进的策略，于 1867 年 10 月 24 日（阴历）向朝廷提出辞职报告，将"大政奉还"于天皇（孝明天皇已于 1866 年底死去，15 岁的太子睦仁即位，即后来的明治天皇），企图以此来剥夺倒幕派起兵的借口，继续维持其反动统治。

但是，萨长两藩的倒幕派并未因此而动摇。他们向京都集结兵力，于 1867 年 12 月 9 日（阴历）发动宫廷政变，以天皇名义发布"王政复古"大号令，并正式成立设有总裁、议定和参与 3 种官职的新天皇政府。当晚新政府举行会议，决定让德州庆喜"辞官纳地"，即交出"兵马之权"和领地、领民。德川庆喜不甘心失败，立即奔赴大阪，纠集幕府军向京都进发，于 1868 年 1 月 3—4 日（阴历）同以萨长为主力的政府军在京都附近的鸟羽、伏见发生激战。幕府军失败后，德川庆喜由海上逃归江户。4 月（阴历），政府军兵临江户城下，德川庆喜被迫开城投降。占领江户后，政府军继续征讨东北地方的叛乱诸藩，于 10 月初平定了这一地区。第二年 3 月又出兵北海道，在 5 月 18 日（阴历）攻下幕府残余势力固守的军事要塞五棱部。历时 1 年半的国内战争以政府军的全面胜利而结束，统治日本长达 265 年的德川幕府终于被彻底推翻。因这场战争发生在农历戊辰年，史称"戊辰战争"。

三、明治政府的资产阶级改革

　　1867 年 12 月倒幕派在发动"王政复古"的政变时，建立了以天皇（1868 年 9 月改年号为明治）为首的"三职"政府。从 1868 年 4 月（阴历）起，又改行"太政官制"，一直到 1885 年始为内阁制所代替。在明治政府建立之初，显要职务均由亲王、公卿和藩主担任，但政府的实权并不掌握在他们手中，实际负责处理政务的主要是出身于下级武士的倒幕派领袖。他们在中央政府的不断改组中，逐渐排除了官居显位的公卿和藩主。1871 年后，除太政大臣三条实美和右大臣岩仓具视是公卿外，担任参议和省卿（相当于部长）的实权人物，几乎都是萨、长、土、肥 4 藩的倒幕派领袖。

明治天皇

　　早在 1868 年 3 月（阴历），刚刚成立的明治政府便宣布了它的政治纲领——《五条誓文》，其内容未能完全摆脱封建思想的影响，甚至还具有一些军国主义的色彩，但却表明了新政府改革封建旧制度和积极向西方学习的决心。因此，这是一个引导日本走上资本主义发展道路的资产阶级改革纲领。然而，对于采取什么样的具体步骤，仍然是模糊的。于是决定到西方去考察。1871 年 11 月（阴历），明治政府派出以岩仓具视为特命全权大使，木户孝允、大久保利通、伊藤博文等为副使的大型使节团赴欧美考察。使节团通过考察加深了对西方社会的了解，进一步认识到，为了日本的独立富强必须实行全面的改革，并找到一条在日本发展资本主义的切实可行的道路。归国后，大久保等人于 1873 年 10 月掌握了政府实权，建立起所谓"大久保体制"，进一步推进了资产阶级改革。

岩仓使团

明治政府实行的资产阶级改革包括以下几个方面：

1．"奉还版籍"和"废藩置县"

1869 年 6 月（阴历）新政府利用在戊辰战争中获得全面胜利的有利形势，诱使各藩藩主自动"奉还版籍"于朝廷，把藩主变为藩知事（地方官），剥夺了他们对土地和人民的领有权。1871 年 7 月（阴历）又以武力为后盾，宣布"废藩置县"，免除全国各藩知事的职务，一律迁往东京居住；废除藩制，把全国划分为 3 府 72 县，由中央政府任免知事。这就一举夺得地方政权，消灭了封建割据，形成中央集权的统一国家，并在事实上废除了封建领主土地所有制，成为维新运动中一次深刻的革命性变革。

2．废除封建身份制度和取消武士特权

在"奉还版籍"时，新政府就废除了公卿、诸侯之称，改称华族，一般武士改称为士族和卒（后一部分编入士族，一部分编为平民）。1872 年 3 月，正式确定皇族、华族、士族和平民的身份制，在幕藩体制下处于被压迫等级的农、工、商和贱民一律称为平民。随后，又逐渐剥夺了旧统治等级所享有的各种特权，废除了对平民的各种封建性限制，并准许华族、士族与平民通婚，实现了形式上的"四民平等"。

旧统治等级——武士的特权主要包括：统治权、封建财产特权和垄断军职的特权。在推翻幕府的统治和夺得地方的政权之后，明治政府又废除了一般武士均可对平民"格杀勿论"的特权，从而彻底剥夺了武士等级过去享有的统治权。在幕藩体制下，将军和大名作为土地所有者均享有向领地内的农民征收封建年贡的权利，隶属于他们的武士也通过领取俸禄的形式参与了对农民的剥削。这成为新政府的一项沉重的财政负担。于是它便逐渐减少俸禄总额，最后于 1876 年 8 月用发给"金禄公债"的方式赎买了武士所享有的这种封建财产特权。武士垄断军职的特权也早在 1872 年随着征兵制的实行而被剥夺了。这样，武士作为一个特权等级被消灭了。其上层因领到高额的"金禄公债"，转化为地主和资本家；广大的下级武士则沦为小商人、自由职业者或出卖劳动力的无产者。

3．土地改革

在废除封建领主土地所有制的同时，新政府便着手确定土地所有权。1868 年 12 月（阴历）新政府宣布："各村地面均应作为农民占有之土地。" 1872 年 2 月（阴历）又明令解除幕府颁布的永世禁止土地买卖的禁令，宣布"自今以后，允许四民买卖和私有"。同年 7 月（阴历），进一步通告在全国丈量土地。发给土地的实际所有者以土地执照，确认其土地所有权。接着在 1873 年 7 月发布"地税改革法令"，规定：取消过去封建贡租按村摊派，由实际耕种者缴纳的办法，改为由持有土地执照的土地所有者交纳；不再以土地收获量作为征收贡租的标准，改为以土地的法定价格为标准。废除贡租按四公六民、五公五民等不同税率征收的规定，新地税的税率一律定为地价的3％。此外，政府还按地税的1/3向土地所有者征收附加税——村费；将旧税法水田交纳实物、旱田交纳货币或实物的规定改为一律用货币交纳。上述一系列土地改革措施，使日本的土地所有制发生了革命性变革，幕藩封建领主的土地所有制被彻底废除，自耕农和新地主成为合法的土地所有者，大体上确立了适应资本主义发展的近代土地所有制。明治政府实行的土地税制也属于近代税制，地税额虽不下于封建时代的贡租，但却成为明治政府初期资本原始积累的重要来源。

4.“殖产兴业”

岩仓使团通过对欧美各国的考察认识到，迅速建立近代大工业是日本的当务之急。大久保利通回国后，立即设立内务省，亲自担任内务卿，大力推行殖产兴业的政策。政府利用国家的资金，采用引进外国先进技术和设备的方式，创办了一批官营的“模范工厂”，“示以实例，以诱导人民”，目的是把私人资本引向发展近代工业的道路。为加速工业化的进程，政府在1880年又发布“官业下放令”，将官营企业转让给同它密切勾结并因而拥有特权的大资本家。在政府的大力扶植和保护下，从80年代中期起在日本出现了早期工业革命的热潮。它几乎扩展到一切主要产业部门特别是以纺织业为中心的轻工业部门发展得最为迅猛。经过10年左右的时间，近代大工业便首先在这一部门占有了统治地位。

5.“文明开化”

文明开化是明治政府在19世纪70—80年代推行的学习西方资本主义国家的教育、文化科学、生活方式等，借以改造日本封建文化，建立资本主义精神文明的文化运动。教育改革在文明开化运动中占有非常重要的地位。为培养建设资本主义新国家所需要的政治家、科技人才、产业工人和军人，新政府取消了以儒学为中心的封建教育，效法西方国家建立了包括小学教育、中学教育、实业教育和高等教育的近代学校体系，并努力在全民范围内普及初等教育。在政府的文明开化政策影响下，一些洋学家和思想教育界名流于明治六年（1873年）成立了研究和传播西方民主思想的学术团体——“明六社”，创办机关刊物《明六杂志》，积极宣传改革思想，提倡自由主义、欧化主义，对日本人民进行启蒙教育。明治政府还采取一系列具体措施，如“改历”“易服”“剪发”等，以改革封建时代的风俗习惯，提倡西方人的生活方式。

6.制定宪法和召开国会

明治政府虽然在社会经济和文化教育等领域实行了一系列的资产阶级改革，但它的统治方式却是专制主义的，从而引起社会各阶层的不满。从70年代中期至80年代后期，在日本掀起一场要求开设国会、制定宪法的群众性政治运动，即自由民权运动。在人民斗争的压力下，明治政府于1889年颁布了帝国宪法，1890年召开了第一届帝国议会。虽然人民还享受不到一般的资产阶级民主，但毕竟确立了有着君主立宪形式的资产阶级国家体制，使统治者在施政时不得不经过一定的法律程序，比之于"朕即国家"的绝对专制还是一个很大的进步。

总之，通过倒幕维新运动，基本上完成了资产阶级革命的历史任务，使日本由封建国家转变为资本主义国家。

第十三章 资本主义世界体系初步形成

工业革命和适应工业资本主义发展的改革与革命，使世界资本主义的力量得到极大的加强，改变了它与封建势力的力量对比。随着一批大国跨入资本主义时代，资产阶级各国对全世界的征服活动也加强了。它们在征服过程中既给各殖民地、半殖民地人民带来巨大的灾难，又将资本主义的因素带到了所有被征服地区。这样，通过若干国家从封建制度过渡到资本主义制度和资本主义列强对世界各地大片土地的征服这样两条基本途径，全世界被卷入了资本主义的浪潮。就是说，不管自愿与否，都纳入了资本主义的轨道。于是，一个资本主义的世界体系初步形成。它的形成伴随着奴役和血腥的暴力，然而却反映了历史发展的大趋势。

第一节 西方列强的殖民扩张

一、列强殖民扩张的趋势

开辟新航路和发现美洲大陆后，西欧国家开始掀起了海外殖民活动和争夺殖民地的狂潮。15—16世纪，葡萄牙和西班牙按不同的方式建立起近代早期殖民帝国。17世纪新兴的荷兰崛起，从事海外殖民活动，一度成为垄断海上贸易的霸主。继荷兰之后，法国和英国也开始进入殖民争夺的行列，它们的足迹遍及亚洲、非洲和美洲。

从18世纪末到19世纪20年代，欧洲和美洲的政治局势发生了剧烈变化，直接影响了殖民活动和殖民地占有的格局。在欧洲，大多数国家都卷入了拿破仑战争。英国作为拿破仑的首要对手，同法国进行了全力厮杀。一些传统的殖民国家荷兰、葡萄牙、西班牙等，都曾被法国占领或合并。这些情况就造成了海外殖民活动在那个时期里处于低潮状态。

在美洲，政局发生了更大的变化。1775—1783年的美国独立战争使英国丧失了北美 13 个殖民地。对殖民制度打击更为严重的是拉丁美洲独立战争。经过这场革命战争，除古巴、波多黎各、圭亚那等地外，拉丁美洲绝大多数国家取得了独立。葡萄牙和西班牙两个早期殖民帝国已完全衰落。在这段时期里，荷兰也丢失了大部分海外殖民地。

拿破仑帝国的崩溃，使法国几乎丧失了全部海外殖民地。此后，由于国内政局的动荡，法国无力顾及海外。1830 年七月王朝建立后，才在有限的程度上重新开始海外殖民活动。到第二帝国时期，法国的殖民扩张大为加强起来。在非洲，1830 年法国派 3 万大军侵入阿尔及利亚，到 40 年代中期初步征服阿尔及利亚。40 年代，法国还在象牙海岸建立殖民据点。50 年代扩大了塞内加尔殖民地。60 年代占领加蓬沿海地区，建立了几内亚殖民地，并宣布对达荷美沿海实行"保护"。60 年代初，法国势力开始渗入摩洛哥和突尼斯，取得一些特权。

在亚洲，法国于 1844 年 10 月强迫中国签订中法第一个不平等条约——《黄埔条约》（即《中法五口贸易章程》），获得很多特权。1857 年法国参加了英国发动的第二次鸦片战争。1858 年、1860 年法英等国强迫中国签订不平等的《天津条约》和《北京条约》。同时，法国于 1858 年同其他国家一起，强迫日本签订不平等条约。1858 年法国发动侵略越南的战争，1862 年 6 月，强迫越南签订第一个西贡条约，占领了越南南部。1863 年又强行宣布柬埔寨为法国的"保护国"。此外，在 40 年代法国占领了太平洋岛屿塔希提·马克萨斯。

19 世纪中期，美国也进行了一些海外侵略活动。它在亚洲迫使中国、日本签订了若干不平等条约，包括 1844 年 7 月《中美望厦条约》、1858 年 7 月《中美天津条约》、1868 年 7 月《中美续增条约》、1854 年 3 月《日美和好条约》、1857 年 6 月《日美条约》和 1858 年 7 月《日美友好通商条约》。

在这个期间的西方资产阶级征服世界的活动中，殖民扩张表现突出的是英国和俄国。

二、英国殖民帝国的形成

17 世纪中期至 18 世纪中期，英国在早期海外殖民争夺中，先后打败荷兰和法国，确立了海上霸权，成为当时最强大的殖民国家。18 世纪末 19 世纪初，当欧洲和美洲的政局发生巨大动荡时，英国除失去北美 13 个殖民地外，其殖民势力不仅没有被削弱，反而利用一切机会扩展了地盘。1801 年它正式兼并爱尔兰；1806 年把南非的开普地区置于自己的统治之下；从 1807 年起，多次发动对西非阿散蒂的侵略战争；1808 年宣布塞拉利昂为直辖殖民地。在维也纳会议上，英国夺得的战利品最多。

维也纳会议后，特别是 20 年代以后，随着工业革命的基本完成，英国资产阶级更加紧了海外殖民扩张。英国殖民者于 1819 年取得新加坡，1824 年占领马六甲，1839 年侵占亚丁，1842 年占有香港，1846 年取得纳塔尔（南非），1846

年占领拉布安（北婆罗洲）。与此同时，英国加紧征服印度，发动对缅甸、阿富汗的侵略战争，用炮舰轰开了伊朗、中国的大门，强迫日本开放门户。19 世纪30—40 年代，全印度已有 500 多王公同英国签订同盟条约，成为东印度公司各种形式的藩属国。这时，印度尚未被征服的地区只有信德和旁遮普了。1843 年英国发动了对信德的战争，将其吞并。1845 年 12 月，又发动对旁遮普锡克教国家的战争，到 1849 年 3 月兼并旁遮普。至此，英国完全占领了印度。

18 世纪末 19 世纪初，英国在占领印度东部的孟加拉地区后，开始策划向与孟加拉接壤的缅甸扩张。1824 年 3 月英国发动第一次侵缅战争，迅速占领仰光、勃固等重要城市。1852 年 4 月英国发动第二次侵缅战争。1862 年英国把两次侵缅战争中占领的领土合并为英属缅甸，称为下缅甸，划为英属印度的一个省。

阿富汗地处中亚西部，战略地位十分重要。1838 年秋，英国纠集万余军队分两路大举侵入阿富汗。由于遭到阿富汗人民的强烈抵抗，战争以英国的失败而告终。1855 年 3 月英阿签订条约，宣布双方尊重阿富汗现存边界。

进入 19 世纪后，战略地位十分重要的伊朗成了欧洲列强争夺的对象。英国与法国，特别是与俄国进行了激烈的角逐。在 1800—1841 年，俄国先后 4 次强迫伊朗签订不平等条约。随后，其他列强也援例同伊朗签订类似条约，使伊朗沦为半殖民地。1856 年 10 月伊朗出兵占领阿富汗西部的赫拉特（被称为通往印度的大门）。英国以保卫赫拉特不受俄国和伊朗的侵犯为口实，立即向伊朗开战。但由于不久印度局势紧张，同时又爆发了中英第二次鸦片战争，使英国不得不暂时放弃进一步侵略伊朗的野心，1857 年 3 月英伊双方缔结和约。

英国由于担心法国等国的争夺，在 19 世纪 30 年代宣布对整个澳大利亚享有主权（早在 1788 年澳大利亚就成为英国流放犯人的殖民地），40 年代又宣布对新西兰享有主权。与此同时，英国加强了对非洲的侵略和扩张活动。50—60 年代，它加紧对埃及进行渗透，取得一系列特权。1856 年强迫摩洛哥签订不平等条约。1861 年占领了拉各斯（尼日利亚）。在这同时，英国在南非的殖民扩张活动引起了同布尔殖民主义者的矛盾和斗争，并出现了对南非历史有重大影响的布尔人"大迁徙"运动。

综上所述，19 世纪是英国积极向外进行殖民扩张的时期，这时期英国在海外所拥有的殖民地比其他列强要多得多。1860 年它占有的殖民地面积已达 647.7 万平方千米，1880 年更增至 1 944.3 万平方千米，相当于本土面积的 82 倍。它已成为世界最大的殖民帝国。

三、沙皇俄国的对外扩张

早在彼得一世时期，俄国就大力向外扩张。叶卡捷林娜二世在位时，继续推行这一政策，并通过发动对邻国的侵略战争占领了大片土地。19 世纪上半期更是俄国疯狂对外扩张的重要阶段。列宁说："19 世纪俄国政策的宗旨就是要建立一个世界帝国。"❶ 1809 年，它从瑞典夺得芬兰，作为一个省并入俄国版图。在 1806—1812 年的俄土战争后，俄国夺取了比萨拉比亚，将国境扩张到普鲁特河和多瑙河河口，并获得在多瑙河的贸易航行权。1804 年俄国侵入伊朗，于 1813 年迫使伊朗将里海西南岸地区割让给俄国。根据 1815 年维也纳会议的有关决议，俄国攫取了原来拿破仑控制的华沙大公国的领土，成立了由沙皇兼任国王的波兰王国。

维也纳会议后，俄国的西部边境已同普鲁士接壤，暂时稳定下来。在这之后，它主要着力于向南和向东扩张，不断对土耳其、伊朗、中亚和中国发动侵略战争，扩张领土。1826—1828 年，它发动第二次俄伊战争，夺得南高加索，索取赔款 2 000 万卢布。1828—1829 年俄土再次爆发战争，俄国夺得多瑙河三角洲岛地和黑海东岸绝大部分地区，黑海海峡对俄国商船开放，还获得在土耳其境内的领事裁判权和对塞尔维亚、多瑙河两公国的保护权。

19 世纪初，在中亚的土尔克斯坦形成了浩罕、布哈拉和希瓦等三个汗国。从 1864 年起，俄国开始向中亚发动大规模进攻。到 1875 年完全侵占了中亚的三个汗国。

此外，俄国对中国东北和西北地区领土的扩张活动也在不断加强，到 70 年代，共抢占中国领土约 150 万平方千米。在同一时期，它还于 1856 年援例强迫日本签订不平等条约，取得各种权益。俄国的扩张与西方国家有所不同。首先，它不是占有殖民地，而是直接将所占领土并入本国版图。其次，在它吞并的地区里，并未带来新的资本主义的因素。严格说来，它的扩张活动还不是资产阶级征服世界的组成部分。到俄国进入资本主义时代之后，性质才逐渐发生变化。

第二节 "东方问题"和克里米亚战争

由维也纳会议所建立、由神圣同盟所维护的欧洲政治秩序，是对法国大革命的一种反动。这种反动秩序既企图扼杀方兴未艾的资产阶级革命和改革的浪潮，又强行压制各民族的意愿，粗暴地分割和合并各国领土。因此，它为自由主义所不容，也为民族主义所不容。在一段时期里，欧洲的国际关系常围绕着维护或打破维也纳体系而展开。19 世纪的资产阶级革命和改革终于把维也纳会议所尊奉的正统主义原则摧毁，也在很大程度上破坏了旧的政治格局。希腊争得独立、法国七月革命推翻正统王朝、比利时成为独立国家、法兰西第二帝国建立、意大利实现统一、德意志实现统一、奥匈二元制帝国的成立等等，将维也纳体系完全粉碎了。20 年代在国际关系中曾出现过的那种现象，即神圣同盟为维护反动原则而举行国际会议并决定由某国出兵镇压革命运动的现象，成了历史的陈迹。最终证

---

❶ 《列宁全集》第 54 卷，765 页，北京，人民出版社，1990。

明，所有各国政府在处理国际关系时决策的依据，并不是什么神圣的原则，而是自己的利益。

维也纳会议后影响国际关系的另一个重要因素，是工业革命的开展以及由此引起的殖民扩张的狂热。在这一活动中最为典型的英国，在制定其对外政策时遵循的完全是民族利己主义。对于欧洲大陆，它坚持维护均势政策。还在维也纳会议期间，它所设计的欧洲大陆政治格局便是均势：在俄国和法国之间建立起四分五裂的德意志作为缓冲地带；而在德意志内部又维持普鲁士与奥地利之间的势力均衡。后来欧洲局势发生剧烈动荡，维也纳体系被打破，但它的均势政策仍在坚持着，而且同争夺海外殖民利益结合起来。1833年俄国利用援助土耳其对埃及作战的机会，迫使土耳其同它签订条约，取得俄军舰自由出入黑海海峡的权利。条约为期8年。英法两国对此深感不安，明确表示不予承认。不久，英法两国为争夺在埃及的利益发生矛盾。英国为反对法国在埃及占有的优势，同时又想接近土耳其，阻止俄土条约1840年期满后再延长，于是就挑拨土埃关系，促成了1839年第二次土埃战争的爆发，英国趁机拉拢俄、奥、普等国共同支援土耳其，于1840年与土耳其签订了伦敦条约。条约规定，土耳其需要时，列强共同保护黑海海峡和伊斯坦布尔。还规定埃及总督（帕夏）应承认土耳其素丹的最高统治权，埃及总督（同时兼管叙利亚）在法国支持下拒绝了伦敦条约。英国联合奥地利于当年9月进攻叙利亚，于11月将统治叙利亚的埃及势力赶走。同时英国海军又直接进攻埃及，强迫埃及承认了自己是土耳其的藩属。在这场角逐中排斥了法国之后，英法又联合起来对付俄国。1841年7月，在由英国倡议召开的伦敦国际会议上，英、法、奥、普、俄5国签署了海峡公约，规定由各大国共同保护土耳其，在和平时期一切外国军舰均不得通过黑海海峡。这就将俄国已得到的权利予以取消。英国在维持东欧、西欧的均势政策中，为自己争得了利益。

从这一过程中不难看出，争夺海外殖民利益是国际关系中的一项重要的内容；列强间互相防止任何一方过于强大，是国际关系中又一个特点，以黑海海峡为核心的所谓"东方问题"，是列强间的矛盾焦点之一。

所谓"东方问题"就是列强为争夺已衰落的奥斯曼帝国的"遗产"而引起的国际争端，其中以争夺黑海海峡为核心。伦敦条约和海峡公约就是围绕这个问题而出现的。在争夺中失意的俄国仍然强烈地盼望称霸巴尔干地区，因而竭尽全力要取代奥斯曼帝国。1844年沙皇尼古拉一世访问英国时，在会谈中就公开地说："土耳其已是垂死之人了……它一定会死掉。"他主张在进行瓜分时，由俄国控制黑海海峡，英国控制爱琴海。英国则表示对埃及感兴趣。1848年革命的爆发使"东方问题"暂时搁置下来。俄国在革命中充当了欧洲宪兵的角色，帮助奥地利镇压了匈牙利革命，提高了自己的地位。这次革命后不久，俄国重新提出东方问题。俄国要独占海峡和伊斯坦布尔并称霸巴尔干，这是英国不能允许的。法国也不能容忍，而且还反对英国占有埃及。正是这些错综复杂的矛盾，导致了克里米亚战争的爆发。

从 50 年代开始的关于巴勒斯坦"圣地管辖权"的争端，成了引发冲突的导火索。"圣地管辖权"是指对基督教圣地耶路撒冷保留下来的著名基督教圣殿、教堂、钟楼和某些豁免权的管辖，教堂钥匙是管辖权的标志。长期以来，天主教会和东正教会在"圣地管辖权"问题上一直存在争执。沙皇尼古拉一世和法皇拿破仑三世为达到自己的政治目的而分别支持那里的东正教和天主教，致使冲突愈演愈烈。1853 年初，俄、法两国都对土耳其施加压力。土耳其素丹在法国压力下被迫把圣地教堂的钥匙交给了天主教会。尼古拉一世立即出面指责土耳其政府迫害东正教徒。他一面动员军队，一面派出特使，要求土耳其素丹承认其境内的 1 200 万东正教臣民受俄国保护。土耳其在英、法支持下拒绝了这一要求。1853 年 6 月，俄国派军队侵入多瑙河两公国摩尔多瓦和瓦拉几亚。10 月，土耳其正式向俄国宣战，俄土战争由此开始。

1853 年 11 月 30 日土耳其舰队在黑海南岸的西诺普被俄国舰队击溃。英、法两国以此为借口，于 1854 年 1 月 4 日把联合舰队开进了黑海。3 月 28 日英、法正式向俄国宣战。这样以俄国为一方，以英、法、土（后来又有撒丁王国参加）为另一方的克里米亚战争便开始了。

英、法参加克里米亚战争的目的，一方面是为了自己在东方的侵略需要，另一方面是为阻止俄国势力的过分扩张。但是它们还要维持欧洲大陆的均势，因而并不想给俄国毁灭性打击。于是，在把俄国打败后，很快就同它议和了。1856 年 3 月 30 日双方签订了《巴黎和约》。和约主要内容是：交战双方互相归还所占领土，共同保证奥斯曼帝国的独立与领土完整，素丹保证臣民的信仰自由，各国不得干涉奥斯曼帝国内政；土耳其与任何一方发生冲突时，将由其他各国进行调停；关闭达达尼尔和博斯普鲁斯海峡，黑海中立，沿岸禁止建立军火库；多瑙河航行自由；摩尔多瓦收回被俄国占领的比萨拉比亚南部，摩尔多瓦与瓦拉几亚两公国仍臣属素丹，但由各大国共同保护；塞尔维亚仍保留素丹驻军，但由各大国集体保护；阿兰群岛中立化；恢复俄土战前两国在亚洲的边界。

克里米亚战争是 19 世纪中期欧洲最重要的国际战争。《巴黎和约》是对沙皇俄国的沉重打击，一方面使它国内的矛盾尖锐化，不得不走上改革道路；另一方面也结束了它在国际舞台长期占有的"宪兵"地位。国际关系中的旧平衡打破了，法国在欧陆占优势的新格局建立起来。

第三节　近代殖民主义双重历史作用的初步体现

资本主义代替封建制度是社会发展的必然结果，是历史的一大进步。西方国家在确立资本主义统治过程中，其自身的发展规律要求它不断向外扩张，把世界上的一切民族和国家都卷到资本主义潮流中来。因此，资本主义建立其统治和形成为世界体系的过程，实际上就是西方殖民者不断向世界各地侵略、扩张并把一切落后民族和国家变为殖民地半殖民地的过程。这个历史过程不仅对西方资本主义国家的形成和发展有着重要的意义，而且也引起了东方各国社会的极为深刻的变化。

马克思在谈到英国对印度的统治时写道："英国在印度要完成双重的使命：一个是破坏的使命，即消灭旧的亚洲式的社会；另一个是重建的使命，即在亚洲为西方式的社会奠定物质基础。"❶ 马克思的这个精辟而科学的结论，既适用于英国对印度的统治，也适用于整个近代资产阶级殖民制度。这里所说的破坏性使命，当然是指对亚洲式也就是前资本主义的旧社会结构的破坏。西方殖民者在进行这种破坏性活动时，给东方殖民地、半殖民地人民带来了空前的灾难。这种灾难和破坏性是多方面的，是最残酷的一幕。

殖民者还通过在征服地公开洗劫国库珍宝，抢劫黄金、白银，勒索战争赔款，进行不等价交换，实行垄断贸易，商品专利，征收各种苛捐杂税等种种残暴的手段，掠夺了难以数计的财富。1757—1815年东印度公司从印度榨取的财富就达10亿英镑之多。

西方殖民者早期的殖民掠夺，基本上是资本原始积累时期的掠夺，它采用的方式既带有封建专制的野蛮性，又带有商业资本贪婪的特点。西方殖民者从东方掠夺来的大量财富，源源不断地流回本国，在那里转化为资本，促进了资本主义经济的发展，推动着工场手工业向机器大工业转变。

工业革命后，西方殖民者除保留原有的剥削方式外，更着重于销售商品，进一步把东方国家变为商品销售市场和原料产地。剥削方式的改变，给东方各国带来了更大的社会灾难。在廉价商品涌入下，摧毁了东方各国的手工业，大批手工业者破产，昔日繁荣的城市衰落了。英国殖民者直言不讳地承认："棉织工人的白骨把印度平原都漂白了。"与此同时，农业也遭到严重破坏，大片土地荒芜，饥荒不断发生。1770年孟加拉发生大饥荒，饥饿而死者达1 000万人，占孟加拉人口的1/3。19世纪前半期，印度先后发生7次大饥荒，约有150万人饿死。

综上所述，西方殖民主义的侵略和统治，掠夺和剥削，给东方各被压迫民族带来了前所未有的灾难，城市衰落，商业凋敝，田园荒芜，人民贫困化。按照马克思的说法，这些灾难仅仅破坏了社会的表面，殖民主义破坏性的更重要的表现，还在于它消灭了东方国家原有的前资本主义社会结构，即自给自足的自然经济以及它赖以生存的基础——农村公社。破坏自然经济，将这些地区缓慢地纳入商品经济的轨道，从发展的观点看问题，还是积极的。

---

❶ 《马克思恩格斯选集》第1卷，768页，北京，人民出版社，1995。

殖民主义的建设性使命就在于它实际上对东方社会进行了资本主义的改造。殖民者的统治和剥削，在客观上为殖民地半殖民地国家向西方式的资本主义社会转变创造了客观前提，奠定了必要的物质基础。就是说殖民主义对殖民地半殖民地国家的社会经济发展在客观上起了促进作用。以英国对印度的统治为例，这种促进作用主要表现在以下几个方面：首先，国家的统一为印度建立西方式的社会创造了政治上的必要前提。19世纪中期英国殖民者完全征服印度，最终结束了印度封建割据的混乱局面，实现了印度在政治上的统一。一支由新式武器装备的英印军队维护着殖民统治秩序，同时也维护着统一局面。殖民当局采取的修复和扩建公路，修建铁路，架设电报线，建立邮政系统，沟通贸易来往等措施，加强了印度各地区之间的联系，对巩固统一局面起了重要作用。印度已处在一个政府、一种法律和统一的关税管理之下。马克思认为，这种政治上的统一，"是重建印度的首要条件"❶。

其次，农村公社的解体和传统手工业的被摧毁，为印度的资本主义化创造了条件。英国统治印度后推行的各项政策，如改革土地税制度，商品输入和把印度变为原料产地等，在印度引起了深刻的社会变革。这一切不仅摧毁了农村公社和传统的手工业，破坏了自给自足的自然经济，使广大农民和手工业者破产；而且促进了商品经济的发展，使自由劳动力出现。马克思就此评论说："打破这种一成不变的原始形态毕竟是欧洲化的必要条件。"❷

最后，修建铁路必然要促进印度民族工业的兴起。英国殖民者为加速把印度变为工业品的销售市场和工业原料的产地，加紧在印度修建铁路网，兴办各种与铁路有关的工矿企业。按照马克思的说法，只要英国人"一旦把机器应用于一个有铁有煤的国家的交通运输"，它"就无法阻止这个国家自己去制造这些机器了"❸，甚至还将促进其他工业部门使用机器。因此，英国人的这些做法，在客观上为印度近代民族工业的兴起创造了有利条件。此外，英国殖民者为了经济掠夺的需要，在印度培训了掌握近代交通和手工业所需要的人才，于是在印度土著居民中成长起一个具有初步文化知识，懂得欧洲先进科技，并具有管理国家能力的新的知识分子阶层。

上述情况说明，近代殖民主义曾充当了历史发展的不自觉的工具。当然，它的双重历史作用并不是同步进行的。它首先体现出来的是破坏性，而且持续的时间很长，表现很残酷。它的建设性则往往是在较后的一段历史中才表现出来。一般说来到19世纪中期以后或更晚一些时间，东方国家才出现民族资本主义，而

---

❶ 《马克思恩格斯选集》第1卷，768页，北京，人民出版社，1995。

❷ 《马克思恩格斯全集》第28卷，272页，北京，人民出版社，1973。

❸ 《马克思恩格斯选集》第1卷，770页，北京，人民出版社，1995。

且是一个渐进的过程，往往不为人们所注意。然而，这种现象恰好说明近代世界终归是要走上资本主义道路的。

第四节　资本主义世界体系初步形成

一、资本主义制度的确立

资本主义制度同其他社会形态一样，有一个产生、发展和确立的历史过程。从欧美少数国家最早建立资本主义制度，到最终在世界范围内确立其统治并形成为世界体系，经历了长期、尖锐、复杂和反复的斗争过程。

16 世纪末，尼德兰爆发了反对西班牙的资产阶级革命，在欧洲建立了最早的资本主义制度。17—18 世纪，英国、英属北美殖民地和法国先后爆发资产阶级革命，在欧美少数国家建立了资本主义的统治。当时资本主义还处在手工工场时期，在世界上资本主义制度还只是一些孤立的据点，封建势力比资本主义要强得多，即使在欧洲，情况也是如此。

从 18 世纪 60 年代起，英国开始了工业革命。进入 19 世纪以后，美国、法国、德意志各邦国和其他国家，也开始了工业革命。工业革命促进了资本主义的进一步发展和向工业资本主义时代的演变。到 19 世纪 50—60 年代，在欧美和亚洲的日本，出现了民族、民主运动的新高潮。这些国家通过资产阶级革命、民族统一运动或改革等不同方式，走上了资本主义发展的道路。资产阶级民族民主运动的胜利，标志着资本主义制度的确立。

资本主义在欧美若干国家和日本的确立，是资本主义形成为世界体系的最重要标志。此外，这个体系还应该包括资本主义列强统治和控制的广大亚洲、非洲、拉丁美洲地区的殖民地和半殖民地国家。这里包括两类国家，一类是英国的自治殖民地如加拿大、澳大利亚和新西兰，英国人在这里建立了资本主义的殖民统治；另一类是其他殖民地和半殖民地，这些地区有的才刚刚出现民族资本主义关系，有的甚至还没有这种经济因素，但资本主义列强都把它们强行纳入到资本主义世界中来，成为资本主义世界体系中的一个重要组成部分。

二、资本主义世界市场的形成

在资本主义世界体系形成之前，实际上已经有了一个资本主义世界市场。

资本主义世界市场经历了一段相当长的时间才逐渐形成。进入近代之前，世界各大洲只有局部地区之间的交往。而且，只有个别强国的统治者出于"扬威"的心理，才进行这种远距离的活动。从经济政治的发展来看，那时并不需要进行世界范围的联系。只有资本主义商品经济才将这一需要提上日程，也只有资产阶级才具有这种力量。正是资本主义萌芽和资本原始积累的过程，使探索整个地球的活动首次付诸实践。新航路的开辟和地理大发现便是这一实践所取得的最初的巨大成就。

新航路开辟后，葡萄牙人掌握并控制了从欧洲经非洲到达亚洲的海上交通线，开始沟通了3大洲的贸易往来。印度尼西亚的香料、中国的茶叶和瓷器、印度的纺织品，开始通过海路运销到欧洲。与此同时，西班牙人控制了从欧洲到美洲的海运，美洲的白银、巴西的蔗糖源源运往欧洲。随后，荷兰人、法国人和英国人加入到这一殖民掠夺的行列中来，进一步推进了各大洲之间的贸易往来。随着西欧各国经济的发展，这种贸易日益密切和扩大。欧洲的大量工业品运销到拉美，而拉美又向欧洲提供农副产品和工业原料，如加勒比海地区和巴西沿海地带生产的蔗糖、咖啡、可可、稻米、棉花和其他热带产品。与此同时，欧洲人开始向美洲移民，并且以从非洲贩运黑奴来补充美洲劳动力之不足。另外，在西方殖民者同亚洲的早期贸易中，需要用白银来换取货物。这些白银大部分是从西班牙人手中转手得来的。而后者是从拉美掠夺来的。

随着各大洲日益频繁的贸易往来，国际性的贸易开始形成。1702—1772年英国的对外贸易额增长了两倍；1715—1771年法国对外贸易额增加了4倍多。这时对外贸易的格局也发生了很大变化。1770年前，英国的对外贸易大部分是同欧洲大陆进行的，到1775年时，其对外贸易的范围已扩大到世界各地，将近2/3的原料来源和贸易对象在欧洲以外的地区。随着贸易的发展，西欧出现了许多从事国际贸易的繁荣城市。伦敦垄断了英国对亚洲的贸易，是蔗糖贸易中心；利物浦是奴隶贸易的中心。阿姆斯特丹不仅控制了荷兰与亚洲、美洲的贸易，而且成了世界的商业中心和中介贸易转运站，法国、英国殖民地的产品经此地转运到中欧。里斯本支配着葡萄牙的对外贸易。加的斯控制了西班牙的国际贸易。此外还有法国的南特、波尔多等。

欧美各国工业革命开始以后，生产得到迅速发展，大大促进了国际的经济交往。欧洲的工业品大量销往美洲和亚洲，而亚洲和美洲向欧洲工业国提供工业原料和农副产品。经济交往的扩大，把世界各地的贸易圈连接在一起。到19世纪40年代，资本主义世界市场的雏形已大体形成。马克思指出："资产阶级社会的真实任务是建立世界市场（至少是一个轮廓）和以这种市场为基础的生产。因为地球是圆的，所以随着加利福尼亚和澳大利亚的殖民地化，随着中国和日本的门户开放，这个过程看来已完成了。"❶

19世纪50—60年代，欧美各国资本主义生产获得惊人的进展。工业革命的迅速发展，一系列新科学技术成果的应用，使工业生产突飞猛进，全面高涨。英国正处于资本主义发展的"黄金时代"，拥有无与匹敌的世界市场的垄断权。法国和德国在50—60年代增长速度更快。法国工业产值在20年间增长了两倍，国民收入增加了1倍。德国的工业在20年里大约增长了3倍。

---

❶ 《马克思恩格斯全集》第29卷，348页，北京，人民出版社，1972。

资本主义的迅速发展，大大改变了欧美国家的面貌。到 1870 年，这些国家已工厂林立，巨大的工业中心纷纷兴起。当时世界最大的城市伦敦已有居民 325.4 万人，巴黎有 185.2 万人，纽约为 147.8 万人，柏林为 82.6 万人（1871 年），由于城市和工业中心的发展，城市人口比例发生了显著变化。1870 年英国城市人口已占全国人口的 57%，法国占 31%，美国为 26%。

由于工业的发展和技术的进步，远洋运输和铁路建设大大发展起来。1838 年蒸汽轮船第一次横渡大西洋。到 60 年代，大西洋上每天已有许多固定航线的汽轮来往。英国轮船"勒维亚芬"号排水量达到 1.3 万吨，载客 4 000 人，乘务人员 600 人。同时，轮船也被用于军事，克里米亚战争期间已出现铁甲舰。从 50 年代开始，铁路建设进展迅速。1850—1870 年，欧陆和英国的铁路网由 3.8 万千米增加到 16.78 万千米。全世界铁路长度从 1840 年到 1870 年，由 8 000 千米增加到 20 万千米。1863 年伦敦建成了第一条地下蒸汽铁路。1851 年敷设了第一条联结英法的海底电缆。1861 年英、美之间的海底电缆也建立起来。

综上所述，到 19 世纪中期，世界贸易已基本上被几个大工业强国，首先是英国所控制。1860 年英、法、德、美 4 国工业产值在世界工业总产值中已占 66%；它们的对外贸易额在国际贸易总额中占 54%。它们向全世界供应工业制成品，又从世界各地购进原材料和食品。50 年代英国出口货物中工业制成品占 85%，法国占 67%。而在进口商品中，原材料和食品英、法分别占 94% 和 95%。在工业大国中，出口贸易在整个国民经济中的地位越来越重要，1871 年英国国民经济总产值中已有 46.5% 用于出口。总之，那时能够参与世界市场竞争的国家已有一定数量并分布世界各地；这些国家的经济结构中工业已占有完全的主导地位；对外贸易已成为它们经济发展中不可缺少的、影响巨大的组成部分；大量的殖民地、半殖民地已成为它们整个经济网络中的有机构成部分；独立的非工业国也不可避免地与工业大国建立了贸易关系。这些情况足以说明，一个资本主义的世界市场在 19 世纪中期基本上形成了。1857 年发生的历史上第一次世界性经济危机，从反面证明了世界市场的存在。没有世界性的市场就不可能发生世界性的经济危机。

资本主义世界体系和世界市场的形成，是分散的世界开始联成一气的表现，是人类社会亘古未有的现象。这是工业社会到来并开始改造传统农业社会的表现，是人类文明和人类社会自我完善过程中的巨大成就。

第十四章　19 世纪前半期的欧洲社会政治思想

　　工业革命引起了社会物质生活的巨大变动，使原来的社会政治结构不能适应这种新的经济环境了，于是改革和革命运动蜂起。社会变革所提出的新问题很自然地造成了思想界的激动不安。

　　法国大革命、拿破仑战争、复辟逆流以及随后出现的资产阶级民族民主运动，这些接连不断的政治大变动，前所未有地把欧洲各国广大的社会阶层卷入了社会政治斗争的旋涡。各个阶级、阶层和社会利益集团，都在工业革命和政治变动的冲击下重新组合，也都要在社会大浪潮中争取自己的地位和前途。

　　于是，进入 19 世纪后，各种学说就像雨后春笋般地涌现，产生了许多"主义"。在社会政治方面影响最大的是保守主义、自由主义、社会主义和民族主义。这些"主义"既是理论学说，又是社会运动。保守主义、自由主义和社会主义大体上是分属于土地贵族、资产阶级和工人阶级的意识形态。实际上具体情况当然比这要复杂得多。这里叙述的侧重点是理论学说。关于社会主义的发展情况，见第 15 章。

第一节　保守主义

　　保守主义是在法国大革命期间兴起的，是对革命运动的一种反动。保守主义思想家认为现存社会是上帝的意旨，主张服从权威，强调宗教的至上地位，强调社会的均衡、历史的连续性。

　　最早明确表达保守主义思想的是英国国会议员和政论家爱德蒙·伯克。他属于辉格党，一直主张削弱王权、批评英国政府的殖民地政策。但是法国大革命的爆发，使他感到震惊和愤怒。他于 1790 年发表的《关于法国革命的感想》一书，被公认为是保守主义诞生的标志，虽然该书没有使用保守主义一词。

　　伯克认为，法国大革命的错误在于，那些制宪者试图在一夜之间废除整个政治体系而代之以一个全新的体系；革命所采用的暴力的、违反传统的做法，背离和败坏了革命所要实现的那些自由的思想。他将革命的错误归咎于主张抽象的"天赋权利"的启蒙哲学。

伯克认为，政治制度以及社会一般的传统，构成集体智慧和文明的宝库，应受到尊崇。伯克特别捍卫宗教。他认为，宗教和传统是相互联系的，历史、世界文明就是对上帝意旨的展示。

伯克猛烈抨击法国革命的平等观念，认为人的等级和地位差别是世袭的、必要的。他还维护现存的私有制（特别是贵族和教会的财产），反对根据政治上的理由而没收财产。

伯克并非绝对反对改革，但是他认为改革必须是微小的，而且必须遵从该国人民的习惯。他主张以稳健的改革来维护传统。

《感想》发表后，受到各国反动势力以及保守分子的热烈欢迎。该书一版再版，风行全欧洲。法王路易十六亲自将它译成法文。

1815 年以后，保守主义在法国发展得最突出。波旁王朝的复辟分子首先使用了"保守主义"一词。保守主义的主要思想家是约瑟夫·德·迈斯特尔和博纳尔子爵。

迈斯特尔出身于贵族家庭，曾经拥护法国革命，但因反对 1793 年的革命恐怖而流亡，从此转向反动。他因撰写了《论教皇》等著作，在反动和保守阵营中声名鹊起。波旁王朝复辟后，他被召回法国，成为复辟王朝的主要理论家。博纳尔在革命期间也流亡国外，撰写了一系列拥护国王和教会的著作。复辟后被封为法兰西学院院士，并被授予子爵称号。

他们坚决反对整个启蒙学说。迈斯特尔表示，应该"绝对扼杀 18 世纪的精神"。他认为启蒙思想家制造了导致大革命的弊病的毒药。他甚至咒骂伏尔泰、卢梭以及英国的洛克都是罪犯。

为了重建法国的旧政治秩序，他们竭力证明共和国不适用于法国，只有绝对君主制才能保证政治上的安定。他们认为，社会的自然秩序是传统形成的，打破历史传统和阶级原有的地位就会导致混乱和腐败。他们特别强调教会的至上地位。迈斯特尔认为，教会应该是君主与个人自由之间的仲裁者。

19 世纪的保守主义思想家不仅反对大众民主，而且也反对工业社会，谴责城市生活的非人格化，怀念安定的农业社会，主张国家干预和控制资本主义的发展。他们对资本主义的批评后来形成一种封建社会主义。

第二节　自由主义

19 世纪的自由主义是自洛克以来的 17—18 世纪天赋权利哲学的继续和发展。它包括公民的各项基本自由权利，即私有财产和人身权利、思想言论自由、集会结社自由、经营企业和订立契约的自由等原则和理想。但是，进入 19 世纪后，资产阶级既要扫除封建势力的束缚，又畏惧法国革命恐怖时代重演，而且工人运动和社会主义学说的兴起，对资产阶级也形成一定的威胁。因此，他们要求用改良取代革命，同时强烈地反对国家干预经济生活，这些就构成了 19 世纪自由主义的新特点。

英国是工业化最早、最快的国家，自由主义在英国也获得最大的发展。英国的自由主义理论主要包括功利主义学说和古典政治经济学两部分。

功利主义学说的主要代表人物是耶利米·边沁。他的主要著作有《政府片论》和《道德与立法原理》等。边沁认为，旧的法律是适应当时的社会环境制定的，社会变化了，大部分旧法律已不合时宜，应该加以修改。修改法律的依据不应是抽象的、绝对的自然权利（天赋权利），而应该是"功利"。所谓"功利"就是指人们行为的结果带来的是快乐还是痛苦。他提出立法的原则应该是"最大多数人的最大幸福"。但是他又认为，社会利益只是一种抽象，是个人利益的总和，而个人利益才是唯一现实的利益，财产的安全是个人获得最大幸福的重要条件。他还认为，法律是以恶治恶的事情，不能滥用，要有限度。因此他认为，政府活动应限于保护人身安全和私有财产，不应干预经济生活。边沁毕生抨击英国法律中的落后和不合理成分。他鼓吹建立基于普选权和分权制的代议制政府，但并不主张给文盲和妇女选举权。

应该指出，边沁的功利主义哲学虽然宣扬利己主义，但并不主张个人享乐，而是带着一种清教徒式的冰冷色调。

19 世纪初英国的激进派都受到边沁思想的影响。新一代自由主义思想家约翰·密尔（旧译穆勒）修订了功利主义。密尔从小深受边沁思想的影响，政治上属于激进派，长期致力于国会选举改革，对宪章运动怀有同情。他涉足的领域较多，在逻辑学和经济学上都有贡献。他的主要政治著作是《论自由》和《代议制政府》。密尔自命为边沁的继承者，但他不再赤裸裸地宣扬利己主义，而是强调人们追求幸福时要平等地顾及一切人的利益。功利的标准不是行为者一己的幸福，而是一切与这一行为有关的人的幸福。密尔还从人类文明发展的角度论证个性自由。他认为老一辈功利主义者不是为了追求自由，而是为了追求效率而向往开明政治。而个性自由本身就有价值。它是人类幸福的首要因素之一，是人类文明的必要组成部分和必要条件。因此，政府和整个社会都应当以保护个人自由为目的。他特别强调思想和言论自由，认为压制意见会损害和限制人类的精神发展和社会进步。当然，直接导致危害行为的积极煽动是不许可的。密尔宣扬真正的"民主制"，主张建立既能满足多数人的要求，又能保护有教养的少数人利益和意见的代议制政府。为此不仅要扩大选举权，而且还应给有教养的少数人两票以上的选举权。他还主张给妇女选举权和在爱尔兰实行土地改革。密尔成为 19 世纪自由主义的杰出代表。

法国的自由主义是在反对拿破仑独裁统治尤其是在反对复辟时期极端派王党的过程中发展起来的。由于大革命恐怖主义的阴影笼罩着资产阶级的记忆，因此，既要保留大革命的基本成果，又必须抹去激进倾向，这样一种基调在法国自由主义思想中就表现得特别突出。自由主义几乎成为资产阶级利益的代名词。

在拿破仑时代，原路易十六的财政总监内克之女、著名作家斯塔尔夫人的沙龙，成为自由主义知识分子汇聚的中心。在这些人中间，邦雅曼·贡斯当成为复辟时期最著名的自由主义思想家。贡斯当极力宣传"人身自由、宗教自由、言论和财产的享用自由"。他反对君主专制和政治神权学说，但也反对雅各宾主义。他认为，大革命时盛行的平等是"全体受个人压迫"，而民主则是"独裁的普遍化"。在人民主权的名义下会产生最大的专制。他强调，自由是一种特权，只有有产者才热心维护秩序和正义；"使中间阶级（即资产阶级）得以管理政治事务"是"革命的最大收获"，应该巩固这种收获。他主张建立类似（1832年国会改革前的）英国的君主立宪制度，资产阶级通过议会来控制国家。

七月王朝实现和固守的正是贡斯当的这种理想。但这与法国大革命所培育的民主平等意识，与法国的社会经济演变必然发生冲突。某些自由主义者，如托克维尔，试图给自由提出更现实的理论依据。

阿列克西·德·托克维尔出生于保王派家庭，后来转向自由主义，对七月王朝持犹豫态度，1849年担任过第二共和国的外交部长。他的主要著作是《美国的民主》（1835年）和《旧制度与大革命》（1856年）。他考察了美国的民主政治，认识到，随着工商业的发展，世袭的财富不会一成不变，世袭等级也将不复存在。因此大众的平等愿望必将日益强烈。这种平等不是经济上的财富平等，而是人人都可以得到工作，都有尊严和荣誉，都有升迁的希望。由于人人平等，所以国家主权就应由全体成员来掌握。也就是说，与一个平等社会相适应的只能是民主政府。但是，他认为民主制度面临着两个危险：人民随心所欲代替政府做决定的无政府状态和权力集中于立法机构。作为贵族出身的自由主义者，托克维尔最关心的是如何使民主与自由并存。根据美国的经验，除了联邦制和三权分立外，他特别强调法制、地方自治和结社自由，主张发挥人民的自由力量来限制国家的干涉。

第三节　英国古典政治经济学

19世纪自由主义的经济理论是古典政治经济学。由于英国的资本主义发展处于领先地位，英国思想界对资本主义经济关系的研究也最充分。18世纪中叶，英国出版的经济学专著就数以千计。1776年，被誉为"经济学之父"的亚当·斯密发表了《国民财富的性质和原因的研究》（简称《国富论》），创立了第一个系统的政治经济学体系。此后几十年间，一些学者以斯密的继承者自居，发展和拓广斯密的理论。他们之中包括大卫·李嘉图、托马斯·马尔萨斯等。这些人的经济学说被统称为古典政治经济学。

英国古典政治经济学的学者用科学抽象的方法，论证了劳动价值理论。斯密明确提出了劳动决定价值的学说。他区分了商品的使用价值和交换价值，确认了创造交换价值的是一般社会劳动。李嘉图则进一步对价值决定于劳动时间的原理做了比较透彻的表述和发展。

他们相信资本主义商品经济的优越性，认为纯粹的市场经济是一种基于人的利己主义本性的"自然秩序"。斯密认为，所有的人都为追求他本身的利益而生产商品。由于一只"看不见的手"的作用，使所生产的商品满足了人们彼此的需求，从而促进了社会的利益。他所谓的"看不见的手"实际上就是市场调节规律。他认为，这种自然秩序比人为秩序优越得多。

他们提倡自由放任主义，反对国家干预经济活动。斯密认为："政府的全部管理艺术就在于给予人和物自由"，政府只应保卫国家、建立执法机构和维持无利可图的公共工程和公共事业，在其他方面则应无为而治，让"看不见的手"去发挥作用。他们主张完全的自由竞争和自由贸易，反对任何来自制度的经济垄断。斯密主要批判当时的重商主义思想和政策，要求废除干预对外贸易的法规，取消行会制度和特权公司。李嘉图则反对当时的农业保护主义。他从理论上论证，地租、工资和利润是成反比例运动的。地租增加只是一种价值转移，不能增加国家财富，反而会降低利润，影响资本家积累的兴趣。他主张，为了促进国家财富的增长，应该牺牲地主的利益，废除保护地主利益的谷物法。

古典经济学者认为，与工资、利润和地租相联系的工人、资本家和地主3个阶级的社会结构也是"自然秩序"。为了增加资本家的利润以促进生产力的发展，工人也得忍受暂时的苦难。

马尔萨斯则从人口角度对当时的社会贫困现象提出一种解释。他认为，人口规律也是一种"自然规律"。人口增长的趋势永远快于生产的增长。如果不加限制，人口总是按几何级数增长，而生活资料只能按算术级数增长。人口扩张到生活资料仅能维持生存的极限时，就会出现饥馑、战争和疾病。唯有"堕落"（包括避孕）、"灾难"和"自我抑制"才能遏制过度的人口增长。他认为，工人的失业和贫困只是由于人口太多了，在大自然的盛宴上没有多余者的席位。因此他反对政府的济贫法，认为这只能使人口增加，使问题更趋恶化。

第四节　德国古典哲学

由于德国政治经济落后，资产阶级软弱无力，进步思想基本上是在书斋里发展的。其主要成就之一是古典哲学。所谓古典哲学是指自康德以来到19世纪上半期的思辨哲学。德国古典哲学提出了包括认识论、本体论、伦理学、美学、法哲学、历史哲学以及政治哲学等领域的各种重大问题和范畴，是西方近现代哲学的发源地。社会政治现实是德国古典哲学家的一个基本关注的领域。他们的基本倾向是自由主义。

德国古典哲学的创始人是哥尼斯堡大学教授伊曼努尔·康德。他的主要著作是分别阐述认识论、伦理学和美学的《纯粹理性批判》、《实践理性批判》和《判断力批判》。他推翻了形而上学的独断论，构建了一个先验唯心主义体系。他区分了客观世界（"物自体"）和人的感觉表象，认为前者独立于人的意识之外，是超验的、不可知的，后者才是知识的泉源。他认为，人先验地具

康德

有一套认识形式（如因果关系），因而能够把感觉表象整理成知识。康德突出了人的意识的能动性，被后人誉为在哲学上实现了一次哥白尼革命。康德深受启蒙学者尤其是卢梭的影响，提出"人是目的而不是工具"的著名论点。但是他又认为，国家是社会生活的形式，人民对于国家最高统治只有服从的义务，没有反抗的权利。他强调道德自律，认为历史的进步取决于道德的完善。

康德以后，德国古典哲学经过费希特和谢林，在黑格尔的哲学体系中达到登峰造极的地步。

黑格尔

乔治·威廉·弗里德里希·黑格尔多年在大学任教。他创造了一个庞大的客观唯心主义体系，主要著作有《精神现象学》《逻辑学》《哲学全书》《法哲学》《哲学史讲演录》《历史哲学》和《美学》等。他的最大贡献是他所阐发的以巨大历史感作为基础的内容丰富的辩证法。在欧洲哲学史上，他第一个把整个自然的、历史的和精神的世界看作一个过程，认为它处于不断的运动、变化、改造和发展中，并试图揭示这种运动和发展的内在联系。但是，他的整个体系是唯心主义的。他把人的活动归结为精神活动，把整个世界的运动、变化、发展归结为绝对精神的异化和复归。黑格尔为了建立体系，宣布自己的哲学就是对绝对精神的认识，是绝对真理。这就与他所揭示的辩证法发生了矛盾。

黑格尔毕生关注政治，是一个保守的自由主义者。他从政治角度来划分人类

历史：绝对君主制的亚细亚时期、个人自由的古典时期以及综合了前两个时期的日耳曼欧洲时期，在后一时期个人自由和国家都获得发展。他认为，自由意志是人的本质，财产权是个人自由意志的集中表现。同时他认为国家是高于社会和个人的有机体，国家就是客观精神。他推崇君主立宪制，但强调君权，主张行政权由贵族来掌握。

黑格尔死后，他的学派发生分裂。老年黑格尔派保卫黑格尔的体系，宣扬神学唯心主义。青年黑格尔派注重黑格尔的方法，在哲学-宗教领域展开批判。一些最坚决的分子冲破了唯心主义，转向唯物主义。其中的著名代表是费尔巴哈。

路德维希·费尔巴哈建立了人本学唯物主义来与神学和黑格尔唯心主义相对立。他指出，上帝的观念是人的本质的异化，上帝是人的观念的投射，天国不过是人间未能实现的幻想的反映，宗教不过是人把希望寄托在来世的幻想。黑格尔的绝对精神不过是以精神的形式表现出来的上帝。费尔巴哈曾任大学讲师，由于发表批判灵魂不灭的著作，被反动势力驱逐出大学讲坛。他自 1836 年迁居乡村。因为环境闭塞，他的思想未能进一步发展。

第五节　民族主义

民族主义是 18 世纪、19 世纪之交的产物。作为一种思想主张，它包括两方面的内容：文化上，承认每个民族都有自己本民族的语言、历史和文化，承认保持、发扬这些文化传统的权利；政治上，主张建立各个民族统一的主权国家。

卢梭被认为是"近代民族主义之父"。他赞颂古希腊城邦国家的凝聚力，认为这种国家形式可以体现"公意"。他的主权在民（"民族"的全体成员参与和决定政治）思想成为民族主义的一条基本原则——民族自决。

另一位"近代民族主义之父"是德国思想家赫尔德，他在 1784 年发表的《人类历史哲学大纲》中提出一种文化民族主义思想。他认为，各个民族都有自己的文化，这种文化来自平民的生活。一种健康的文明必定表现出一种民族性，而每个民族的民族性都是该民族所独具的。各民族的文化都有同等的价值。

法国革命和拿破仑战争促使民族主义最终成型。法国革命期间，千千万万的法国人卷入了政治斗争。他们组成了"民族"，决定自己民族的命运。拿破仑战争传播了法国这种"民族国家"的形象，唤醒或激起了欧洲其他地区的民族意识。除了波兰的一些贵族爱国者、意大利以及少数国家的部分资产阶级指望拿破仑帮助恢复国家独立或实现国家统一外，欧洲各地的民族运动是作为拿破仑扩张主义的对立面出现的，既有保守主义的成分，也有自由主义的成分。

这个时期，明确表述民族主义思想的代表人物是德国哲学家费希特。他在 1808 年发表的《对德意志民族的演说》可以说是标志民族主义诞生的宣言。他认为，民族之所以是一个民族，根本在于民族精神。民族的复兴就其根本来说就是民族文化的复兴。他宣称，存在一种不可磨灭的德意志精神，这种精神优于法兰西和其他西欧精神。他认为，要保存和复兴德意志民族，就要保持这种精神的纯洁性，反对模仿和崇拜法兰西文化。只要通过教育，使德国人民意识到他们作为民族共同体的存在，发扬光大德意志民族文化，德国人就会在精神和物质上成为其他民族的榜样。费希特把德意志的统一和复兴同反对封建制度联系在一起。他甚至说，除非铲除掉各邦君主，德意志民族便根本不能诞生。

1815年以后，民族主义成为遍及欧洲的社会思潮和政治运动。在意大利、德意志、波兰、奥地利和土耳其帝国，各个政治上分裂或处于异族压迫下的民族都举起了民族主义的旗帜。民族主义和民主主义、自由主义交织在一起，民族民主运动此起彼伏。

民族主义在德国思想界得到了进一步发展。黑格尔认为，实现完善自由的完善国家是世界历史的目标，独立自主是一个民族最基本的自由和最高的荣誉。维护和保存国家的独立、自由和荣誉，是每个国家成员的根本义务。他主张由普鲁士王国来统一德国。而且他认为，德意志的统一和复兴只有通过战争才能实现。经济学家弗里德里希·李斯特提出"民族经济学"来与英国的政治经济学对抗。他认为，任何国家要变成文明社会，并使本民族的文化获得发展，就必须拥有本民族的城市、工厂、工业和资本。他热烈鼓吹建立德意志统一关税区、内部实现自由贸易，对外（主要针对英国）实行高额保护关税。

意大利革命家马志尼是欧洲最驰名的民族主义者之一。他献身于意大利统一和复兴事业。他认为，实现民族统一是一项神圣的事业，人类最美好的品德都将在其中得到体现。他也是一个国际主义者。在他看来，任何民族的使命都不是分裂和统治世界，而是实现民族间的合作和互助。

第六节　实证主义社会学

19世纪上半期出现了主张基于实证知识研究社会整体，建立"社会科学"的倾向。其奠基者和代表人物是奥古斯特·孔德。孔德出生于法国一个官吏家庭。他曾担任空想社会主义大师圣西门的秘书，后来与圣西门决裂，另创学派。他著述甚丰，主要有《实证哲学教程》《实证政治体系》等。

孔德反对神学，也反对"形而上学"的思辨哲学。他认为，只有实证的（即确切的、肯定的、有用的）知识即经验事实才有价值，才是科学的对象。科学可划分为抽象的科学和具体的科学。前者研究某一类现象的规律，后者则是在局部领域利用这些规律。抽象的理论科学有5门，即天文学、物理学、化学、生物学和社会学。

孔德首创的社会学包括两个部分：社会静力学和社会动力学。这表明他的两个基本思想：秩序和进步。社会静力学把社会视为一个有机的整体，研究保证社会和谐和秩序的社会机构——家庭、国家和宗教的结构与功能。社会动力学则研究社会体系的历史发展。孔德把社会进步分为以人类精神发展为标志的 3 个阶段：1300 年以前的神学阶段，1300—1800 年的形而上学阶段和 1800 年以后的科学或实证阶段。他认为，实证阶段的社会是按照"工业方式"组织起来的，资本家和无产阶级各尽职守、实现合作和博爱。他既反对资产阶级个人主义、自由放任原则及代议制民主，也反对侵犯私有财产。他主张建立一种膜拜"社会"（或"大我"）的实证教会，作为新的精神和道德权威，并依靠教士阶级的组织，维持社会秩序。

孔德生前虽已有一批弟子，但他一直处于穷困潦倒的境遇。他死后声名日彰，超越了法国国界。他所开创的实证主义哲学流派延续至今。他还被称为"社会学之父"。

第十五章　工人运动和社会主义运动的兴起

　　工人阶级（现代无产阶级）是工业革命的产物。工人阶级不是在工业革命起飞的时刻一下子形成的。工人由少量的互不联系的群体发展成人数众多的、意识到自己的共同经济利益和社会地位的阶级，经历了整个工业革命的历程，经历了由手工业劳动者到工业无产阶级的转变历程。

　　工业革命是在损害工人阶级和其他劳动者利益的情况下进行的。工人为了维护自身权利，走上斗争的道路。在斗争中，形成了阶级意识，建立了自己的组织，并从要求改善自身的经济和社会状况发展到要求政治权利，形成独立的政治运动。

　　工业革命开辟了社会转型阶段。这一阶段里，社会的经济、政治和意识形态都发生了剧烈的变化。工人阶级的斗争与整个社会的改革或革命交织在一起，因而具有激烈尖锐的特点。

　　英国的工业革命早于其他国家。在工业革命期间，英国工人阶级从自发斗争到独立的政治运动（宪章运动）的发展，对于各国工人运动具有原型的意义。当然，从19世纪30—40年代到1871年法国巴黎公社革命的西欧大陆的工人运动，并不仅仅是对英国早期工人运动的重复。除了各国的特点外，各种社会主义思潮的流传、第一国际的建立和活动，都使大陆的工人运动具有了更高的自觉性和组织性。巴黎公社作为工人阶级第一次夺取和组织政权的尝试，虽然不免失败，但仍提供了宝贵的经验。

　　同时期的英国工联主义运动并非工人阶级的蜕化。实际上，它再次领先显示了在大工业已经建立起来、资产阶级民主程度较高的先进国家里，工业无产阶级运动的和平特点。

第一节　早期工人运动

一、工人阶级的形成

随着工业革命的展开和资本主义大工业的建立和发展，在西欧各国先后形成一个人数众多的工人阶级。

工人阶级一部分来源于农村中的年轻人。工业革命前夕和初期，农村的生活比城镇更为单调和困苦。家庭手工业因竞争不过工场（厂）工业而没落。年轻人纷纷到城镇工厂去谋生。城镇中独立的手工业者也在工业竞争中大量破产，被迫受雇于工厂。从18世纪中期到20世纪初，欧洲处于历史上人口增长最快的高峰时期。工人的后代提供了工业发展所需要的大部分劳动力。

虽然严格地说，工人阶级是指在工厂、矿山等部门里操作机器的产业工人，但是，一般都将受雇佣剥削的手工业者也视为工人阶级的一部分。在19世纪上半期，在西欧各国，手工业工人占工人阶级的多数。如同资本主义生产正经历着从手工场到机器大工业的转变一样，工人阶级也处于从手工业工人到产业工人的转变阶段。

在英国，19世纪上半期，工人及其家属已经占据总人口的大多数。但是，典型的工人是公路、铁路、建筑工地和码头的临时工，或是小型工厂里的工匠或机械师（他们是熟练的手工业工人）。在自己家里对原材料或半成品进行加工的承包制工人也为数不少。即使在机械化程度最高的大纺织工厂里，直接操作机器的人也不占多数，而且其中大部分是女工和童工。这就是工人阶级刚形成时期的情况。

至于在同一时期的法国，由于工业革命进展比英国缓慢，程度上也明显较低，故而农村人口仍占全国人口的大多数。在一些大的工业城市中，如巴黎、里昂、波尔多等，则形成了一个人数众多的"无产阶级"。然而，其中真正的工厂工人要比英国少得多。"无产阶级"的主体仍然是手工工人，而且还有很多从事非熟练劳动的临时工人。

在其他经济比较落后的国家，工厂工人的数量就更少，大量手工工人依然是农村中的家庭手工业者。

二、工人阶级状况

19世纪上半期，欧洲工人阶级正经历着深重的苦难。与资产阶级的财富积累和上流社会的奢靡生活相对照，这种苦难就更加触目惊心。

工人的劳动条件极其恶劣。厂房狭小简陋，烟尘和其他漂浮物几乎使人窒息，安全设备很少或几乎没有，工伤事故频频发生。在越来越多的部门里，工人变成机器的简单附属品，每天要劳动12～18小时。虽然在当时和以前，手工业者和农民的劳动时间也很长，但毕竟有工序或季节变化。而工厂工人只能屈从于单调而繁重的机械操作。最令人同情的是女工、童工的处境以及矿井里的景况。为了不被扣除工资或解雇，女工怀孕后直到分娩前夕还在工厂里工作，因此常常造成流产，甚至在机器旁分娩，产后一星期甚至三四天就要回到工厂整日做工。七八岁甚至五六岁的儿童就进入工厂，每天至少工作 10～12 小时。甚至在矿井里面，除了成年男子外，也大量使用女工和童工。由于温度很高，工人往往要赤身裸体地工作。童工在坑道里匍匐爬行推动煤车。女工则背负着沉重的煤篮。瓦斯爆炸的事件几乎每天都有。据伦敦一家经济杂志统计，在 19 世纪 30—40 年代，英国每年有 1 400 名矿工丧生。

工人的工资十分微薄，而且经常面临失业的威胁。多数家庭仅能勉强维持生活。英国工人的主食是马铃薯，多数工人没有换洗的衣服。法国的成年男性工人一个月的收入不够买一身衣服。童工每天的收入仅够买些面包糊口。

工人住宅区是大城市和工业区的贫民窟。低矮破漏的房屋连成一片，街道狭窄破烂。没有下水道、渗水井，甚至没有厕所。到处是臭水洼和垃圾堆，空气极其污浊。很多家庭只有一间房子，没有或只有很少的破旧家具，用麦秸作为床铺。还有一些人无处栖身，露宿街头或蜷挤在污秽的夜店里。

过度的劳动和恶劣的生活条件使工人及其子女的健康受到了严重摧残。他们的外貌就显示了他们的身份和状况：骨瘦如柴、面色苍白，因长期从事某种单调的机械操作而身体发育畸形或因工伤而肢体不全。16～24 岁的纺织工人看上去却像是儿童。工人中间流行着各种职业病和传染病，如矽肺、瘰疬、佝偻病、伤寒和霍乱。工人的寿命大大低于其他阶层。在英国，工人平均寿命低于当地中上层阶级十几岁至三十岁。据 1834 年的统计，利物浦工人的平均寿命只有 35 岁。19 世纪 40 年代，法国工厂工人的平均寿命不超过 30 岁。

工人阶级的苦难与欧洲人口的高速增长不无关系。人口的大量增多导致食物短缺、物价上涨，也促成工资下降、失业率高。

但是，苦难的根源主要是社会因素。在资本主义大工业的草创时期，资产阶级为了榨取绝对剩余价值，无情地打破一切道德和生理的界限，制定了各种苛刻的规章，用低工资、罚款和解雇来迫使工人从事奴隶般的劳动。

各国政府将工人视为"危险阶级"，严格防范工人造反，迫使工人驯服地遵守雇佣劳动纪律。1812 年英国国会颁布法令，规定对破坏机器者处以死刑。1834 年国会通过新"济贫法"，在全国遍设"劳动院"。无业贫民被送进"劳动院"。那里生活条件恶劣，被人们称作"穷人的巴士底狱"。法国对工人的压制更为严厉。大革命时期颁布了禁止工人结社的夏普利埃法。拿破仑建立了"工人手册"制度，手册记载着每一位雇主对持该手册工人的"品行"鉴定，工人必须向新雇主递交手册。

三、英国早期工人运动

英国工人的反抗斗争在工业革命初期就开始了，到工业革命完成时达到了高峰。

最初，工人的抗争主要表现为社会经济方面的盲目性破坏。工人（主要是手工业工人）认为机器的发明和使用是造成失业和贫困的根源，因而纷纷起来破坏机器，捣毁厂房。哈格里夫斯发明的珍妮纺纱机和阿克莱特设计的水力纺纱机工厂，都曾被愤怒的工人捣毁。1811—1818 年前后，捣毁机器运动蔓延到英国各个工业区。

工人组织同时也在发展，出现了秘密的地区性的同业工会，这种工会旨在联络感情和保护工人在工资和工时方面的利益。18 世纪末，在造船工人、剪刀匠、成衣匠、水车匠、细木工和印刷工人中，同业工会已经很盛行了。有些工会组织了罢工，甚至暴动。

由于资产阶级激进派的动员，工人开始介入政治。从 18 世纪 60 年代起，资产阶级激进派发动改革国会和选举制度的运动，伦敦及附近各郡的工人积极响应激进派的宣传，举行罢工或参加各种集会活动。

在这些经济和政治斗争中，工人阶级的自觉意识萌发了。法国大革命激发了英国工人的政治热情。鞋匠哈第建立了"伦敦通讯会"，提出实行普选权，民主选举国会以结束对平民的压迫的纲领。通讯会在工人及其他下层群众中展开宣传，反响非常热烈。其他城市也纷纷建立通讯会，伦敦通讯会成为中心组织，会员总数达 8 万人。英国政府采取严厉的措施，将各地通讯会封闭。

从 19 世纪 20 年代起，工人阶级进入相对自觉的时期，普遍组织起来进行斗争。1824 年政府被迫废除禁止结社法后，地方性工会如雨后春笋般涌现出来。1829 年第一个全国性纺织工人的联合工会（即工联）成立，会员达 10 万人。其他行业的工联也纷纷建立。各个工会组织工人进行了一系列争取提高工资，减少工时的大罢工。

1832 年国会改革对工人阶级政治意识的转变起了关键作用。工人群众是改革运动的主力。但是，改革的结果仍然将工人阶级排斥在选民之外。于是工人指望通过发展工会组织来保卫自己的利益。1834 年初，各国工会团体联合成立了"全国各行业总工会"，推选空想社会主义者欧文为主席，会员达 50 万人之多。各种工人报刊在此前后宣传说，这是一个"产业议院"，它比另一个议会重要得多，它将取得对各业的管理权，最后取得政权，建立生产者对他们的生产果实的支配权。在总工会建立的同时，各地掀起了规模空前的罢工浪潮。由于雇主的破坏和政府的镇压，总工会于 8 月被迫解散。同年，新"济贫法"在全国实施。愤慨的工人开始意识到政治权利的重要性。1836—1837 年的经济危机更加速了工人的政治觉醒。一场工人阶级的国会改革运动——宪章运动兴起了。

1836 年 6 月，熟练工匠威廉·洛维特创立"伦敦工人协会"。1837 年 6 月，协会的领袖们与国会中的激进派议员共同草拟了一个请愿书。1838 年 5 月，该文件正式公布，命名《人民宪章》，共包括 6 点要求：年满 21 岁的男子均有选举权；秘密投票；按居民人数平均分配选区，所有选区的议员名额相等，每年改选一次国会；废除议员候选人的财产资格限制；议员领取薪金。宪章附有一个请愿书，号召人民在上面签名。从此开始了声势浩大的宪章运动。

宪章公布后，各地纷纷举行盛大集会和示威游行，要求实现人民宪章。在格拉斯哥和曼彻斯特等工业城市，参加者多达 20 万～30 万人，1839 年 2 月，在伦敦召开宪章派全国代表大会——"全国宪章派公会"，通过了递交国会的请愿书。与会代表在斗争策略上有分歧。奥康诺、奥布来恩（二人均为爱尔兰破产的手工业者的代表）、哈尼等左派认为，在必要时可以采用武装起义和总罢工等革命手段逼迫政府接受宪章，因此被称为"暴力派"。而洛维特及资产阶级激进派反对使用暴力，坚持用合法手段争取政治权利，因此被称为"道义派"。5 月，宪章派公会向国会递交了有 125 万人签名的请愿书。7 月，国会否决了请愿书。政府下令禁止群众集会，并搜捕宪章派领导人。宪章派公会被迫自行解散。各地群众的抗议活动失去了领导。南威尔士纽波特上千名矿工武装营救被捕同伴的行动遭到军队的镇压，并成为政府逮捕大批宪章派骨干的口实。运动转入低潮。

1840 年，30 个城市的宪章派代表在曼彻斯特开会，成立了"全国宪章派协会"。1842 年，协会拥有 400 个分会和 4 万多会员。协会具有较强的组织性，是英国第一个群众性的工人政党。这时资产阶级激进派和洛维特都退出运动，宪章运动就成为纯粹的无产阶级运动。在奥康诺的领导下，宪章派提出新的请愿书。请愿书除了人民宪章的要求外，还要求进行一些社会改革，如减税、废除教会什一税和新"济贫法"等。5 月，有 330 多万人签名的请愿书送交国会后，再次遭到否决。6 月，各地爆发大罢工，有些地方还发生巷战。但是，由于没有统一领导和缺乏经费，罢工逐渐停止。政府开始大镇压，1 500 多人被捕。宪章运动再次转入低潮。

在 1847 年经济危机和 1848 年法国二月革命的推动下，宪章派协会恢复了活动，组织第三次请愿。他们在格拉斯哥、爱丁堡、伯明翰、利物浦等工业城市组织了大规模的示威游行。1848 年 4 月 4 日，宪章派协会全国代表大会在伦敦召开，决定 4 月 10 日在坎宁顿草场举行盛大集会，然后游行到国会递交请愿书。英国政府担心欧洲大陆上的革命会蔓延到英国，因此在会前调集大批军警，要求宪章派领导人放弃游行。面对武力威胁，奥康诺、哈尼和琼斯等都动摇了。集会后，解散了工人群众。国会以"许多签名系伪造"为由又一次否决了有 190 多万人签名的请愿书。随后，政府开始逮捕宪章派领袖。宪章运动消沉下来，只有少数左派坚持斗争。1853 年，宪章派协会不再选举中央执行委员会。1858 年协会解散，宪章运动失败。

宪章运动是英国工业革命完成时手工业工人的最后一次发动，也是英国历史上最大的一次独立的工人运动。有大量的产业工人积极地加入运动，工人阶级从此走到英国政治舞台的前台。宪章运动虽然失败了，但是对英国社会政治制度的民主改造产生了深远的影响。统治阶级已意识到工人阶级是不可忽视的力量，开始实行了某些让步政策，包括国会于 1842 年通过禁止女工和童工在矿井劳动的法令，1847 年通过女工和未成年男工实行 10 小时工作日的法令等。人民宪章的 6 条要求，除每年选举国会外，后来几十年间都陆续成为现实。

四、法国独立工人运动的勃兴

在 19 世纪 30 年代之前，法国还不存在独立的工人运动。1830 年的七月革命是工人与资产阶级合作进行的。但是，七月王朝建立后，工人的状况并未得到改善。悲惨的生活终于使工人开始觉醒，为改善自己的处境而斗争。1831 年和 1834 年的两次里昂工人起义揭开了法国独立工人运动的序幕。

里昂是法国传统的丝织业中心。30 年代时绝大多数丝织工人仍是作坊师傅和帮工，为业主——包买商将所提供的原料加工为成品，得到低微的工资。包买商经常压低工价进行盘剥。1831 年初，工人们进行争取提高工资的斗争，于 10 月与包买商代表达成了最低工价标准的协议。但是，七月王朝政府却在巴黎宣布，政府不能承认工人以强迫方式签订的协议。于是，有恃无恐的包买商立即撕毁协议，激起了工人的抗议罢工。11 月 21 日，数千工人举行集会，但在赴会场途中遭到军队袭击。工人被迫还击，开始了武装起义。起义工人筑起街垒，插上黑旗，其中有一面写着："工作不能生活，毋宁战斗而死！"其他行业的工人也纷纷加入起义队伍。经过 21 日至 23 日的激烈战斗，起义者击败政府军，占领了里昂市。12 月初，政府调集 3 万军队开来，起义被镇压下去。

起义失败后，工人的组织互助会发展起来，并领导工人继续同包买商斗争。1834 年初，政府逮捕了领导罢工的互助会领袖，下令禁止结社。4 月 9 日法院开庭审判被捕者时，互助会和共和派团体联合组织了示威集会。军队向示威者开火，引起了新的起义。起义工人在高举着的红旗上写着："不共和，毋宁死！"同军队鏖战 5 天后，被镇压下去。1834 年的起义带有鲜明的政治斗争的特点。在这次起义影响下，圣太田、格勒诺布尔、马赛等地的工人进行了罢工和示威游行。阿尔布尔发生了工人起义。

七月王朝时期无产阶级性质的秘密革命团体活动很引人注意。一些受到压抑的小资产阶级共和派开始和工人接近，个别秘密共和组织转变为工人团体，其中以奥古斯特·布朗基创建的"四季社"❶规模最大。

布朗基20年代起就参加秘密团体活动，七月王朝时期转向无产阶级。他坚定不移地为工人和劳动者的解放而斗争，一生中有37年是在监禁中度过的，从未动摇过。布朗基是空想共产主义者，反对私有制，主张推翻资产阶级的统治，建立协作制。他坚信通过少数革命家的秘密团体进行武装起义和建立革命专政，即可实现共产主义。1835年他组织"家族社"，举行过起义，遭失败。1837年将其团体改组为"四季社"，于1839年在巴黎发动起义，又以失败告终。布朗基派在工人群众中很有威信。

法国是很多社会主义派流的发源地。除布朗基主义外，还有不少社会主义思潮在工人中颇具影响。40年代卡贝的"和平共产主义"宣传就形成为相当广泛的运动，并因其代表作《伊加利亚旅行记》而被称为"伊加利亚运动"。这个运动的杂志拥有近4 000个订户，许多城市成立了卡贝主义的团体，成员主要是工人和手工业者。运动后被政府镇压。另一个影响很大的思潮是蒲鲁东的小资产阶级社会主义。蒲鲁东早年当过排字工人，在法国众多社会主义思想家中几乎是唯一出身工人的人。他以1840年发表的《什么是所有制》一书而闻名。在书中，他袭用了前人"财产就是盗窃"一语攻击资产阶级私有财产，但同时又反对完全的公有制，认为那是"弱者攻击强者"。他主张小生产者联合起来，建立互助会、合作社和交换银行，他还是无政府主义的创始人之一，反对任何国家政权，也反对无产阶级政治斗争。他说："没有国君，没有元首的安那其（即无政府状态），就是我们日益接近的政府形式。"

此外，勒鲁、德萨米、路易·勃朗、孔西德朗等人的社会主义学说，也都有一定影响。

五、德国工人运动的开始

在长期分裂、经济落后的德意志，工人运动也较英、法落后。德国工人的主体是手工业者和农村中将做工作为副业的手工劳动者。他们受到封建的和资本主义的双重压迫与剥削，许多人迁居国外谋生。到19世纪30年代末，德国工人反对剥削压迫的斗争才开始逐渐兴起。在30—40年代，普鲁士的莱茵省和萨克森等地发生过捣毁机器、焚烧厂房的事件。1844年西里西亚织工起义是德国工人第一次群众性运动。

西里西亚省属普鲁士王国，是德意志麻纺织业最发达的地区。那里的织工主要是农村家庭手工业者。当时正值连续3年农业歉收，而工厂主和包买商还不断

---

❶ 该团体以7人为一小组，称"星期"；4个"星期"合组成"月"，即28人的大组，加上称为"七月"的领导人共29人；3个"月"组成一个"季"，领导人代号"春天"；4个"季"为一"年"。"四季社"由此得名。

压低工资。1844年6月，彼得斯瓦尔道村及附近的织工数千人捣毁了两个企业主的住宅，并与前来镇压的军队展开激战。西里西亚织工起义后，其他地方也接连爆发工人示威和罢工。这一年罢工次数超过了前10年的总和。

德国工人中比较有觉悟的是流亡国外的手工业者。他们在同当地尤其是德国的先进工人及其他国家的流亡者的交往中，受到革命民主主义思想和社会主义思想的熏陶。回国后，他们传播了这些思想。1836年，一些在法国的德国手工业者建立了"正义者同盟"。1839年，他们参加了布朗基的四季社的起义。起义失败后，同盟的中心移到伦敦。同盟逐渐具有国际性，在许多国家（包括德国）都有分支，而且还有瑞士人、斯堪的纳维亚人、荷兰人、匈牙利人、捷克人、俄国人等加入。在正义者同盟中产生了工人自己的空想社会主义思想家威廉·魏特林。魏特林是一个裁缝，他的学说主要体现在1842年发表的《和谐与自由的保证》一书中，带有浓厚的巴贝夫平均主义和傅立叶空想社会主义的色彩。

到1848年革命爆发时，德国工人才较多地进行了政治斗争。

第二节　社会主义从空想到科学的发展

一、空想社会主义

在西欧，随着资本主义生产方式的出现，就产生了比较系统地批判私有制社会制度、主张财产公有或对社会实行集体计划和控制的社会主义学说。

社会主义开始是以空想的形式出现的。在18世纪法国的启蒙运动中，个别思想家，如马布利和摩莱里，就根据理性原则，要求消灭私有制和建立公有制。所有这些空想社会主义思想都不能区分资本主义制度和封建制度，不同程度地带有小生产者的思想印记，倡导平均主义和禁欲主义。这些学说是间断出现的，与下层群众的社会运动没有直接的联系。

进入19世纪后，社会主义思想形成为一股时代思潮，出现了很多社会主义流派，并产生了"社会主义"的名称。最初被称作"社会主义"的主要是法国的圣西门、傅立叶和英国的欧文所提出的主张和学说。

克劳德·昂利·圣西门出身于法国的名门望族，曾受教于启蒙学者。19岁时以志愿军身份参加美国独立战争。法国革命爆发后，他主动放弃伯爵爵位。他耗尽自己的资产进行科学研究，在各国旅行学习，结交学者名流以掌握当代科学思想成就。圣西门从1802年起著书立说，先后发表《一个日内瓦人给当代人的信》《论实业体系》《实业家问答》等著作。马克思认为，在圣西门最后一部著作《新基督教》中，他直接作为工人阶级的代言人出现，宣布他的最终目的是工人阶级的解放。

夏尔·傅立叶生于法国富商家庭，当过店员、推销员和经纪人，熟悉资本主义商业中的种种罪恶。法国革命期间，他的商品曾被征用，本人也多次遭到逮捕，使他对革命抱敌视态度。革命后令人失望的社会现实促使他决心探索造福人类的新道路。他长期坚持自学，并注重调查研究，逐渐形成一套空想社会主义学说。

罗伯特·欧文不仅是社会主义思想家，而且是社会主义实行家。自 1800 年起，他担任英国苏格兰新拉纳克棉纺织厂的经理。在任期内，他进行了通过改造环境来改造人的性格的实验，采取一系列措施来改善工人的劳动和生活条件。他把工人的工作日缩减到 10 小时半，并提高了工资，组织了伤病储蓄会，为职工子女修建了学校和托儿所，改善了工人的住宿条件。他的实验收到了明显的效果，成员复杂的新拉纳克变成社会风尚极好的模范移民区，工厂的股东也获得优厚的红利。欧文因此博得慈善家的美名。19 世纪 20 年代，欧文形成社会主义思想，遂遭到官方社会的普遍排斥。1824 年他在美国买下 3 万英亩土地，建立共产主义新村——新协和公社。该公社于 1828 年瓦解。欧文返回英国，积极投入工人生产合作社运动和工会运动。恩格斯指出："当时英国的有利于工人的一切社会运动、一切实际成就，都是和欧文的名字联在一起的。"❶

圣西门、傅立叶和欧文，是 19 世纪上半期最伟大的空想社会主义者。他们的学说或实践都超出了以往的各种空想社会主义思想，有很大的贡献。

首先，他们提出了历史发展有规律的思想，从社会发展的观点，论证了资本主义制度的历史暂时性。圣西门把人类历史分成 5 个阶段，每个时期都比前一个时期进步，但都是暂时的。资本主义是中世纪神学和封建制度与未来的"实业制度"之间的"过渡时期"。傅立叶也认为社会发展是从低级到高级的辩证运动。"任何社会在它本身即具有孕育下一个社会的能力。"所谓"文明制度"的资本主义也将被新的"和谐制度"所取代。

其次，他们对资本主义进行了直接的尖锐的批判。圣西门认为，资本主义生产的无政府状态是"一切灾难中的最严重的灾难"。傅立叶的批判最为深刻。他承认资本主义制造了大规模的工业生产和高度发展的科学、艺术，但他同时强调，资本主义是一种"反社会的工业主义制度"，分散经营的经济制度造成了集体利益和个人利益之间的冲突，以及生产的无政府状态和生产者之间的激烈竞争。他特别出色地鞭笞了资本主义商业，历数了 36 种罪恶。他还指出，婚姻变成了交易，妇女变成了商品，提出"妇女解放的程度是衡量普遍解放的标准"。欧文从政治经济学的角度，对资本主义剥削进行了分析。他指出，广大劳动者所创造的财富，远远超过他们所消费的财富，这个巨大的差额被其他少数人所占有，而这恰恰是工人贫困的原因。

最后，他们对未来社会设想中的很多成分是以当时生产力的发展成果为前提

---

❶ 《马克思恩格斯选集》第 3 卷，614 页，北京，人民出版社，1995。

的，是向前看的，因而摆脱了禁欲主义、贫困愚昧和平均主义。圣西门认为，在未来的实业制度下，社会唯一的、长远的目的是尽善尽美地运用科学、艺术和工艺来满足人们的需要，一切人都劳动，按科学计划组织社会生产，按才能和贡献实施分配，对人的政治管理将变为对物的管理和对生产的指导，国家将变成生产管理机关。傅立叶认为，和谐制度将继承和发展文明制度所创造的大规模生产，建立将工、农、商、家务、教育、科学和艺术7种劳动联合与协作的组织——法朗吉。人们可以自由地选择工种和经常调换工种。劳动将变成享受。生产力将极大地发展，人们将享受到丰富而多样的物质和文化生活。圣西门和傅立叶都没有提出消灭私有制。圣西门认为应该由实业家（工厂主、商人和银行家）和学者掌握管理权力，他们的贡献大，收入也相应较多。傅立叶主张在建立法朗吉时吸引资本家作股东，并给投资者以优厚的利息。欧文与他们不同，他认为私有制是万恶之源，主张建立由劳动者组成和管理的公社，公社里实行生产资料公有制和各尽所能、按需分配的原则。

尽管他们有许多的天才思想，但是他们的整个学说仍未摆脱空想。他们的理论基础仍然是18世纪的理性主义。他们把"人类理性"作为观察和分析社会的根本标尺和社会发展的根本动力。在他们的学说中还包含很多反封建的、民主主义的东西。因此他们未能发现资本主义雇佣劳动制度的本质和发展规律，没有找到创造新社会的力量。他们只是把工人阶级看成受压迫和受苦的阶级，而指望使剥削者自愿来消灭不合理的制度。圣西门幻想通过宣传使国王和资产者自愿帮助实现他的理想社会，傅立叶也终生期待有人送钱上门来建立法朗吉。欧文倾家荡产去建立公社，并不断在富有者中寻找"知音"。这些空想社会主义学说是资本主义工业制度刚刚萌生、工人阶级与资产阶级的对立尚不显著的时代的产物。

19世纪30—40年代，在资本主义进一步发展，工人阶级与资产阶级的斗争明朗化的条件下，三大空想家的一部分信徒仍死守着陈旧的观点，从而蜕变为资产阶级和小资产阶级社会主义宗派。

二、科学社会主义产生的历史条件

19世纪40年代诞生的科学社会主义是西欧工业资本主义时期物质生产、阶级斗争和思想文化发展到一定水平的产物，也是马克思和恩格斯在思想领域实行伟大变革的结果。

当时，英国处于工业革命的完成阶段，大工业在经济中占据了统治地位。法国和德国也开始了工业革命。在这些国家，大工业的发展使得生产愈益社会化了。社会化生产和资本主义占有之间的矛盾开始明显地表现出来。从1825年起，周期性的经济危机使社会生产力遭到严重破坏，给劳动人民带来巨大的灾难，集中暴露了资本主义的弊病。

随着资本主义的发展，工人阶级反对资产阶级的斗争也公开化了。30—40年代工人运动的发展表明，工人阶级不仅是受压迫和受剥削的阶级，而且是革命的阶级。各种社会主义思潮，特别是与工人运动有更直接联系的空想共产主义思想（卡贝主义、布朗基主义、魏特林主义等），在工人中广泛流传，反映了工人阶级与社会主义的密切联系。

西欧思想文化领域里的成果提供了创立科学社会主义的理论前提。其中比较重要的是三大空想家的社会主义学说，德国古典哲学、英国政治经济学以及法国历史学家用阶级斗争观点撰写的有关法国大革命的历史著作等。这些理论思想资料虽然不能直接作为工人阶级反对资产阶级的思想武器，但却包含着有关历史观、资本主义经济分析和阶级分析以及社会主义的许多科学要素。

科学社会主义的创立者马克思和恩格斯，与同时代的某些人相比，具有双重的优越性：比起工人活动家，他们具有高度的理论素养；比起青年黑格尔派的理论家，他们具有强烈的实践愿望和献身工人阶级解放事业的精神。因此，正是他们经过理论研究和社会实践，批判地继承了优秀的文化思想遗产，创立了科学社会主义。

三、科学社会主义的创立

马克思和恩格斯分别经过自己的发展道路，同时提出了初步的科学社会主义原理。

卡尔·马克思出生于普鲁士莱茵省特利尔城一个犹太人家庭。其父是一位思想开明的律师。马克思于 1841 年毕业于柏林大学，获哲学博士。此时，他属于青年黑格尔派。1842 年，他担任《莱茵报》主编。翌年，该报因激进的民主主义色彩被当局查封。马克思退回书房，结合办报时遇到的社会问题开始对黑格尔的唯心主义历史观进行批判性分析。年底他迁居巴黎，接触到具有革命传统的法国工人及其政治团体后，在工人阶级身上看到了创造新世界的力量。同时，他开始研究政治经济学。马克思具有非凡的理论天才。他综合了对于资产阶级政治经济学、德国古典哲学和各种空想社会主义的研究成果，写下《1844 年经济学哲学手稿》，以异化劳动理论的形式，阐发出一种新的科学世界观的雏形。

弗里德里希·恩格斯出生于普鲁士莱茵省巴门市（今乌培塔尔市）一个工厂主家庭。17 岁时，他迫于父命，中断中学学业去经商。他曾在柏林大学旁听哲学课，参加青年黑格尔派的活动。1842 年，他到英国曼彻斯特他父亲的工厂当职员。浩大的宪章运动所展示的阶级对立吸引了他。他对工业革命的历史和工人阶级的状况进行了深入的调查，与工人领袖和各国社会主义者密切交往，并且对资产阶级政治经济学进行了批判性研究。在《政治经济学批判大纲》和《英国工人阶级状况》两部著作中，他得出了与马克思相同的结论。

1842 年恩格斯曾拜访过马克思。1844 年 8 月，两人第二次会面，发现彼此观点完全一致，从此结下亲密的友谊，开始了创立科学社会主义理论的毕生合作。在合作中，马克思起着"第一提琴手"的作用。但在某些方面，恩格斯的贡献更大些。

马克思和恩格斯通过对黑格尔、费尔巴哈哲学以及青年黑格尔派思想的批判，形成了唯物主义历史观。他们在1845年合写的《德意志意识形态》一书手稿中，第一次概括地写道："这种历史观就在于：从直接生活的物质生产出发阐述现实的生产过程，把同这种生产方式相联系的、它所产生的交往形式即各个不同阶段上的市民社会理解为整个历史的基础，从市民社会作为国家的活动描述市民社会，同时从市民社会出发阐明意识的所有各种不同理论的产物和形式，如宗教、哲学、道德等等，而且追溯它们产生的过程。"❶ 这是一个对于一切社会研究具有革命意义的发现。

马克思运用唯物主义历史观，在政治经济学领域里实现了变革。他吸收了资产阶级古典政治经济学提出的劳动价值论。从这里入手，剖析资本主义经济关系，发现了剩余价值，从而揭开资本主义生产方式的运动规律。在1847年写的《哲学的贫困》和《雇佣劳动和资本》中，马克思首次提出了剩余价值学说中具有决定意义的论点。

基于唯物主义历史观和对资本主义的经济研究，马克思和恩格斯逐步制定了"关于无产阶级解放的条件的学说"。他们称自己的学说为"共产主义"，以区别于当时站在工人运动之外的"社会主义者"。

《共产党宣言》

为了向工人阶级传播他们的理论，他们于1846年在布鲁塞尔建立了"共产主义通讯委员会"，与德国、法国、比利时、英国等国的共产主义者和工人团体建立了联系。他们特别对德国流亡工人组织"正义者同盟"给予思想上的影响，批判了同盟中流行的魏特林主义、鼓吹"博爱"的"真正的"社会主义和蒲鲁东主义。同盟的领导人接受了他们的观点，请他们加入和改组同盟。1847年6月，正义者同盟第一次代表大会在恩格斯的直接参加下将同盟改组为共产主义者同盟。同年底，同盟第二次代表大会通过了马克思、恩格斯参与起草的章程，取消密谋传统，实行民主集中制。同盟是国际无产阶级第一个具有科学思想原则和新型组织结构的共产主义政党。大会委托马克思、恩格斯起草同盟的

❶ 《马克思恩格斯选集》第1卷，92页，北京，人民出版社，1995。

纲领，对外公开表明立场。其结果就是 1848 年 2 月公之于世的《共产党宣言》。这是第一个比较完整而系统地阐述科学社会主义基本原理的纲领性文件。

《宣言》宣告，资本主义的灭亡和社会主义的胜利是历史的必然前途。资本主义在历史上起过非常革命的作用，但是社会化生产力的发展和资产阶级所有制关系的矛盾必然会引起"整个社会的革命变革"，"代替那存在着阶级和阶级对立的资产阶级旧社会的，将是这样一个联合体，在那里，每个人的自由发展是一切人的自由发展的条件"。

《宣言》宣告，变资本主义社会为社会主义社会是无产阶级的历史使命。无产阶级处于被奴役的最下层，又是大工业本身的产物，因而是现代社会中最革命的阶级。无产阶级只有消灭全部现存的占有方式，使全社会摆脱剥削和压迫，才能使自己得到解放。

《宣言》阐述了无产阶级完成自己历史使命的步骤：推翻资产阶级的统治，建立无产阶级的政治统治和政治民主；逐步实现生产工具的国有化，同时发展生产力。

《宣言》提出了关于共产党的一般原理。工人在斗争中逐渐形成为阶级，最后组织起政党。共产党与整个无产阶级的利益完全一致。共产党的特点在于在实际运动中是最坚决的推动者，在理论方面对无产阶级运动有着科学的认识。

《宣言》最后发出"全世界无产者，联合起来！"的无产阶级国际主义号召。

《共产党宣言》的发表标志着科学社会主义的诞生。马克思和恩格斯后来多次申明，他们坚持《宣言》中所阐述的一般基本原理。但是，他们并没有墨守 40 年代的每一项结论，而是结合资本主义和工人运动的新发展，不断地进行理论探索，修改、丰富和完善他们的学说。

第三节　第一国际

一、第一国际建立的历史背景

1848 年革命失败后，欧洲工人运动进入低潮。马克思离开巴黎，侨居伦敦，恩格斯也回到曼彻斯特。当时欧美进入了资本主义经济高涨的年代。马克思、恩格斯根据客观形势，认为共产主义者不应当立即进行一次革命，而应当为未来的革命积聚力量，首先是总结革命经验，发展和宣传科学共产主义，培养无产阶级的革命骨干。马克思写出了一系列总结 1848 年革命经验的重要著作。他同时深入进行政治经济学的研究，探讨资本主义社会的发展规律。1859 年马克思把研究的初步成果写成《政治经济学批判》，深刻揭示了资本主义社会商品及货币的性质，《资本论》的基本构思在这部书里已经大体形成。从 1861 年起，马克思开始撰写《资本论》。

马克思、恩格斯在从事理论工作的同时，也为培养无产阶级的革命骨干做了巨大努力。他们竭尽全力在道义上、物质上帮助各国工人领袖，并从理论上培养、提高他们。他们和英国宪章派左翼领袖哈尼、琼斯等密切联系，帮助办好《人民报》；帮助德国流亡革命家威廉·李卜克内西、弗里德里希·列斯纳及埃卡留斯等努力学习革命理论。后来，李卜克内西在回忆马克思时说："学习！学习！这就是他经常向我们大声疾呼的无上命令；他自己就是这方面的榜样。"

1857年爆发了第一次世界性经济危机。危机促成了政治上的全面活跃，过去资产阶级革命没有完成的任务又重新提上了日程，诸如德意志的统一问题、意大利的统一问题、俄国废除农奴制度问题以及美国废除奴隶制问题等等。与此同时，工人运动也重新高涨起来。随着大工业的发展，工人阶级队伍迅速壮大。60年代欧洲产业工人达874万，手工业工人有1 100万。工人阶级的觉悟程度和组织程度也日益提高。1859年伦敦建筑工人为缩短工作日举行罢工。资本家宣布停业，解雇了2.8万多名工人。英国各地工人和法国工人当即进行募捐支持罢工工人，使罢工坚持了一年之久，终于赢得胜利。在这次罢工胜利的基础上，1860年出现了各行业工人的联合组织——工联伦敦理事会。法国工人运动也活跃起来。1863年工人发表宣言，明确提出工人必须参加立法机构选举的要求。这是法国工人阶级第一次明确参加议会选举斗争。1863年炼铁工会成立。德国工人阶级也逐渐摆脱了依附资产阶级派别的状况，于1863年5月成立了全德工人联合会。在大洋彼岸的美国，1863年初也建立了全国性的工人联合会。在资本主义世界体系已形成的条件下，各国工人阶级的斗争日益带有国际性的特点。尤其在经济危机的年代里，资产阶级经常用从外国招雇廉价劳动力的办法破坏工人罢工斗争。英国资产阶级就不止一次地从爱尔兰、比利时、德国、法国等地招工，解雇本国罢工的工人。这更使工人认识到各国无产阶级利益的一致性。1861—1865年美国内战期间，英法工人大力支持美国北方人民反对南部奴隶制的斗争，制止本国政府参加支持美国南方奴隶主方面作战。

1862年夏，伦敦举行世界博览会，有许多国家的工人代表参加，其中有300多名法国工人和20多名德国工人，英国工会联合会热情接待了他们。1863年初波兰发生反对沙皇统治的民族起义。7月22日，英、法工人在伦敦联合举行群众大会，抗议俄国政府对波兰人民的镇压，支持波兰独立。这年11月，英国工联领袖乔治·奥哲尔代表工联写了告法国工人书，呼吁加强国际团结和建立国际工人组织。并且邀请法国工人组织派代表到伦敦参加一次国际性会议，声援波兰人民的斗争。英国工联发出呼吁书后，很快便成立了工人国际组织的筹备委员会，参加筹委会的有各国流亡在伦敦的工人及小资产阶级革命者。当时，马克思在伦敦与各国革命流亡者有密切联系，筹委会认为马克思作为德意志革命流亡者的代表参加会议至为重要，决定邀请他出席。

二、第一国际的建立

1864 年 9 月 28 日在伦敦圣·马丁教堂召开了有英国、法国、德国、意大利、波兰等国近 2 000 名工人代表参加的大会。马克思应邀出席大会并当选为主席团成员。根据法国工人的提议，大会通过了建立国际工人组织的决议，选举出 21 人组成临时中央委员会（1866 年底改称总委员会），马克思当选为委员。临时中央委员会在 10 月初决定这个组织的名称为"国际工人协会"，简称"国际"❶。会议选出了主席、总书记、财务委员及各国通讯书记，作为国际的领导成员组成常务委员会。英国工联领导人奥哲尔当选为主席，马克思是德国通讯书记。但实际上马克思一直被公认为国际的领袖，几乎国际所有的纲领性文件和决议草案都出自马克思的手笔，或体现了他的思想。

临时中央委员会在 10 月 5 日选举了负责起草重要文件的专门委员会。马克思当选为委员，并且受委托起草《国际工人协会成立宣言》和《临时章程》。11 月 1 日，总委员会批准了马克思起草的这两个文件。文件体现了《共产党宣言》的主要思想。在成立宣言里，马克思肯定了工人阶级争取当前利益斗争的必要性，说明英国工人阶级争得 10 小时工作日立法是一次重大胜利，合作社运动也是反对资产阶级斗争的一种形式。宣言同时明确指出："夺取政权已成为工人阶级的伟大使命。"工人阶级"必须组织起来并为知识所指导。"宣言再次提出了"全世界无产者联合起来！"的号召。《临时章程》则强调："工人阶级的解放应该由工人阶级自己去争取。"只有通过政治斗争，才能获得彻底解放。"工人阶级的解放斗争不是要争取阶级特权和垄断权，而是要争取平等的权利和义务，并消灭任何阶级统治。"宣言和章程体现了团结工人阶级内部各个派别，共同参加反对资本主义制度斗争的精神；同时在这一斗争中逐步克服各种错误思想，把它们引导到正确轨道上来。章程规定国际的最高机关是会员代表大会，大会每年召开一次。大会选举国际的总委员会。在大会休会期间，由设在伦敦的总委员会负责处理日常工作，指导国际各地组织和支部活动。成立宣言和临时章程表明，第一国际基本上是在科学社会主义理论指导下，按照民主集中制原则建立起来的。

三、促进国际无产阶级联合的斗争

国际工人协会刚一成立，便积极在各国建立支部，力争把欧美各地的工人团体团结到第一国际中来。1865 年初成立了巴黎支部，全部会员都是蒲鲁东主义者，包括托伦、瓦尔兰等人。布朗基主义者因坚持密谋策略，被拒绝加入国际。国际建立之初，英国工联是它的主要群众基础和支柱，因此总委员会中英国人占多数。许多英国工联组织和工人群众参加了国际，到 1865 年 9 月其会员人数达

---

❶ 1889 年第二国际成立后，国际工人协会开始被称为第一国际。

1.4 万名。1867 年 2 月，英国工人争取选举法改革的组织"全国改革同盟"也加入了国际。但是工联领袖奥哲尔等人反对把伦敦工联理事会改为国际的英国支部，而只是宣布与国际"合作"，自己仍保持独立。普鲁士和德意志其他一些邦国禁止本国参加外国团体，结果德国的国际会员只好在瑞士建立了自己的支部。此外，比利时、西班牙、意大利和美国支部也相继建立起来。法国各地工人群众参加国际组织非常踊跃。1865—1866 年，在里昂、卢昂、马赛、波尔多等地陆续成立了新的支部。到国际第一次代表大会即日内瓦大会召开时，已建立了 20 多个支部。

在建立各国支部的同时，国际努力把各国工人阶级的斗争联合起来，支持和参加各国工人的罢工斗争和一切进步运动。马克思强调要"实现劳资斗争中的国际联合行动"，并且指出："一般说来，这一问题包括国际协会的全部活动。"❶

国际对英国、法国、比利时、瑞士等国工人的罢工斗争都曾给予积极的声援和支持。1866 年春伦敦和爱丁堡的成衣工人举行罢工时，资本家从德国招雇工人破坏罢工，国际总委员会便呼吁德国工人拒绝前往，并帮助已经去英国的人筹措经费回国，对保证罢工的胜利起了很大作用。1866 年 10—11 月，伦敦编筐工人罢工，资本家从比利时雇工，国际又帮助一些工人返回了比利时。1867 年 2 月，巴黎铜器工人罢工，国际发表公开信号召英国工人给予物质援助，英国许多工联组织（裁缝、木工等工会）通过总委员会寄钱给罢工工人，使罢工取得了胜利。1868 年春比利时矿工罢工，军警进行了镇压和逮捕，国际立即组织对罢工进行援助，并为被捕者提供法律辩护。1868 年 4 月日内瓦建筑工人罢工，国际日内瓦支部组织 5 000 人的声援集会，总委员会通过发动募捐，给以经济支援，使罢工取得胜利，工时从每天 12 小时缩短为 10 小时，工资提高 10%。

60 年代英国展开了争取第二次国会选举改革的群众运动，总委员会和国际会员在这一运动中起了很大作用。1865 年出现的"全国改革同盟"，就是由总委员会的代表（主要是英国工会领袖）和资产阶级激进派建立的，该同盟领导了群众性的选举改革运动，促进了 1867 年国会改革的进行。

国际对民族解放运动也非常重视。它对 1863—1864 年波兰民族起义给予大力支持和声援，并且每年都举行群众大会纪念。国际对爱尔兰的民族解放运动也给以极大的关怀和支持。1867 年，在马克思主持下总委员会对英国政府判处 4 名芬尼党成员死刑一事发出了强烈的抗议和谴责，坚决要求赦免爱尔兰革命者。

四、反对蒲鲁东主义和工联主义

国际在领导和支持各国工人阶级进行反抗资产阶级剥削和压迫的斗争中，同时也对国际内部的一些错误倾向进行了斗争，以端正指导思想。在国际活动的前

❶ 《马克思恩格斯全集》第 16 卷，214 页，北京，人民出版社，1964。

期（1864—1868 年），主要进行了反对蒲鲁东主义的斗争。1865 年蒲鲁东已死去，但当时在法国、意大利、西班牙等小资者占多数的国家，蒲鲁东主义仍然非常流行。法国工人运动的领导人多数都是蒲鲁东主义者，而且还是国际工人协会的发起人，影响很大。蒲鲁东主义者按照他们"互助制"的信条，反对政治斗争，反对罢工，反对成立工会，甚至反对妇女参加生产。他们把这一系列错误观点带进了国际。1866 年 9 月举行的国际日内瓦代表大会，在合作制、工会、罢工以及妇女劳动等问题上都发生了意见分歧与争论。大会多数代表批驳了蒲鲁东主义者的论点。会议《关于合作制》的决议指出，合作运动只是改造资本主义社会的手段之一，并不能消灭资本主义制度。只有国家政权转到无产阶级手中，才能使工人阶级得到解放。在工会和罢工问题上，马克思为大会拟定的指示指出，工会是工人阶级争取解放斗争的伟大力量，成立工会可以加强工人阶级的团结，以对抗资本家的进攻。大会决议肯定了马克思的指示，肯定工会和罢工都是必要的，但同时也指出，不要夸大工会作用和罢工斗争的意义，应该争取千百万被压迫群众的解放。关于妇女劳动问题，大会承认妇女加入工业生产是进步现象，它增强了无产阶级解放斗争的力量，同时也可使妇女摆脱家庭事务圈子。应该争取实现男女同工同酬。

按照国际的章程，代表大会每年举行一次。在日内瓦大会后，又举行了 1867 年洛桑大会，1868 年布鲁塞尔大会，1869 年巴塞尔大会等。在洛桑大会上，关于所有制问题引起了热烈争论。在 1868 年 9 月召开的布鲁塞尔大会上，蒲鲁东主义者又提出保存小土地所有制的主张，挑起新的争论。会前，马克思曾向总委员会做了一次关于土地问题的报告，指出在资本主义发展的情况下，农民破产，小农被吞并的现象是不可避免的。马克思的观点在布鲁塞尔大会上得到支持。大会通过的决议明确提出，在工人阶级争取建立的新社会里，矿山、森林、铁路"必须属于整个社会"。土地也应成为国家财产，由国家分给农业协作社使用。蒲鲁东主义者在会上遭到彻底失败。后来在巴塞尔大会上又作出了废除土地私有制的决议。在布鲁塞尔大会召开前的 1867 年，马克思的《资本论》第 1 卷在汉堡出版。这是马克思 20 多年辛勤劳动的结晶。大会作出专门决议，赞扬马克思第一个对资本进行了科学分析，作出了巨大贡献，号召各国工人学习《资本论》。布鲁塞尔大会后，国际工人协会进入最兴盛的阶段，会员达到 200 万人。在国际内部蒲鲁东派也发生分化，形成了以瓦尔兰为代表的蒲鲁东左派。他们逐渐抛弃旧观点，向马克思主义靠拢，赞成生产资料公有制和进行政治斗争，

在第一国际中，英国工联有很大的作用。他们是国际的发起者，又是总委员会直接依靠的群众性组织，对国际活动有不小贡献。但英国工联领导人忽视政治斗争，只热衷于争取所谓"公平工资"。在英国已进入工业资本主义时代，经济繁荣、政治稳定的情况下，工人运动出现这种特点是必然的。不过，在理论上却

有着片面性。1866 年 6 月马克思在总委员会会议上做了《工资、价格和利润》的报告，肯定了工会组织的作用和进行经济斗争的必要性，但同时指出这还不是对资本主义制度本身进行斗争，而只是在对资本主义的结果进行斗争。因此必须把经济斗争同政治斗争结合起来。此外，马克思、恩格斯还批判了工联主义者在对待爱尔兰民族解放斗争问题上的沙文主义错误。

五、反对巴枯宁主义的斗争

在第一国际活动的后期，其内部错误倾向的主要代表已从蒲鲁东主义转为巴枯宁主义。在 1869—1876 年期间，国际又进行了反对巴枯宁主义的斗争。

米·亚·巴枯宁出身于俄国贵族家庭，作过沙皇的军官。因反对沙皇而被放逐国外。他参加过 1848 年德国革命，被捕后押回俄国，遭到长期监禁和流放。1861 年从西伯利亚流放地逃往日本、美国，最后来到西欧。1865—1867 年在侨居意大利期间，他形成了一套无政府主义观点，巴枯宁的无政府主义与蒲鲁东无政府主义的不同点在于，他主张用暴力立即消灭国家，建立"无政府状态"。他既否定任何形式的国家，也否定政党的作用和一切有组织的革命活动。他主张依靠流氓无产者进行暴动，幻想在一夜之间便能一举消灭国家，实现"社会清算"。他把废除继承权作为消灭私有制的手段。他在意大利、西班牙、瑞士和法国南部一些地区网罗了一批追随者，于 1868 年秋天组织了宗派团体"社会主义民主同盟"，其中起领导作用的是巴枯宁等少数人组成的"秘密协会"。巴枯宁要求国际总委员会允许他的整个组织（保留原机构）加入国际。总委员会拒绝了这个申请，要他解散宗派组织。但他阳奉阴违，1869 年混进了国际。

在巴塞尔代表大会上，马克思主义者同巴枯宁主义者在继承权问题上展开了尖锐的斗争。巴枯宁主义者认为，继承权是生产资料私有制的基础，消灭继承权是社会革命的起点。马克思为总委员会写了《关于继承权的报告》，指出继承权是以私有制为基础的现存社会经济制度在法律上的反映，它是私有制的结果，而不是起因。只有消灭了私有制，继承权才会随之消灭。这次代表大会没有对这个问题作出决议，但是巴枯宁派想篡改国际宗旨，钻进总委员会夺权的活动也没有得逞。

六、第一国际的解散

1871 年 3 月 18 日巴黎发生无产阶级革命，建立了巴黎公社。"公社无疑是国际的精神产儿，尽管国际没有动一个手指去促使它诞生。"❶ 第一国际与巴黎公社有密切联系，马克思全力支持公社的事业。国际总委员会委员塞拉叶（法国）曾当选为公社委员。公社被镇压后两天即 1871 年 5 月 30 日，马克思在总委员会

---

❶ 《马克思恩格斯选集》第 4 卷，620 页，北京，人民出版社，1995。

会议上宣读了《国际工人协会总委员会关于 1871 年法兰西内战的宣言》（简称《法兰西内战》），揭露法国反动派，维护公社的革命事业，总结了公社的经验。公社失败后，欧洲各国资产阶级政府对国际也进行了疯狂的迫害。法国政府在 1871 年 6 月向欧洲各国政府发出通知，呼吁共同"讨伐"第一国际；同年，法国政府又通过一项法律，规定对加入国际的人剥夺其公民权并处以监禁和罚款。德国政府在 1871 年 5 月 27 日以"叛国"罪判处倍倍尔和威廉·李卜克内西两年监禁。其他许多国家的政府也都对国际的支部和会员进行迫害。在这种形势下，国际内部也有许多人背叛了国际。英国工联领袖、总委员会委员奥哲尔等人宣布退出总委员会；右派蒲鲁东主义者托伦等人则投入政府怀抱。总委员会谴责了他们的背叛行为，并把他们开除出国际。

巴枯宁分子则乘机加紧了分裂国际的活动。巴枯宁本人一面攻击公社革命是"犯罪行为，是蠢事"，一面妄图利用他的秘密组织"社会主义民主同盟"来取代国际。他把瑞士汝拉区的联合会拉过去，作为反对国际的基地，并在西班牙、意大利和比利时等国进行分裂活动，发展他的宗派组织。

为了制定公社失败后无产阶级的行动方针，粉碎巴枯宁分子的分裂阴谋，国际于 1871 年 9 月在伦敦召开秘密代表会议，通过了由马克思、恩格斯拟定的《关于工人阶级的政治行动》的决议，强调要把经济活动和政治活动密切结合起来；提出工人阶级为了实现社会革命，必须"组织成为政党"。会议还提出了工人与农民建立联盟的任务。会议讨论了巴枯宁的"社会主义民主同盟"的问题，揭露了他们的分裂活动。

1871 年 11 月 12 日，巴枯宁分子在瑞士召开所谓"代表大会"（到会仅 16 人），公开反对国际总委员会的领导，反对一切权威，并且攻击马克思和恩格斯是"独裁者"。他们要求"支部自治"和"自由联合"。马克思和总委员会及时反击了巴枯宁派的进攻。1872 年 9 月，国际在海牙召开代表大会，把巴枯宁主义者开除出国际。海牙大会通过决议，把国际总委员会从伦敦迁往美国。这主要是考虑到公社失败后，欧洲各国政府加强了对国际组织的迫害，在欧洲继续活动已很困难；而英国工联领袖宣布退出国际总委员会后，总委员会已无法继续留在伦敦；同时，巴枯宁分子变本加厉的分裂活动开始在欧洲落后国家和地区（意大利、西班牙、瑞士）取得优势，如果总委员会留在欧洲，有可能被他们篡夺领导权。

1872 年国际总委员会迁到美国，几乎停止了活动。当选的总书记左尔格很难与欧洲取得联系。有鉴于此，根据马克思的建议，国际于 1876 年宣告解散。

在第一国际期间，国际工人运动有了较大的发展。工人的组织程度提高了，觉悟程度也提高了。马克思主义和各社会主义思潮越来越被工人组织所接受。这时期工人运动取得的最突出的成就，是 1869 年德国社会民主工党的建立和 1871

年巴黎公社革命。到 80 年代，欧洲各国工人政党如雨后春笋般建立起来，其骨干力量有很多是在第一国际的熏陶下成长起来的。

第四节　巴黎公社

一、公社革命前夕的巴黎工人

1870 年 9 月 4 日发生的巴黎革命，推翻了法兰西第二帝国。革命后建立的"国防政府"不积极抗击普鲁士军队，反而百般防范巴黎工人。在民族矛盾、阶级矛盾十分尖锐的情况下，巴黎工人坚决要求武装起来。"国防政府"被迫同意在巴黎原有 60 个国民自卫军营的基础上再建 60 个工人营队。巴黎人民趁机建立了 100 多个营，约计 30 万人，战士主要是工人和小资产者。9 月 11 日，巴黎人民成立二十区中央委员会，领导抗敌斗争并力图解决早在第二帝国末期劳动者提出的各项要求，诸如延期偿还债务、缓缴房租、粮食供应、争取民主权利等等。二十区中央委员会成了与"国防政府"并存的群众政治组织。

9 月 19 日普军包围巴黎后，群众的抗敌情绪更为高涨，曾于 10 月 31 日举行起义，要推翻"国防政府"，建立自己的政权——公社。这次起义被镇压。随后，普鲁士于 1871 年 1 月 18 日宣告成立德意志帝国。1 月 22 日巴黎人民再次举行起义，因准备不足又告失败。28 日"国防政府"与德国签订停战协定。2 月 8 日召开国民议会，新选出的梯也尔政府很快在德军威迫下与德国签订和约，割地赔款。这时，巴黎工人愤怒已极，决心进一步加强武装和建立机构，准备以战斗来实现自己的要求。3 月中旬成立的国民自卫军中央委员会取代了二十区中央委员会，成为巴黎群众自选和公认的最高指挥机构。巴黎工人要建立自己的政权，由自己掌握命运的意图已非常明显。不过，就当时法国的情况来看，除去巴黎人民在准备举行起义外，全国其他地区，包括大多数城市，并没有革命的迹象。法国还是农村人口占多数的小生产占极大优势的国家，资本主义大工业远未得到充分发展，并不存在能够稳固地建立工人阶级政权的客观条件。这就预示着巴黎在进行工人革命时，将会是孤立的。但是，巴黎所处的形势的确非常紧张，矛盾也十分尖锐。发生革命已很难避免。

二、巴黎公社的诞生

1871 年 3 月 18 日凌晨，奉梯也尔政府之命的军队突然偷袭国民自卫军的重要驻地——蒙马特尔高地，企图夺走大炮。他们的行动被群众发现，当即鸣起警钟。大批群众和国民自卫军战士赶来，将政府军包围。许多政府军士兵将枪口朝下，转到巴黎人民方面。政府解除巴黎人民武装的阴谋破产，但却激发了巴黎人民的武装起义。

3 月 18 日上午，国民自卫军中央委员会命令瓦尔兰率领部队开进蒙马特尔。午后中央委员会举行临时会议，决定扩大起义，立即占领陆军部、市政厅和其他政府机关。梯也尔见势不妙,逃往凡尔赛。政府的其他官吏、警察、宪兵也纷纷逃跑。国民自卫军中央委员会变成了临时革命政府,巴黎无产阶级在历史上第一次夺取了政权。

起义胜利的第 2 天,即 3 月 19 日,中央委员会发表公告,号召"巴黎人民请各回本区,进行公社选举",以便把权力交给公社。体现了起义者大公无私的真诚的民主精神。3 月 26 日分区进行了公社选举。有 86 人当选为公社委员,其中包括被关在监狱里的革命家布朗基。由于从资产阶级住区选出的 21 名代表相继退出,以及后来有的委员被敌人杀害,从 4 月 16 日起又进行了几次补选。马克思认为,公社委员会"实质上是工人阶级的政府"❶。

3 月 28 日,在市政厅广场上隆重举行了巴黎公社成立大会。中央委员会代表宣布把政权移交给公社。20 万人齐声高呼"公社万岁!"历史上第一个无产阶级的政权诞生了!

公社委员会内部实际上存在着两个不同的派别:多数派和少数派。多数派由新雅各宾主义者、布朗基主义者及其拥护者组成,其中起主要作用的是布朗基主义者。新雅各宾主义者是小资产阶级民主派,继承了 18 世纪大革命时的爱国主义和民主主义传统,而且一直与社会主义者密切合作。他们的主要代表人物是德勒克吕兹,后来在保卫公社的战斗中献出了自己的生命。布朗基主义者主张暴力夺取政权,对敌人实行专政,但不太注重社会经济的改造。这一派的主要人物有里果、费烈和瓦扬等。少数派大都是第一国际会员,是蒲鲁东主义者。他们在公社中主要负责财政和经济方面的领导工作。左派蒲鲁东主义者虽然承认消灭资产阶级私有制的必要性,但在经济纲领中仍未摆脱蒲鲁东主义的影响,对建立革命专政的意义认识不足。其代表人物是装订工人出身的瓦尔兰,曾任公社财政委员和军事代表。他是公社的主要领导人之一,最后为保卫公社的事业献出了生命。

多数派和少数派是在 4 月底、5 月初最后形成的,他们都不是马克思主义者。由于两派之间的斗争,大大削弱了公社委员会的领导力量和打击国内外阶级敌人的战斗作用。

三、公社的业绩

巴黎公社诞生后,马上以法令形式宣布自己是唯一合法的政权,并立即着手打碎资产阶级国家机器,建设新型政权,改善劳动人民生活状况等等,进行了工人阶级执政的伟大尝试,出现许多历史的创举。

3 月 29 日公社颁布法令,宣布"巴黎公社为现今唯一的政权"。同一天,它又下令废除常备军,代之以人民武装,规定国民自卫军是巴黎唯一的武装部队。公社还废除了旧的警察和司法机构,建立了由选举产生的治安委员会和司法委员

---

❶ 《马克思恩格斯选集》第 3 卷,59 页,北京,人民出版社,1995。

会；解散了旧的军事法庭，建立了新的民事法庭；颁布了新的诉讼陪审条例；释放了所有的政治犯。

公社废除了资产阶级议会制，建立了执行、军事、司法、治安、粮食、财政、劳动和交换、社会服务、对外联络、教育等 10 个委员会。各委员会在公社委员会统一领导下开展工作。公社成为统一行使立法、行政权的最高权力机关。一切重大问题都经过民主讨论决定，各种法令都由公社或根据公社委托制定，经公社代表或某一委员签署后公布。

公社曾号召全国各地以巴黎为榜样建立公社组织，以便建立统一的全国性政权。在公社草拟的全国组织纲要中规定，公社应该成为甚至最小村落的政治形式，全国性公社由各省公社派代表组成。在国内外敌人联合围攻的条件下，这一计划未能实现。3—4 月间，在里昂、图卢兹和马赛等大城市建立的公社很快被镇压下去。

为防止国家机关工作人员由社会公仆变成人民的主宰，公社规定全体公社委员和主要工作人员均由选举产生，对选民负责，定期向选民报告工作，受选民监督，定期改选，不称职者随时可以撤换。还宣布取消高薪制和特权，规定所有公职人员每年工资不得超过 6 000 法郎（相当于普通熟练工人的工资）。

根据公社颁布的政教分离法令，不准教会干涉国家事务；取消宗教预算；剥夺教会的财产；查封或征用一部分教堂，将教会势力从学校中清除出去等。另外，公社在一定程度上进行了镇压反革命的活动。由于凡尔赛每天都大批屠杀被俘公社战士，公社颁布了《报复法令》（即《人质法令》），规定：只要凡尔赛再杀害一名被俘公社战士，公社"就用处决同等数量或加倍的俘虏来回答"。公社一共逮捕了 260 名反革命分子，处决了 64 名人质，其中包括巴黎大主教，最高法院院长等。但是，用扣押人质的方式进行斗争是错误的。公社还成立了审判反革命分子的军事法庭，剥夺了凡尔赛分子的财产，查封了 30 家反革命报刊。

公社所采取的上述措施，粉碎了剥削阶级的旧的国家机器，用无产阶级专政取代资产阶级专政，这在历史上还是第一次。

公社在社会经济和文化教育方面也实行了许多旨在改善工人和劳动人民生活状况的措施。它在 4 月 16 日颁布法令，规定把逃亡企业主遗弃的工厂、作坊交由工人生产协会管理，并规定企业主回来时给以补偿。在某些大企业（如罗浮军械厂）中，建立了行政和工人共同管理工厂和工人对生产进行监督的制度。5 月21 日，公社规定全部生产包工合同一律由工人生产协会与公社有关机构协商后直接承办，并在合同上写明最低工资，避免承包商人用压低工资的办法进行中间剥削。公社还对铁路实行监督，并成立了专门委员会负责此项工作。公社宣布废除面包工人夜班制；取消帝国警察机关成立的职业介绍所，劳动就业问题由各区职业介绍所直接处理。公社颁布法令，禁止罚款和任意克扣职工工资，并规定将 3

月 18 日以后的全部罚款和扣款一律退给本人，违者依法惩处；命令当铺停止拍卖典当品，将价值不超过 20 法郎的典当品一律无条件归还原主；宣布自 1870 年 10 月到 1871 年 6 月的房租一律免予缴纳；到期债款从 7 月 15 日起，3 年内分 12 期偿还，不得索取利息；将逃亡资本家的房子分配给房屋被炸毁的住户使用；注意调整市场价格，保证粮食等各种生活必需品的正常供应等等。

公社的各项社会经济措施是由蒲鲁东主义者组成的劳动与交换委员会拟定的，然而实际上这些政策并没有完全遵循蒲鲁东主义的经济信条，而主要是根据工人和广大劳动人民的要求和实际需要制定的。但是，公社在社会经济方面也犯了一个严重的错误，就是没有没收法兰西银行。当时，法兰西银行与凡尔赛有密切联系，它拥有各种资财和存款达 30 亿法郎，而公社只动用了 1 500 万法郎，可是银行给凡尔赛汇去的款额却达 2.75 亿法郎。

公社在文化教育方面也进行了许多改革。公社教育委员会负责人瓦扬在 5 月 17 日的通令里明确指出，应使每个受教育者受到"全面教育"，"使公社革命能够通过教育改革来巩固其实质上的社会革命的性质"。随着政教分离法令的实施，天主教神甫、修女被赶出学校。公社还多次宣布实行非宗教义务教育，取消学校中一切宗教象征，如十字架、圣像、教义和祈祷等。公社还注意开办职业学校，聘请老工人教儿童学习手工艺。

公社先后成立了演员协会、艺术家协会和艺术家联合委员会。公社委员、《国际歌》歌词作者欧仁，鲍狄埃就是艺术家联合委员会委员。艺术家联合委员会受公社委托整理了博物馆，举办了艺术展览会。公社通过上述艺术团体，团结了一批艺术家。

公社的各种措施虽然同时代表了农民的利益，但由于对农民在无产阶级革命中的作用缺乏认识，没有专门采取措施团结农民，只是由女作家利奥起草了《告农村劳动者书》，印成 10 万份用氢气球散发出去，效果很小。

巴黎无产阶级在斗争中高举了国际主义旗帜，坚持同全世界无产阶级并肩战斗。公社欢迎外国革命家参加公社和担任公社的领导职务。在 3 月 30 日通过的《公社选举委员会总结》中明确规定："公社的旗帜是世界共和国的旗帜。"参加公社的外国战士来自波兰、匈牙利、奥地利、比利时、俄国、意大利等国。据统计，仅波兰人就有 500 名。匈牙利首饰工人弗兰克尔是国民自卫军中央委员会委员、公社执行委员会委员、劳动与交换委员会负责人。波兰革命家东布罗夫斯基和符卢勃列夫斯基都是公社的优秀军事将领，在保卫公社的战斗中作出了卓越贡献。俄国女革命家德米特利耶娃是公社优秀的妇女领袖、"保卫巴黎和救护伤员妇女同盟"的组织者，在街垒战和敌人法庭上表现很坚强。

巴黎公社得到了革命导师马克思、恩格斯的大力支持。马克思通过各种渠道同巴黎联系，在巴黎防务问题上，在团结外省工人和争取农民参加革命等问题上，提出了极其重要的建议。他还通过在报刊上发表文章，向各地国际会员发出几百封信，阐明公社的性质及其事业的伟大历史意义，并号召各国无产阶级给公社以各方面的援助。英国、德国、美国、意大利、比利时等国的工人阶级积极响应马克思的号召，通过书信、电报、集会、游行以及发表文章等方式热烈祝贺巴黎公社的诞生。

5月16日，公社毁掉了旺多姆广场上的"凯旋柱"，因为它是拿破仑在1809年用战争中缴获的大炮熔铸的，是民族沙文主义的象征。从此，旺多姆广场改名为国际广场。

四、公社的失败

梯也尔政府逃到凡尔赛后，由于手中兵微将寡，一时无力实行镇压，就一方面虚伪地许诺在短期内实行巴黎各区的选举，发誓决不出卖共和国，不会派遣武装力量去攻击巴黎；另一方面则竭力拼凑反革命武装，伺机进行镇压。

4月2日即公社成立后第5天，凡尔赛就对巴黎发动了突然进攻。公社军事代表克吕泽烈指挥很不得力。4月3日公社分兵3路开始向凡尔赛进军。由杜瓦尔率领的一路一直打到离凡尔赛五六千米的地方，因缺乏后援最后失败。杜瓦尔高呼"公社万岁！"英勇就义。在战斗中牺牲的还有公社委员弗路朗斯。4月6日，凡尔赛军也分3路进攻巴黎，攻占了公社的许多据点。由东布罗夫斯基领导防御的一条10千米长的防线，一直顶住比自己多7～9倍的敌人，打了20多天，使敌人无法前进一步。可是在其他防线上，公社遭到了失败。4月30日克吕泽烈被撤职。在新任军事代表罗谢尔指挥下，战斗仍然不利。从5月9日起德勒克吕兹接任军事代表。他是忠诚而坚定的公社战士，在指挥战斗中表现了很卓越的才能。但那时战斗局势已经对公社十分不利了。5月10日，凡尔赛同德国签订了《法兰克福条约》，德国允许凡尔赛扩军，并放回10万俘虏，以加强凡尔赛反革命武装。俾斯麦应梯也尔请求，对巴黎实行封锁，允许凡尔赛军通过德军防线从东部和北部进入巴黎。

到5月中旬，公社的处境已相当困难。5月20日凡尔赛对巴黎发动了总攻。21日攻下圣克卢门和附近的堡垒，夜间，巴黎又有4座城门失守。凡尔赛军进入巴黎，公社战士同敌人进行了顽强的巷战，开始了历史上有名的"五月流血周"。

5月22日公社委员会发表《告巴黎人民和国民自卫军书》，号召人民拿起武器，同敌人进行坚决斗争。男女老少都积极投入了保卫公社的浴血战斗。他们把每条街巷、每座建筑物、每间房子都变成了阵地；把一切能够利用的东西都拿来修筑街垒，日夜同敌人进行殊死决战。

5月23日公社最重要的战略据点蒙马特尔高地失守。24日，包括市政厅在内的巴黎市中心区被占领。25日，军事代表德勒克吕兹身负重伤，仍然英勇地向前沿阵地走去，中弹牺牲。瓦尔兰接替他的工作，指挥战斗。27日最后一批公社

巴黎公社的战斗

战士约 200 人撤到巴黎东郊的拉雪兹神甫墓地，同 5 000 名凡尔赛军搏斗，直到弹尽粮绝，全部壮烈牺牲。28 日凡尔赛军占领了整个巴黎，存在了 72 天的巴黎公社失败了。公社将领东布罗夫斯基被俘，高呼"公社万岁！"从容就义。公社检察长里果被俘后，敌人逼他喊反动口号，他却高呼"公社万岁！打倒杀人犯！"壮烈牺牲。公社坚强的领导者瓦尔兰也在 28 日那一天为公社事业流尽了最后一滴血。

巴黎公社失败的具体原因很多，但是最根本的原因还在于当时法国仍是小生产占绝对优势的国家。1872 年全国平均每个企业雇佣工人只有 2.9 人，社会经济发展的实际水平远没有达到能够消灭资本主义制度的程度。这种经济上的不成熟，决定了无产阶级的不成熟。公社的失败是不可避免的。

公社失败后，凡尔赛匪帮以极残暴的手段进行报复，白色恐怖笼罩整个巴黎。被捕者达 5 万多人，其中包括 1 000 多名妇女和 600 多儿童。许多人被处徒刑和流放。整个巴黎公社期间被杀死、监禁、流放、驱逐者达 10 万人之多。公社战士在敌人的法庭上表现了威武不屈、视死如归的精神，谱写了英雄的乐章。

公社委员、革命诗人欧仁·鲍狄埃和战友们一道同凡尔赛匪徒进行了不屈不挠的斗争。在公社失败后不久，他就以无比激动的心情，挥笔写下了气势磅礴的《国际歌》，号召奴隶们起来，粉碎旧世界的锁链，坚信国际共产主义一定要实现。

巴黎公社虽然失败了，但它的伟大历史意义永远不可磨灭。巴黎公社是无产阶级专政的第一次尝试，为后来的无产阶级革命运动提供了极其宝贵的历史经验。

巴黎公社最主要的经验是打碎资产阶级的军事、官僚国家机器，代之以无产阶级专政。马克思在总结这一基本经验时，将它概括为这样一句话："工人阶级不能简单地掌握现成的国家机器，并运用它来达到自己的目的。"❶ 后来恩格斯在解释这句话的含义时写道："这仅仅是为了指明下列事实：胜利了的无产阶级在能够利用旧的官僚的、行政集中的国家机构来达到自己的目的之前，必须把它加以改造。"❷ 这个解释与马克思在《法兰西内战》第2稿中所说的"掌握政权的第一个条件是改造传统的国家工作机器"❸ 是完全一致的。因此打碎旧国家机器的根本含义就是对旧国家机器进行改造。巴黎公社在对国家进行民主改造方面创造了许多宝贵的经验。此外，在社会经济、文化教育、发扬国际主义精神等方面的创举和改革，也为工人运动留下了宝贵经验。马克思、恩格斯在总结巴黎公社历史经验的基础上，进一步丰富和发展了自己的学说，

公社在很大程度上是19世纪初期以来工人运动发展史上的高峰和总结。它继承了18世纪法国大革命的许多优良传统和经验，吸取和归纳了历次工人斗争的经验和成果，从以往的共和要求，普选运动以及1848年提出的建立"社会共和国"的主张，发展为夺取政权，改造旧国家机器和建设无产阶级自己的国家机构。

但是，正如马克思所说，巴黎公社"不过是在例外条件下的一个城市的起义，而且公社的大多数人根本不是社会主义者，也不可能是社会主义者"❹，因而它既不可能取得胜利，也不可能影响当时资本主义制度发展的整个历史进程。公社的主要历史地位是在国际工人运动、国际共产主义运动和马克思主义学说发展的历史上体现出来的。

---

❶ 《马克思恩格恩选集》第3卷，52页，北京，人民出版社，1995。
❷ 《马克思恩格斯选集》第4卷，441页，北京，人民出版社，1972。
❸ 《马克思恩格斯选集》第3卷，117页，北京，人民出版社，1995。
❹ 《马克思恩格斯选集》第4卷，643页，北京，人民出版社，1995。

第十六章 亚洲民族运动的高涨

第一节 印度尼西亚爪哇人民起义

印度尼西亚是由 3 000 多个大小岛屿组成的"千岛之国"。西方资本主义产生时，印度尼西亚还处在封建社会的晚期，全国分裂为许多割据一方的小王国。其中伊斯兰教的封建王国最多，还有极少数印度教的王国。

从 16 世纪起，葡萄牙、荷兰和英国殖民者为掠夺驰名于世的香料相继侵入印度尼西亚。葡萄牙人最早侵入印度尼西亚的马鲁古群岛（即香料群岛）。1602 年荷兰成立了联合东印度公司（简称东印度公司），对印度尼西亚的入侵更为频繁，1609 年荷兰东印度公司在印度尼西亚设立了总督府。到 18 世纪，它确立了在爪哇、苏拉威西和马鲁古群岛的统治权。

东印度公司在爪哇实际上实行两类统治方式，一类是公司直接统治的地区，称直辖地，由公司委任荷兰人作省长。当地封建王公的特权地位仍被保留，并从他们之中任命省长属下的官员。另一类是公司间接统治地区，称藩属土邦，它们名义上是"独立的"，由素丹统治，但实际上一切政务都要由公司派驻的荷兰官员监督。

东印度公司在直辖地实行定额纳税制，规定各州定期向公司上缴作为赋税的定额贡品。在藩属土邦，实行强迫供应制，规定每个土邦每年必须向公司供应所需的大米、胡椒、蔗糖等。公司对香料、食盐等实行垄断和专卖，严格控制生产和出口数量，规定各种香料和食盐的产区。公司还从事贩奴贸易。东印度公司通过上述手段，从印度尼西亚掠夺了大量财富。1602—1782 年，仅公司股东们分得的红利就达 2.32 亿盾（荷兰币名），相当于原股本的 36 倍。

从荷兰殖民者入侵起，印度尼西亚各族人民的抗荷斗争就从未停止过。其中规模较大的有 1666—1669 年望加锡人民的抗荷斗争，1674—1679 年杜鲁诺·佐约起义，1684—1707 年苏拉巴蒂起义，1740—1743 年的红溪事件，1749—1757 年马打兰人民的抗荷斗争，1750—1755 年万丹人民起义等。这些起义沉重打击了荷兰殖民者，加速了东印度公司统治的终结。

1759 年荷兰解散东印度公司，由政府接管殖民地的全部政务。拿破仑战争期间荷兰被法国占领，英国遂趁机于 1811 年 8 月攻占爪哇等岛屿。英国殖民当局推行了一套诸如确认土地所有权，废除强迫供应制，改革土地税制，实行货币地租，取消垄断贸易和内地关卡税，开放港口，鼓励私人资本开办种植园，允许封建主把土地出租给外国种植园主等适应宗主国工业利益的政策，促进了当地商品经济的发展。

根据 1814 年英荷条约，荷兰收回了印度尼西亚殖民地，并且很快废除了英国那些政策，恢复了旧的殖民统治方式。对劳动人民的剥削也大为加强了。除向农民征收高额货币地租外，还设立了各种苛捐杂税，如门户税、庭院税、牲畜税、稻谷税、迁居税、土地贸易税等，甚至过桥入市和怀抱婴儿过关卡也要纳税。此外，劳动人民还要无偿地服各种徭役，如伐木、修路等。

荷兰殖民者恢复统治后所推行的一系列政策，不仅使印度尼西亚人民陷入极端贫困的境地，而且使封建主也日益丧失其政治权利和经济收益，这就加剧了他们之间的矛盾。在各阶层人民反抗斗争不断加强的情况下，终于爆发了 1825—1830 年爪哇人民的反荷大起义。

起义是由日惹王国罗佐素丹的庶子蒂博尼哥罗领导的，故又称蒂博尼哥罗战争。

1825 年 7 月，荷兰殖民者派重兵包围蒂博尼哥罗的领地，企图一举消灭这支抗荷力量。蒂博尼哥罗当即组织他周围的队伍进行抵抗，并冲出重围来到离日惹 11 千米的斯拉朗，7 月 20 日蒂博尼哥罗发表文告，号召人民进行"圣战"，消灭荷兰殖民者。几天内就有近 6 万人参加起义，日惹王族中的 77 名知名贵族（其中有 23 名亲王）带着家眷和随从投奔起义队伍。起义迅猛发展，占领广大农村，迫使荷兰殖民者退守日惹、梭罗等重要据点。1825 年 10 月，蒂博尼哥罗宣布建立爪哇伊斯兰教王国，自任爪哇素丹兼宗教最高首脑，封其叔父莽古甫美为最高顾问，任命来自梭罗的著名阿訇奇阿依·摩佐为宗教顾问。1826 年 10 月蒂博尼哥罗统率起义军进攻梭罗，不幸在战斗中身负重伤，起义军被迫撤退。

梭罗战役失利后，战争进入相持阶段。1828 年 3 月南旺地区起义被镇压后，起义军力量大为削弱，从此进入衰落阶段。

军事上的接连失败，引起了起义军领导层内部的矛盾，出现了主战、主和两派。主和的奇阿依·摩佐阿訇擅自和荷兰殖民者谈判，被荷兰当局逮捕。与此同时，殖民当局对起义军将领进行诱降，一些参加起义的封建贵族叛变了，最高顾问莽古甫美和领兵将领申托特也先后率部投降。就在这时，荷兰殖民者加紧了军事围剿。陷入困境的蒂博尼哥罗于 1830 年 3 月 8 日同荷兰当局进行了谈判。在谈判中他始终坚持建立独立的伊斯兰教王国。荷兰殖民者背信弃义地在谈判时逮捕了蒂博尼哥罗。起义以失败告终。1855 年蒂博尼哥罗在流放地去世。

第二节　伊朗巴布教徒起义

位于西亚的伊朗是文明古国之一，是历史悠久的多民族国家。1794 年卡扎尔部族的阿加·穆罕默德统一全国，在德黑兰建立了卡扎尔王朝。卡扎尔王朝实行封建专制制度。国王是最高的土地所有者，教俗贵族、游牧贵族领有大量土地，工商业发展缓慢，十分落后。宗教在伊朗具有极大影响和很高的地位，是封建统治的重要工具。占统治地位的教派是伊斯兰教什叶派。在卡扎尔王朝统治下，伊朗国力衰弱，无力抗击欧洲殖民者的入侵。

19 世纪初，伊朗逐渐成为英、法、俄等国争夺的对象。俄国利用地理上毗邻的有利条件，不断对伊朗发动侵略战争。它通过 1804—1813 年和 1826—1828 年的两次战争，侵占了格鲁吉亚、北高加索、北阿塞拜疆等大片土地，勒索了 2 000 万卢布的赔款，还取得了领事裁判权和各种政治、经济特权。英国为抵制俄国势力的扩张，巩固并扩大自己在伊朗的势力，在 1800—1841 年先后 4 次强迫伊朗签订不平等条约，获得了一系列特权。随后，法国、美国、奥地利等国也援例同伊朗签订了类似条约。这一系列不平等条约的签订，使伊朗走上半殖民地的道路。

伊朗门户被打开后，外国的特别是英国的廉价商品便潮水般地涌入。在 19 世纪 30 年代，从英国输入的纺织品几乎占伊朗进口总值的 90%。外国廉价商品的涌入，破坏了传统的农业与手工业相结合的封建自然经济，扼杀了刚刚萌芽的伊朗资本主义工场手工业，造成大批手工业者和中小商人的破产。同时，随着商品货币经济的发展，封建统治阶级为满足其奢侈的生活，大大加强了对劳动人民的剥削。他们不仅要求农民缴纳货币地租，而且公开卖官鬻爵和出卖采邑，以获得货币。买得官爵和采邑的官吏和新地主，为捞回金钱，就更加疯狂地进行剥削，使广大人民陷入极度贫困的境地。原来生活状况接近下层人民的低级阿訇，处境也日益困难，被迫从事其他行业，从而加深了他们对封建上层统治集团的痛恨。这一切都使伊朗的阶级矛盾日益激化，终于酿成了巴布教徒起义。

巴布教是 19 世纪 40 年代伊朗阶级矛盾十分尖锐的条件下出现的伊斯兰教的一个教派，创始人是出身于设拉子棉布商人家庭的赛义德·阿里·穆罕默德。1844 年他自称为"巴布"（阿拉伯语和波斯语中的"门"），意即人们所渴望的"救世主"马赫迪的意志将通过此"门"传达给人民，他本人就是真主与人民的中介人。阿里·穆罕默德写了一本《默示录》，集中说明了巴布教的主张。巴布认为，人类社会是依次更迭向前发展的，后一个时代要超过前一个时代；每次更迭总会伴随着新制度和新法律的产生，但这不能由人们自己制定，必须由"真主"派来的"先知"来制定。巴布宣称，一切现存的制度和法律都应按《默示录》重新制定，必须消除人间不平，建立人人平等的"正义王国"。他还提出了保护私有财产、保障人身自由、用法律规定借贷利息、欠债必还、严守商业通信秘密、改良邮政、统一币制等要求。巴布的主张反映了中小商人和新兴地主的愿望，同时得到了广大人民群众的拥护。巴布反对采取暴力斗争的手段，幻想通过对封建统治者的宣传和感化来实现变革。伊朗的统治者没有被感化，反而下令禁止巴布教，大肆迫害巴布教徒，并将巴布逮捕入狱。

巴布教遭迫害后，教中出现了一些比较接近人民大众的领导人，如穆罕默德·阿里·巴尔福鲁什、女巴布教徒查玲·塔什等。他们提出了更激进的纲领，要求废除封建特权，反对纳税，废除私有制，财产公有和男女平等，直至公开发出举行武装起义的号召。

1848年9月伊朗国王病死，封建统治集团内部立即陷入争权夺利，互相倾轧之中。这时，伊朗北部呼罗珊、伊斯法罕、设拉子等地的人民趁机行动起来。10月，巴尔福什市（今巴博勒市）700名巴布教徒举行武装起义，在塞克，塔别尔西陵墓建立了据点。附近的农民、手工业者和从各地赶来的巴布教徒纷纷来到这里，起义队伍迅速增加到2 000人。起义者修筑城堡，挖掘壕沟，并按自己的理想建立起"正义王国"。他们宣布废除私有制度，一切财物归公共仓库，有专人保管和分配，大家实行共餐制。起义爆发后，新继位的国王派大军前去镇压。什叶派教长也宣布向巴布教徒进行"圣战"。在力量对比十分悬殊的情况下，起义者同敌人进行了顽强的战斗，最后全部牺牲。反动派的残酷镇压并不能阻挡巴布教运动的发展。到1849年，全国的巴布教徒已发展到十几万人。德黑兰的巴布教徒曾密谋刺杀国王，准备夺取政权，后因秘密泄露40名教徒被捕杀。1850年5月8日，巴布教徒又在里海西南的津章发动起义。起义者占领了城市的东半部，再次建立起"正义王国"。1850年12月底，坚持了半年多的起义被镇压下去。在津章起义的同时，在亚兹德、尼里兹等城市的巴布教徒也举行了起义。当时，在狱中的巴布仍和教徒们保持着联系，他号召人们为建立"正义王国"而誓死斗争。1850年7月19日国王下令杀害了巴布。1851年尼里兹的起义也告失败。此后，巴布教运动转入低潮，它的一些领导人走上了进行暗杀等恐怖活动的道路。1852年8月，他们在德黑兰谋刺国王未遂，致使数百名教徒惨遭屠杀。至此，经过4年之久的巴布教徒起义终于失败。

巴布教徒起义是在宗教旗帜下发动的一次反对卡扎尔封建王朝的人民起义。由于欧洲列强的入侵和伊朗的半殖民地化，所以起义在客观上具有反抗外国殖民压迫的性质，它构成了19世纪中期亚洲民族运动高潮的一个重要组成部分。

一、莫卧儿帝国的瓦解

1521 年蒙古贵族帖木儿的后裔巴布尔侵入印度，建立了莫卧儿王朝。从此，印度进入了莫卧儿帝国统治时期。莫卧儿帝国把全国划分为 21 个省，设省督（或称总督）统治。帝国境内还有不少保有独立地位的土邦，它们和帝国保持臣属关系，定期向帝国纳贡献礼，发生战争时必须派兵为帝国作战。在部分省份里也保有一些这种土邦。

莫卧儿帝国实行土地国有制度，土地占有者和使用者必须向国家缴纳土地税。领有土地的人（多为军官）称扎吉达尔，是印度最有势力的大封建主。然而，这部分土地并不是世袭领地，领有者需向国家缴纳田赋，皇帝有权随时收回土地。帝国实行土地税包税制。包税人通常都是富有的商业高利贷者，称为柴明达尔。由于扎吉达尔、柴明达尔的土地权或包税权都具有暂时性，因而就极力利用这一权利加强剥削，还通过向宫廷行贿，力争把土地变为世袭领地，把包税制也变为世袭包税权。柴明达尔还常常利用扎吉达尔为借债而抵押土地征税权的机会，去占有土地，成为大地主。随着这一现象的日益增多，军事采邑制度逐渐瓦解，从而动摇了莫卧儿帝国统治的基础。

1658 年伊斯兰教封建主的代表奥朗则布在争夺皇权的斗争中获胜，登上皇位。他在位期间（1658—1707）大力维护伊斯兰教大封建主的利益，实行迫害异教徒特别是印度教徒的政策。这就大大加剧了国内的阶级矛盾、宗教矛盾和民族矛盾。到处在发生反对莫卧儿帝国的民族起义和人民起义。1656 年中部地区的马拉特人举行起义，建立了自己独立的国家，摆脱了莫卧儿帝国的统治，后来发展成强大的马拉特公国联盟。1666—1678 年苏里曼山脉南北的阿富汗人起义，一度也建立了国家，后被镇压。此外还有 1669—1705 年德里和阿格拉地区的图特人起义、1705—1715 年旁遮普地区锡克教徒的起义，等等。莫卧儿帝国日趋衰落，有效统治地区不断缩小。英国殖民者正是在这种情况下侵入并占领了印度。

二、英国的殖民统治

1600 年英国东印度公司成立后，开始侵入印度。1613—1696 年该公司先后在印度沿海的苏拉特、马德拉斯、孟买和加尔各答等地建立了殖民据点。18 世纪中期，仅在孟加拉一地，东印度公司就已建立 150 个贸易站和 15 个大商馆。英国殖民者向印度内陆进行蚕食鲸吞，占领地区日益扩大。到 19 世纪 40 年代，英国已直接占领全印度土地的 2/3 和人口的 3/4。其余部分也都处在受英国控制的大小 500 个土邦王公的统治之下。印度成为英国在东方最大和最重要的殖民地。

英国殖民者对印度的掠夺是十分惊人的。最初是利用沿海商站进行不等价贸易掠夺财富。从 1757 年侵占孟加拉起，其掠夺就更带有明显的资本原始积累时期的特点，即进行公开的、直接的抢劫和搜刮。

18 世纪末 19 世纪初，在工业革命中成长起来的英国工业资产阶级，迫切要求开放印度市场，打破东印度公司的垄断。这样，英国政府对印度的政策有了不少变化。18 世纪末实行了新的土地税制。1793 年在孟加拉、比哈尔和奥里萨等省开始实行"固定柴明达尔制"。据此，农村公社的土地继承权被取消，土地由公司交给柴明达尔；柴明达尔向农民征收地租，并按 1793 年的实际土地税额，将其中的 9/10 交东印度公司，永远固定不变。这样，农民成了佃户，而柴明达尔则从包税人变成了拥有土地世袭权的地主。1820 年在孟买和马德拉斯实行了"莱特瓦尔制"，即农民租佃制。公司承认公社农民对耕地的占有权，但必须向殖民当局缴纳相当于全年收成的 1/3～1/2 的土地税，农民实际成了公司的佃农。1822 年，在中部地区（今北方邦和中央邦）实行了"不固定柴明达尔制"，它与"固定柴明达尔制"的区别在于，柴明达尔在向农民征收土地税后，上缴给公司的税额不固定，每 25～30 年调整一次，实际是重新分配一次土地税的份额。

不论哪种制度，目的都在于最大限度地剥削和压榨印度人民。实行新土地税制后，1800—1801 年的土地税总额为 420 万英镑，1857—1858 年度就增至 1 560 万英镑，占英国殖民当局总收入的 3/5。殖民者从这笔巨额收入中只拨出极少的款项来维修农业所不可少的水利灌溉工程，结果造成农业普遍衰落，大片土地荒芜。19 世纪上半期印度连续发生 7 次大饥荒，约有 150 万人死亡。

在工业资产阶级压力下，1813 年英国政府取消了东印度公司的贸易垄断权。英国商品，特别是棉织品大量销售到印度。1814—1835 年输入印度的棉织品由不足 100 万码增加到 5 100 万码以上。在廉价英货的冲击下，印度传统的手工业遭到毁灭性的打击，成千上万的手工业者破产，陷入绝境。

与此同时，英国殖民当局还极力扩大直辖土地的范围。它颁布法令规定，各土邦王公死后若无直系后嗣，其领地或年金即告"丧失"，由东印度公司收回。当局利用这种手段先后吞并了萨塔拉、那格浦尔和詹西等土邦，剥夺了马拉特王公的年金。英国当局还以奥德王公不善治理为由强占了其领地。更多的土邦则被殖民当局无理强行兼并。在 1857 年大起义前的 10 年中，全印度 3.5 万个大小封邑赐地中，就有 2.1 万个被兼并。大部分印度教寺院和清真寺的土地也被侵占，宗教信仰、民族习俗遭到践踏。这些政策使大批封建王公和印度教、伊斯兰教的僧侣也加入了反抗斗争的行列，并且在不久后发生的大起义中起了领导作用。

英国征服印度时，从印度破产农民和手工业者中招募了大批雇佣军，即土兵。土兵绝大多数效忠殖民者，成了英国征服和统治印度的重要工具。但是，随着时间的推移，情况发生了变化。首先，土兵们目睹英国殖民者的滔天罪行及其给印度人民包括自己家乡人民带来的灾难，滋长了爱国思想。同时，随着英国征服印度的完成，他们原来享有的一些权利被取消了，如薪饷降低了，家属减轻赋税和在诉讼案件中的优先权等也废除了。这也使他们逐渐改变了原来的立场。另外，军队中的民族歧视、宗教感情被践踏、英军与土兵间极为不平等的制度等，也使得在4万英军控制和监视下的20万土兵非常不满，反英情绪不断增长。

到19世纪中期，印度社会各阶级、阶层同英国殖民者之间的民族矛盾已发展到空前尖锐的程度，全印度各地逐渐形成了一股强大的反英潮流，民族大起义就是在这一背景下爆发的。

三、民族大起义

进入19世纪50年代后，印度社会各阶层已在秘密酝酿反英起义。1856年底1857年初，作为联络人民起义信号的薄饼传遍了印度北部的广大农村。在土兵中也出现了秘密组织，作为土兵起义信号的红莲花在各团队广泛传递。有些团队还成立了准备起义的军官委员会。仇视英国统治的封建王公们则派遣使者奔走各地，串连游说，密谋发难；许多印度教徒和伊斯兰教学者周游四方，痛陈百年亡国史，进行反英宣传。在德里、马德拉斯等城市经常出现各种传单，号召人民摆脱异族暴政，进行"圣战"！1857年初，殖民当局发下一种涂有牛脂和猪油纸包装的新子弹，引起了信奉印度教（视母牛为神圣）和伊斯兰教（禁忌猪肉）土兵们的极大愤怒。3月间，巴拉克普尔第34步兵团检阅时，一个名叫曼加尔·潘迪的土兵开枪打死了3名英国军官。事后潘迪被判处绞刑。5月初，在米鲁特又发生了85名士兵拒绝使用新子弹而被判10年重刑的事件。这些事件成了起义爆发的导火线。

5月10日（星期日）黄昏，英军在教堂作晚祷时，米鲁特的土兵在市民和郊区农民的支持下，发动了起义，迅速占领该城，并严惩了英国殖民当局的军政官员。当晚起义军便向德里进军，于次日晨在德里土兵和居民配合下，攻占了这座古都。起义队伍迅速扩大，许多王公贵族和僧侣也参加进来。德里起义军拥立名存实亡的莫卧儿王朝末代君主巴哈杜尔·沙二世为印度皇帝，并成立了由10人组成的行政会议，作为起义的最高领导机关。起义军发表文告，号召人民消除宗教分歧，团结一致，为驱逐英国殖民者而参加"圣战"。行政会议还颁布法令，废除柴明达尔制度，豁免贫民捐税，对地主、富商和高利贷者征收特别税。在德里起义胜利的鼓舞下，起义迅速扩展到奥德、詹西等地。那那·萨希布（被英国剥夺了年金的马拉特王公）和唐提亚·托比领导了康波尔的起义，拉克什米，巴伊女王领导了詹西的起义。在短期内，起义烽火迅速席卷了北印度和中印度的广阔地区。

为镇压起义，英国将派往伊朗和中国的侵略军也调回印度，并从锡克人、廓尔喀人中招募雇佣军。6月8日，英国以重兵首先围攻起义中心德里。9月14日，英军在猛烈炮火掩护下攻入德里。经过5天激烈的巷战，于19日晚占领该城，并且对全城进行了极其野蛮的洗劫。随着德里的陷落，巴哈杜尔·沙二世和一批封建贵族向英国殖民当局投降，莫卧儿王朝覆灭了。部分起义军撤出德里后，继续在朱木拿河与恒河之间的平原地带进行游击战。1858 年 3 月初，装备精良、配备 180 门大炮的 4 万英军攻入了奥德首府勒克瑙。起义军与敌人进行激烈巷战达 20 天，终于在 3 月 21 日失败。英军在勒克瑙烧杀劫掠了两个星期之久。4 月 3 日另一支英军占领詹西城。詹西女王率部突围，和唐提亚·托比率领的起义军汇合，转战中印度。6 月 18 日，女王在瓜辽尔城郊的一次战斗中牺牲。唐提亚·托比继续坚持斗争。1859 年 4 月由于封建主曼·辛格的出卖，唐提亚·托比为英军所捕，被处绞刑。零星游击队的反英斗争一直延续到 1859 年底。

1857—1859 年的起义是印度人民反抗英国殖民统治的一次最大的起义，在印度民族运动史上占有非常重要的地位。在这之前的一个世纪里，印度人民的反英斗争大多属于局部地区的斗争，而这次起义，在规模上遍及了印度北部和中部的广大地区，在成分上包容了社会各阶级、阶层和政治集团，以及原属于不同民族、种姓和宗教信仰的人们。这是印度人民开始形成近代统一国家观念的表现。

在受到印度民族大起义的沉重打击后，英国对印度的殖民政策有了一些改革，这也是起义的成果。1858 年 8 月，英国国会通过《改善印度管理法》，取消东印度公司，由维多利亚女王直接统治；内阁中设立了印度事务部；印度总督为副王，代表女王实施管理。11 月女王颁发诏书表示："尊重当地王公的权利、尊严和荣誉"，"不干涉臣民中任何人的宗教信仰或崇拜"。

印度尼西亚、伊朗、印度、中国（见第四节）以及其他国家在 19 世纪中期前后发生的人民反抗运动，是亚洲近代民族运动史上的第一次高潮。各国情况虽有所不同，但从主导方面看，这是一场反殖民主义的民族运动。这场运动不论是由哪个阶级和阶层领导的，诸如封建的王公、贵族，伊斯兰教的阿訇，土兵的军官和人民群众中涌现出的领袖人物等等，也不论提出什么样的纲领、口号，如恢复昔日强盛的封建王朝，建立"消除压迫，人人平等"的"正义王国"，实现"天下一家，共享太平"的理想社会等等，其结果都失败了。失败的原因很多，而且各不相同。不过有一点是共同的，那就是这些运动都属于旧式的运动，属于中世纪范畴的运动。它们都提不出改造社会的科学主张。这是因为在当时还没有出现新的民族资本主义经济，没有形成新的革命阶级——民族资产阶级。既然没有先进的思想作为指导，于是宗教就成为团结人民进行斗争的强大思想武器。当时，几乎所有的起义都打着宗教的旗号，诸如太平天国的拜上帝会，伊朗的巴布教以及印度尼西亚和印度的反对异教徒的"圣战"等。

第四节 中国太平天国起义

清王朝经过康雍乾盛世，从乾隆后期起便盛极而衰，走向没落。这也是整个中国封建社会的没落。至道光年间，终于在 1840 年爆发了鸦片战争，使中国历史进入半殖民地半封建社会时期。继第一个不平等条约《中英南京条约》签订后，美、法两国也仿效英国，逼迫清王朝签订了不平等条约。

鸦片战争和一系列不平等条约，使中国受到了剧烈的震撼，也使个别有眼光的中国人开始意识到，"天朝"大国也有落后的一面。魏源（1794—1857）便承认，"夷人"也有长处，提出了"师夷长技以制夷"的主张。然而，腐朽的清王朝外不能御敌，内不能安民。中国人民在外国侵略势力和本国封建统治的压迫下苦不堪言，终于奋起进行了大规模反抗斗争。

鸦片战争后10年间，各地包括汉、苗、回、瑶、壮、彝、藏各族人民进行的起义达百余次，到1851年终于汇成一场大的革命斗争，即洪秀全领导的太平天国农民起义。洪秀全（1814—1864）原是广东花县一位村塾的教书先生，还在1843年便自称受"天命"而下凡，解救世人。他劝人拜上帝，莫敬邪，还砸了孔子牌位。随后他与同学冯云山（1822—1852）赴广西宣传。不久，洪秀全回广东，写下了《原道救世歌》等作品，宣传人人平等，应驱除妖魔，建立"天下一家，共享太平"的社会。这时，冯云山则在广西桂平县紫荆山区创立了"拜上帝会"。1847年洪秀全回广西与冯云山会合，拜上帝会的会众已发展到数千人。在斗争中，形成了以洪秀全为首，包括冯云山、杨秀清（约1820—1856）、萧朝贵（约1820—1852）、韦昌辉（1823—1856）、石达开（1831—1863）在内的领导核心。

1850年咸丰帝继位不久，拜上帝会便于1851年初在金田村起义，组成太平军，建号太平天国，洪秀全自称天王。9月将杨秀清等5人也封为王。在清廷重兵围攻下，太平军于1852年离开广西，经湖南，入湖北，一路杀官除霸，分发钱粮，队伍不断壮大。1853年3月攻克南京，改名天京，定都于此。随后太平天国颁布了纲领性的《天朝田亩制度》，要建立"有田同耕，有饭同食，有衣同穿，有钱同使，无处不均匀，无人不温饱"的理想社会。显然，这只是对古代农民起义那些要求的继承与发展，具有平均主义和空想的性质。

从1853年5月到1856年上半年，太平军进行了北伐和西征，还打垮了清廷派来镇压的江南大营和江北大营，军事上达到全盛时期。与此同时，全国各地也爆发了各种起义，十分活跃，诸如天地会、小刀会、捻军和西南少数民族的起义等。

就在太平天国运动达到高潮时，1856年英法联军对中国发动了第二次鸦片战争。他们攻下广州后，便以大股兵力乘军舰北上，1858年攻陷大沽炮台，兵临天津城下。随同他们的，还有以"调停"为名的俄美公使。1860年底，战争以清朝失败而告终。这次战争充分暴露了列强的野心和清廷的腐朽。英法俄美分别强迫清廷签订了《天津条约》，英法又逼签了《北京条约》，攫取了大量特权和巨额赔款，英国还割占了九龙司。在这期间，还出现了咸丰帝出逃热河，英法联军洗劫并火烧圆明园等事件。最具饕餮之性的俄国，通过《瑷珲条约》《北京条约》和《勘分西北界约记》，割占了中国共 150 多万平方千米的领土。

战后，中国半殖民地化进一步加深，清廷开始设立总理各国事务衙门，列强在北京建立使馆，清廷对列强更加屈从。同时，列强也向清廷提供军火，组织军队，相助镇压太平军。

太平天国建都南京后，很快便抛掉了初期的朴素平等思想，开始按封建观念划分等级，各级间规定了严格的礼制，领袖们享乐腐化之风大为盛行。1856 年达到全盛之时，领导集团却于 9 月公开分裂，酿成"天京之变"的惨剧。杨秀清逼天王加封他"万岁"，韦昌辉杀杨秀清及其家属、部众 2 万余人，擅权自专。石达开谴责遭拒，起兵讨韦。韦昌辉被天京官兵杀死后，石达开提理政务又受洪秀全怀疑。于是石达开率大批精锐离去，后于 1863 年在四川大渡河全军覆没。

杨、韦之乱和石达开出走，使太平天国力量大为削弱，由盛转衰。1859 年洪秀全族弟洪仁玕来到天京，总理政事，提出了《资政新篇》，主张仿效西方，革新政治，兴办企业，勾画出发展资本主义的蓝图。但那时既不具备客观条件，天国又日益衰落，这一方案无法施行，此后，在清军和外国"洋枪队"的进攻下，太平天国占地不断缩小。1864 年 6 月洪秀全死去，7 月天京失陷，虽然太平军余部坚持战斗至 1868 年，但天京的陷落实际上已表明了天国的败局。

19 世纪中期亚洲民族运动的高潮，如火如荼，声势浩大，给了外国侵略者和本国封建势力以沉重打击。然而，这些仍属传统农民起义范畴的斗争，只有在民族资本主义产生后，才能发展为新型运动，才有希望夺得胜利。

第三编

开始跨入电气时代

第十七章　第二次工业革命

第一节　第二次工业革命

一、第二次工业革命的特点

第二次工业革命大致开始于 19 世纪 60—70 年代，与第一次工业革命的完成阶段在许多地方是交错的。但是，第二次工业革命并不是第一次工业革命的简单延续，它有新的含义。

第一次工业革命和资本主义的迅速发展，使自然科学的研究工作在 19 世纪进入空前活跃并取得重大突破的高潮期。在物理学方面，英国物理学家焦耳在 19 世纪 40 年代发现能量守恒和转化定律；英国科学家法拉第于 1831 年成功地发现电磁感应现象，提供了发电机的理论基础，使电力工业得以建立。在生物学方面，19 世纪 30 年代末德国植物学家施莱登和德国动物学家施旺等在前人的研究基础上，建立了具有重要意义的细胞学说；1853 年英国生物学家达尔文正式出版《物种起源》，提出进化论学说，对人类思想作出伟大贡献。在化学方面，俄国化学家门捷列夫于 1869 年发现了元素周期律，奠定了无机化学的基础；有机化学的绝大多数重要原理在 1828—1870 年的 40 年间基本确立，物理化学也在 19 世纪形成并发展起来，从而推动了化学工业的发展。

自然科学的新突破为资本主义发展所要求的新技术革命准备了条件。新技术革命的成果被广泛地运用于工业生产，从而引起了第二次工业革命。

第二次工业革命是以电力的广泛应用为其显著特点的。它使世界跨进了电气时代。从 19 世纪 60—70 年代起，出现了一系列电气发明。1866 年德国工程师西门子制成发电机；1870 年比利时人格拉姆发明了电动机，电力开始被用来带动机器，成为补充和取代蒸汽动力的新能源。随后，电灯、电话、电焊、电钻、电车、电报等，如雨后春笋般涌现出来。各种电动生产资料和生活用品的出现，产生了对电的大量需求。1882年法国学者德普勒发现了远距离送电的方法。同年，美国著名发明家爱迪生在纽约创建了美国第一个火力发电站，把输电线结成网络，使供电就像供应煤气和水一样。电力作为一种新能源的广泛应用，不仅为工业提供了方便而价廉的新动力，而且有力地推动了一系列新兴工业的诞生。以发电、输电、配电为主要业务的电力工业和制造发电机、电动机、变电器、电线、电缆等的电气设备工业迅速发展起来。

内燃机的发明是这一时期应用技术上的又一重大成就。1876年德国人奥托制造出第一台以煤气为燃料的四冲程内燃机，成为颇受欢迎的小型动力机。1883年德国工程师戴姆又制造出以汽油为燃料的内燃机，具有马力大、重量轻、体积小、效率高的特点，可充作交通工具的发动机。1892年另一名德国工程师狄赛尔发明了一种结构更简单、燃料更便宜的内燃机——柴油机，它虽比使用汽油的内燃机笨重，但却非常适用于重型运输工具。由于内燃机的发明解决了交通运输工具的发动机问题，从而在这一领域中引起了一次革命性的变革。19世纪80年代，一种新型的交通工具——汽车诞生了。从90年代起，一些国家建立起汽车工业。随后以内燃机为发动机的内燃机车、远洋轮船、飞机、拖拉机和军用装甲车、坦克也陆续出现了，并带动了相应的新兴工业部门的发展。内燃机的发明还推动了石油开采业的发展，加速了石油化学工业的产生。美国在内战前夕的1859年，已在宾夕法尼亚州发现石油，钻出第一口油井。但它最初只用于照明。随着内燃机的广泛应用，开始大量开采石油。1870年全世界生产的石油只有80万吨，到1900年就猛增至2 000万吨。

化学工业的建立也是19世纪晚期应用技术的一项重大突破。在无机化学工业方面，60—70年代发明了以氨为媒介生产纯碱和利用氧化氮为催化剂生产硫酸的新方法，使这两种化学工业的基本原料产量有了很大的增长。有机化学工业也随着煤焦油的综合利用得到迅速的发展。从80年代起，人们开始从煤焦油中提炼氨、苯、人造染料等化学产品。人造染料成本低、性能好，很快就代替了天然染料。化学工业不仅采用化学方法进行原料加工，而且采用化学方法合成物质。1884年法国人圣·夏尔东发明人造纤维，后来人们开始用粘胶丝来生产人造丝。1869年美国人黑特发明赛璐珞，10年后德、英、法等国也出现了赛璐珞工业。化学工业的另一个重要的新部门，是与炸药有关的工业。1867年诺贝尔发明火药，80年代又改进了制造无烟火药的技术，并在军事上广泛应用。

新的技术革命也推动了一些老工业部门的发展。最突出的是钢铁工业。1856年英国人贝西默发明的"吹气精炼"操作法炼钢很快得到推广，从60年代起许多国家都修建了贝氏转炉。1864年法国人马丁和德国人西门子兄弟同时宣布发明了平炉炼钢法。平炉不仅可以熔化生铁和熟铁，还可以熔化废钢，使之变成优质钢。到19世纪末，平炉炼钢法比贝氏炼钢法得到更广泛的采用。但这两种炼钢法都不能使用含磷的矿石。1875 年英国冶金技师托马斯成功地解决了这个问题。他发明的碱性转炉,使用含磷矿石也可炼出优质钢。冶炼技术的不断改进使钢的质量明显提高,产量持续增长。从 1868—1900 年,英、美、法、德 4 国的钢产量由 24 万吨增加到 2 355 万吨。钢逐渐取代铁,成为基本的工业原料和重要的建筑材料。

同第一次工业革命相比较,第二次工业革命有着一些新的特点。

首先,在第一次工业革命时期,科学和技术尚未真正结合,许多技术上的发明都是一些很少科学理论知识的工匠依据实践的经验而取得的成果。例如,珍妮纺纱机的发明者哈格里夫斯原是织工,后来做了木匠;骡机的发明者克伦普敦是个纺纱工兼织工;发明熟铁搅拌法的是工厂主科特和他的工头彼得·奥尼恩斯。只有发明蒸汽机的瓦特具有一定的科学知识,初步地将科学与技术结合起来。但在第二次工业革命期间,几乎没有什么工业部门未曾受到科学新技术的影响。在 19 世纪里,自然科学特别是热力学、电磁学、化学等方面的新发展,开始与工业生产紧密地结合起来,在技术上取得一系列重大的突破,并带动了相应的许多新兴工业部门的兴起。科学与技术的结合使第二次工业革命取得了更大的成果。

其次,第一次工业革命首先发生于英国,重要的新机器和新生产方法都是在英国发明的。就世界范围来看则是以英国为中心,通过新技术的逐步传播来带动后进国家,其发展进程缓慢而不平衡。第二次工业革命几乎是同时发生在几个先进的资本主义国家。英国虽然也有一些重要的发明,但内燃机、柴油机、发电机和电动机等的发明和改进,却大部分是德国人干的;而环锭纺织机、缝纫机、打字机、白热丝灯和电话,则是美国人发明的;发明橡胶轮胎,制成汽车的是法国人。因此,新的科学技术革命一开始就超出一国的范围,而具有更广泛的规模,发展的进程也就更迅速得多。

最后,第二次工业革命于 19 世纪 60—70 年代开始时,除英国、美国北部和法国已完成第一次工业革命外,其他国家有的正处于它的高潮期,如美国的南部、德国和俄国;有的则刚刚起步,如远东的日本和中国。因此,对一些后进的国家来说,两次工业革命是交叉进行的。以德国为例,它一方面积极地吸收、消化第一次工业革命的技术成果,另一方面又直接利用第二次工业革命的新技术,因而发展的速度异常迅速。起步更晚的日本,则同时吸收两次工业革命的技术成果,在短期内就取得跳跃式的发展。

二、新工业革命的影响

由于第二次工业革命具有如上的一些特点,它的影响也远比第一次工业革命要广泛和深刻。它在工业生产的领域内引起一系列的变革,极大地推动了生产力的发展,为资本主义向较为成熟的阶段——垄断阶段的过渡准备了条件。

在第一次工业革命中,产生了以纺织工业、机器制造业、铁路运输业和煤炭工业等为主的工业群。第二次工业革命一方面带动了一个新工业群的出现，如电力工业、电器工业、化学工业、石油业、汽车工业等，另一方面也使旧的工业部门由于生产技术的改造而得到飞跃的发展，钢铁工业就是一个突出的例子。重工业的发展使先进资本主义国家的产业结构发生了变化，它们开始由轻工业为主导转化为重工业为主导的工业国，基本上实现了工业化，并为资本主义工业的进一步发展奠定了物质技术基础。

第一次工业革命使工厂制度代替了工场手工业，但企业的规模不大，基本上还是中小型企业。第二次工业革命后，一些新兴的工业部门由于生产技术和产品结构复杂，如汽车工业，或者由于需要大型的生产设备，只有大批量生产才能赢利，如电力工业和化学工业，因此企业的规模日益扩大，以适应生产力发展的要求。正是在这种情况下，股份公司适应扩大企业规模的要求，在19世纪最后30年得到广泛的发展，作为超大规模企业的垄断组织在很大程度上也是适应这一要求而出现的。

第二次工业革命还为生产过程的合理安排和在生产中实行进一步分工创造了可能。这自然会极大地促进生产力的发展。

第二次工业革命也在生产的管理方面引起了深刻的变革，科学化的管理开始兴起。19世纪末，美国的泰罗开始提倡"劳动科学组织"，发明了"泰罗制"的科学化管理方法，使劳动生产率有了很大提高。列宁评价说："资本主义在这方面的最新成就泰罗制，同资本主义其他一切进步的东西一样，既是资产阶级剥削的最巧妙的残酷手段，又包含一系列的最丰富的科学成就，它分析劳动中的机械动作，省去多余的笨拙的动作，制定最适当的工作方法，实行最完善的计算和监督方法等等。"❶ 20世纪初，美国福特汽车公司的创始人亨利·福特又提出"大规模生产"的新管理概念。他说："大规模生产，就是把动力、准确性、经济性、系统性、连续性和高速运转等原则集中地运用到制造一种产品的生产方面……其结果就会有这样一种生产组织：用最低限度的成本，大量生产出按标准化设计、标准化工艺和标准化材料制造的有用商品。"为了实现"大规模生产"，他在自己的工厂内推行"流动生产线制度"，使制造一部老型汽车的工时，从12小时零8分钟减少到2小时35分钟，从而大大提高了劳动生产率。

第二节　资南主义的高速发展

19世纪末20世纪初，在第二次工业革命推动下，资本主义进入高速发展时期。下列的统计数字就是有力的证明。

---

❶《列宁选集》第3卷，491～492页，北京，人民出版社，1995。

世界工业生产指数 （以 1913 年为 100）

1850 年 9	1860 年 13	1870 年 20	1880 年 27	1890 年 41	1900 年 59	1913 年 100

这就是说，1850—1870 年的 20 年，世界工业生产只增加了一倍多，而 1870—1900 年的 30 年却增加了将近两倍，20 世纪初的 13 年又增加了 60%。

但是这一时期资本主义各国的经济发展很不平衡。后起的新兴资本主义国家在工业增长率上明显高于老牌资本主义国家。但后一类国家的经济发展仍比它们本身的原有状况有很大进展。

资本主义发展的不平衡必然要引起各主要资本主义国家在世界经济中地位的急剧变化。1870 年，英国在世界工业生产中居第一位，约占总产值的 1/3。19 世纪 80 年代美国超过英国而跃居世界第一位，占世界工业总产值的 30% 以上。1900—1910 年间，德国又超过英国居世界第二位。法国和英国一样，在世界工业生产中的比重一直不断下降。俄国和日本的地位虽有显著提高，但它们所占的比重仍然是很少的。

美国是这一时期工业发展最迅速的国家。从 1859—1909 年，美国的工业产值由 18.8 亿美元增至 130.14 亿美元，共增加了约 6 倍。1860 年以前轻工业在工业中占统治地位，此后是重工业迅速发展的年代。1860—1913 年，生铁产量由 84 万吨增加到 3 140 万吨；钢产量由 1.2 万吨猛增至 3 180 万吨，成为世界上最大的产钢国；煤的开采量由 1 820 万吨增加到 5 亿多吨。机器制造业特别是农业机器制造业有很大的发展，20 世纪初其产值已相当于欧洲各国产值总和的一半。19 世纪最后 30 年，新兴工业部门也迅速发展起来。石油开采量从 1860 年的 50 万桶增加到 1910 年的 2 亿桶以上。电力工业从 1880 年第一家发电站建成起，到 1917 年全国的发电量已达 248 亿度。汽车工业在 19 世纪末初步建立起来，1900 年产量不过 4 000 辆，1914 年猛增至 56.87 万辆以上。化学工业也迅速发展起来。19 世纪末 20 世纪初，美国的工业化已基本完成，由农业国转变为以重工业为主导的工农业国家。

在 19 世纪末 20 世纪初，德国工业生产的增长速度仅次于美国，也居于世界领先地位。从 1870—1913 年，工业生产总指数由 17.5 上升至 100，增加 4.7 倍。重工业得到迅速发展，煤的开采量从 3 400 万吨增至 2.77 亿吨，钢产量从 17 万吨增至 1 832 万吨，铁产量从 139 万吨增至 1 931 万吨。从 19 世纪 90 年代起，机器制造业的发展特别迅速，其中电机制造业和造船业的发展尤为突出。在 1895—1910 年间，电机产值由 7 800 万马克增至 3.68 亿马克，在 1896 年以前，德国还没有大规模的造船业，而在 1899—1913 年间，平均每年造船约为 30.5 万吨。新兴的化学工业发展也非常迅速，1870—1900 年，酸和碱等基本化学原料的产量增加了 7 倍，染料的产量增加了 3 倍，均已跃居世界首位。1900 年世界应用染料的 4/5 是由德国制造的。电气工业的建立和发展是这一时期德国取得的又一巨大成就。电气工业的总产值，在 1891—1913 年间增加了 28 倍。从 19 世纪 60 年代末到第一次世界大战前夕，德国的生产资料生产增加了 8 倍，消费品生产仅增加了 3 倍。重工业在德国的整个工业中占据了优势地位。

19 世纪末的克虏伯工厂

这一时期英国的经济发展相对要缓慢一些。1870—1913 年的 43 年间，工业产值只增加了 92%。当时，英国的工业力量有相当部分建立在纺织、煤炭和冶铁等几个旧工业部门上。这些部门的技术装备到 19 世纪 70 年代后都已陈旧落后，因此生产的增长速度相对缓慢。但炼钢业、机器制造业和造船业的发展还是比较快的。一些新兴的工业部门也开始建立起来。1895 年制造了第一辆汽车，到 1913 年汽车产量已达 3.4 万辆。在动力方面，80 年代出现了利用硬煤生产煤气的瓦斯工业和电力工业，1912 年全国电站安装容量达 90 万千瓦，1900 年英国开始试制人造纤维，到 1913 年生产了 700 万磅人造丝。

19 世纪最后 30 年，法国经济发展的速度也是比较缓慢的。从 1870—1913 年，工业产值增长了将近 2 倍。不过，重工业的发展比较快。特别是钢铁产量增长得最为明显。1870—1913 年生铁产量由 118 万吨增加到 907 万吨，钢产量由 8 万吨增加到 469 万吨，煤产量由 1 318 万吨增加到 4 080 万吨。作为法国主要工业部门的纺织工业，由于普遍采用蒸汽动力和机械化程度的提高，也取得显著的发展。1863 年棉花消费量只有 5.9 万吨，1913 年增为 27.1 万吨。电力、汽车、制铝、化学等新兴工业部门也开始建立起来，并取得很大成就。1913 年，法国汽车产量达 4.5 万辆，居世界第 2 位；铝产量达 1.35 万吨，也仅次于美国；化学产品和人造丝产量则次于德国和美国，居世界第 3 位。但这一时期，法国工业中的中小企业仍占很大比重，轻工业也还居于重要地位，工业基础还比较薄弱。

19 世纪最后 30 年和 20 世纪初，交通运输业也取得显著的发展。下表是这一时期世界航运业的发展情况。

1870—1910 年世界船舶数　　　　（单位：百万净吨）

年　份	帆　船	汽　船
1870 年	14.1	2.7
1880 年	14.5	5.5
1890 年	12.0	10.2
1900 年	10.0	16.2
1910 年	8.4	26.2

这些数字说明，到 1910 年时，全部船舶的总吨位增长到 3 460 万吨，比 1870 年增加了一倍多，其中汽轮已占 75.7%。航运业不仅取得巨大发展，而且基本上实现了海上运输工具的机械化。

在这一时期，铁路运输业发展更为迅速。1870 年世界铁路总长度为 21 万千米，其中 10.5 万千米在欧洲，9.3 万千米在美洲大陆。欧洲的铁路主要分布在英（2.45 万千米）、法（1.66 万千米）、德（1.89 万千米）3 国，美洲大陆的铁路差不多有 90% 在美国（8.52 万千米），到 1913 年，全世界的铁路已长达 110.2 万千米，比 1870 年增加了 4.2 倍。美洲大陆的铁路已远远超过欧洲，亚、非、澳 3 洲的铁路也有了很大的发展，初步形成了环绕世界的铁路网。

交通运输业的发展具有重要的经济意义，在飞机还没有发明和普遍使用之前，船舶是唯一可以把被海洋隔绝的国家和地区在经济上联系起来的交通工具。由于轮船在航运业中逐渐取得优势地位，从 1870—1913 年航运费用下降了一半以上。这就极大地便利了国际的经济交流。但是，轮船只能抵达沿海国家和地区的一些口岸。对于大多数国家，只有铁路才是使它进入世界市场的工具。因此，环绕世界的铁路网的初步形成，对世界经济的发展起了非常重要的作用。

工业和交通运输业的迅速发展以及世界市场的扩大，使这一时期的世界贸易获得巨大的发展。下面的数据很能反映这一情况。

世界贸易指数和贸易总额（以 1913 年为 100）　　（单位：10 亿法郎）

年　份	世界贸易指数	贸易总额
1870 年	24	45.5
1880 年	36	68.8
1890 年	49	94.2
1900 年	68	118.2
1910 年	85	162.4
1913 年	100	192.4

　　上述统计数字表明，1870—1913 年世界贸易总额增加了 3.2 倍。不仅数量上明显增长了，而且还发生了一些新的变化：继英国之后，一些新兴的资本主义国家在工业迅猛发展的基础上，普遍扩大了本国工业产品的出口，对外贸易已成为国家经济生活中极其重要的因素。这又引起了世界贸易格局的变化。在 19 世纪50—60 年代，卷入世界市场的大多是农业占主导地位的国家。它们围绕着一个巨大的工业中心——英国。英国消费它们的原料，同时供给它们必需的工业品。到了 19 世纪末 20 世纪初，由于一批新工业国家的兴起，英国的贸易垄断地位被打破，世界贸易形成了多中心的新格局。1913 年，各主要资本主义国家在世界贸易中所占的比重为：英国 15％，美国 11％，德国 13％，法国 8％，俄国 4％。此外，这一时期原料和工业制成品的世界贸易额呈现出均衡发展的趋势。从 1870—1913 年，这两类商品的贸易额都增加了两倍多一些。这就说明工业发达国家与初级产品生产国家之间的国际分工以及世界各国间的相互依赖程度都加强了。在资本主义迅速发展的前提下，世界各国和各地区在经济上更紧密地连接在一起了。

　　以上所述表明，19 世纪末 20 世纪初"世界经济"已经形成。在这之前，虽然出现过某些国家和地区在经济上的繁荣与发展，也形成了世界市场，但是国际生产的专业化格局和相互配合的情况却还不存在。在第二次工业革命后出现的大发展，才使这种格局逐渐形成，出现了"世界经济"。尽管这种国际经济秩序并不合理，但与以往相比，毕竟是人类文明史上的巨大进步。

　　19 世纪最后 30 年，世界资本主义发展得如此迅速，以致工业产品的增长幅度暂时超过了世界市场需求的增长幅度，结果使价格和利润普遍下降。

　　19 世纪 90 年代的价格一般比 1873 年低 40％。其中钢和钢轨的价格下跌最为严重。欧洲的钢轨价格在 1872—1881 年间降低了 60％，美国钢轨在 1896 年的销售价格仅为 1875 年的 1/10 稍多一点。直到 1896 年，工业品的价格才开始出现回升的趋势，但比 70 年代还要低得多。

　　由于产品的增长超过了市场的需求，经济危机发生得更加频繁了。进入 70

年代以后，在 1873 年、1882 年、1890 年、1900 年、1907 年共发生了 5 次世界性经济危机，危机的间隔时间也在缩短。同 70 年代以前相比，危机的破坏性也加强了。

由于出现了价格和利润普遍下降和经济危机更加频繁与深刻的现象，因而有些人把 19 世纪最后 30 年称为世界经济史上的"大萧条"时代。但是从上述情况全面考察，应该说资本主义经济在这一时期的发展十分迅猛，世界经济作为一个整体也是很繁荣的。

第三节　资本主义向垄断阶段过渡

19 世纪最后 30 年资本主义经济的迅猛发展，使企业的规模越来越大，股份公司这种早已出现的集资经济方式也随之被日益广泛地采用。这就为进一步扩大企业规模提供了可能。于是资本与生产迅速地集中，为垄断组织的产生创造了前提。早在 19 世纪 60 年代和 70 年代初，在欧美先进资本主义国家就已开始出现个别的垄断组织。1873 年的经济危机使许多中小企业破产，进一步推动了生产的集中，于是垄断组织较多地发展起来。不过这时的垄断组织一般还不稳固，在国民经济中也不占统治地位。一直到 19 世纪末的经济高涨和 1900—1903 年的危机期间，垄断组织才在所有发达资本主义国家普遍发展起来，成为全部经济生活的基础。19 世纪末 20 世纪初，资本主义正式进入垄断阶段。

由于各国的社会经济和历史条件不同，垄断组织发展的程度和形式也有很大差异。美国的垄断组织主要采取托拉斯的形式，这同美国工业生产的集中程度很高有密切关系。美国的许多企业是在采用当时最新技术的基础上建立的，创业之初规模就很大。它们在竞争中拥有优势，很快就挤垮了技术落后的中小企业，把生产集中到自己手中。这样，同一部门的少数大企业为了垄断销售市场和加强竞争能力，又进一步采取合并的形式组成托拉斯，确立了他们的垄断地位。美国出现的第一个托拉斯是 1879 年成立的洛克菲勒的美孚石油公司，它在建立之初就掌握了全国石油产量的 90%，是美国最大的垄断组织之一。进入 80 年代后，在榨油、酿酒、制糖、制绳、炼铅、火柴、烟草、屠宰和采煤等部门也都出现了托拉斯组织。后来，垄断组织在美国又有了进一步的发展。到 1904 年，美国共有 318 个工业托拉斯，其中 236 个是在 1898 年以后建立的。这 318 个工业托拉斯吞并了 5 300 个工业企业，拥有全部加工工业资本额的 40%。美国的各重要工业部门一般都已为一两个或少数几个大托拉斯所垄断。其中最著名的是：美孚石油公司、美国钢铁公司、国际收割机公司、杜邦火药公司、福特、通用、克莱斯勒 3 家汽车公司等。

德国垄断组织发展的程度仅次于美国。由于德国农村保留了大量封建残余，国内市场狭小，作为较晚兴起的资本主义国家在扩大国外市场方面又面临激烈的竞争，因而解决销售市场问题十分紧迫。德国虽然也在生产集中的基础上形成了许多大企业，但还存在着大量的中小企业。这些条件就使得在产品销售上进行垄断联合的"卡特尔"成为德国垄断组织最普遍的形式。1857年德国出现了第一个卡特尔，到1870年增加为6个。1873年危机爆发后，卡特尔迅速增加，1879年已有14个，1890年增到210个，1905年已达385个，1911年更增至550～600个。垄断组织已遍及采煤、冶金、电气、化学、纺织、皮革、玻璃、砖瓦、陶器和食品等工业部门。在20世纪初，卡特尔开始向高级形式——拥有统一销售组织的"辛迪加"发展。在1905年的385个工业卡特尔中，约有200个具有了辛迪加性质。与此同时，在一些主要生产部门还出现了为数不多的巨大"托拉斯"和"康采恩"。因此，20世纪初垄断组织也已成为德国全部经济生活的基础。特别是在重工业和运输业中，许多部门往往被一两个垄断组织所支配。莱茵—威斯特伐利亚煤业辛迪加在1893年成立时就集中了该区煤产量的86.7％，1910年更达到95.4％，超过全国煤产量的一半。德国钢业联盟（1904年成立）和铁业联盟（1910年成立）垄断了全国钢铁产量的98％。电气工业基本上被电气总公司和西门子公司两个集团控制。航运业则集中于汉堡—美利坚公司和北德意志航运公司手中。

在英国，由于受到19世纪末20世纪初经济发展速度相对减慢，占优势的纺织业等旧工业部门的科技投入程度较低，拥有庞大的殖民地为资产阶级带来高额利润等因素的影响，又由于许多企业家仍抱有19世纪中期自由放任的旧观念，对联合一事采取不屑一顾的态度，所以英国垄断化的进程比较缓慢，垄断组织的发展程度也比美、德两国要低。就垄断组织的形式而言，由于英国奉行自由贸易政策，在销售方面实行联合的辛迪加和卡特尔比较少。它的垄断组织一般都是经过激烈的竞争，由若干家大企业合并改组为大股份公司，并进行一系列兼并活动后形成的生产上的联合。垄断组织在各工业部门中的发展是不平衡的。在重工业特别是新兴工业中发展较快，垄断程度也较高，并开始出现跨部门的垄断联合企业；在轻工业特别是棉纺和棉织这两个部门中甚至尚未形成垄断组织。例如，在军火工业和造船工业中于1897年出现了著名的阿姆斯特朗-惠特沃斯公司和维克斯-马克西姆公司，它们不仅生产军火、建造军舰，并且拥有自己的钢铁冶炼工厂以及其他有关的金属加工、机器制造工厂等。在冶金工业中，则出现了鲍尔考·汪干公司、约翰·布朗公司、贝尔兄弟公司等著名的大冶金联合企业。它们几乎都拥有从煤矿、铁矿、石灰石矿、炼焦、冶铁、炼钢、各种钢材轧制、金属加工，一直到造船等一系列的工厂。在新兴的化学工业中，早在80年代就出现了垄断英国炸药生产的诺贝尔炸药公司，控制91％食盐生产的盐业联合公司，垄断全部漂白粉生产的碱业联合公司，控制大部分苏打生产的鲁诺·蒙得公司以及控制英国近2/3肥皂生产的利华兄弟公司等垄断组织。在轻工业部门，生产比较集中的棉线和染制业中也出现了垄断组织；为了抵制美国烟草公司的倾销，英国的制烟大企业也于 1900 年合并成帝国烟草公司。

法国在垄断组织的发展速度和程度上也都比不上美国和德国。同时，它也没有形成某种比较突出的垄断组织形式，卡特尔、辛迪加和托拉斯在法国都有所发展。法国的垄断组织首先发生在重工业部门，特别是冶金工业以及与冶金工业密切相关的部门。例如，冶金工业中的郎格维"康多阿"（辛迪加）于 1876 年即已成立，它后来包括了 14 家最大的铸铁企业。又如西克列达辛迪加，在 1887 年即掌握了全世界钢的 30% 销售量。20 世纪初，法国重工业中最著名的垄断组织有：旺代尔、施奈德、马林、奥姆古尔、德恩·昂赞等公司。化学工业中则以久尔曼和圣戈班托拉斯实力最为雄厚。在轻工业部门也出现了一些垄断组织，如著名的亚麻辛迪加控制了全国约 90% 的麻织品生产，1883 年成立的制糖卡特尔也在该部门中取得垄断地位。

俄国资本主义起步虽晚，但在 19 世纪末 20 世纪初也开始进入垄断阶段。在俄国，辛迪加成为垄断组织的主要形式。这是因为重要工业企业一般都分别掌握在不同国别的外国资本家手中，它们在生产上进行联合组成托拉斯比较困难；而政府的大批订货和保护关税政策，又使资本家争夺订货和国内市场的斗争异常激烈，于是它们便组成辛迪加以调节彼此间的矛盾。早在 19 世纪 80 年代，俄国就出现了一批垄断联合组织，如铁轨工厂联合，铁板、铁丝和铁钉工厂联合，桥梁工厂联合等。但垄断组织的广泛发展是在 1900—1903 年危机以后。到大战初期全国已建立了约 150 个不同形式的垄断组织。煤炭、石油、橡胶、纺织、制糖、烟草等工业部门都为少数辛迪加所控制。如最大的冶金工业垄断组织"金属销售公司"于 1902 年建立，到 1910 年联合了 30 个大冶金企业，控制的固定资本占全国冶金工业总资本额的 70% 以上，生铁产量占全国产量的 80% 以上。"俄国石油总公司""壳牌石油公司"和"诺贝尔公司"3 家大石油公司，1913 年拥有石油股份资本的 86%，控制了产量的 60%。橡胶业辛迪加几乎控制了全部橡胶的销售。全国 90% 以上的食糖都控制在制糖业辛迪加手中。

日本的经济发展水平和工业生产集中程度都较欧美先进国家落后，但它的近代工业一开始就操纵在得到政府特殊保护与扶植的少数特权资本家手中。这类特权资本家原来就广泛从事商业、金融、运输、工业生产等各部门的活动，以后他们又在对外侵略战争和殖民掠夺中膨胀起来，很快便转化为垄断资本家。他们大多采取康采恩的形式，其主要代表是三井、三菱、安田、住友等从事"多角经营"的财阀。例如，三井财阀在 1909 年成立了拥有资本 5 000 万日元的三井合名公司，统辖分立的商业、矿山、银行、仓库等直辖企业，还拥有北煤、王子造纸、钟纺、艺浦电气等旁系大企业。三菱财阀则在三菱合资公司下，统辖矿山、造船、运输、银行、地产等直辖企业，以及邮船、明治制糖、日本氮气、富士纺等旁系企业。此外，在生产和资本集中的基础上，也形成了其他一些垄断组织，财阀系统的企业在其中占据重要地位。在轻工业部门，早在 1882 年就成立了纺纱业卡特尔——大日本纺纱联合会，1905 年又成立了缫丝业卡特尔——蚕丝同业公司，1907 年创立了制麻业大托拉斯——帝国制麻等等。在重工业和化学工业部门，也产生了一系列垄断组织。钢铁业已被八幡制铁所垄断，它在 1913 年控制了生铁生产的 73％和钢的 84％。在煤炭工业中，5 大公司和海军直属煤矿，在 20 世纪初垄断了整个生产的 54％。在化学工业中，1907 年组成了人造肥料联合会，到 1910 年大日本人造肥料一家公司就完全控制了人造肥料的生产。

在工业生产集中并形成垄断的同时，银行资本的集中和垄断也达到很高的程度。20 世纪初，摩根和洛克菲勒两大银行集团统治着美国的整个银行业；柏林的德意志银行等 9 家大银行及其附属银行支配的资本约占德国银行资本总额的 83％；法国的法兰西银行是该国金融中心。另外 3 大银行——里昂信贷银行、国家贴现银行和信贷总公司——拥有分行总数达 1 229 家，遍布全国各地。英国的银行“五巨头”——密德兰银行、威斯敏斯特银行、劳埃德银行、巴克莱银行和国民地方银行——掌握了全国银行存款的 39.7％。随着银行资本的集中与垄断，他们控制了全社会工商业的经营，并在这个基础上与工业资本相融合，形成所谓“金融资本”。它们之间的融合是通过多种途径实现的：如银行和工业企业相互购买对应的股票；双方的代表互兼董事会的董事；银行为工业企业发行股票、公司债券、发放长期贷款；银行建立自己的工业企业或工业企业建立自己的银行或金融公司等。在比较年轻的资本主义国家美国和德国，金融资本形成的过程表现得最为明显。在这些国家，随着第二次工业革命出现了许多新兴的工业部门，一些资本家缺乏创办这类企业的资金，于是银行的贷款成为它们所需资金的重要来源，这就促使了银行资本与工业资本的结合。美国的摩根和洛克菲勒两大银行集团，就是拥有成百家工业企业的巨头，柏林的 6 家最大的银行则参加了 751 个各种类型的企业。法国的银行垄断资本家对工业的控制也比较严密。从事“多角经营”的日本财阀同样具有银行资本与工业资本混合生长的金融资本的特征。在英国也逐渐形成了金融资本，但因英国银行大部分是商业银行（或称存款银行），具有不参与对国内工业进行长期投资的历史传统，因此与工业资本的融合不如美、德两国显著。

为攫取高额利润，垄断资本家还把大量“过剩资本”输出到国外，主要是输往落后国家或者是后起的资本主义国家。这种资本输出的现象，在资本主义自由竞争时期就已出现（例如 19 世纪中叶在英国），到 20 世纪初有了大规模的发展。在第一次世界大战前，英国和法国是两个主要资本输出国。英、法两国资本输出的地区与方式有所不同。英国资本大部分输往殖民地、半殖民地以及美国，并且很大一部分采取生产资本即直接投资的形式。法国资本绝大部分投放在欧洲，主要是俄国，并且主要采取借贷资本即间接投资的形式。德国开始对外投资比较晚，但增长很快，它所输出的资本半数投放在欧洲，其余分布在拉美、亚洲、非洲等殖民地半殖民地国家。美国直到第一次世界大战前，仍是资本输入大于输出的国家。至于俄国和日本，20世纪开始后也有少量资本输出（主要是对中国的投资）但基本上还是资本输入国。

随着资本输出的增加和垄断组织国外联系的扩大，各国大垄断组织之间争夺势力范围的斗争加剧了。为了减少由竞争带来的损失，它们签订国际协定，成立国际卡特尔，以瓜分世界市场。早在19世纪80年代，就出现了国际铁轨卡特尔，垄断了铁轨的生产和销售。20世纪初，国际垄断同盟纷纷成立。美国和德国的电气总公司一直为瓜分世界电气市场进行激烈斗争。1907年这两家公司达成暂时妥协，订立了瓜分世界市场的协定。在航运方面，1903年汉堡-美利坚公司、北德航运公司和摩根英美航运托拉斯之间，也签订了划分航运范围的协定。第一次世界大战前，世界已出现了大约114个国际卡特尔。

资本主义进入垄断阶段的一个重要标志，是垄断组织成了全部经济生活的基础。

所谓垄断组织，一般是指资本主义大企业间为了独占生产和市场，以攫取高额利润而联合组成的垄断经济同盟。垄断组织都是以生产集中、个别企业规模越来越大为前提而形成的。卡特尔和辛迪加的参加者虽然在生产上还是独立的，但它们都是一些大型企业；托拉斯和康采恩则已是大型企业合并组成的规模极大的企业或企业群。列宁就曾将垄断组织称之为规模极大的技术生产单位，认为它极大地促进了生产的社会化。因此，垄断组织既是一种旨在攫取高额利润的独占生产与市场的经济联合，又是生产高度社会化的超大型企业或企业集团，垄断组织的出现是生产力发展的结果，它产生后又促进了生产力的进一步发展。

垄断组织的大量形成，反映了资本主义生产关系的变化，这是为适应生产力发展的要求而出现的变化。正是这种生产关系上的调整，才使它有能力进行生产上的调整。这种调整作用表明，垄断组织的出现对克服生产无政府状态在一定程度上起了积极作用。同时也表现了资本主义制度的自我调节能力，尽管这种能力决不是无限的。无论是卡特尔还是托拉斯，都是为了调节生产而建立的一种经济联盟。这是在资本主义关系的限度内对生产力的社会性的部分承认，正如恩格斯指出的："资本家本身不得不部分地承认生产力的社会性。大规模的生产机构和交通机构起初由股份公司占有，后来由托拉斯占有，然后又由国家占有。"❶ 实际上，这就是资产阶级为了适应生产力的发展而对资本主义生产关系进行的局部调整。

---

❶ 《马克思恩格斯选集》第3卷，759页，北京，人民出版社，1995。

通过企业的合并而扩大了它的规模之后，在生产和经营管理方面可以产生如下一些有利之处：企业合并后拥有大量的生产资料，这就可能使用那些位置最有利的工厂和最有效率的机器设备来进行生产；大规模的生产可以实行更有效的分工，在不同的工厂里实行生产的专业化，同时，它也能使副产品得到更充分的利用；当一个托拉斯拥有生产同一产品的许多工厂时，就可以通过对各家工厂进行仔细的比较，发现既节约又效率高的生产方法；企业的规模扩大后，生产技术的发明和改进工作也可以大规模地进行；通过许多企业的合并，可以取消重复的高薪职位，以减少行政费用，并获得最有才干的技术专家和经营管理人员。如果托拉斯进一步实行纵向联合，不仅控制生产，而且控制原料资源和加工（向后联合）以及产品的销售（向前联合），就可以进一步改善企业的经营，从而获得更大的经济效益。

由于存在上述一些有利生产发展的因素，因此尽管垄断组织引起了某种停滞和腐朽的趋向，但是垄断资本主义阶段经济发展的速度并没有放慢。垄断并不排除世界市场上的竞争，竞争仍然是生产发展的一种强大的推动力量。20世纪初，垄断组织发展程度很高的美、德两国经济的发展速度最快，证明了垄断对生产力发展的促进作用。美、德两国工业生产的年平均增长率分别为4.8％和4.2％；而垄断组织发展程度比较低的英、法两国，经济的发展相对来说却是缓慢的，其工业生产的年平均增长率分别为1.4％和3.3％。当时世界资本主义发展的总趋势也表明，垄断组织的形成与发展不仅没有使经济发展速度放慢，反而使它加快了。

垄断资本主义是资本主义较为成熟的一个发展阶段。第二次工业革命造成的社会生产力的巨大发展，使主要资本主义国家相继实现了工业化，转化为以重工业为主导的工业国。这是现代资本主义在经济上的基本特点的早期表现。因此，现代意义上的资本主义，在那时已基本定型。

第十八章 各主要资本主义国家政治发展的趋势

第一节 自由主义、专制主义、军国主义的交错

第二次工业革命造成的资本主义经济大发展和垄断组织的形成与壮大，对各国社会产生了极大的影响，19 世纪末 20 世纪初的经济发展，使各主要资本主义国家真正跨进了工业社会。1900 年，美、德、英、法 4 国的工业产值已占世界工业总产值的 72%。

工业社会的主要标志自然是工业发展本身。但是，它在各个方面都还有不同以往的特点。工业的大发展和垄断集团的出现迅速改变着社会阶级结构，使各垄断集团、非垄断的企业界、中小资产者、工人、农民等等，日益成为利益与愿望不同的各类社会群体。这些群体互相依存又彼此矛盾。在工业社会中，这些群体都是不可少的。因此，它们的矛盾只能用协调的方式予以缓解。

在工业社会里，由于生产和求职的需要，由于一般社会生活的需要，教育日益普及，文盲大幅度减少，人的素质有了较为普遍的提高。于是，越来越多的人日益看重人的价值和人的尊严，自我表现的愿望也随之加强。其结果便是社会责任感和公民意识的提高。这又是一种不可阻挡的潮流。而且，由于各个人的意愿是千差万别的，因此也需要某种协调。

在工业、科技、竞争意识、社会变迁迅速动荡的环境里，人们的观念也在变化，国家观、家庭观、伦理观、道德观……都在变，很多传统的东西被打破。这就使人的追求不再困于多年来习惯了的旧框框。这种观念的更新使社会生活表现出越来越丰富的色调，要使它们得到满足，也需要协调。

当然，垄断组织作为一种新型的经济联合体的出现，必然引起若干过去从未有过的矛盾，更需要协调。

所有这些协调的需求，必然使各国的政治生活发生重要的变化。首先，反映

1875 年报纸印刷与销售

各种社会利益群体的政党增多了，也日益定型了。其中有代表资产阶级各阶层、各群体利益的党，有工人阶级的党，个别国家也出现过农民的党。政党政治越来越在各国政治生活中扮演主要角色。它们进行各种活动，出版自己的报刊，积极参加竞选活动，常常成为人们注意的中心。工人阶级政党的活动也是非常引人注目的。政党政治已成为当时社会政治生活中的重大特征。

其次，以往比较习惯于用起义、暴动等形式来表达自己愿望的工人，这时已在相当程度上克服了自发性、分散性的弱点，更多的是以更有组织的姿态，以合法斗争的方式出现在政治舞台之上，在报刊上、集会上和选举中反映出自己的要求，并且常常举行经济性的罢工。工人政党和工会日渐成为不可忽视的政治力量。它的巨大作用已不像过去那样，多半只是在暴动的一刹那短暂地表现出来，而是成为一种经常性起作用的社会因素。

此外，中间阶层、知识界、小资产阶级的争取民主的斗争，也是经常发生的不可忽视的社会潮流。

这就使协调各方面矛盾的问题成为各工业国家急需解决的重大课题。而协调的职能，在主导方面只能由国家机器来发挥。因此，国家的经济职能要进一步健全起来，完全放任的传统经济自由主义政策已不能适应新的需要了。在政治上，也必须进行政治民主化的政策。一方面要推行普选权制度，健全和发展代议制民主，给各群体、各政党以及公民个人提供发表政见的机会和场合，给每个人自由投票选举议员和国家领导人的权利。只有健全的代议制度才是有效地反映各方意愿的方式，因而也就起到了协调的作用。

另一方面要进行一系列自由主义的改革，诸如制定对垄断组织的政策，调整经济政策，推行文官制度、教育制度的改革，开放新闻自由和罢工、集会、结社的自由，实行某些福利性的社会立法等等。总之，以自由主义政策使政治生活更加民主化。

所有这一切，都是协调矛盾，稳定政治局势，巩固资本主义秩序的必要措施，也是资产阶级的利益所在。现代意义的资本主义在政治上的基本模式大体上便是如此。一般说来，在 19 世纪末 20 世纪初，英国、法国、美国走的就是这样一条自由主义的道路。这些国家的政治生活模式那时就已基本上定型。

但是，各主要资本主义国家走上现代化的道路是不尽相同的。英国、美国、法国都是经由一场激烈的资产阶级革命或两次以上的革命才步入近代社会的。因此，它们对前资本主义的制度、传统都曾施以革命的洗礼，打击和消灭得比较彻底，从而使经济现代化和政治民主化的进程得到了相对顺利的发展条件。而有些国家则走了另一种道路。它们没有以革命的巨锤摧毁旧制度，而是由原来的统治者推行自上而下的、渐进的改革，逐步进入了资本主义时代。或者虽然进行了一场革命，但只是上层的革命，并没有或基本上没有民众的大起义，也极少激进主义的运动，使革命自始至终带有保守色彩，由此也进入了资本主义阶段。在这类国家里，从经济上来说也实行了大量顺应潮流的改革，推行有利于生产力发展的政策，因而能够出现工业大发展的局面，演变成相当发达的资本主义工业大国。然而在政治上，却保留了较多的旧残余，在通往现代国家的道路上步履艰难。旧有的掌权者习惯于旧有的统治方式和旧传统，皇权主义和恩赐式改革成为它们难以舍弃的东西。因此，它们在进入工业社会时，在政治上仍坚持专制主义和高压政策。即使实行代议制，在程度上也附有极大的限制。有的国家甚至长期拒绝将代议制提上日程。这是一种专制主义的倾向。它们协调矛盾的办法是力图使人们服从统治集团的统一意志。另外，正由于这些国家没有进行过一场真正的并取得胜利的民主革命，对旧传统、旧习惯缺乏强烈的冲击，人们在观念上的变化相对也要小一些，公民意识远不如那些走上自由主义道路的国家。这就使专制主义还能够得逞于一时。当时的德国、俄国、日本基本上就属这类国家。固然在推行专制主义的程度上它们之间还有较大程度的差别，但是在发展道路上和基本国策上，它们毕竟属于一种类型。后来，这些国家都不同程度地向政治民主方面迈出了几步，反映出历史的大趋势终究不可阻挡，然而第一次世界大战的爆发又使情况起了变化。

19 世纪末的经济大发展势头很猛，出现了较为明显的生产过剩现象，于是，经济危机周期性出现，各国寻求扩大市场的意图十分强烈。世界领土被瓜分完毕就是在这时造成的。随之而来的是重新瓜分殖民地的角逐。那些带有专制主义色彩的国家，逐渐走上了军国主义道路。

美、英、法等国家，对内实行政治民主，在对外方面则仍然奉行其传统的扩张主义的炮舰政策。在列强间矛盾日趋尖锐的环境下，也纷纷扩军备战，逐步向战时体制演变。这也是某种意义上的军国主义道路。

当时，现代意义上的资本主义刚刚成型，社会经济发展的水平也没有臻于十分发达的程度，执政的决策者们所熟悉的，仍是几个世纪以来的殖民扩张的旧传统，自然不会以和平的、经济的手段去解决扩大市场问题和处理国际争端。那时，大规模的战争灾难是不可避免的。

于是，19世纪末20世纪初的各主要资本主义国家在政治上就呈现出自由主义、专制主义和军国主义几种倾向并存的局面。不过，自由主义毕竟是历史发展的主流，而且随着时间的推移，其发展势头将越来越强劲。

第二节　英、法、美的自由主义倾向

一、英国的自由主义改革

在19世纪末20世纪初经济大发展的形势下，英国由于在发展速度上明显低于美国和德国，因而在世界范围内逐渐丧失了其工业垄断地位，从工业产值占世界第一位降到了第三位。但是，这只是从大范围内对比的角度而言的，就英国本身来说，发展仍是巨大的，在世界上占有的地位也还是举足轻重的。从当时英国出口的主要货物价值来看，在19世纪最后20年中，棉毛织品略有下降，钢铁等有稍许增长，但机械制品提高一倍以上，煤和焦炭则提高了近4倍。这表明，英国仍在以自己制造的机器武装着各国的工业，其"世界工厂"的地位并未完全消失。英国的造船业在世界上仍是首屈一指的，技术上也是第一流的。各国向英国订购船只的吨位在不断增加。而且，由于英国仍牢牢控制着海上优势，远洋运输业为它带来的收入已从19世纪中期的每年约1 800万镑上升到20世纪初的7 000万镑。制造业始终是英国经济的中心。此外，资本输出也给它带来了巨大的好处。19世纪晚期，包括美、德、法等国在内的大多数国家均实行了保护关税政策，而英国仍在坚持其自由贸易方针，在竞争中常处于不利地位。于是，许多企业家便将资金输出国外，在那里兴办企业，并受到那里高关税政策的保护，获利甚多。从1870—1900年，海外投资给英国投资者带来的收益从每年5 500万镑上升到1.12亿镑。但是，英国的国内投资仍是巨大的。由于钢铁、钢轨等行业发展较慢，甚至不够景气，许多人将资金投向轻工业，特别是人民生活必需品的制造业，包括食品、啤酒、肥皂等等。与此相适应，各类商店发展了起来，广告业也兴旺起来。19世纪最后30年是英国经济发展速度最快的时期之一。正是这种大发展，使竞争加剧，而且也比过去更加残酷。这就使许多人对19世纪中期以来的完全放任发展的经济自由主义产生了怀疑。尽管坚持自由贸易传统的习惯仍是影响巨大的，多数的英国企业主对别国出现的垄断协议直到80年代仍采取视而不见的态度，但是到90年代，类似限制价格、划分市场的协议即垄断的初级形式，在英国也出现了。随之而来的便是建立永久性的经济联合体，即托拉斯、康采恩之类的垄断组织。在机械、军火、冶金、造船、化学、纺织等行业中，都出现了一批股份公司，在相当程度上操纵了国民经济的命脉。一般说来，垄断组织建立后，在发挥效率、获得利润和提高竞争能力方面，都比过去取得了更大成功。

在上述经济发展的基础上，再加上冷冻法的发明，使澳大利亚、加拿大等殖民地的大批廉价的冻肉、黄油、粮食等涌进英国，造成物价下降，使一般英国人的生活明显得到改善。在 19 世纪最后 25 年，工人工资大约提高了 75％。即使是在经济危机和萧条时期，90％以上的工人，平均每年工资也提高 2％。国内轻工业尤其是生活必需品工业的发展，在相当大的程度上便是以 1 000 余万工人为主要销售对象的。

经济的繁荣、普通人生活水平的提高，给英国的进一步政治民主化提供了更大的动力。从 19 世纪中期开始，英国便在推行自由贸易政策的同时，进行了一系列政治上的自由主义改革。从那时起，英国便以国内有着较明显的自由、民主环境而著称于世，成为各国革命者和进步人士流亡国外时居住的场所。英国比其他国家更早地出现政治民主化倾向，是它最先完成工业革命，进入工业资本主义时代的结果。随着第二次工业革命的开展和经济上的更加繁荣，政治民主化的进程也有了新的进展，出现了更多的自由主义的改革。

当时，英国实际存在着两党制政治，由自由党和保守党轮流执政。两党在政见上存在着分歧，特别是在完善议会制度问题上，保守党的守旧主张，反对改革选举制度的主张还相当强烈。自由党领袖格莱斯顿和保守党首领迪斯累里也曾激烈地互相攻讦。尽管如此，两党在施政方面的一致性仍然明显大于分歧性。新的经济发展造成的社会后果和对改革上层建筑领域的要求，毕竟是一种客观趋势，这是两党之间的分歧所无力阻挡的。事实也证明，自由党执政时进行了第三次国会选举制度的改革，而在保守党执政时，向工人群众让步的社会立法集中地制定出来。一贯坚决反对选举制度改革的罗伯特·洛率先提出了"要教育我们的主人"的口号，促进了教育改革。推行适应新经济模式的政治上的自由主义改革，已成为当时英国政治生活的一个主要方面。

英国的改革是多方面的，包括教育改革、社会改革、国家机构改革等等。教育改革持续的时间比较长，在这方面，旧的传统观念开始被打破，在受教育上应该机会平等的民主思想越来越得到广泛的承认。1870 年，格莱斯顿内阁使国会通过了初等教育法案。根据这一法案，5～12 岁的儿童一律要入学，接受书、写、算初等教育；将全国划分成若干教育区，每区设立教育局。在城市中，教育局由市议会选举产生，乡村中由教区纳税人选举。教育局负责办学，并且有强制征收地方税的权力，以充实教育经费。法案规定，初等学校的经费由国家、地方税和学生家长来负担。在贫困地区，要设立免费学校。在任何地区，凡家长没有支付能力的学生，其学费由当地教育局代缴。这个法案表明，英国开始建立了强制初等教育的制度，从此奠立了初等教育的基础。

保守党的迪斯累里内阁执政期间，国会又于 1876 年通过法案，宣布送子女入学是父母必尽的义务，违者将受到惩罚。因家境贫寒无力承担者，可从保护贫民机构领取应付的学费。这就把强制性初等教育制度又向前推进一步。1880 年颁布的法案，再次强调了初等教育为强制性教育。但是，至此仍未实行免费义务性的初等教育制度。到保守党的索尔兹伯里内阁时，国会终于在1891年通过决议，在全国实行强制性免费义务初等教育。1893年，即第三次格莱斯顿内阁期间，国会决议又重申，全国11岁以前的儿童必须接受学校教育。

初等教育改革，特别是强制义务教育制度的实行，是英国经济大发展和社会状况发生变化的结果，也是轮流执政的两党决策者和国会议员们富有远见的表现。这些措施大大有利于整个人口素质的提高。

在高等教育方面，变化是渐进的，但却是重要的。首先，一批新的院校建立起来。剑桥大学和牛津大学担负了为新建学校提供教育方案和培养师资的任务，在行政管理上，伦敦大学成为多数新校仿效的样板。其次，大多数高等学校逐步克服了保持传统古典学科的守旧主张，采纳强调自然科学的德国成功经验的革新主张占了上风。而且，不少大学打破传统，开始招收女生入学。最后，教育同宗教分离的过程也加速了。尽管还有神学院和若干大学保留的神学系，但是在普通学校和各种系科中，宗教考试被取消了。越来越多的教师在学术上采取了唯物的和世俗的态度。

教育的普及和提高，使文盲迅速减少，一般劳动群众也具有了阅读能力。于是，出现了更富商业性、趣味性的廉价报纸。传统的《泰晤士报》的读者减少了。90年代出现的由哈姆斯沃思主办的《每日邮报》取得了成功。这份报纸避免学院式的论证，着重于打动人们的感情，也不放过报导社会上的逸闻趣事。尽管身为首相的索尔兹伯里讽刺它是"办事员给办事员"写的，但是它的发行量在1901年却达到了100万份。

人们生活上的改善和文化素养的提高，也使生活情趣有了某些变化。新一代的青年人已不像苦难的老一辈那样常常借酒浇愁，而是有了更广泛的兴趣。体育成为很具吸引力的活动，尤其是板球和足球。19世纪末足球已成为相当普及并深受人们喜爱的运动。此外，讲卫生的习惯也在逐渐养成，国会也有相关的立法。《公共卫生法案》便是其中最重要的一个。总之，同以往的时代相比，此时的英国人生活得更加文明了。当然这并不排斥还有丑恶现象存在。

更为重要的改革还是在政治方面。其中，首推1884年的第三次国会选举制度改革。1867年的第二次国会选举制度改革曾使选民数字增加了100万，主要是城镇居民，以工资较高的工人和手工艺工匠为最多。1872年又明确要实行秘密投票制度，使选举自由得到保证。但是，这一切距离真正的民主代议制还相差很多。随着经济的发展，改革还需继续进行。1884年的第三次改革向男子普选制前进了一大步。改革法案规定，农村中年缴纳房租达10镑以上者，均可得到选举权。这使大量小农和工资较高的农业工人享有了选举权，全国选民人数增加了200万，总数达到450万。法案还规定，仆人和依靠父母生活的人没有选举权。

英国的人口到 20 世纪初还不足 4 000 万，如果不计入没有选举权的妇女和 21 岁以下的男人，那么在成年男子中拥有选举权的已占大多数。

继选举制度改革后，1885 年又对国会选举中的议席分配进行了改革，使选区的分配更趋合理。改革法案规定，居民不足 1.5 万人的城镇不再分配议席，并入其所属的郡；1.5 万至 5 万人口的城市减少 1 个名额；其余各选区，除普雷斯顿等 22 个中等城市外，一律定为单议席选区，这个法案的规定已接近议席分配均等的程度。法案还根据情况的变化，增加了 12 个议席。

在逐渐加强代议制度的同时，对行政权力机构也进行了改革。这方面的改革，在相当大的程度上是以进一步取消贵族政治为主要目标的，同时也具有加强中央集权的特点。那时，资产阶级在经过几次改革之后已在中央一级的国家机构中占有了优势。但是在地方上，执政者基本上仍由土地贵族组成。由于英国一直实行地方自治的体制，这就使问题显得更为突出。在各郡，行政、司法、治安等权力都由当地治安法官掌握。这些治安法官虽经政府任命，但由于传统的原因，几乎都是当地最有影响的贵族。在郡以下的区，最高权力机关是区评议会。它们中的绝大多数也掌握在国教教会和贵族手中。这种权力分配同英国已进入工业社会的现实是不相适应的。针对这一情况，第一次格莱斯顿内阁于 1872 年在英国历史上首次设立了内政部，主要职能是代表中央政府监督地方自治机关。到 1888 年，保守党的索尔兹伯里内阁进行了更重要的改革，宣布将各郡的行政大权交由选举产生的郡务会议掌握，原治安法官只保留处理诉讼案件的职权。地方贵族垄断权力的局面被打破了。到 1894 年，对郡下面的区也进行了行政改革，由选举产生的区务会议代替了以前被教会、贵族控制的区评议会。随着地方贵族政权的被消除，中央的权力增大了，机构也增加了，全国官员人数有了成倍的增长。这种国家机器加强的倾向并不就意味着专制和镇压职能的强化。它是在消除地方贵族政治和随着经济大发展对国家经济干预职能提出更多需求的背景下产生的。而且官员的增加也是经考核进行的。

英国自由主义改革的又一个重要方面是以工人立法为主要内容的社会改革。这也是和工业大发展相关联的。新的技术和新的机器设备，特别是在科学基础上的大生产所促成的更加激烈的竞争，使得资产阶级从以剥削绝对剩余价值为主转为以剥削相对剩余价值为主，日益放弃那些增加劳动强度、延长工时、压低工资等等残暴的手段，更加倾注于提高劳动生产率。这就需要提高工人的生产兴趣和工人的素质。不如此便难于应付激烈的竞争。另外，工人阶级的人数随着工业的发展而大为增多了，而且组织程度也有了很大提高，社会主义运动也在兴起。所有这一切，使得进一步协调对待工人的政策成为必须解决的问题。在社会改革方面，两党的政策是一致的。1871 年颁布了重申承认工会合法性的法令，取消了以往法令中对工会活动的各种限制，但规定在工人罢工时不得成立纠察队。1875

年的法令进一步放宽，允许设立和平性质的罢工纠察队，但不允许使用威吓手段，否则处以罚款。同年还颁布了《企业主与工人法》，取代了过去的《主仆法》。旧法规定，工人不守雇佣合同而离开岗位者，须入牢房，而雇主在合同期满前开除工人只受罚款处分。新法则宣布，雇主与工人在订立雇佣合同时，双方在法律上是平等的。1890 年国会通过了改善工人居住条件的法案，要求各地方政府收购条件恶劣的贫民窟，拆毁有害卫生的建筑，将土地出租给建筑商，另建工人住房出租。1880 年和 1893 年两次颁布法令，规定厂主要对工伤工人给予经济上的赔偿。1892 年的《工厂工时法》宣布，一切包括进餐在内每星期总计工作时间达 74 小时以上的工种，禁止雇佣 18 岁以下的青年。1899 年的《防止虐待儿童法案》又规定，任何企业均不得使用 10 岁以下的儿童做工，违者治罪。此前，女工已取得每天劳动 12 小时（包括进餐 1 小时半）的权利。1908 年对井下工实行了 8 小时工作日制度。这些改革对缓和阶级矛盾、促进工业发展和推动社会进步，都起了积极的作用。

英国的自由主义改革，对其殖民地也发生了作用。当时，英国是世界上最大的殖民帝国，其殖民地的总面积几乎百倍于本土面积。从殖民政策上看，英国这时已在相当程度上抛弃了以往实行过的残暴的高压手段，而是带有了某些自由主义的色彩。英国统治者更重视从殖民地得到实际的好处，而不是形式上的权力表现。这一点，在自治领体现得更加清楚。按照自由党首领格莱斯顿的说法，英国要在"自由和自愿"的基础上处理大英帝国内部的关系。于是，某些殖民地得到了一定程度的自主权。在政治改革方面，有的殖民地已走在了宗主国前面。澳大利亚、新西兰、加拿大等自治领在实行成年男子普选权方面都比英国早得多。新西兰和南澳大利亚在 1901 年就给了妇女选举权，比英国早 27 年。殖民地在一些英国人心目中成了颇具吸引力的地方。每年都有许多人移居殖民地，到那里去经商、办企业、探险和开发。不少人去殖民地是为了发财，但也有一些人是不满于君主制和贵族至尊的政治气氛，到殖民地谋求自由的发展。这对殖民地的发展在主导方面是有利的。同时，这也加强了殖民地的英裔人对宗主国的离心倾向。

上述这些情况到 1895 年加入保守党内阁的原自由党人张伯伦担任殖民大臣后，有了一些变化。张伯伦坚决主张大英帝国应服从英国的统一意志。他赞成要使殖民地得到和平和繁荣，以表明英国统治的"正确性"。但是，这必须有利于殖民地同英国更紧密地结合，并有利于进一步扩大殖民地范围。他明确规定了如下原则：享有立法自主权的殖民地，其法律不得同英国的法律相抵触；确立英国枢密院司法委员会作为所有殖民地的最高法院。

虽然在一些自治领中政治民主得到了一定程度的发展，经济上的成长也是明显的，但是，它们同宗主国仍然有着不可调和的矛盾。政治、经济越发展，要求独立自主的倾向也就越明显。而那些被英国直接统治、没有得到自治权利的殖民地，反抗情绪就更为强烈。爱尔兰就是典型的例子。1879年成立的拥有25万名成员的"土地同盟"，在领导爱尔兰人民反抗英国统治的斗争中发挥了重要作用。土地同盟领导人巴涅尔是英国国会议员。在他领导下，爱尔兰的反抗斗争在80年代曾取得很大成就。格莱斯顿因正视爱尔兰反抗斗争的现实，比较坚决地提出了安抚爱尔兰的主张。在他前两次出任首相期间，在爱尔兰实行了一些改革。1886年他第三次组阁时，宣布允许爱尔兰建立自己的议会，并且提出了使爱尔兰自治的法案。但是国会否决了他的方案。1912年自由党内阁又提出爱尔兰自治法案，而且在下院3次通过，但因第一次世界大战爆发，又被搁置起来。

这时的工人运动和社会主义运动也出现了新的特点。英国的工人运动开始得最早，19世纪前半期只有英国才发生了真正全国性的工人运动即宪章运动。由于英国第一个完成了工业革命，进入工业资本主义时代，工人运动也就更早地具有了一些新特点，那就是主要地进行比较有组织的、合法的、经济的斗争。典型的表现，就是工联主义运动。到80年代之前，工联的参加者都是熟练工人，干力气活儿的非熟练工人尚未组织起来。随着19世纪末的经济发展，熟练工人的待遇进一步得到改善，而非熟练工人则境遇改变很小。于是他们也开始组织起来，出现了新工联运动。80年代末90年代初，新工联纷纷组成，如码头工人联合会、海员与司炉工工会、矿工联合会、泥瓦工工会等等。1889年伦敦码头工人的大罢工取得了很大胜利，工资得到提高，更重要的是伦敦郡议会此后在码头工人与雇主签订的合同上都加上了"公平工资"的条款。这原是旧工联的纲领性口号，表明新工联也开始取得了过去工联的地位。由于在英国工会组织有合法的地位，罢工也是法律允许的，1884年改革后工人中的多数人又享有了选举权，再加上英国的工资水平仅次于美国而居世界第二位，所以工人运动的合法性、经济性的特点就更为突出了。当时的英国完全不可能具备工人革命以武力夺取政权的主观、客观条件。

在这种情况下，社会主义运动中的渐进主义思潮便发展起来。1881年成立的社会民主同盟就具有这样的观点。它的创始人和领导者海德曼是受马克思学说影响的社会主义者。他宣传社会主义公有制，主张将土地、铁路、银行和一切生产资料都转归社会所有。但是他不赞成进行工人革命，认为工人的经常性的斗争就能促使资本主义制度自行崩溃，不断发生的经济危机将把资本主义推上灭亡的道路，那时生产资料也就会从地主、资本家的"无能的手中掉下来"。这种观点无疑具有空想性。

渐进社会主义思潮最典型的代表是费边主义。它是由1884年成立的费边社而得名的。费边社是青年知识分子的组织，重要人物有韦伯夫妇和大文豪萧伯纳。他们以擅长缓进待机战术的古罗马统帅费边来命名自己的团体，表明他们是坚持渐进原则的。这些进步的资产阶级知识分子看到了私有制的资本主义社会的许多弊端，又受到孔德、达尔文、斯宾塞等人的自然进化论和各种社会主义学说的影响，就认为资本主义将渐进到社会主义是必然要实现的，这种渐进过程已经在进行，国家干预经济生活就是一种体现。因此，不应采取巴黎公社式的革命去破坏社会组织发展的连续性。为加速渐进过程，他们提出：社会主义者要在民主选举中获胜，取得在地方议会中的多数，再利用立法和收税逐渐将若干企业收到地方政府手中。那时，地方公有的企业就会在竞争中战胜私人企业，使之消亡，社会主义便取得一块阵地。这就是所谓市政社会主义或地方公有社会主义。后来他们又从全国角度提出对全国性工业实行国有化和建立福利国家的主张。费边社的许多设想影响很大，得到了包括许多工人在内的大批群众的拥护，在国际上也有众多信奉者，其中还有第二国际的重要活动家。他们的主张多数是空想的，但也有些在后来变成了现实。

在英国，渐进主义的思潮在社会主义运动中占有主导地位。1893年成立的英国第一个工人政党——独立工党就以这一学说为指导思想。1900年由工联、费边社、社会民主同盟和独立工党共同建立的工人代表委员会（1906年改称工党），领导权也主要掌握在独立工党手中，仍然奉行渐进主义。即使是作为革命倾向代表的新工联，也只是进行合法的经济罢工，并没有明确提出要夺取政权和消灭资本主义制度。

这是资本主义稳定、发展时期工人运动和社会主义运动的特点。运动规模较前扩大了，组织性更强了，斗争的成功率大为提高了，社会主义思想传播得更广了。因此，与半个世纪前相比，运动已有了很大的进步和发展。正由于工人运动和社会主义运动已成为一支不可忽视的力量，才对国家的政治民主进程发挥了重大的推动作用。工人政党参加竞选并在国会中得到一定议席，就表明了这一点。

二、法国共和制的确立与发展

普法战争给法国带来了灾难性的后果。1871年2月在波尔多召开的国民议会和选出的梯也尔政府面临着众多的难题。巴黎公社革命爆发了；俾斯麦又提出了强加给战败者的屈辱和约。在批准和约和镇压了巴黎公社之后，虽然得到一时的喘息机会，但国家仍处在混乱之中。要向德国赔款50亿法郎，偿清之前德军还占领着近20个省份。公社失败了，但是在马赛、图卢兹、波尔多等地，人民群众手中还掌握着武器，随时可能发生反抗运动。法国向何处去的问题尖锐地摆在议会和政府面前。首先一个问题便是国家的政体如何确定，是恢复君主制，还是建立共和国？

波尔多国民议会是在战争失败情况下匆忙选举出来的，并未经过充分的选民投票。结果，2/3以上的议席落入各类君主派手中，即正统派、奥尔良派和波拿巴派。共和派明显居于少数派地位。政府首脑梯也尔是老资格的政治家。他深知，立即决定某种政体必将引起新的政治动荡。他决定首先稳定秩序，将敏感的政体问题暂时搁置起来。3月10日他向议会发誓：决不背着议会去解决宪法（即政体）问题，否则就是背叛。这就是有名的"波尔多协议"。梯也尔的稳健态度受到各派支持，8月31日以多数票当选总统，成为身兼议员、政府首脑、总统的执政者。

梯也尔政府在克服混乱、建立秩序方面取得了成效。政府两次发行利息为5％的公债，又提高间接税和关税，得到了较多的收入，不仅基本上维持了财政的平衡，而且提前1年半偿清了赔款，于1873年结束了德军的占领。在行政机构、军队建设上也进行了整顿，使中央集权的国家机器健全起来，军事上建立了义务兵役制，职业军队和国民自卫军都被解散，而且确立了军队不准干政，军人没有投票权的原则。这些成就解决了战败后的当务之急，既偿清了赔款，又重建了秩序。于是，法国向何处去的问题又突出出来。

本来，随着工业革命的完成和国家步入工业社会，恢复18世纪大革命树立的政治民主原则和建立共和政体应该是自然的发展趋势。但是，法国的经济、政治状况表明，必须经过一场尖锐的斗争，才可能决定哪一种倾向取得成功。

从经济发展情况来说，第二帝国时期的发展速度明显超过了整个19世纪的平均速度。第二帝国之后，发展缓慢下来了。特别是1883年经济危机发生后，直到1895年，几乎处于停滞状态。这一段时期被称为"19世纪最严重的危机"。造成这种现象的主要原因是，普法战争给法国造成了极严重的破坏，连同50亿法郎赔款在内，共损失了约200亿法郎，而且还将丰富的矿区阿尔萨斯和洛林割让给了德国。另外，法国的工业革命虽已完成，但水平不高。由于煤的资源严重缺乏，可炼焦的煤矿更是少得可怜，再加上铁矿虽不算少，但含磷量过高，不宜用于冶金业，这就使重工业原料过于稀少，在较大程度上要依靠进口。因此，在工业革命中作为基础的重工业发展很慢。最发达的是纺织、食品、皮革和奢侈品等轻工业。其中某些传统工业的手工劳动成分还占一定比例，设备也较陈旧。在经济发展中历来占有优势地位的金融业仍然十分发达。到1908年已有银行266家。金融家依然是最富有的人。作为法国金融堡垒的法兰西银行，其200个最大的股东号称"二百家族"，具有左右全国经济的财力。银行15名董事中的罗特希尔德家族、钢铁巨头旺代尔兄弟等，都是财界大亨。19世纪末法兰西银行、里昂信贷银行、国家贴现银行和信贷总公司等4家最大的银行便掌握了全国存款的70％。自第二帝国以来，也出现了一批新型银行，即跳出经营国债等有价证券的旧框子，开始投资工业的银行。19世纪末20世纪初银行资本与工业资本相结合的现象已很明显，不少银行家兼任大企业公司的董事，控制了冶金、矿山、铁路等部门。但是，工业投资的数量还是很少的，而且集中在上述要害部门，更多的资金则以信贷方式流到了国外。法国资金原不缺乏，1875—1893年平均每年储蓄额达到20亿法郎，有大量"过剩资本"。但是大部分外流了。19世纪末资本输出额为 270 亿～280 亿法郎，3 倍于对本国的投资。由于对外贷款的利率大大高于国内，而且比投资工业获利高，又很少担风险，故而造成这样的局面。法国的资本输出大大不同于英国，几乎没有什么企业投资，基本上都是借贷资本，只是坐收利息。这样，不仅使法国工业发展感到资金不足，而且使很多人包括中小资产阶级，也懒于兴办实业，宁肯存钱吃利，成为食利者。

以上只是就工业水平不够高的原因而论，并不意味着工业完全没有发展。从巴黎公社后到第一次大战前，法国工业产值提高了 1.9 倍。在 1896 年后的年代里，发展相当迅速。在内燃机、电力、化学工业、轻型金属等部门，都居于世界先进行列。丝织品出口额占世界第一位，棉织品占第二位，毛织品出口和人造丝产量占第三位。传统的化妆品、时装和葡萄酒在国际市场上仍是首屈一指的。在交通上也出现了一次革命。大战前全国铁路线已将近 4.3 万千米，海运商船吨位达 103.8 万吨，1900 年巴黎地下铁道通车，1909 年驾机飞越拉芒什海峡成功。钢产量在 1900—1913 年提高 3 倍。在发展基础上，出现了一批垄断组织，特别是在冶金、矿业和机械制造业方面。在农业上也出现了土地集中、使用机械和化肥、生产专业化等现象。当然，银行资本发展更为突出，1914 年资本输出已达 600 亿法郎。

上述情况表明，在 1896 年之前，法国的工业是不景气的，因而工业资产阶级的活力也就不那么旺盛。这种情况反映到政治舞台上，也就出现了共和派的力量一时还难以左右形势的局面。

波尔多议会选举时，战与和的问题最引人关注。绝大多数法国人，尤其是农村居民，都承认法国注定是战败了，倾向于实现和平。当时的保守派是主和的，因而在选举中得到多数席位。主战的共和派被击败，处于少数。但是保守派恢复君主制的倾向又令人们担忧。故而在议和之后的补选中，共和派又取得胜利。1871 年 7 月议会缺额补选 114 名议员，共和派当选者达 99 名。这就在议会中出现了新的布局。

正统派成为议会中的右派，极力要拥戴查理十世之孙、住在国外的尚博尔伯爵为王，恢复君主制。正统派中以布罗格利为首的一些人持温和态度，认为恢复君主制后还应保留议会。

处于中间地位的是奥尔良派，主张拥立七月王朝国王路易·菲力浦之孙巴黎伯爵为王。但是他们信仰自由主义的议会制度，反对正统派的极端主张。其中以梯也尔为首的一部分人甚至对是否恢复君主制也持犹豫态度。

共和派在补选后议席增加，形成力量可观的左翼。他们之中以格雷维、费里、西蒙等为代表的温和派占多数，以甘必大为首的激进派居少数。

在 1873 年 3 月德国与法国签订撤军协议后，法国向何处去的问题重新提出之时，共和派与保守派的矛盾便尖锐起来。梯也尔已无法再将政体问题继续搁置，于是采取折中态度，提出了建立"保守共和国"的方案，想避免酿成分裂对峙的局面。结果，两派都出来反对，表现出不妥协的姿态。这时，正统派由于奥尔良派中的右翼和波拿巴派议员归附过来而得到加强❶，而共和派则因在1873年4月的市政选举中大获全胜而壮大了声气，故而双方态度都很强硬。1873年5月布罗格利在议会上指责梯也尔违背"波尔多协议"，与共和派妥协，要求其执行保守派的政策，梯也尔则重申要建立"保守共和国"，宣布恢复君主制不合时宜。结果各君主派群起而攻之，以13票的微弱多数通过了对他的不信任案。梯也尔被迫辞去总统职务。以后他向共和派靠拢，甚至与激进派领袖取得谅解。1877年去世后，共和派为他举行了隆重的葬礼。

由于君主派在议会中占有多数，梯也尔辞职后，具有明显王政倾向的前第二帝国元帅麦克马洪当选为总统。他提出了具有天主教精神的"建立道德秩序"的口号，任命布罗格利组成了"道德秩序"内阁。布罗格利内阁上台后颁布了戒严法令，宣布终止纪念7月14日攻克巴士底狱的日子，禁止公民举行非宗教的葬礼，封闭共和派报纸，免除了20多名共和派省长的职务并大肆迫害共和派。一时之间，王政派、天主教教权派大肆活动，甚嚣尘上。政府拨款大兴土木，修建天主教教堂，宗教报刊也急剧增多，恢复君主制和重立天主教至高地位的势头很猛烈。但是，由于王政派内部发生矛盾，使恢复君主制的谋划一时化作泡影。1873年8月，奥尔良派首脑巴黎伯爵到奥地利去同住在那里的正统派头子尚博尔会谈，声称取得了圆满结果。王政派兴高采烈，甚至连加冕的仪仗都已准备停当。可是，年事已高、对国内情况一概不知的尚博尔，却在10月30日突然发表公开信，顽固地声称必须重举"亨利四世的白旗"，并强调"我的原则高于一切"。这使奥尔良派也无法接受，重建君主制活动暂时偃旗息鼓。议会急忙通过将总统任期延长7年，以稳定局势。同时，还成立了宪法起草委员会。

宪法将如何确定国家体制是人们注意的中心和辩论的焦点。奥尔良派因正统派的顽固态度使恢复君主制告吹而充满怨气，遂与温和共和派联合起来。激进共和派也不断指责反动的"道德秩序"。极端正统派陷于孤立，布罗格利内阁也于1874年5月倒台。宪法的制定便是在这种环境下进行的，相对来说对王政派不利。

1875年1月议会讨论宪法草案时，在政体问题上争执不下，便改为讨论关于总统选举方式的条款。共和派成员瓦隆提出，"共和国总统"应由参议、众议两院选举产生。这个提案仅以一票多数得到通过，从而以迂回的方式肯定了共和制

---

❶ 波拿巴派分子在议会中只有约30个席位。拿破仑三世被德军俘虏，两国议和后获释，到英国居住，1873年1月死于肾结石。其子尚幼，波拿巴派因无首领而失势。

度。人们不无讽刺地说，共和国是"从窗缝中挤进来的"。到 5 月，宪法条款全部通过，这就是明确了共和制的 1875 年宪法，即法兰西第三共和国宪法。由此反推，1870 年 9 月 4 日推翻第二帝国之时，也就成为第三共和国诞生之日。

宪法很简短，总共只有 34 条。它确定的是总统制共和国。立法机关由参议院、众议院组成。参议院由间接选举产生，任期 9 年，每 3 年改选 1/3，共 300 个席位，其中有 75 个席位为终身议员。参议院有权否决众议院的决议。众议院由普选产生（妇女、军人无投票权）。行政权由总统和内阁掌握。总统权力很大，是国家元首、军队最高统帅，可任命文武官员，提出法案，可在参议院同意的条件下解散众议院。内阁由总统任命，但是对议会负责。总统的命令必须有相关的部长副署。总统任期 7 年，可连选连任。到 1940 年第三共和国倒台，这部宪法共存在 65 年。宪法条文表明，其中既有保守性的规定，又有民主制的内容，是王政派与共和派妥协的产物，但在主导方面是民主共和主义的。它的伸缩性很大，关键是掌权者的政治主张如何。但不管怎样，法国向何处去的问题最终以共和制的结论得到了基本的解决。

使王政派意料不到的是，1875 年底选举 75 名参议院终身议员时，当选者中竟有 60 名共和派。1876 年选举其余参议院议员时，又有 92 名共和派当选。同年举行的众议院选举，共和派也取得胜利，得到 360 席位，而王政派只得到 155 席。共和派在议会中的优势，使保守派非常不安，具有王政倾向的麦克马洪总统与众议院的冲突也就在所难免了。

麦克马洪不得不任命在议会中占多数的共和派组阁，但是他自己在内阁中兼任海军、军政和外交 3 个部长的职务。1877 年共和派西蒙为首的内阁对天主教势力进行斗争，下令禁止教权派的宣传活动。麦克马洪便在当年 5 月 16 日写信给西蒙，对此进行指责，并且威胁说总统要对国家负责。西蒙内阁被迫辞职。总统竟然任命王政派的布罗格利再次出来组阁，引起共和派强烈反对，众议院中多数议员提出了拒绝信任新内阁的议案。麦克马洪利用职权悍然解散了众议院。这说明，尽管 1875 年宪法确定了共和政体，但是王政派和教权派的活动还是很猖狂的，共和制还有被取消的危险。

在选举新议会时，布罗格利内阁不惜重金大搞宣传活动，并且肆意迫害共和派，被免职的市镇行政长官达 1 700 余人，还有几千人受到法律手段的迫害。但是，民意不可违，选举结果仍然是共和派取得胜利，使得布罗格利内阁不得不辞职。麦克马洪曾想再次解散新众议院，但遭到参议院反对而未能得逞。接着，众议院又宣布，拒绝同总统新任命的罗什布耶将军的内阁发生关系，迫使总统任命了有共和派参加的内阁。这一番较量，王政派与教权派遭到了失败。麦克马洪被迫屈服，写信给议会表示，他接受共和制并承认内阁要对议会负责，今后不再使用解散众议院的权力。议会制和责任内阁制最终得以确立下来。

新内阁解除了 80 余名保守派省长和地方官员的职务，共和派在全国各级政权中取得支配地位。1879 年 1 月参议院 1/3 议员改选时，共和派得到了 82 个席位中的 66 个。共和派乘胜追击，提出了对行政、司法和军队高级将领中的保守派进行清洗的方案。麦克马洪勉强同意解除行政、司法部门部分官员的职务，但作为老资格的元帅，不能容忍对军队的清洗，遂于 1879 年 1 月 30 日提出辞职。王政派在国家机构中从此大势已去。共和派的格雷维当选为新总统。议会作出决定，将首都从波尔多迁回巴黎；将 7 月 14 日定为国庆节，《马赛曲》定为国歌。至此，法国的共和制最终得到确立。从此，法国走上了政治民主的道路，但是其中仍有许多曲折。

温和共和派执政时，恰逢"19 世纪最严重危机"的经济大萧条时期，困难很大。他们曾采取了不少措施，以求得进展。1884 年议会对宪法进行了修改。修改后的宪法宣布，今后修改宪法不得触动共和制政体；凡曾统治过法国的各王朝家族的成员，不得被选为总统。此外，在他们执政期间还扩大了新闻、集会、结社的自由。对天主教势力也给予限制，下令取消宗教节日的法定地位，允许世俗丧葬自由，不经批准教会不得办学等等。在教育上的改革是显著的。1881 年、1882 年两次下令实行免费义务和世俗化的初等教育，规定要对学生进行公民道德教育。宗教教育不得在校内进行。由教会垄断的女修道院式的女子教育被打破了，办起了公立女子中学。到 90 年代初，公立中小学的数量和学生人数都远远超过了教会学校。政府对完善教育体制、培训师资和校舍的修缮也很重视，巴黎大学便重新整修过。

但是，温和共和派政权还面临着不少严峻的问题。首先，在经济大萧条的背景下，巴黎公社后一度处于低潮的工人运动和社会主义运动又重新高涨起来。1879 年在马赛举行的工人代表大会上成立了法国工人党。1882 年该党分裂，在选举党的领导机关中失败的盖得派共 23 人退了出去，另组工人党。得胜的可能派于 1883 年改称社会主义劳动同盟，并与左翼激进共和派接近，在工会中有较大影响。盖得派宣传马克思主义，认定革命高潮不久即可到来。但是对马克思主义的理解和在实际斗争中的运用，却带某种生硬的、教条主义的色彩。此外，布朗基派也恢复了活动，老公社委员瓦扬建立了革命中央委员会（1898 年改名社会主义革命党）。无政府主义的派别也在活动，阿列曼于 1890 年建立了革命社会主义工人党。90 年代一些共和派成员接受社会主义学说，从共和派分离出来，形成了独立社会主义者联盟，代表人物有饶勒斯、米勒兰、白里安、维维安尼等。饶勒斯是卓越的社会主义者。他接受了马克思主义的唯物史观，坚持将社会主义理论同法国的传统与国情结合起来，很重视大革命以来的民主传统，注意同进步的共和运动联合行动。除各类社会主义党派外，工会活动也加强了。1884 年工会取得合法地位后，到 90 年代已发展成不受各党支配的独立力量。行业工会、地方工会数量很多，无政府工团主义比较盛行。1895 年原受盖得派影响的各工会摆脱盖得派，成立了全国性的劳动总同盟。总的来看，法国工人运动比较分散，90 年代工会会员只占工人总数的 5％。各社会主义党派分歧也较大。其中影响最大的是盖得派和饶勒斯派，受饶勒斯派影响的工人群众数量最多。不管怎样，工人运动、社会主义运动的复兴，对资产阶级共和派震动还是很大。他们不能忘怀 1848 年的六月起义，对巴黎公社更是记忆犹新。

其次，对法国被德国战败而蒙受屈辱一直耿耿于怀的复仇主义情绪，在社会上始终很强烈。温和共和派政府鉴于德国远比自己强大的现实，故而不肯对德采取强硬方针，而是倾注力量进行海外扩张。他们将突尼斯变为法国保护国；远征印度支那半岛，挑起了中法战争，等等。为此，消耗了巨大的财力和物力，但却不能立刻收到实际效益。于是很多人指责政府软弱，要求建立强力政权，推行民族复仇主义政策。复仇主义组织"爱国主义者战斗团"到 1885 年已有 20 万名成员。

在经济危机、工人罢工、复仇主义活动的各类冲击下，温和共和派在 1885 年众议院选举中失去了稳定的多数，形成了温和派、保守派、激进派与社会主义派❶三足鼎立的局面。这就使局势更加不稳定。鼓噪一时的布朗热运动便发生在这一时期。

布朗热是 1886 年入阁的军政部长，原靠近激进派。他上任后进行了一些激进主义的改革，诸如清除贵族军官，宣布士兵决不与罢工者为敌，改善士兵待遇，改进武器装备等等。他主张对德采取强硬态度。于是，布朗热受到了士兵和社会上有复仇情绪的大批群众的欢迎和拥护，称他为"复仇将军"。俾斯麦反应敏感，搞起了反宣传，声称德法之战随时可能爆发。温和派异常担心，遂将布朗热解除部长职务，派往外地军团任职。1888 年又一届内阁上台，宣布解除布朗热的军职，结果引起普遍不满。王政派、残余的波拿巴派都趁机卷入，企图利用布朗热颠覆共和制，并且向布朗热提供活动经费。布朗热失去军籍后恢复了选举权，便借机参加总统竞选，1889 年 1 月在巴黎选区他取得了多数票，只等秋季大选结束后荣登总统宝座。这时的布朗热运动已是君主派、复仇派、教权派等混杂的并带有沙文主义性质的运动，威胁着共和制度。于是共和派紧急采取行动，激进派和可能派等社会主义者也撤销了原来对布朗热的支持。议会决议取缔"爱国主义者战斗团"，内政部扬言要逮捕布朗热。布朗热匆忙逃往国外，1891 年因失去情妇而自杀，一场危机过去了。人们开始集中注意力于 1889 年大革命 100 周年的纪念活动。1889 年 10 月温和派在大选中重新取得多数。

重新取得优势的温和派推行了一些改革措施，包括改进城市居民住房的卫生

---

❶ 法国人仍如 1848 年时一样，将激进派和社会主义派视同一家。

条件，开展禁止酗酒运动，支持和帮助劳动群众成立互助组织等等。在布朗热运动中遭到打击的保守势力开始同共和派和解，教皇也示意法国天主教派应接受共和体制。

但是，好景不长。1892—1893 年原巴拿马运河公司贿赂政界、报界人士的丑闻此时被揭露出来，涉及的受贿者达 104 人。于是全社会大哗，王权主义、教权主义、民族沙文主义又重新抬头，社会主义运动也有新的高涨。温和派统治发生混乱，1893—1894 年更换了 4 届内阁。于是他们实行起高压政策，镇压反抗运动，限制民主自由，管制报刊宣传，以强制手段暂时稳定了秩序。

可是，一波未平，一波又起。1894 年又发生了德雷福斯案件。3 年前军政部重要机密文件被窃，落入德国人之手。当权者无端指控犹太人军官德雷福斯充当内奸出卖了情报，制造了一起大冤案。3 年后事情被揭露，著名作家左拉在《震旦报》上发表了《我控诉》一文，痛斥冤案制造者和民族沙文主义、反犹主义的恶劣行径。以饶勒斯为代表的社会主义者开展了声势很大的宣传活动。❶ 激进派和社会上一切有正义感的人都起来要求为德雷福斯平反。而民族沙文主义、军国主义、反犹主义、王政派与教权派势力，却站在运动的对立面，进行反宣传。温和派政府惧怕事态扩大，被迫于 1898 年重审此案。真正伪造证据者招供后自杀，窃密者则逃亡国外，总参谋长引咎辞职。

法国人民呼吁为德雷福斯平反的运动实际上是一场保卫人权和民主制度的斗争。斗争的胜利表明，国家要走向政治民主化是不可逆转的趋势。

但是，企图颠覆共和国的保守反动势力始终没有停止活动，维护和发展民主共和制度依然是法国一切进步力量的重大使命。共和派采取了对策，于 1899 年成立了以瓦尔德克-卢梭为首的内阁，称"保卫共和国内阁"。内阁中包括了激进派、温和派和社会主义者，激进派起主要作用。从此，法国进入了激进派共和国时期。

"保卫共和国内阁"成立时，法国已度过了大萧条时期，开始进入繁荣阶段，整个社会生活都发生了明显的变化。普通人的食品结构中，肉、糖、咖啡等的比例大为提高。从全国平均数来看，工资的提高明显超过了物价的上涨，而且货币稳定，购销兴旺。在 19 世纪末工人工资比第二帝国时期提高 60% 的基础上，又有了较大的提高。法国的政治民主在这样的环境里进一步加强了。

瓦尔德克-卢梭内阁中包括 1 名社会主义者任工商部长，正说明了政治民主气氛的加强，也反映出社会主义运动已是被当时资产阶级社会所公开承认的一股力量。这名社会主义阁员便是独立社会主义者米勒兰。

---

❶ 盖得派拒绝参加，声称在两个敌视无产阶级的集团之间无可选择。表现了关门主义倾向。

"保卫共和国内阁"建立后，法国的政治民主有了新的发展。教权主义、沙文主义组织被镇压和取缔，一些为首的分子被判处10年徒刑。特别重要的是1901年颁布了《结社法》，宣布除宗教团体组建时需经政府批准之外，其他政治性党派、团体均有自由组建的权利。于是，一些共和主义的政党建立起来，包括"激进与激进社会党""共和民主联盟""共和联盟"等等。这就开始了带有现代社会特征的政党政治。

在瓦尔德克-卢梭内阁以后，激进派的各届政府继续打击教权派势力。其中包括取缔大批宗教团体，关闭万余所教会学校，取消教士免服兵役的权利，与梵蒂冈教皇国断绝外交关系等。到1905年7月，议会正式通过了政教分离的决议，宣布信仰自由，国家今后对任何宗教均不给予官方承认，也不予以任何资助。从此结束了一个多世纪以来由国家担负天主教财务和人员薪金的制度。

大战前夕，普恩加莱于1912年出任总理，后又就任总统。同其他大国一样，法国也走上了战争道路。

三、美国的两党制与政治民主

美国在经历了南北战争和重建南方的时代之后，进入了稳定和迅速发展的时期。美国在取得独立1个世纪之后，其经济的发展很快就将欧洲各传统资本主义大国甩在背后，在全球雄踞首座。美国的历史从起步时就是在没有封建因素的条件下发展的，南北战争中又消除了南方那种变相了的奴隶制度，通过痛苦的10年"重建"后，使得社会经济在更为单纯的资本主义基础上发展起来，政治上则消除了分裂的根源。广阔的西部领土得到了开发，美国在19世纪末已作为领土统一、经济制度统一、国内市场统一的大国矗立在西半球。在这段时期里，它在经济上那种令人目眩的发展，较稳定的政治局势，不受任何战争威胁的国际环境，以及它显示出来的在吸收外来积极因素方面的巨大容量，使数量惊人的移民涌进这个国家，反转过来又成为促使它进一步发展的推动力量。美国是在开放中发展壮大的。然而，美国的大发展缺乏和谐的气氛，也不是一帆风顺的。它受到了多种矛盾的困扰，虽然这些矛盾远不及内战时那样尖锐。

美国是在19世纪才在很短时期内成为东濒大西洋、西临太平洋的大国的。虽然经过内战消灭了南方的奴隶制，但全国范围内经济发展的极度不平衡仍然十分突出。作为美国独立发祥地的东部地区，经济上最为发达，但它的北方和南方差异仍然很大。已废除奴隶制的南方，种植园主、自由农和摘去奴隶帽子的黑人，都要在变化了的环境里开辟新的生活道路。除传统的农业外，也要进行工业建设。不过，由于起步晚、交通设施差，南方工业还远远落后于北方。至于在"西进运动"中开发的西部广袤大地上，自由的农场主们已建立起产量丰富的"小麦王国"和"棉花王国"，成为繁荣的农业地区。这里以自由农的小农场为主，也出现了一些占有大片土地的农业家。随着铁路的建设，西部与东部联系日益密切，农业的机械化、化肥化程度迅速提高。但是农业区毕竟有着与工业区不同的特点，而且西部还有许多未开发的土地。当然，在一定程度上，这里也出现了一些工业。总之，在经济发展上，各地区的差别是很大的。

地区的差异必然形成各种不同的社会利益群体，或称利益集团。南方的种植园主、农民、工商业资产阶级，往往更看重本地区的发展效益和利益。北方资产阶级自然维护自身的利益。西部的农场主又有其不同于其他地区的考虑。此外，黑人仍在受歧视，要起来争取起码的权利。数量巨大的移民，要争得平等地位。随着工业大发展而不断壮大了队伍的工人阶级，也已成为一支强大的社会力量。后来，随着垄断资本主义阶段的到来，不同的垄断集团、非垄断组织的中小企业家等等，也都成为各类的利益群体。

各地区发展的不平衡和各社会利益群体的不同要求及相互间的矛盾，使得美国社会不可能是和谐的，必须进行协调。各利益群体都力图将自己的代表推上执政者的宝座，总统的竞选、国会议员的竞选从来都是十分激烈的，政治生活中的竞争机制发挥得很充分。实际的情况是，尽管每次总统选举都同时有若干名各党派的候选人参加角逐，但是当选者只有影响最大的共和党或民主党的候选人。美国实际上实行的是两党制政治。无论是共和党还是民主党，为在竞选中争取更多的选票，都要在竞选纲领中提出不少照顾到多方面利益的主张。一旦当选，作为国家的执政者，都不能不关心全国的"普遍繁荣"，不得不权衡各方面的利益。因此，两党制便很自然地在各社会利益群体的矛盾环境里起了制衡的作用，同时也是国家政治民主的重要体现。当然，美国是多党国家。19世纪末20世纪初参加历届总统选举的竞选者中，除属于共和、民主两大政党者以外，还有绿背纸币党、禁酒党、人民党、劳工联盟、统一劳动党、社会党、社会劳工党、社会民主党、改革联盟、基督教联盟、美洲党等等的候选人。不过他们得票数量甚微，或未得选票，从来没有当选的可能性。造成这种现象的原因，除去两大政党影响巨大而众多小党势单力薄之外，还因为某些小党在竞争中提出的最得人心的主张，总是被大党及时吸取，转变成自己竞选的资本。这虽然表现出两党制对其他党的排斥作用，但也在某种意义上使一些合理的社会要求被可能当选的大党列入施政方针。

内战之后，两党的社会成分有了一些变化。共和党主要代表工业资产阶级。在1869—1901年的参议院里，共和党议员中有1/3出身于企业家，而在民主党议员中这类人员只占1/7。共和党在工业界的影响还使它拥有了一批白领工人和技术工人的党员。由于共和党总统林肯在南北战争中颁布了《宅地法》，这个党也吸引了不少农民。此外，新教徒也大多倾向共和党。

民主党的成分则要复杂一些。内战前它主要受南方奴隶主操纵，内战后仍以南方的有产者为主要支柱，既包括种植园主，又包括南方的工业界，以及所有坚持白人至上主义的人。一些保守主义的共和党人和前辉格党人也加入了民主党。由于民主党的经济主张常常迎合西部那些负债的农场主的愿望，他们也有多人加入民主党。此外，在民主党内还有不少企业家和西部的银矿主。因为他们不满于共和党关于保护贸易和实行金本位货币制度的主张。

由上可见，两党代表的成分虽有所不同，但在代表面上则都是较为广泛的。更重要的是，在两党中起决策作用的都是工商界或农业界的富豪巨子。它们有差异，又有更多的共同点。这就决定了这两党完全可能既代表不同的利益，又能协调矛盾着的各方。它们竞选，轮番执政，一个在朝，一个在野，互相排斥又互相促进，在全国政治生活中起着制衡作用。往往会出现这样的情况：某个党的候选人当选为总统，而另一个党却在国会选举中赢得了多数。例如1890年国会选举中，民主党议员在众议院中取得了绝对压倒的多数，而总统则是共和党的哈里森。这使得各种政见都可以在行政或立法机构中反映出来。

在19世纪末的20多年里，美国在内政方面需要解决的问题很多，特别需要在经济大发展的情况下加强国家对经济进行调节的职能。调节经济不仅关联到资产阶级的各个集团和农场主，也涉及经济利益上互有差别的其他各阶级，包括工人阶级和小农。

19世纪末引起全社会关注的最敏感的经济问题主要有3个：货币制度问题、关税问题和垄断组织问题。正是围绕这些问题，共和党和民主党的执政者们用各种立法发挥了调节作用，既力图使各种对立的主张得到协调，更重视顺应资本主义发展的客观潮流。

货币制度问题是历史遗留下来的，由于同工业的大发展发生了矛盾，因而引起纠纷，而且牵动着千百万人的神经。在内战时期，林肯政府为支付巨额的战争经费，不得不采取一些非常的财政措施。这包括提高关税、征收较高的消费税和所得税、发行公债，特别是大量印行纸币，即所谓"绿背纸币"（因纸币颜色得名）。绿背纸币的大量发行，自然会造成通货膨胀。人们习惯地把金币收藏起来，轻易不肯抛出。纸币也就成为主要的通货。到内战结束后，流散在社会上的纸币还有4.3亿多元，而且明显贬值。这种通货膨胀、货币贬值的现象同猛烈发展的大工业的利益是矛盾的。因为当时以英国为代表的各工业国家都实行货币的金本位制，美国工业界为在国际市场上得到稳定的货币兑汇率和取得信贷，也要求实行金本位制。从国内情况来看，东部那些金融巨子和工业巨头们大多手中握有巨额的公私债券。作为债权人自然主张币值稳定。恢复硬币，实行金本位制是使货币增值的有效办法。这样，共和党所代表的工业界就成为对金本位制主张最得力的社会集团。

但是，这一主张却遭到了西部农场主尤其是小农场主们的强烈反对。在大量人口涌向西部之时，出于创业和安家的需要，人们纷纷贷款，成为债务人。随着西部农业的兴起和机械化的进展，又有大批人借债购买农机具和牲畜。如果实行金本位制，势必造成币值回升，通货紧缩，使债权人获利，债务人受害。此外，东部南方农业区也有大量债务人，与西部农场主采取同一立场。还有另一部分反对金本位制的人，即银矿主们。1873年西部几个州，主要是科罗拉多州和内华达州，发现了蕴藏丰富的银矿。在大力开发后，银矿主们急切希望将白银铸成银币，以按照银币面额保值。否则银块价格将迅猛下跌。而且，由于欧洲各国大部分在70年代采取了金本位制，法国、瑞士、比利时、意大利、希腊等组成的拉丁联盟又决定限制银币的铸造，从而使大量银块、银条流入市场，造成国际银价下跌。这些情况更促使银矿主们强烈要求自由铸造银币。为防止金融市场混乱，联邦政府禁止自．由铸币的行为。银矿主及有关的人们也就成为金本位制的坚决反对者。

　　于是，东部与西部、南方与北方、农业界与工业界、债务人与债权人之间便产生了尖锐的矛盾。农民运动发展起来，先是要求限制铁路运输价格，以将农产品廉价运往东部销售。70年代中期起又转向反对金本位，掀起了坚持纸币流行的绿背纸币运动，并于1875年建立了绿背纸币党。不同利益群体之间的矛盾竟使两大政党发生了某种程度的分裂。北方的民主党有多人支持金本位制，而南方和西部的共和党内也不乏反对金本位制的成员。

　　面对如此棘手的问题，两党在主张上是分歧的。共和党明确主张实行金本位制，民主党则坚持自由铸币和增发纸币的通货膨胀主义。民主党不断攻击共和党只代表"纽约金融统治集团"并追随英国。共和党也指责民主党的主张将会使"廉价"的银币排斥"优质"的金币，给国家带来灾难。但是，由于矛盾十分尖锐，而且涉及的阶层和集团过多，如出现大的失误，后果将非常严重。故而两党在执政时都不愿轻易采取极端措施，总是从维护全国的稳定出发而谨慎从事。从中可明显看出这个资本主义大国的自我调节功能。

　　进入80年代以后，工业发展呈现繁荣景象，绿背纸币运动逐渐销声匿迹了。1885年就任总统的民主党人克利夫兰，从国内外金融状况考虑，决定不再遵循民主党一贯主张的政策，公开表示反对金银复本位制，更反对自由铸造银币。这种对本党主张的"背叛"，实际上是与工业界的妥协。由于民主党议员在国会中占优势，克利夫兰废除复本位制的意图未能实现。1889年上台的共和党哈里森总统，采取了协调妥协的政策。1890年国会通过了谢尔曼购银法，宣布由国库出钱每月购买白银450万盎司。这大致相当于每月白银的产量。购银法基本上保证了白银的销路，从而遏止了银币铸造，并且使矛盾得到一定的缓解。但是这种缓解只能是暂时的。当时，在资本主义大国中尚未实行金本位制的只剩下了美国。同时，由于发生了世界性金融危机，由英国开始，有价证券的持有者们纷纷抛出证券，兑换黄金，美国出现了黄金大量外流的现象。而且，由于政府收购白银过多，铸造的银币增加，黄金流通减少了。这就使矛盾重新尖锐起来。从顺应工业大发展的角度来看，采取金本位制已势在必行。

正因为如此，1893年再度出任总统的克利夫兰，毅然放弃民主党的一贯主张，于就任当年就废除了谢尔曼购银法，正式宣布采用金本位货币制度。20余年来围绕币制问题的激烈冲突，终于以对工业资本主义有利的方式得到了解决。具有戏剧性的现象是，民主党的总统最后实现了共和党长期争取的目标。从根本原因上来说，大工业特别是进入垄断阶段后的大工业，已成为社会发展中的超级力量，代表着客观历史潮流，是无法阻挡的。但是也可看出，两党制的制衡作用毕竟发挥了调解各方利益、保持国家稳定与发展的效用。

关税问题是当时美国内政方面的重要问题之一，也是两党制衡作用的又一个表现方面。实行保护主义的高关税政策是早期资本主义时期各国的共同特点，是重商主义时代的产物，美国也不例外。到内战时期，由于战费的需要，关税进一步提高，达到进口商品价格的47％。内战后，经济高速发展，但在国际市场上还没有赢得强固的地位，许多新兴的工业更是处在创业阶段，仍需要保护主义的"防波堤"。而且，工业的发展给人们提供了更多的就业机会，又使美国工人的工资远远超过任何一个国家，甚至比英国工人的工资也高出一倍，从而使得工人也支持高关税政策。另外，内战中联邦政府曾欠下大笔债务，内战后连续执政20余年的共和党政府为偿还债务，也需要从关税中得到更多收入。所以，工业界以及代表工业界的共和党坚持实行高关税政策，认为这是保持发展势头和维护国家稳定的必要手段。

然而，同币制问题相似，西部和南方农业区的人们却反对高关税政策。还在内战之前，南方奴隶制种植园的产品就主要销往国外市场，西部开发起来后，也加入了农产品出口的行列。高关税政策必然造成贸易伙伴采取同样态度，只能使美国出口农产品的价格提高，削弱竞争能力和减少出口量。农业集团反对高关税的另一个原因是，他们在国外市场上出售自己的产品，却需要在国内市场上购买农机具和各种生活用具。这些工业产品因为有关税保护，得以维持较高价格，这对农业区显然是不利的。保护关税造成的物价上涨当然也影响到工业人口，但是工业中实行的高工资制度足以抵消这种影响。于是，主要反映西部和南方要求的民主党就成为低税主义者。他们提出，战争已经过去，不应该再让人们为内战时期的政策承担义务。而且，政府的财政盈余在不断增加，用征收高关税偿还债务已不成其为理由。此外，在工业集团中也有高关税政策的反对者，那就是在疯狂地修建铁路中的那些承包工程的大亨们。因为当时的铁轨在较大程度上还需要进口。这样，关税问题也成为各方关注的、在内政方面必须调节的大问题。

从内战结束到1885年民主党的克利夫兰出任总统之前，一直由共和党执政，高关税政策始终维持着。克利夫兰上台后，公开指责高关税政策，他的1887年国情咨文几乎以全篇内容谴责共和党制定的"不必要的、错误的、不公平和不合逻辑的"税收制度。1888年7月，众议院经过3个月左右的大辩论，通过了降低关税的法案，将各种商品的关税平均降低7％。但是，共和党议员占多数的参议院否决了这个法案。在随后举行的大选中，共和党的哈里森当选总统。1890年国会通过了赋税委员会主席麦金莱的提案，宣布将关税提高到49.5％。该法案为取得农场主们的谅解，同时宣布对进口农产品也征收关税，以使国内农产品价格维持相当的水平。但是，当时正值社会上反托拉斯的情绪相当强烈，麦金莱法案明显保护垄断组织的特点遭到了谴责。结果，共和党在1890年的国会选举中遭到惨败。在1892年总统大选中又遭败北命运。克利夫兰于1893年再次就任总统。1894年众议院通过了降低关税的威尔逊提案。可是在参议院辩论时，赞成保护关税的议员们对此持反对态度。以戈尔曼为首，对威尔逊法案进行了大幅度的修正，塞入许多保护主义的内容。改变了面貌的威尔逊—戈尔曼法虽然把关税率平均降低到39.9％，但却同时规定对国内岁入4 000美元以上的人征税2％以补偿关税上的损失，而且因含有不少保护主义的内容，从而成为不伦不类的东西。这显然又是一种妥协。克利夫兰对此十分不满，但若否决它便等于继续实行麦金莱法案，于是便奇特地不予签署而使法案成为正式法令。总统的这种尴尬表现受到了共和党人的讥讽，同时也表明违背大工业发展的利益是难以行通的。克利夫兰任期还未满，国会在1896年终于又通过了重新提高关税率的法案，将关税提至57％。两党最后还是在顺应大工业发展要求的基础上统一到保护关税的政策上来了。可是，经过反复争论与较量，共和党的保护主义也照顾到了农场主的利益，正如麦金莱法案表现的那样。协调的作用再次体现出来。

垄断组织问题是当时矛盾的又一个焦点。这里要着重说明的是铁路修建在其中的作用，主要是指那几条横穿国土将西部与东部连接起来的铁路干线。在铁路修成以前，西部的农产品、矿产品、原木以及主要从事粮食加工、木材加工的工业所制造的产品，要运往东部销售是很困难的。铁路的建成解决了运输问题，同时也就在极大程度上解决了市场问题。这就使西部农业、工业进一步专业化并繁荣起来。由铁路来协调东西部专业化生产的发展，是19世纪末美国经济飞跃中的一个关键性环节。然而，修筑铁路的耗资之巨大和问题之复杂是十分惊人的。美国各州的立法很不统一，跨州越界地修铁路必须解决线路通过处的地方所有权或使用权的问题。在资金上也必须合股集资。几乎任何一个单独的企业都无力承担这样的项目。按照美国的传统，各种复杂的问题都要由联邦政府出面解决。因为把广袤的国土用铁路连接起来，对于维持国家的统一是必需的。早在内战期间，联邦政府便决定修建中央太平洋铁路和联合太平洋铁路两条横贯东西的干线，并且宣布了对承包工程的公司每建成1英里所给予的国家津贴。津贴分平原地段、丘陵地段和山区等3个级别。此外，还宣布将铁路线通过地区沿线左右各

10英里的土地划归营建公司。内战后，又开始修建另外3条横贯东西的大铁路即北太平洋铁路，南太平洋铁路和圣塔菲铁路，到1884年通到太平洋岸。对这些铁路，政府也同样划给地段，支付津贴。到19世纪末，政府无偿拨给铁路公司的土地已达1.58亿英亩以上，超过法、德两国面积总合。由于既可得到土地，又可领取津贴，各垄断公司便纷纷承包工程，签订合同。引人注意的是，在修建过程中贪污、受贿、勒索、扰民的现象十分严重。为得到更多土地和筑路津贴，承包公司总是故意将铁路延长，多些曲折。线路所过之处，驱逐农民、霸占土地之事屡有发生。铁路修成后，又将运输价格定得很高，使西部农民深受其苦。在上层则贿赂公行，以取得官方的支持。联合太平洋铁路董事会便将大批股票以象征性的低廉价格售给了地位重要的议员。修建和经营铁路的巨大收入也吸引了许多州、市地方官员争购股票。在5条大干线修成之后，据国会一个委员会的调查，全部筑路费用本应为2.8亿多元，而实际花费竟超过了6.3亿元。铁路建筑公司和经营公司这种掠夺性的恶劣行径，自然引起了群众特别是西部农民的强烈不满。人们认为这都是垄断组织——托拉斯的罪过。事实上，19世纪末美国已建成的将近26万英里的铁路线，除4万英里留在独立的公司手中外，其余都被大垄断集团所控制，诸如摩根及摩根—贝尔蒙特集团、哈里曼集团、范德比集团、古尔德集团等等。此外，垄断组织因垄断若干部门的生产和销售而造成的高昂的垄断价格，垄断组织对中小企业排挤、吞并时表现出来的蛮横与霸道的行为，也都引起人们的愤怒。于是，社会上兴起了一股反托拉斯的潮流。

资本主义发展到垄断阶段，自由竞争时期的放任主义已难以存在。取代它的是垄断集团自己的放任横行。这两种"放任"的冲突反映了向垄断阶段过渡时期资本主义内部不同利益群体之间的矛盾。由于美国垄断组织的形成来势猛、程度高，特别是铁路公司表现出来的蛮横掠夺行径，使得矛盾更显得尖锐。

共和、民主两大政党自然不会全力站在托拉斯化的对立面位置上。它们都在寻找既不损害托拉斯的利益，又要平息反托拉斯的强烈不满情绪的方案。共和党原是工业界的代表，它必定支持工业巨头们是不待言的。民主党为争取选票，则集中力量攻击共和党，谴责他们只照顾少数人利益，却损害大多数人特别是西部拓荒者的利益。但是他们并没有提出消灭垄断组织的具体主张。因此，美国才出现了又一支力量——人民党（又译平民党）。这一切都说明，关于托拉斯问题上的矛盾同样是涉及东部与西部、工业与农业、垄断资产阶级同农业界及中小企业主的矛盾，需要进行调节。

由于垄断组织劣迹昭彰，联邦政府不得不摆出一种反托拉斯的姿态。在民主党克利夫兰总统任内，一些议员于1888年在国会中提出了几个反托拉斯的法案草案，但未形成决议。次年，新上任的共和党总统哈里森在国情咨文中也提出了制定反对阴谋性的托拉斯组织的法律的主张。1890年国会终于通过了谢尔曼反托拉斯法。当时，已有 8 个州议会通过了取缔托拉斯的法案。对垄断组织的非法行为进行限制已势在必行。谢尔曼法案规定，任何契约，任何以托拉斯或类似形式组成的联合企业或任何密谋，"只要它限制几个州之间或与外国之间的贸易或商业，均属非法"。更重要的是，法案反对的是限制州际贸易和国际贸易的行为，并未反对工业的联合。因此，法案使共和党打起了反托拉斯的旗帜，但又无损于垄断组织的利益。许多托拉斯为适应法案条款进行了形式上的改组，美孚石油公司就划出一些"分公司"，但股票却仍在原所有者手中。这样，谢尔曼法案实行后 10 年，托拉斯从 24 个发展到 157 个，拥有的资本也从 4 亿多元增至 31 亿多元。这就是说，在解决垄断组织问题上，也同解决币制问题、关税问题一样，最终总要有利于垄断资本主义的发展。但是，由于有了全国性的反托拉斯的立法，到 90 年代末又共有 27 个州通过了垄断组织的立法，毕竟使各垄断集团在行事上比较小心谨慎了，进行改组就是一种表现。反托拉斯法在抑制垄断带来的弊端方面，体现了调节作用。

上述有关币制、关税、垄断等问题上两党制的制衡作用，为内战后美国经济与国力的发展以及国民收入水平的提高，创造了稳定而有利的环境与条件，并且在决策方面体现了政治民主精神。在这段时间里，人们的公民意识和对国事的参与意识明显提高了。也正因为如此，仅仅在有关经济决策方面进行协调就显得不足，还必须考虑涉及各阶层的社会立法。

内战后，劳工运动、农民运动和黑人运动都有所发展，构成有相当影响的社会利益群体。还在 1869 年，美国就出现了以非熟练工人为主体的秘密工人组织劳动骑士团。1878 年它开始公开活动，到 80 年代自称已有 70 万成员。这时，工人运动明显高涨起来。1886 年，以芝加哥地区为中心的 35 万工人，于 5 月 1 日开始举行了以实行 8 小时工作制为中心口号的总罢工，全国被罢工卷入的企业有万余家。罢工取得很大胜利，约 18 万工人争得了 8 小时的工作制。

由于美国已步入工业社会，它的迅猛发展给人们提供了较为广泛的就业机会和受教育的机会，而且小企业主和收入较多的熟练工人正逐渐形成中产阶级；再加上外来移民数量巨大，在工人中出现种族的和宗教信仰方面的不和，使得工人运动很难发展到十分激烈的程度。19 世纪末劳动骑士团衰落并瓦解了。80 年代开始兴起的社会主义运动也未能发展起来。1876 年成立的以德国移民为骨干的美国工人党（次年改名社会主义工党），长期处于自我封闭状态，并且保持着 90% 的成员为德国移民。这种宗派主义倾向使它不可能成为有影响的力量。真正吸引了大量工人的组织，是 1885 年成立的承袭英国工联主义传统的美国劳工联合会，简称劳联。劳联主席龚帕斯坚持以吸收熟练工人为主，并为这部分工人提高工资和改善劳动条件而斗争。他强调要提高工人的地位，使劳工组织在社会上具有更大影响。在当时的环境中，这些主张易于为工人接受。1904 年劳联宣布，在全国已组织起来的 200 万工会会员中，有 3/4 是它的成员。到 20 世纪初，垄断组织已操纵了美国的经济命脉，垄断价格造成的物价上涨使工人运动又有所发展，不过参加罢工的人数并不很多。从 1898—1905 年发生的约 1 200 次罢工中，参加者总共只有 20 万人次，在全体工人中占比例很小。劳联的政策更多的是同资方谈判交涉，而不是组织大规模群众斗争，而且它也不接受社会主义的学说。于是，少数坚持激进主张的人力图掀起社会主义运动，于 1901 年建立了社会党。该党领导人德布斯坚持社会主义纲领，但以西尔奎特为首的温和派主张更切合当时情况的合法斗争。结果社会党很快发生分裂。在工会运动中，也出现了激进主义的倾向。1905 年在海伍德领导下建立了世界产业工人联盟，简称产联。产联与劳联不同，以吸收非熟练工人为主，并以建立社会主义为目标。由于受到政府压制，又接受了无政府工团主义的观点，该组织未能发展起来。到第一次世界大战前实际上已处于瓦解状态。从劳工运动和社会主义运动的总趋势来看，温和的、合法的、经济性质的斗争明显占有主导地位。这是同当时美国的经济繁荣、工人待遇高于别国的状况相关联的。

农民运动在一段时期里曾很有声势。其主流几乎全部围绕西部农业区的具体经济利益。但随着垄断资产阶级地位的加强，运动也削弱以致逐步消失了。

当时方兴未艾的运动是反对种族歧视、种族隔离的黑人运动。内战后摆脱了奴隶身份的黑人仍然受到歧视与迫害，从而激发了黑人的反抗斗争。开始时，运动的主要领导人是布克·华盛顿。他于 1881 年在亚拉巴马州塔斯卡基城创办黑人职业学校，名为塔斯卡基师范工业学院，还建立了称为塔斯卡基社的黑人组织。他领导的运动也就称为塔斯卡基运动。布克·华盛顿极力倡导黑人接受职业教育，掌握农业和手工艺的知识与技能，但却反对参加政治活动。在他倡导下，确实培养出一批黑人知识青年。1901 年，部分在北方成长起来的黑人青年在波士顿创办《卫报》，批评布克·华盛顿的错误，号召黑人参加政治斗争，争取政治权利。以《卫报》为中心形成的黑人社团在杜波依斯领导下，得到了越来越多的黑人的拥护。1905 年杜波依斯主持召开了黑人代表会议。会议发表的《政治宣言》号召黑人加强团结，争取自由、平等和普选的权利。从此，黑人运动走上了民权运动的道路。

面对上述社会运动，1901—1909 年连任两届总统的共和党人西奥多·罗斯福（即通常所说的老罗斯福）实行了较前更加开明的政策，体现出的国家调节作用是很明显的。首先，他继续克服托拉斯造成的弊端，平息社会上的不满情绪。自称是"托拉斯敌人"的罗斯福下令，不准铁路公司对托拉斯组织实行货物运输的优待价格；在政府中设立商务与劳工部，部内专门设立监督垄断公司管理局；要求司法机关优先审理反托拉斯的案件；赋予州际贸易委员会更大权力，去管辖与铁路运输有关的机构等等。罗斯福的政策仍然是限制托拉斯的非法行为，并没有从根本上反对垄断组织。在他卸任时，美国的托拉斯已发展到上万个，资本总额逾 310 亿元。但是他仍然有很大成绩。在他任内，法院共审理了 25 件有关托拉斯的案件，不管哪一方胜诉，对抑制托拉斯的蛮横行为都起了有益的作用。

其次，罗斯福较大幅度地制定和推行了劳动立法。直到 19 世纪末，美国几乎没有颁布过真正的劳动立法，而且还曾几次以武力镇压罢工运动。罗斯福则一改传统的方针，下令对国家和州际铁路的工人实行 8 小时工作制；规定雇主要对因工伤亡的工人给予赔偿；要制定保护矿工安全的措施；对使用童工进行限制等等。

最后，罗斯福还实行了一些颇有眼光的社会政策。他下令保护森林、自然资源和文物古迹，建立起 5 个国家自然公园，划定了禁猎区、禁伐区，并且为此而成立了国家资源保护委员会。他还重视卫生保健，颁布了食品、药物管理条例和肉类检验法。

罗斯福的继任者塔夫脱在某些方面继承了这些政策，如继续进行限制托拉斯的活动，推行劳动立法等。在他任内，仅在 1911—1912 年便提出了 45 件指控托拉斯的案件，其中包括实力最雄厚的洛克菲勒集团的美孚石油公司和摩根集团的美国钢铁公司。他还将商务与劳工部分成两个部，成立了联邦童工问题委员会等。但是在关税问题、保护自然资源等方面，塔夫脱执行了保守政策，被许多共和党人称为“叛徒”。

1913 年上任的民主党总统威尔逊在施政方针上与老罗斯福的政策也有许多共同之处。他宣布奉行自由主义原则并为“工农利益”而奋斗。他还制定了新的管制托拉斯法。威尔逊实行了降低部分商品进口税的关税政策，理由是美国已具备足够的竞争能力。更重要的是，在他任内建立了联邦储备银行，改变了 3 万多银行并存的局面，极大地加强了金融资本的垄断，是对工业垄断资本大发展的顺应。

在对外政策方面；两党间几乎没有大的分歧，都实行了对外扩张的政策。扩张的主要目标是拉丁美洲和环太平洋地区。其活动包括侵犯朝鲜，占领东萨摩亚和夏威夷，大规模渗入拉丁美洲，通过发动美西战争占领关岛、菲律宾和原西印度群岛及加勒比海中的西属殖民地，控制古巴，攫取巴拿马运河的开凿和管理权，提出“门户开放”并参加八国联军对中国进行侵略等等。

总体说来，美国在经过两次革命之后，一直沿着没有封建因素的典型资本主义道路发展，在经济迅猛急进和繁荣的基础上，步入了现代社会。

第三节 德、俄、日的专制主义道路

一、德意志帝国的发展

1871 年 1 月 18 日，普鲁士以王朝战争的方式完成了德意志的统一，在打败法国的时刻在凡尔赛宫宣布了德意志帝国的成立。德意志帝国的成立同时是德国进入资本主义时代的标志。

德国从封建主义向资本主义的过渡，是经由改革的道路完成的。而且，以普鲁士的资本主义改革为代表。自上而下的改革是由原统治者推行的，向资本主义的过渡并不发生政权转手的问题。德国的统一又是普鲁士王朝以武力完成的，这就使普鲁士的统治者一跃而成为全德国的统治者。这些情况就决定了德国在政治上必然要保留浓厚的专制主义的残余。但是这并不影响它在经济上发展迅速，而且国家也能制定促进发展的经济立法。

事实证明，德国实现了国家统一后，很快就出现了经济腾飞的现象。德国工业发展的突出特点是重工业、化学工业和电气工业最为发达。这就能够装备其他工业部门和农业，带动其发展。19 世纪末 20 世纪初德国以极快速的步伐跨入工业社会，将英、法抛在后面，成为仅次于美国的世界第二工业大国。

在德国，第一次工业革命的完成和第二次工业革命的开始是交错在一起的。国家统一后的工业大发展基本上是在第二次工业革命成果的影响下出现的，因而具有较高的科学技术水平。这是发展迅速的重要原因。此外，从法国割占了阿尔萨斯、洛林矿产区和取得 50 亿法郎赔款，也是重要原因。更重要的是，统一民族国家的形成和德意志民族的活力，使德国在经济、政治诸方面的发展具有了持久的动力。但是，也正是这种民族主义的表现形式，给德国历史带来了某些不利的影响。

长期以来德意志处于分裂状态。古老的多民族奥地利帝国始终在全德意志占有显赫的地位。19 世纪统一运动中普鲁士一直坚持的"小德意志"路线，实际上是以排斥奥地利的"大德意志"路线为基本内容的德意志民族主义的体现。后来，普鲁士以武力打败奥地利，使一系列德意志民族的邦国统一在普鲁士治下。普法战争中它又以武力取得胜利，而且将取得色当大捷和俘虏拿破仑三世的那个日子——9 月 2 日定为德意志帝国的国庆日。它向整个德意志民族显示出，统一帝国的建立应归功于军事上的胜利，德意志民族的主要贡献正在于武力方面。在已经胜利完成统一的业绩面前，带有军事特征的德意志民族主义赢得了人们的信仰。

1871 年 4 月颁布的帝国宪法基本上体现了这个倾向。宪法规定德意志帝国为联邦制国家，由普鲁士、萨克森、巴伐利亚、符腾堡等 22 个邦和汉堡、不来梅、律贝克等 3 个自由市组成。各邦国均保留各自的君主和议会。但是，它们只是帝国中的地方政府，内政、外交、军事、财政以及民法、刑法的立法权和行政权都集中在中央国家机构手中。宪法确定的全国立法机关是联邦议会和帝国议会。联邦议会由各邦委派的共58名代表组成，实际上是掌握更大权力的上议院。按宪法规定，联邦议会表决时如出现14张反对票，议案便不能通过。而普鲁士有权派17名代表，实际控制了议会。帝国议会由全国普选产生，但权力有限，相当于下议院。它的决议必须经联邦议会通过和皇帝批准才能生效。真正掌握最高权力的是皇帝和首相。宪法规定普鲁士国王享有德意志皇帝的尊号，是"联邦之首"。皇帝可不经议会同意而自由任命首相和文武官员，有权召集和解散两个议会。普鲁士首相同时即是帝国首相，直接对皇帝负责而不对议会负责。首相之下没有设立各部，实际上大权由首相独揽。

很明显，这部宪法把德国变成了实行君主立宪制却又不受议会辖制的半专制国家。19世纪流行于欧洲的自由主义、民主主义潮流在德国只成为装点门面的饰物，占主导地位的是普鲁士的专制主义传统。制定和执行宪法的主持者是已经当上帝国首相的俾斯麦。在统一后的20年时间里，他是帝国一切大政方针的设计人和施行者。开始时，他以普鲁士内阁的各个部代替帝国的部。不久又成立了若干"帝国署"，如邮政、海军、内政、司法等署。由于不是"部"，所以领导"署"的官员也就没有大臣的职权，只称国务秘书。这就突出了俾斯麦的地位。虽然有外交部，但外交大臣是俾斯麦自己兼任的。在官方用语中，只有"帝国领导"的提法，实际是指俾斯麦个人，从不提"帝国政府"或"帝国内阁"。

俾斯麦通过帝国宪法为德国设计的政治管理形式符合当时的实际情况。德国本来就是由若干君主制邦国拼凑成的分裂的国家，如果搬用英国的模式是行不通的。它只能是个君主们的联盟。但是，既要统一，便不能允许割据状态继续存在。因而设计了全国普选的帝国议会，作为统一的象征。同时，更利用了普鲁士在全德意志中的霸主地位。普鲁士拥有整个帝国领土的65％和人口的61％，又是经济上最发达的地区，再加上它的武力和完成统一的成就，都使它有足够的力量钳制联邦主义的倾向。因此，帝国宪法是符合德国国情的，有利于它的向前发展。这样，在德国出现了一种似乎是比较奇特的现象：普选产生的帝国议会所具有的某些民主色彩，以及普鲁士的专制主义传统，同时成为代表国家统一的主要象征。而联邦主义则是以往割据状况的痕迹。这两者之间势必要有一些较量。数量较多的政党将各种倾向反映了出来。

从1867年就成为全国性最大政党的民族自由党，是统一帝国的热诚支持者。它是从当年同俾斯麦发生"宪法纠纷"的进步党中分离出来的，主张以"政治的现实主义"态度与普鲁士政府合作，促成国家的统一。因此在1866年普鲁士打败奥地利，随后又建立了北德意志联邦之后，它便发展成全国性政党，反映全德渴望统一的大资产阶级的意愿。它在帝国议会中是第一大党，几乎是一成不变地支持俾斯麦。

对帝国政策持反对态度的左翼自由主义派，在消极抵抗中耗尽精力却极少取得成果。它变得安于现状了。这对于俾斯麦不能构成威胁。不久，左翼自由主义派发生分裂，俾斯麦立即抓住机会将其击败。

给俾斯麦的帝国政策曾造成一些麻烦的是普鲁士保守党。其中一部分人分裂出去，组成自由保守党，完全站在俾斯麦一边。其余部分于1876年改组称为德国保守党。他们固守普鲁士王朝拥护者的老传统，对全国统一和成立帝国表示反感。这是易北河以东容克的政党，对普鲁士王国的感情远胜于对德意志帝国的感情。但是，随着德意志帝国工业大发展为农业原料和商品粮食提供了更广阔的市场之后，同时也由于容克本身的进一步资产阶级化，德国保守党采取了自由保守党的态度，转而支持俾斯麦了。不过，他们从未放弃普鲁士传统，而且他们在普鲁士议会中的力量比在帝国议会中的力量要强大得多。

天主教党（即中央党）对俾斯麦是较大的威胁。这个党成立于全国统一前夜的1870年。其成员主要来自1848年法兰克福议会和后来的普鲁士议会中的天主教派议员。它仇视自由主义，对新教也持对立态度。他们一直是"大德意志"统一道路的拥护者，盼望信奉天主教的奥地利来领导并完成国家的统一。普奥战争后奥地利被排挤出德意志，对他们来说不啻是晴天霹雳。在新教徒的皇帝与首相领导的德意志帝国里，他们的处境变得困难了。在无力使形势逆转的情况下，他们便退而坚持联邦主义，同统一的帝国政策相对抗。他们的分立主义主张代表了反统一的倒退倾向，是逆历史潮流的反动势力。

对帝国抱敌视态度的工人政党此时得到了发展。1869年成立的德国社会民主工党在倍倍尔和李卜克内西领导下，日益壮大。由拉萨尔派领导的全德工人联合会也拥有众多的会员。这两个在工人运动中处于分裂状态的派别，由于国家实现了统一，它们原来在统一问题上的意见分歧已失去实际意义。特别是两派所属的工人群众强烈希望联合斗争，而且在多次政治活动中已联合起来行动。于是，两派领导人达成协议，于1875年在哥达城举行代表大会，实现了组织上的合并，称为德国社会主义工党（1890年改称社会民主党）。统一的工人政党的成立受到工人群众的热烈拥护和欢迎。工人运动和社会主义运动更加活跃起来。党领导工人群众进行罢工，参加议会竞选，而且所得选票和议会席位逐次增多。

上述各政党的活动实际上反映了社会各阶级、阶层的政治动向，勾画出统一后德国的政治局势。俾斯麦以巩固和发展统一的帝国为至上的原则，一方面制定和推行加强帝国和促进经济发展的政策，诸如实行金马克为基础的全国统一币制，将普鲁士银行改为唯一享有货币发行权的帝国银行，统一度量衡，制定统一商法、民法与刑法，实行保护关税政策，取消贵族在乡间的司法和警察特权等等。另一方面，他也对各派政治力量制定了政策。他首先采取的行动是打击中央党代表的天主教势力。

在帝国总人口中，信仰天主教者占 37％，是不可轻视的势力。中央党宣传的各邦分立的联邦主义，对刚刚统一的帝国无疑是个威胁。维护统一、防止倒退到割据状态中去，是俾斯麦打击中央党势力的主旨。由于他以清除天主教对文化教育事业的操纵为名开始了这场斗争，故而这场政治较量被称为"文化斗争"。"文化斗争"并未能将中央党打下去，相反，它在议会中的席位反而增多了。但是，清除教会影响，对教育的发展有较大积极作用。政府对教育事业的财政拨款是较高的。当时，德国的教育以注重科学尤其是注重实用科学而著称于世。另外，中央党的力量虽然未被摧毁，但是它也无力阻挡帝国的发展，很快就失去了对俾斯麦政策的威胁作用。于是，"文化斗争"进行了 7 年之后停止下来。从 1878 年起，俾斯麦在内政方面将重点转移到打击社会主义运动方面。

作为工人阶级政党的社会民主党，在当时还不具备足以左右时局的力量，但是它显示了日益加强的发展势头。尤为引人注目的是，社会民主党有严格的组织和纪律，能够行动划一，领导机构有效地控制着全党。这是任何组织松散、缺乏纪律的其他阶级的政党都不能比拟的。这个纪律严明、充满活力的党使俾斯麦感受到威胁。于是他实行起《镇压社会民主党企图危害社会治安法令》即《非常法》。这是个典型的专制主义高压法令。在实施期间，解散工人团体 388 个，查禁报刊出版物 1 800 余种，逮捕人员 1 500 人以上。但是，这种高压政策并未收到预期的效果。社会民主党勇敢地开展了反《非常法》的斗争，相当成功地将秘密斗争与合法斗争结合起来，以文艺团体、娱乐组织、体育组织等等各种形式恢复党的活动，并于 1880 年召开党的秘密代表大会，重建领导机关，谴责了错误主张。党报恢复了出版，罢工斗争在加强，在议会选举斗争中也不断取得胜利，到 1884 年占有的议席增加了一倍。按照考茨基的说法，反对《非常法》斗争的时期是德国社会民主党史上的"英雄时代"。俾斯麦进行"文化斗争"和施行《非常法》，在手段上都带有专制主义的色彩。他把中央党和社会民主党都视为"帝国的敌人"，并向他们开战。其所以如此，一方面是刚刚完成国家的统一，新的全国统一的政权需要建立稳定的统治秩序，有必要借助于强硬的高压政策。另一方面，这也是 60 年代俾斯麦同议会发生冲突时所采取的"铁血"政策的继续。但是，俾斯麦的政策没有取得完全的成功，中央党和社会民主党在遭到打击后都更强有力了，在议会中的席位也都增加了。

俾斯麦出身于容克家庭，作为习惯于农村生活状况的地主，很难摆脱恪守传统的局限性。他大权独揽又刚愎自用。但是，他绝对忠于帝国，全力谋求帝国的安全和发展。他不属于任何政党，是超党派的。他只追求帝国的利益。因此，尽管有些政策不成功，但也取得一些成效。有更多的政策是成功的，很有实效。从主要方面来看，他在顺应和推动德国的政治、经济发展上政绩是明显的。

在协调经济发展上，俾斯麦实行的重要政策是进行财政和税制的改革。根据帝国宪法，各邦拥有收税权而帝国政府则没有收税权。帝国的财政收入由各邦提供，帝国直接掌握的邮电署的岁入是极微少的。于是，帝国成了各邦的"寄食者"，财政上难以维持。因此俾斯麦要改革税制，以改善帝国的财政状况。具体办法是征收间接税和提高关税。由于提出了提高关税的主张，这就涉及了自由贸易和贸易保护主义的两种主张之争。俾斯麦的主张在很大程度上是受工业资产阶级和容克的影响而形成的，而不仅仅只是出于财政的需要。德国的新兴工业和迅速发展中的钢铁工业虽然规模很大，有一定实力，但毕竟发展时间很短，在20世纪到来之前，它在国际市场上还没有很强的竞争能力。同时，在19世纪70年代之后，除英国之外，其余工业大国都实行了贸易保护主义政策。这样，要求实行保护主义的高关税政策也就成为德国工业界的呼声。此外，美国西部农业区的发展，使它成为国际农产品市场上的强劲竞争者。俄国也是传统的农产品出口国。美、俄的农产品价格低廉，对德国颇具威胁力。而德国因工业飞速发展，在70年代后成了谷物进口国。廉价的美、俄谷物输入德国，造成粮价下降，直接危害了东部农业区容克们的利益。于是农业界也提出了保护关税的要求。正是在这种情况下，俾斯麦于1878年正式实行了高关税政策。

俾斯麦在经济上、政治上历来是坚决反对自由主义的。在他看来，一切都必须在国家节制下去解决。正因为如此，在80年代里，虽然《非常法》仍在实行，他却推行了三项社会立法，在当时各国政治家当中率先制定出带有社会福利色彩的政策。这并不奇怪。俾斯麦要维护政治上的稳定，必须调节社会矛盾。然而他要抵制自由主义，使社会政策也必须带有国家管理和帝国恩赐的色彩。他实行的三项社会立法都属于社会保险性质，包括1883年的疾病保险法、1884年的意外灾难保险法和1889年的老年及残废保险法。办法是职工集体自助，由国家给予津贴，而且此制度具有法律的强制性。这种由国家补贴职工福利的做法，曾受到自由派的讽刺，认为这是一种"国家社会主义"。俾斯麦竟然接受挑战，公开预言国家社会主义将是未来的发展趋势。这或许是后来国家社会主义（纳粹）的早期先兆吧。

在对外政策方面，俾斯麦的目标同国内政策一样，首先是稳固新建立的帝国。因此，他把注意力放在了欧洲大陆之上。他时刻防备法国复仇，竭力推行防范和孤立法国的外交政策。1873年，他促成了德国与奥匈帝国、俄国间的"三皇同盟"。然而"三皇"的心意并不一致。俄国不愿法国被搞垮而使德国过于强大。奥匈同样对德国怀有戒心。海岛上的英国更不会坐视大陆均势遭到破坏。这使俾斯麦深感不安，尤其担心法、俄联合会给自己造成腹背受敌的处境。1886年布朗热就任法国军政部长后，俾斯麦的神经立刻紧张起来。"复仇将军"布朗热使法国的兵力和军费开支大大超过了德国，而且煽起了复仇情绪。而当时法国的经济水平比不上德国，人口也比德国少 1 000 万以上。于是俾斯麦在 1887 年提出了将陆军增加 1/10，以 7 年为期的议案。帝国议会虽否决了 7 年为期的规定，但是通过了增加 1/10 兵力的要求。在这之前俾斯麦就设法与奥匈、意大利签订了同盟条约，"三国同盟"已存在 5 年之久了。在 1887 年扩大陆军的同时，他又与俄国签订了再保险条约。俾斯麦在大陆上针对法国而推行的外交政策基本上是成功的。他要维护帝国安全和提高帝国地位的目的达到了。

不难看出，俾斯麦的对外政策主要地是一种"大陆政策"。他的眼光囿于同欧洲几个大国的周旋。但是，这使得正在崛起的工业界和商界感到不满足。这些世界市场上的后来者和暴发户，要求德国也走上殖民大国的道路。大商业公司仿效当年英、法的做法，以自己的力量去进行殖民扩张，到 1884—1885 年已占领了非洲的多哥、喀麦隆、安格拉·佩昆纳（今纳米比亚）和德属东非（今坦噶尼喀），在南太平洋上占领了马绍尔群岛和新几内亚（伊利安岛北部）。这些是德国最早的殖民地和保护国。对此，俾斯麦反应冷淡。他暂时还不想让新建的帝国卷入大的国际冲突中去，而只将活动限于欧洲大陆。因此，他只是对占有殖民地的各个公司提供了国家保护，并未直接将殖民地收归国家管理。这种保留态度同德国资产阶级的要求是有矛盾的。

到 19 世纪 90 年代来临之时，俾斯麦的对内对外政策都显得过时了。1890 年 3 月俾斯麦在无可奈何的情况下向两年前刚刚即位的新皇帝威廉二世提出了辞呈。这是因为：

首先，在 70—80 年代经济大发展的基础上，90 年代首先在普鲁士出现了"建立企业狂"，新企业大批涌现，旧企业进行技术改造，经济空前繁荣。工业发展造成的城市工业人口的迅猛增长以及公民素质的提高，在政治上要求更为民主的气氛。俾斯麦那种僵硬的带专制色彩的政策日益不得人心了。

其次，随着工业发展，工人阶级的队伍在不断壮大。而且，经过反对《非常法》斗争的"英雄时代"，德国社会民主党更加坚强、更加成熟了。他们在议会选举斗争中不断取得重大胜利，取得的选票和议会席位直线上升。1890 年它已是拥有近百万成员、约 400 万选民的大党。社会民主党在社会上享有较大声望，它的议会党团在帝国议会中也是举足轻重的力量。这是资本主义发达到一定程度上的反映，俾斯麦的高压政策是无法阻挡的。

再次，实力增强了的工业资产阶级以及与工业资本日趋结合的金融界即银行家们，要求改变僵硬的政策，希望以更多的温和色彩保持政治局势的稳定，以利取得更好的投资环境。在 1889 年鲁尔区 10 万矿工大罢工之后，他们的这种要求就更强烈了。1890 年初当帝国议会讨论是否延长施行《非常法》时，代表资产阶级的民族自由党和占多数的其他议员，否决了延长这个法令的主张。俾斯麦的重要社会支柱容克，此时也有了变化。自 70 年代晚期德国变成粮食进口国之后，容克的地位就发生了动摇。对比较廉价的进口粮食更感兴趣、更加依赖的工业界，已不再像以往那样唯容克的马首是瞻。俾斯麦在帝国议会中拼凑的右翼各政党的"政党联盟"，已不能稳定地控制多数，并随着《非常法》被否决而瓦解了。此外，资产阶级对俾斯麦不积极推行殖民帝国政策也是不满的。

最后，1888 年即位的新皇帝威廉二世年轻气盛，好大喜功，还在做皇太子时便不满于乃父和俾斯麦的政策。他要求对内适当宽和，对外积极扩张，明确表示希望废除《非常法》。皇帝对老首相独断专行表现出来的挑战态度，是俾斯麦递交辞呈的重要原因之一。

上述情况表明，随着工业化程度的提高，政治上的专制主义总是愈益难以维持下去的。这一点就连最高统治者皇帝本人也开始有了某种模糊的认识。于是，出现了所谓威廉二世的"新方针"。新任的首相卡普里维确实也实行了一些较为温和的自由主义政策，如颁布了女工工作日不得超过 11 小时，星期日休息，不准招收 13 岁以下的童工等社会立法。

然而，这种自由主义的尝试持续的时间很短。对于"亲政"非常热衷的青年皇帝要君临天下，独揽大权，决不肯放弃专制主义的传统。而他的"新方针"却在帝国议会引起了某种程度的对议会民主制的追求。各政党活跃起来，要发挥类似英、法民主制国家中议会所起的那种作用。这是皇帝和效忠普鲁士精神的大臣们难以容忍的。威廉二世于 1894 年在一次演说中公开号召："为了宗教，为了道义和稳固的秩序，反对那些破坏性的政党。"在这一年任命的新首相霍亨洛埃，秉承皇帝的意旨，取缔一些工人组织，限制言论自由，废除了不少劳动立法。专制主义又重新抬头。

90 年代的德国统治者更感兴趣的是跳出俾斯麦欧洲主义的圈子，向世界扩张。对外贸易、海上力量和国际舞台的地位，成为德国当权者治国与决策的支配原则。因此，他们倾全力建立自己强大的海军。这是俾斯麦一贯不赞成的。建立强大海军的方案于 1897 年在帝国议会上被否决。进步的党派反对因此而加重社会负担，保守党则更看重土地和农业，对此十分淡漠。计划受阻后，威廉二世开始调整内阁，分别将力主海上扩张的比洛和提尔皮茨海军上将任命为外交大臣和海军大臣。提尔皮茨不负皇命，迅速推行了建立强大海军的政策，并因此引起帝国议会的多次大辩论。

当时的舆论对扩张主义的主张是有利的。这主要是工业界的舆论和受到民族沙文主义宣传影响的那些普通公民的意向。得到有关工业部门支持的"海军协会"，作为非官方的社会团体，拥有的会员达 50 万人之多。还有"殖民协会"、"国防协会"之类。它们的宣传鼓动和各种集会在煽动沙文主义、海外扩张方面起了很大作用。在这种喧嚣当中，1891 年即已成立、人数不足两万的"泛德意志联盟"，发挥的能量最大。它支配着一批右翼的议员，影响着不少大学教授，还在官僚队伍和商界里拥有相当数量的支持者。在"泛德意志联盟"的大杂烩式的宣传中，有日耳曼民族优越论、社会达尔文主义、征服世界的狂想、为"大众"谋利的扭曲了的社会主义说教……从中不难看出后来纳粹主义先兆的阴影。

1900年成为首相的比洛和1909年起作为他的继任者的霍尔威克，在较大程度上是循着上述舆论执政的。于是，德国走上了专制主义与军国主义混杂交错的发展道路。海军部和陆军总参谋部相结合，成为实际上与内阁平起平坐的机构，大权在握。军舰建造的速度加快了，而且日益大型化。比洛在就任首相前夕曾以外交大臣身份提出："如果我们没有巨大的威力，没有强大的陆军和海军，就不能得到幸福。"总参谋长施里芬从19世纪90年代中期起，就已开始拟定在欧洲东西两线同时作战的具体方案。20世纪初以国家干预为杠杆，德国日渐走上战时经济的轨道。主持这个经济计划工作的拉特瑙是德国通用电气公司总经理埃米尔之子，本人至少已是68家企业公司的董事。德国的军国主义道路同德国工业界的经济利益是密切结合在一起的。

专制主义的倾向明显加强了。威廉二世周围的人公开把帝国议会称为"清谈馆"，加以蔑视。大大小小的军官们都在力图通过各种关系同大官僚及各类门阀建立联系。广大工人受到了类似新兵那样的粗暴的对待。甚至一些垄断组织也具有专制的特征。煤炭大王基尔道夫在竭力摧残莱茵区的工会组织。钢铁和军火大王克虏伯以家长制的原则管理他的公司。萨尔煤矿的主人施杜姆-哈贝格号称"王爷"，甚至矿工结婚都要经过他的同意。德国越来越像个大的军营了。在各大资本主义国家中，德国显示出来的组织程度最高的特征，就是依靠这种专制主义手段造成的。在大战前日耳曼民族优越感和反犹太主义的喧闹声中，这种专制主义在很大程度上被遮掩了，因而得势于一时。

德国的对外扩张活动也大大加强了。1897年它占领中国胶州湾，又攫取了修建胶济铁路和在胶东半岛采矿的权利。1899年在太平洋上它又占领了萨摩亚等岛屿。1900年积极参加八国联军侵略中国的活动。1905年和1911年，德国同法国在北非争夺殖民地，两次发生"摩洛哥危机"。

为了"向东方推进"，特别是同英国角逐，德国使土耳其同意了它的修建巴格达铁路的计划，这就是1903年签约后开始动工的"三B"铁路。它把柏林、伊斯坦布尔（拜占庭）、巴格达连接起来，使德国有可能既控制土耳其，又将势力深入中东地区，而且对英国在埃及和印度的统治构成陆地上的威胁。

威廉二世及其大臣们的政策，是德国工业资产阶级的侵略扩张要求同普鲁士专制主义、军国主义传统相结合的产物。这种政策将德国推上了战争的道路，而且成为挑起战争的首恶元凶。德意志的专制主义为经济的发展提供了稳定有利的局势和环境，并以传统色彩的高度组织性赋予工业生产以很高的劳动效率。但是，它那违背历史潮流的政治僵硬的特点，严重阻碍了民主化的进程，甚至成为沙文主义、反犹太主义、黩武精神等等的渊薮。究其根源，全在于封建专制残余的影响。

二、俄国的沙皇专制

经过 1861 年废除农奴制度的改革以及司法改革和地方行政改革等，俄国步入了资本主义时代，国民经济有了明显的发展。从改革后到 19 世纪末，它基本上完成了工业革命，到 1900 年工业总产值较改革前增长了 6 倍。这种发展速度是很快的。在纺织工业中，使用机器生产的部分已达 2/3。最令人鼓舞的生产部门是石油和机器制造业，尤其是铁路建设。1865—1890 年石油产量增长 400 倍以上，到 20 世纪初俄国已成为世界上第一石油生产国。机器制造业的产值在改革后 30 年增长 50 倍。铁路线长度则从 1860 年的 1 500 千米增加到 1900 年的 5.2 万千米。铁路交通网已将各产粮区和彼得堡、莫斯科以及波罗的海、黑海的港口连接起来。

不过，俄国工业发展的起点过低，尽管发展速度很快，但在绝对值上与美、英、德、法等国相比还是非常低的。直到大战前夕，俄国的生铁产量人均占有不过 30 千克，德国则为 203 千克，英国是 228 千克，美国是 326 千克。煤产量，俄国人均 0.2 吨，德国为 2.8 吨，英国为 6.3 吨，美国为 5.3 吨。机器制造业发展极快，那是因为从无到有，原来的基数接近于零。大战前夕，俄国甚至还基本上不能制造机床，更没有化学工业和汽车制造业。俄国的产业工人很少，1880 年时还不足 50 万人，基本上是非熟练工人。1897 年时，工业人口只占全国总人口的 1/6。到 20 世纪初，在整个国民经济中，工业总产值只占 41%。因此，俄国虽然完成了工业革命，但并未过渡到工业社会，还是个农业为主的国家。

由于农奴制的废除，农业有了明显的发展，资本主义性质的农场也增多起来。90 年代初，已有农业雇佣工人 350 万。但是在整体上依然非常落后。据 1910 年对正在使用中的农具所作的调查统计，木犁为 1 000 万张，木耙 2 500 万个，而铁犁只有 420 万张，铁耙不到 50 万个。到处仍在用牲畜或人力耕地，人们几乎没有见到过机械牵引。而且，约有 1/3 以上的农民没有任何农具，约 30% 的农民没有牲畜。由于劳动力丰富，地主也没有兴趣改进农业技术和引进新型农机具。由于 1861 年改革的种种弊端，农民占有的土地数量是很少的。在欧俄地区，地主土地约占全部耕地面积的 80%。这种土地占有情况和技术落后状态，决定了俄国农业劳动生产率十分低下。大战前，俄国谷物的单位面积产量平均只相当于德国的 1/3，法国的 1/2。农村依然是十分贫困的。

上述情况使俄国陷入了一种恶性循环：农村的贫困使国内市场非常狭小，极不利于工业的发展；而工业的落后又不能改造和装备农业并吸收大量过剩的农业人口。

作为东欧大国，也是世界上领土面积占首位的国家，展现出来的却是这样一幅经济落后的图景。自 18 世纪初彼得大帝打开通向西方的窗口之后，它同西方先进国家频繁来往了 1 个半世纪，才步履蹒跚地跨入近代社会，同时又保留了异常浓厚的封建残余。它的落后完全是封建残余造成的恶果。

在经济上封建残余的最突出的表现，便是十分盛行的工役制度。在俄国，每个农户至少要有 15 俄亩土地方可维持温饱。但是，在欧俄地区平均每户农民只有 7 俄亩多一点的土地，而地主平均每家则拥有 2 300 多俄亩。因而农民必须向地主租地才有可能生活下去。工役制便是从租地关系中由地主制造出来的。租地农民按规定需向地主缴纳货币地租或按对分制形式缴实物地租。当时更普遍流行的是后者。此外，作为租地的条件，农民还必须用自己的农具、牲畜到地主土地上去进行耕作，并领取数量很少的报酬。这就是工役制。不难看出，农民服工役所得的报酬具有资本主义工资的性质。它是向资本主义农场雇佣制的过渡形态。但是，工役是强制性的，是地主利用传统的宗法主仆关系硬性强加给农民的，显然是农奴制下徭役租的残余。正是这种农奴制残余使俄国农业长期处于落后状态。农业生产技术低下、农业剩余人口过多，又是俄国贫困的重要根源。它毕竟是农业占主要地位的国家。

到 20 世纪初，俄国工业经济也进入了垄断阶段，而且垄断程度之高在世界上处于领先地位。1902 年成立的金属销售辛迪加把持了全国冶金工业生产的 80％。1904 年由 18 家企业组成的顿涅茨煤炭辛迪加控制了南俄煤采量的 75％。同年成立的火车车厢制造辛迪加几乎垄断了全国的车厢销售。因此，俄国工人也就有着很高的集中程度。在 500 人以上大企业中劳动的工人占全部工人半数以上。

这种高度集中、高度垄断，其程度甚至超过了美国。俄国工业发展起步很晚，一开始就接受了西方发达大工业的成果，没有以小型工业为起点。更重要的是，俄国工业在很大程度上是靠银行投资的。20 世纪初，8 家大银行占有了电气工业投资总额的 30％，冶金业的 50％，煤炭业的 60％。而俄国的银行资本又对外国输入的资本具有极大的依赖性。再加上外国对企业的直接投资，就使得俄国工业在相当程度上是依靠外国设备和外国资本发展起来的。1897 年俄国棉纺织业的机器设备有 73％是从国外引进的。1890 年大工业股份公司中的外国资本占 1/3以上，20 世纪初更超过了 1/2。靠外国资本"供养"的俄国工业，一开始便搬来外国大企业的模式也就很自然了。但是，垄断程度高并不表明垄断经济发达。直到 1905 年俄国只有 30 多个大垄断组织，而美国垄断组织当时已超过万数。俄国终归是十分落后的。

进入 19 世纪以来，自由主义在世界各主要资本主义国家政治舞台上扮演了重要的角色，是造成民主政治的强劲推动力量。即使像德国那样奉行专制主义统治的国家，在 19 世纪末也曾一度有过某种程度的自由主义的尝试。然而，俄国却是欧美资本主义列强中对自由主义作出让步最少的国家。专制主义是它尊奉不渝的原则。

1864 年俄国进行的司法改革和地方政府改革本来是令人鼓舞的。在司法上向来以武断专横而昭著的俄国,给了广大农民以法律权利;明确了各法院之间的关系;规定公开审理案件,设立陪审团;严格挑选法官并给予独立地位;允许律师开业等等,确实表现出从专制特权社会向法制社会转化的趋势。在地方政府改革中产生的地方自治会也使习惯于俯首听从中央当局统一号令的人们,开始考虑自己本地的事务并采取某些行动,多数具有自由主义倾向的人士认为这是走向立宪制度的最初步骤。

但是,改革带给人们的希望很快就接近于破灭了。在司法改革中,不但进展速度极为缓慢,而且还有不少疏漏。例如在农村中由贵族中推选出来的治安官就没有被纳入改革内容之中。他们仍按习惯方式断案,对于他们的判决也无处上诉。在刑法上虽然废除了极残酷的肉刑,但拷打农民的现象在司法机构中仍是常见的,也是不违法的。而且,最严重的是行政机构时时利用权力干预司法活动。行政官员犯罪,如不经其上司的同意,法院就不能传其出庭。在对待政治犯的问题上,司法部门几乎无权干涉。根据行政命令即可将政治犯流放西伯利亚,或者长期监禁而不需法院审理。在这方面,宪兵队和保安警察握有极大的权力。在西伯利亚流放地、库页岛服苦役的矿山中和关押政治犯的土牢里,狱吏便是土皇帝,根本看不到法制的影子。此外,反动的报刊也在攻击新的司法制度。它们称陪审团是不伦不类的西方舶来品,律师则是潜在的颠覆分子。

地方政府的改革也遭到了类似的命运。地方自治会的职权被限于教育、卫生、修路、救灾等项事务,没有其他的权力。即使这样,开展起活动来仍很困难。官方总是以行政权力阻挠地方自治会的活动,并不准自治会成员私下聚会讨论问题。地方自治会的经费也得不到保证,需要另外向居民征税,而这是不得人心的。而且也因没有行政力量为后盾,难以征到。

60 年代的改革在经济领域中最大的成就是废除了农奴制度,但却保留了过多的封建残余。在政治上颁布了新的司法制度和建立了地方自治,然而因受到行政权力的干扰而成效甚微,特别是后续力量不足,难以为继。因此,直到 20 世纪初,改革的势头在不断削弱,而专制主义的倾向则在日趋强化。从当时的情况来看,这种现象几乎是无法避免的。

首先,俄国的经济落后和农业人口占多数的社会结构,为政治上的专制主义准备了社会基础。民主政治所需要的工业社会的物质与精神的条件还远不成熟。

其次,60 年代至 70 年代的改革虽还涉及财政、军事等方面,但这更多的是表现为个别大臣的努力,整体上则是疲软的,不触及制度本身。

最后,地方政府改革虽不彻底,毕竟有了少许变化。然而,中央所有机构却原封未动。以沙皇专制为特征的整个官僚机构和官吏队伍完整保留下来,成了专制主义政治的中枢。

沙皇亚历山大二世是 60 年代改革的推行者。但是,他作为最高统治者,并没有使俄国改变其"强权即公理"的古老传统。他宣布废除农奴制度只是为了巩固罗曼诺夫皇朝的统治和贵族政治,并没有看重人的价值和人的尊严。致力于改革的和具有自由主义倾向的大臣几乎都被他解除了职务,改为任命保守派执政。1881 年亚历山大二世遇刺身亡,其子继位称亚历山大三世,在专制主义道路上比其父更为变本加厉。他公开宣布要"相信君主专制的力量和真理"。而且将主张进行有限改革的内政大臣洛利斯-梅里柯夫免职,代之以斯拉夫文化优越论者伊格纳切夫,不久又将以正统保守著称的教育大臣托尔斯泰调任内政大臣。一向俯首帖耳的捷里扬诺夫补上了教育大臣职位。这就是说,俄国既有一个专制主义的皇帝,又有一个专制主义的内阁。

1881 年亚历山大二世遇刺

在这个专制国家里,宫廷和官僚机构的开支是非常庞大的。当局昏庸涣散,贿赂公行,腐败之风极为严重。60 和 70 年代,财政大臣路特恩曾竭力整顿,压缩开支并从国外筹集贷款,一度使财政状况有所好转,并且准备改行硬币制度,造成外国投资的较好环境。但是,他的努力被 1877—1878 年的俄土战争破坏了。战争使国债大增,财政赤字明显上升。由于改革前的赋税制度仍在实行,直接税所依靠的依然是对农民征收的古老人头税,故而岁入无法保证。许多国家已经实行的更为先进的累进所得税制度,在这里被视为危险的异端,根本不予考虑。于是，财政收入的主要来源就压在了对大众消费品征收的间接税之上，从而既阻碍经济的发展，又加深了贫富悬殊的状况。俄国人民的生活状况是悲惨的。据1902年对图拉省农民的调查，广大农民都居住在肮脏漏雨的茅屋里，以土豆为主食，少量吃些黑面包，以干粪作为燃料。极度的贫困使税收官也感到束手无策，欠缴的税款有增无减。19世纪的最后5年，欠税额平均每年超过应缴额的1/5。1885年政府废除了人头税，但却未能建立新的赋税制度。它从保护主义的高关税中得到一些收入，又将国有土地上租地农的地租提高了将近一倍。此外就是依赖外国贷款。从经济和财政的角度来看，庞大的俄罗斯帝国在日趋走向没落。

政治上的高压政策是专制主义的突出表现。俄国境内的任何带有自由主义色彩和革命色彩的组织都没有合法的地位，当然更谈不上工人团体和社会主义组织。一切反抗斗争都遭到残酷的镇压。1874年民粹派发起的"到民间去"运动，很快遭到镇压，大批人被捕。1880年2月恐怖分子要炸死亚历山大二世的行动失败，沙皇政府便成立了最高执行委员会，加强了镇压活动。1881年3月亚历山大二世在又一次恐怖活动中果真被炸死后，新沙皇的镇压活动更加严厉了。当局将抓获的恐怖分子送上绞刑架或判处长期监禁及流放。内政大臣托尔斯泰在着手将地方自治会并入各级官僚机构，因引起强烈反对才停止下来。但是在1890年6月发布的法令中，扩大了省长和其他官员的权力，包括批准地方自治会的选举结果、人事任命以及对某些被认为是有损国家利益的决议暂停执行的权力。官员们藉此而肆意改动选举制度，竭力增加贵族代表当选的比例。1899年托尔斯泰更在省以下的各级政府中设立了"地方长官"，由省长从贵族中遴选，只对中央负责。"地方长官"们成了当地的土皇帝，可以轻易否决农民村社大会的决议，不遵守司法制度，将治安官的权力攫为己有。

在宗教和教育政策上，专制主义的表现也很明显。东正教作为官方的宗教受到政府的保护，法律禁止东正教徒改信其他宗教。当局极力强调进行宗教教育，支持东正教最高会议设立了关于小学的教育管理机构。尽管教会小学的教育质量远比世俗学校低劣，但它受到政府的保护和支持。东正教还是当局压迫各非俄罗斯民族和非东正教徒的工具和精神支柱。在中学和大学，完全靠教会势力是很难控制的。政府以提高学费的办法试图只让上层子弟进入校门。1884年还下令取消了大学的自治权。在犹太人居住地区，实行了"入学人数限制条款"，无理规定了犹太人接受中等和高等教育的人数比例。对波罗的海沿岸的立陶宛、拉脱维亚和爱沙尼亚，也实行了由中央政府控制教育系统的政策，大力排挤那里已有成绩的路德派教会学校，使当地文盲数量上升。

大俄罗斯主义的民族政策是专制主义的又一种表现。沙皇政府对俄罗斯帝国内部的各个非俄罗斯族居住地区，诸如乌克兰、白俄罗斯、立陶宛、爱沙尼亚、拉脱维亚、芬兰、格鲁吉亚、亚美尼亚、阿塞拜疆、乌兹别克、吉尔吉斯、塔吉克以及西伯利亚的各民族地区等等，实行了沙文主义性质的反动民族政策。沙皇政府推行的是一种国内民族殖民政策。最着力推行的是强制俄罗斯化的政策。在各民族地区禁止用本民族的语言进行学校教育，禁止出版民族文字的出版物，禁演民族语言的戏剧等等，妄图实现大俄罗斯对所有民族的同化，而且采用十分暴虐的形式。沙皇俄国是各民族的牢狱。

在对外政策方面，俄国在一段时期里曾苦于克里米亚战争后巴黎和约加给自己的限制性条款。但是，后来欧洲局势的变化，特别是普法战争中法国的失败和德意志帝国的成立，给俄国造成了有利的机会，使它得以在 1870 年 10 月宣布不再受《巴黎和约》的约束，并且在不久之后得到了各有关国家的承认。此后，俄国一方面在西方同列强周旋，力图提高自己的地位；另一方面则加紧在东方向中国、伊朗、土耳其和中亚地区扩张。沙皇俄国的扩张带有明显的军国主义性质。它的经济落后，无力在国际市场上同各先进国家竞争，因而更重视依靠武力进行扩张。与美、英、法相比，它更具有军事性的特点。吞并中亚各汗国，霸占中国西北巴尔喀什湖以东以南大片领土，入侵中国东北地区，参加八国联军，挑起俄土战争，无一不是依靠它的武力。但是，在西方列强面前，它的武力却不是万能的。1878 年它在俄土战争中打败土耳其，并将《圣斯特法诺条约》强加给对方，从而既扩大了领土又建立起在巴尔干的优势之后，立即遭到英国和奥匈帝国的强烈反对，不得不退让。在随后召开的柏林会议上，《圣斯特法诺和约》被列强制定的柏林条约所代替，俄国又将既得果实吐出了很大一部分。这使俄国感到，欧洲的形势已不容许某个强国单独地任意扩张。以俄国的实力，更难做到这一点。在列强角逐中，俄国必须根据形势参与周旋。于是，它开始修补因巴尔干危机而遭破裂的"三皇同盟"，于 1881 年同德、奥重新修好。后来，由于在巴尔干问题上与奥匈再次发生矛盾，又由于俄国反对德国搞垮法国而过于强大，"三皇同盟"于 1887 年瓦解。同德国签订的《再保险条约》，较之以往的同盟意义要小多了。俄国同两个日耳曼人帝国关系的冷淡，给法国提供了机会。法国的财政援助源源不断地流入手头拮据的沙皇政府，1888 年为 5 亿法郎，还销给它 50 万支步枪。1889 年贷款增至 19 亿法郎。俄国在财政上对法国的依赖性，使它不能不同法国建立更密切的关系，尽管它很厌恶法国实行的共和制度。1892 年它终于同法国签订了军事协约，次年生效。后来，以此为基础形成了协约国军事集团。俄国从独自扩张到与列强结盟，虽然反映出它国力虚弱的一面，但又反映出它对外活动始终具有军事性的另一面。对内的专制主义和对外的军国主义是这个时期俄国政策的主要特征。

20 世纪初，俄国向东扩张的活动遭到巨大的挫折。1904—1905 年因同日本争夺中国东北和朝鲜而进行的日俄战争，不仅使沙皇政府因军事上的惨败而脸面丢尽，而且促发了国内第一次资产阶级民主革命，即 1905 年革命。

俄国人民反抗沙皇专制的斗争从未因高压政策而停息。最先起来抨击专制主义的是知识分子。赫尔岑、车尔尼雪夫斯基等的思想影响在知识界和大学生中一直存在。狂热的无政府主义者巴枯宁在相当多的青年知识分子中也颇受欢迎。改革后，非贵族出身的大学生日益增多，到 70 年代末已超过大学生的半数。这就使知识分子成为反对沙皇专制的先锋。正是在他们当中，于 60 年代末兴起了一股主张通过农民村社实现社会主义的思潮。他们认为农民具有"共产主义本能"，村社则是"社会主义胚胎和基础"。以此为杠杆，推翻专制，废除地主土地所有制，给农民土地和自由，即可在"杰出"人物领导下实现社会主义。这股思潮的早期代表人物是拉甫罗夫、米海洛夫斯基、特卡乔夫等。1874 年他们发起"到民间去"运动，由此而得名"民粹派"。成百上千的青年知识分子跑到农村宣传这一套说教。然而，没有文化的农民对此感到莫名其妙，并未表现出"共产主义本能"。结果是民粹派分子成批被警察抓获。于是，民粹派中的一部分人主张以恐怖行动进行报复。1876 年部分民粹派建立"土地与自由社"，3 年后分裂为"土地平分社"（即"黑分社"）和"民意党"。"土地平分社"很快就在意见纷纭中瓦解，"民意党"则在热里雅波夫领导下走上恐怖主义道路。1881 年亚历山大二世被炸死一事即是他们所为。然而，招来的结局是新沙皇的更严厉的镇压。热里雅波夫等 5 人被绞死，民意党逐渐消失。

这时，俄国工人运动已开始兴起，在 1875 年和 1878 年先后出现了"南方工人协会""北方工人协会"等早期工人组织。80 年代起，马克思主义也开始在俄国传播。1883 年由普列汉诺夫建立的"劳动解放社"，是俄国第一个马克思主义团体。它的主要成员普列汉诺夫、阿克雪里罗德以及曾枪击过警官的查苏利奇，原来均属民粹派，后来接受了马克思主义。普列汉诺夫著有《论一元论历史观的发展》《论个人在历史中的作用》等许多著作，为宣传马克思主义做出了重大贡献。

90 年代，俄国出现一些马克思主义小组。列宁便是在马克思主义小组的活动中成长起来的革命家。

到这时为止，俄国的反抗运动仍然主要限于知识分子的范围，缺乏广泛的社会基础。在民粹派运动受到镇压之后，知识界中具有激进主张的人们越来越倾向于马克思主义了。而民粹主义者仍固执地认为，农民的贫困根源于资本主义，而资本主义的发展是不可避免的，俄国正苦于资本主义发展不足。只有资本主义才能开创物质生产的高度繁荣，并且造成工业无产阶级的壮大。在无产阶级的领导下才能开辟革命的前景。列宁在批判民粹主义的著作《什么是"人民之友"以及他们如何攻击社会民主主义者》中，以周密的逻辑性和说服力使民粹主义的带有明显感情色彩的说教黯然失色。1895 年根据列宁倡议组成了"彼得堡工人阶级解放斗争协会"，将马克思主义的理论化为行动，同工人运动结合了起来。协会成功地组织了 1896 年彼得堡纺织工人总罢工，参加者达 3 万人。接着，不少城市的马克思主义者也起而效仿。不同于民粹主义的新型革命运动迅速发展起来。当西欧、北美主要资本主义国家进入稳定、发展、繁荣时期之时，俄国的社会矛盾正日趋尖锐，到了革命的前夜。列宁的学说和布尔什维克党就是在这一背景下产生的。

1900 年在列宁的主持下，出版了《火星报》，为建立俄国的马克思主义政党从思想上和组织上做准备，普列汉诺夫、马尔托夫等人参加了报纸编辑部的工作。他们被称为"火星派"。1903 年在火星派努力下召开了俄国社会民主工党第 2 次代表大会，正式建立了社会民主工党。❶ 这个党不同于西欧的党，它将建立无产阶级专政写入了自己的纲领。但是在确定党的章程时，代表们发生了严重分歧。以列宁为首的一派人主张建立集中的有严格纪律的党，以马尔托夫为代表的另一派人则反对。会议通过了马尔托夫的条文。但在选举中央领导机关时，列宁一派的人占有了多数。因此，这个党刚刚建立就分成了对立着的两派——多数派（布尔什维克）和少数派（孟什维克）。俄国社会民主工党建立不久，就经受了革命的考验和洗礼。

三、日本近代化道路的军事封建色彩

经过明治维新，日本进入了资本主义时期。在亚洲，日本是唯一没有沦为殖民地或半殖民地，并经由本国的资产阶级革命而跨入资本主义时期的国家。当它进入资本主义社会时，西方列强已进行了第一次工业革命，正在开始第二次工业革命并向垄断阶段过渡。同西方列强相比，日本的经济发展和政治上成熟的程度，都十分落后。到 1913 年，日本的生铁产量和钢产量分别只有 24.3 万吨和 25.5 万吨，而同年英国的生铁产量是 1 046 万吨，钢是 778 万吨。同美国、德国相比，差距就更悬殊了。从劳动力构成的情况来看，在 19 世纪的最末几年，家庭工业的劳动者在数量上还相当于工厂工人的 3 倍。此外，日本也进入了国际经济领域，但是它对世界贸易格局的影响是微不足道的。19 世纪 90 年代末，它的对外贸易额只相当于英国的 6%。

但是，从日本自身的发展来看，其演进则是巨大而迅猛的。明治政府的殖产兴业政策取得了重大的成果。工业革命在轻工业特别是棉纺织工业上进展最快，90 年代前期已基本实现了机械化。1884—1891 年棉纱产量增长 10 倍。重工业的发展则比较典型地体现了日本资本主义发展的道路，即在相当大的程度上依靠国家的力量并借助于某些封建传统进行经营管理。这是同西方国家不同的。西方各

---

❶ 1898 年几个城市的马克思主义小组在明斯克召开代表大会，宣布成立俄国社会民主工党。但大会未制定党的纲领和章程，选出的 3 名中央委员又有 2 人被捕，故而实际上未能建党。

国政府对经济事务的干预，更主要的是创造一个有利的发展环境。到垄断资本发展到一定阶段时，才有进一步的干预。国家垄断则是 20 世纪才出现的。日本则不然，明治政府从德川幕府以及某些大藩那里接收了不少新的西方式企业。政府贯彻富国强兵的方针，对直接管理军火工业、交通业、通信业等等十分重视。同时，从加快发展、抵制外国货的竞争、弥补私人资本之不足和引进新技术和新设备等等方面考虑，由国家兴办企业也是符合当时的需要的。1868—1880 年，政府对工业的投资额平均超过财政收入的 5.5％。1880 年国营企业已包括 3 家造船厂、5 家兵工厂和 10 处矿山以及 52 家其他工厂。这种国家直接投资办厂的政策，无疑加速了日本资本主义早期发展的速度。

然而，在这一政策取得明显实效之后，情况有了变化。国家兴办企业的资金来源愈益困难，对于倒幕之后新建的、几乎没有什么财政储备的政府来说，问题尤其显得突出。如果依靠向国外贷款，将使日本经济受制于人，是不可取的。于是就采取了通货膨胀政策，大量印制纸币。这只能奏效于一时，很快就暴露了矛盾。不仅物价上涨，群众不满，而且也使政府岁入的主要来源——地税贬值。因此，1881 年松方正义就任大藏卿以后，便开始整顿财政，并决定出售国营企业，政府只保留军事工业。1884 年起开始的企业出售，价格很是低廉，而且主要是出售给那些同政府关系密切、幕末时期便已是特权商人的大富豪。这就使一批财阀发展起来，操纵了全国的经济命脉，而且同政府有紧密的关系。后来日本的垄断组织便是以财阀为核心建立起来的。这些财阀多半同时是大地主，又享有特权，对企业的经营管理也带有浓厚的封建色彩。例如三井、三菱等财阀，其公司的股票只卖给与其家族有密切关系的人。在决策上，家族会议的权力大于董事会。对公司也实行宗法式的管理方式。

1894—1895 年的中日战争（甲午战争）大大加速了日本经济发展。从中国掠夺的 2 亿两白银（通过《马关条约》），给日本的经济注入了新的血液。从那以后，日本工业革命进入了完成阶段，垄断组织也逐步建立起来。最突出的是以军事工业为中心的重工业和交通运输业。其中，1897 年建立的八幡制铁所是最大的冶金企业。它以中国大冶铁矿石为主要原料，到 1901 年其生铁和钢的产量已分别占全国总产量的 53％和 82％。1904 年，铁路线长度由战前的 3 402 千米增至7 539 千米。战后还出现了创办企业热。1894—1904 年企业数由 2 900 家猛增到7 000 余家。20 世纪初日本进入垄断资本主义时期，煤、铁、钢、电气等行业以及纺织、造纸等轻工业，都被垄断组织控制，占据了总产量的大部分或绝大部分。财阀即垄断寡头已操纵了国民经济的命脉。三菱、三井、安田、住友等是当时日本最大的财阀。

由于日本经济发达的程度还远远落后于西方资本主义大国，尤其是还带有较明显的封建色彩，因而它在政治上还不可能迅速走上民主化的道路。专制主义和军国主义的特点就体现得十分明显。

在明治维新时期，经过王政复古、戊辰战争、奉还版籍、废藩置县，以及多次的官制改革，建立了以讨幕派为核心的资产阶级性质的明治政府。一系列资产阶级改革便是由这个政府推行的。它是取代幕府封建专制政权的新型国家机器。但是，明治维新毕竟是由同资产阶级结成联盟的下级武士领导的，而且打着明治天皇的旗号进行，这就大大不同于以专制王权为斗争对象的西方资产阶级革命。它既没有举起自由、平等、人权等旗帜，也没有树立起民主的精神。相反，封建的残余却保留下很多。新政府实际上是藩阀执政的机关，许多参议以及各省的卿、大辅等，基本上来自萨摩、长州、土佐、肥前诸藩。它进行的改革推动了资本主义的发展，但从中获益最大的，主要是受到政府保护的大商业资本家（政商）、资产阶级化的华族和寄生地主等。因此，在经济利益和政治权利方面，不仅处在底层的广大人民群众十分不满，而且富农、中小资产阶级和知识分子与自由职业者也有不满情绪。此外，那些失去昔日特权的封建反动势力更是对新政权充满仇恨。于是，反动士族在煽动叛乱，而中小资产阶级、农民和知识分子则要求提高自己的地位和改善处境，掀起了一场要宪政、要人权、要自由主义的运动。这就是日本历史上著名的自由民权运动。与运动相伴随的，还有农民暴动。

还在明治维新之前，西方启蒙思想已开始传入日本。传播西方启蒙思想的先驱者福泽谕吉，还在 1866 年就出版了他的《西洋事情》初篇。从 1872 年起，他的《劝学篇》又陆续问世。他以天赋人权的理论为出发点，强调"天不生人上之人，也不生人下之人"。明治政府"求知识于世界"的开放政策，为西方自由思想的大量传入提供了方便之门。自由民权运动就是在这样的意识形态背景下开展起来的。1874 年 1 月，已经下野了的板垣退助以及后藤象二郎等人组织了以实现天赋人权为宗旨的"爱国公党"。这是自由民权运动开始的标志。爱国公党宣传说，天对万民都赋予了永恒的"通义权理"，人是生而平等的。人民不是政府的奴隶，政府是为人民而设的。板垣、后藤等人还向政府提出了《设立民选议院建议书》。建议书斥责藩阀政权是"有司专制"，主张设立民选议院，给人民以选举权和租税共议权（即由议院控制国家财政）。板垣等人所说的人民选举权并不是西方的普选权，而只是给"士族豪农豪商"以选举权和参政权。尽管如此，这个建议书仍然是要求实行立宪君主制的宣言，虽被政府拒绝，但却产生了重大影响。在禁止结社和没有言论自由的日本，首次出现政党，又将建议书在报纸上发表，产生震动是必然的。舆论于是立即活跃起来，各种见解的论战披诸报端，民选议院论逐渐深入人心。

1874 年 4 月，板垣退助和片冈健吉等又在故乡高知创立了"立志社"，也以宣传天赋人权和建立"民会"（即议会）为宗旨。此后，各种民间团体纷纷建立起来。1875 年 2 月，以立志社为中心，各团体代表在大阪集会，建立了全国性的民权组织"爱国社"。爱国社主张尊重人权，使人们"各伸张其自主之权利"，同时"增进天皇陛下之尊荣福祉，使我帝国和欧美各国对峙屹立"。这里，他们将民权论和国权论结合了起来。

1875—1876 年，农民暴动兴起，反对高地税，要求减租，甚至在若干地区进攻地方政府、法院和监狱，释放犯人。农民暴动促进了自由民权运动的发展。1877 年立志社代表片冈健吉向天皇进呈设立民选议院的建议书，历数专制政治的弊端，要求确立"立宪政体"。这个建议书明确提出了开设国会、减轻地税、修改不平等条约等三项对内对外政策上的基本主张，被称为自由民权运动的三大纲领。建议书遭拒绝后，在社会上公开印行，对运动起了推动作用。1879 年 11 月爱国社召开第三次代表大会，向全国各地发出了要求开放国会的《告四方众人书》。随后，运动发展为全国性的请愿斗争。1880 年 3 月爱国社更名为"国会期成同盟"，奋斗目标更明确了。它在 4 月递交政府的请愿书中，具体提出了天赋人权、政治自由、减轻地税、经济自由、修改不平等条约、开设国会等要求。11 月，国会期成同盟在东京召开第二次代表大会，决定此后要以实力来争取实现斗争的目标，不再依靠请愿的方式。同时，还有人提出了成立政党的主张。12 月，河野广中、植木枝盛等组成了自由党筹备会。

在自由民权运动的压力下，明治政府作出了一定让步。1881 年 10 月，它一方面进行改组，将主张早日实行宪政的大隈重信等一派人赶出政府，一方面又以天皇名义颁布诏书，许诺以 1890 年为期，开设国会，公布宪法。在这种情况下，自由党筹备会与国会期成同盟合并，于 10 月底正式成立了自由党，为迎接诏书许诺的国会而进行准备活动。板垣退助当选为自由党总裁。这是日本历史上第一个资产阶级政党。自由党是自由民权运动中较为急进的政党，代表了中小地主、富农、一般工商业者和急进知识分子的意愿。它的盟约即纲领强调民权、自由和立宪政体，没有提到皇权与国权。1882 年 3 月，运动中较温和的一翼建立了以大隈重信为总裁的立宪改进党（简称改进党），吸收了大资产阶级、城市工商业者和部分知识分子。它反对急进主张，强调主权存在于君主与人民合为一体（即国会）之中，宣布要谋求"皇室的尊荣和国民的幸福"。

与改进党成立的同时，由政府参议伊藤博文等授意，成立了保守主义的立宪帝政党。这个由土族、僧侣、官员中的保守派组成的党提倡主权在君，"由圣天子独自总揽"，实行"圣天子亲裁"的宪法，限制选举权，国会实行两院制（"设两局"）。

尽管自由、改进、帝政 3 个政党存在分歧，并且在报刊上各自宣传自己的主张，互相论战，但是这毕竟是日本历史上形成政党政治的开端，是开始进入近代社会的重要表现之一。

明治政府认为主要危险来自自由党，因而采取威逼利诱、挑动自由、改进两党互相攻击等种种手段，分化和削弱该党。到1883年夏，自由党领导者板垣等人开始走上了与政府妥协的道路。1884年9月部分自由党急进成员在茨城县发动武装暴动，遭到政府镇压。板垣等人惊慌失措，急于向政府妥协。10月29日自由党作出了自行解散的决定。两个月后改进党也停止了活动。至此，自由民权运动实际上以失败而告终了。1884—1886年一些急进分子和革命群众曾进行过数次暴力斗争，但都被镇压下去。

自由民权运动的失败表明，日本社会当时还不可能进入政治民主化的阶段，专制主义依然占有优势。还在1879年运动处于高潮之时，天皇侍讲、宫廷官僚元田永孚便发表名为《教学大旨》的文章，指责近年来只重视"知识才艺"，追求"洋风"，但却"破坏品行"，忽视了"仁义忠孝"和"君臣父子之大义"。因此，必须遵守"祖宗之训典"，奉行"仁义忠孝"，"道德之学以孔子为主"。这种封建传统在明治政府决定政策时起了很大作用。80年代政府颁布的一系列关于教育的法令，基本上都是根据这种原则制定的。从小学到大学，向学生灌输的都是国家主义和天皇至上的思想。同时，还用封建儒学和武士道精神管理军队，训练全体官兵要誓死效忠天皇与国家。1878年陆军发布的《军人训诫》即将"忠义、勇敢、服从"规定为军人的"三德"。1881年建立了宪兵制度。1882年天皇发布的《军人敕谕》规定，天皇是全军的"大元帅"，军队"世世代代由天皇统率"。在这种精神支配之下，日本大力推行征兵制，扩充军备，走上军国主义道路。

当时，政治上的专制主义和军国主义和在经济上进一步引进新技术是同时进行的。伊藤博文曾著文《教育议》驳斥元田永孚的《教学大旨》，强调"宜广习工艺技术百科之学"。事实上，日本工业的发展始终没有忽视吸收欧美的科学技术成果。军事上也仿效了德国的军团制。即使在政治上，也开始向立宪政体转变。宪法的颁布证明了这一点。

1889年2月，以天皇"御赐"的形式颁布了《大日本帝国宪法》。这部宪法是以伊藤博文为首的一些人在秘密状态下制定的。此前，他们组成"宪法考察团"赴欧考察，决定以德意志帝国宪法为主要参考的蓝本。伊藤博文说，他经过考察确立起的"大道理"，就是"巩固皇室基础，使大权不至旁落"。因此，这部宪法既体现了资产阶级宪政制度的原则，又保留了较浓厚的封建专制主义残余。宪法没有明确规定三权分立的原则，但是突出了法的地位。它规定帝国"由万世一系之天皇统治"，"天皇神圣不可侵犯"，"天皇乃国家之元首，总揽统治权"。同时又规定，天皇的统治权要"依本宪法各条之规定行使之"。就是说，必须依法而治。天皇享有立法权，但须在"帝国议会之协助、赞同下"行使。天皇可颁布"法律敕令及其有关国务之诏敕"，但"须经国务大臣之副署"。天皇在帝国议会休会时"可发敕令代替法律"，但其敕令要"在下次会议期间向帝国议会提出，如议会不同意，政府可于将来宣布其失效"。而且，天皇还"不得以命令变更法律"，所以，天皇虽然集立法、行政、司法和军队指挥大权于一身，但必须在宪法规定的范围内行使权力。这就同封建专制君主有了质的差别。

宪法规定立法机构为帝国议会，由贵族院和众议院组成。贵族院由皇族、华族和敕任议员组成。众议院选举产生。据 1890 年颁布的选举法，年满 25 岁、年纳直接税 15 日元以上的男子享有选举权。照此规定，当时有选举权的人只占全国人口的 1.24%。由于天皇也享有一定立法权，帝国议会的立法权是不完全的。它对财政的监督权也受到限制。宪法规定，新课赋税、变更税率、政府收支和预算均须经议会"协助、赞同"，但如"未议定预算"或未通过，政府即可"施行前年度之预算"。

宪法关于内阁的条文极为简单，只规定全体国务大臣有"辅弼天皇"的职责即对天皇直接负责。除规定天皇敕令须经国务大臣副署之外，没有提及总理大臣的职责及内阁同议会的关系。这实际上是为了防止出现西方式的责任内阁和政党内阁。

关于"臣民"（宪法不用"公民"提法），宪法规定了在法律许可范围之内的迁徙、信教、言论、著作、出版、集会、结社等自由权利。还规定臣民均可担任各种公职。对臣民的拘捕必须依据法律。臣民的所有权不受侵犯。

显然，《大日本帝国宪法》是资产阶级性质的宪法，是日本初步建立起立宪君主制的标志。因此，它是日本进入近代社会的重要体现，有重大进步意义。同时，它又是明治政府对自由民权运动实行的让步和妥协，还保留着明显的专制主义色彩。它体现的不是主权在民原则，而是规定主权在天皇，臣民的权利也是天皇"御赐"的。它规定的政治体制同三权分立、普遍选举、政党政治、责任内阁等比较健全的代议民主制度，还有很大的差距。不同于封建专制制度的日本近代天皇制就是在这部宪法的基础上确立起来的。它在本质上是资产阶级的，又带有浓厚的专制主义、军国主义的色彩。从日本当时社会经济发展的实际水平和明治维新所走过的道路来看，这种现象也是难以避免的。

宪法生效后，1890 年进行了首次大选。在众议院占有多数席位的板垣退助、后藤象二郎和大隈重信领导的各派，试图建立西方式的多数党内阁。而受命为总理大臣（首相）的山县有朋及其同僚们坚决反对这一主张。1891 年松方正义内阁上台后继续与议会发生冲突，并于 12 月解散众议院。此后，议会与藩阀统治的内阁之间不断发生冲突。1892 年上台的伊藤内阁曾在 1893 年 12 月和 1894 年 6 月两次解散众议院。这些冲突反映了要求建立西方式的政党责任内阁制的民主倾向与藩阀统治的专制倾向之间的斗争。尽管民主倾向的要求多次受到挫折，但是它始终存在着，而且不时取得某种进展，虽然十分有限。1896 年，大隈的改进党联合革新党和同志会组成了进步党。此前，伊藤与板垣的自由党已实现了联合。1898 年进步党同自由党合并，组成了统一的宪政党。6 月，在伊藤倡议下，天皇任命宪政党组阁，即隈板内阁，由大隈任首相，板垣任内务卿。这已带有政党内阁的色彩。但是，宪政党和隈板内阁很快就因内部分歧而争吵不休，导致瓦解。1900 年 9 月，伊藤组成了自己为首的政党——立宪政友会，成员多为过去的自由党党员。他要求所有成员放弃对政党内阁的追求。在以后的 10 年中，政友会基本上掌握了内阁的权力。在伊藤之后领导政友会的是西园寺公望。

日本国内争取政治民主的斗争未能取得重大进展，这是资产阶级的软弱性造成的。日本的资产阶级还远没有强大到足以克服藩阀专制的程度，而且资产阶级的上层即财阀们同官方是密切结合的。另一个重要原因是，日本很快走上军国主义道路，大权转入了军阀手中。

明治维新后，日本在对外政策方面首先要解决的问题是废除开国后被迫同西方列强签订的不平等条约，特别是废除列强的治外法权和对日本关税的控制。经过 1878 年以来的多次外交谈判，终于在 1894 年同英国首先签订条约，规定 5 年后废除治外法权。随后，其他各国也同日本签约。1899 年 8 月，上述条约生效。至于关税自主权，则到 1911 年才得到解决。1894 年开始的中日战争（甲午战争）使日本在各方面都发生了重大变化。在这次战争之前，日本曾在 70 年代入侵过中国台湾、朝鲜，攫取了很多侵略特权，还在 1879 年吞并了中国的琉球，改为冲绳县。那时，日本便已将侵略朝鲜和中国为主要目标的"大陆政策"定为基本对外方针。中日战争是推行"大陆政策"的重大行动。在打败清朝军队后于 1895年 4 月迫使清政府订立的《马关条约》，不仅从中国索去 2 亿两白银的赔款，而且还割去了台湾、澎湖列岛和辽东半岛。后发生俄、法、德三国干涉还辽事件，日本才勉强将辽东半岛归还中国，但又强索白银 3 000 万两。

打败中国，攫得巨大侵略利益所造成的狂热心理，以及受到干涉归还辽东所带来的屈辱感，从不同方面助长了日本的民族沙文主义。它不再以争得在国际上与列强的平等地位作为中心愿望，而是决意要大力向外扩张了，因此，以军国主义作为自身发展的主要手段，是 20 世纪前期日本的国策。

第十九章 列强瓜分世界领土 资本主义世界体系的 发展和战争风云

第一节 世界领土被瓜分完毕

一、列强瓜分世界

从 19 世纪 70 年代起，资本主义列强掀起了夺取殖民地和瓜分世界领土的新浪潮。

对非洲的瓜分是这时期列强扩张的突出表现。非洲是地域辽阔、资源丰富的大陆。早在近代初期，西方殖民者就已在非洲建立殖民据点。进入 19 世纪后，侵占非洲土地的活动加强，但主要在沿海地区。到 1876 年，殖民者大约占了非洲 10.8% 的土地❶，尚有 89.2% 的土地未被侵占。

70 年代苏伊士运河的开始通航，西非和南非新的金矿和钻石产地的发现，以及许多经济作物的种植成功，大大提高了非洲在整个世界的政治、经济和战略地位。在这种情况下，资本主义列强掀起了争夺和瓜分非洲的狂潮。英国制定了建立一个北起开罗、南至开普敦的纵贯非洲大陆的殖民帝国计划，即"二 C 计划"。法国提出了建立一个西起塞内加尔、东到索马里的横贯非洲大陆的殖民帝国计划，即"二 S 计划"。德国则妄图沿赤道非洲两侧，建立一个从大西洋到印度洋的德属赤道非洲殖民帝国。此外，其他国家如意大利、比利时也想夺取一些殖民地，而西班牙和葡萄牙则想保持或扩大原有的殖民地。这样，列强争夺瓜分非洲的斗争就更趋尖锐和复杂了。

1878 年，斯坦利出版了考察刚果河流域的著作《穿过黑暗大陆》，引起西方列强的极大贪欲。不久，比利时国王利奥波德二世派斯坦利率领一批殖民者前往

---

❶ 英国占 4.1%，法国占 2.8%，西班牙占 0.8%，葡萄牙占 0.7%，布尔人占 2.4%。

刚果河流域活动，为比利时在该河下游地区占领了大片土地。这一活动与早先已在这一带进行侵略活动的法国殖民者发生了冲突。同时，葡萄牙也提出它对这一地区拥有"主权"。于是三国之间展开了激烈的斗争。为了解决各国争夺刚果的矛盾和其他问题，在德国的提议下，于1884年11月—1885年2月召开了有英、法、比、德、葡、美、俄等15国参加的柏林会议。经过激烈争吵，最后达成如下协议：承认利奥波德二世以个人名义占有刚果河流域，称"刚果自由邦"；刚果河流域实行自由贸易和自由通航；尼日尔河自由航行；今后任何国家在非洲占领新的土地，必须以"实际有效占领"为准，并通知缔约各国。柏林会议是列强瓜分非洲的一次分赃会议，成为列强疯狂争夺非洲的新起点。

柏林会议后，在对非洲的侵略和分割上争夺最激烈的是英、法、德三国。在东非主要是德国和英国争夺，经过尖锐的冲突后，双方达成妥协，划分了势力范围。肯尼亚、乌干达等划给英国，坦噶尼喀等归德国。与此同时，法国强占了马达加斯加。在西非，英、法围绕尼日尔河流域进行了激烈的角逐，后因担心已占有多哥和喀麦隆的德国插手，同意妥协。确立了双方在尼日尔河流域的势力范围。在这同时，英德、法德之间也签订了确定各自占领区的条约。此外，英法两国在苏丹境内以尼罗河、刚果河的分水岭为界划分了势力范围；德国侵占了西南非洲；英国建立了"南非联邦"；摩洛哥成为法国的保护国；意大利侵占了利比亚等地。到1914年，除埃塞俄比亚和利比里亚保持独立外，整个非洲已被列强瓜分完毕。当时，各国在非洲占有的领土面积（平方英里）如下：法国408.69万，英国370.14万，德国91万，比利时90万，葡萄牙78.75万，意大利60万，西班牙8万。

列强瓜分亚洲、争夺拉丁美洲的活动也大为加强了。19世纪70年代以前，亚洲的菲律宾、印度尼西亚、印度、锡兰（今斯里兰卡）等国先后沦为殖民地。越南、缅甸等国的部分地区被侵占，而中国、伊朗等一些古老帝国则被迫走上了半殖民地道路。

进入70年代以后，西方列强加紧了对亚洲尚未被瓜分的48.5％的土地的争夺。当时，在两个地区争夺最为激烈，即西亚和远东与东南亚。在西亚，主要是英、俄之间的矛盾，争夺最激烈的地区之一是阿富汗。1878年11月，英国发动第二次侵略阿富汗的战争。翌年5月，阿富汗被迫承认英国的"保护"。不久喀布尔人民发动起义，杀死英国驻喀布尔总督，给英军以重创。1880年9月英阿缔结协定，规定阿富汗内政自主，外交则由英国控制。1881年英国从阿富汗撤军，阿富汗沦为英国的保护国。

在这期间，俄国也加紧向西亚扩张。1877—1881年它不断对土库曼入侵。当时，土库曼与阿富汗之间没有明确的国界线。1884年在英国怂恿下，阿富汗极力将边界线向北推进，俄国便乘机挥师南下，侵占了离阿富汗边境很近的梅尔夫

（原属伊朗）。次年又占领了阿富汗的班吉。俄国的扩张直接威胁到英国在阿富汗的利益，后经谈判，两国在牺牲阿富汗利益的基础上达成妥协，规定了划分俄阿边界的原则。

与此同时，英、俄两国在伊朗和土耳其也进行了争夺，后来由于德国势力侵入这一地区而使矛盾更趋复杂。不久，英俄在共同反对德国的斗争中日益接近起来。

在远东和东南亚，列强争夺的重点是中国周围地区。英国于 1874—1894 年侵占了马来亚（4 个邦国），1878—1888 年又占领了婆罗洲（今加里曼丹岛）的北部。1883—1885 年期间，法国侵入越南北部，进而挑起中法战争。根据有关条约规定，法国占领了整个越南，中国承认法国在越南的统治权。1887 年，法国成立印度支那联邦，包括越南、柬埔寨和老挝（1893 年并入）。1886 年整个缅甸沦为英国殖民地。19 世纪末，在英、法的压力下，暹罗被迫把湄公河以东的大片土地割让给法属老挝；稍后又把 4 个马来邦国划归英国❶。同时，英法还在暹罗划分了势力范围。1894 年，日本发动了侵略朝鲜和中国的战争。次年中日签订《马关条约》，日本取得了对朝鲜的控制权，并强迫中国割让台湾、澎湖列岛和辽东半岛。由于俄国反对日本加强在中国东北的势力，于是纠合法国、德国进行干涉，迫使日本归还辽东半岛，随后强行租借旅大，并把中国东北划归它的势力范围。

中日战争和马关条约的签订，使中国进一步走上半殖民地化的道路。资本主义列强乘机争先恐后侵入中国，夺取在华权利，从而形成了帝国主义列强瓜分中国的局势。

19 世纪初拉丁美洲各国取得独立后，它们的政权基本上都掌握在大地主手里，建立起考迪罗主义的军事独裁制度。这些掌权者对外投靠资本主义大国，对内实行独裁统治。这时，英国、美国、法国和德国等也乘机加紧侵入拉美，同各国的军事独裁者相勾结，使拉美各国很快沦为半殖民地国家。

还在 1825—1828 年，英国就曾干涉巴西、阿根廷、乌拉圭 3 国的独立运动，1845 年又勾结法国武装干涉阿根廷-乌拉圭战争。此后，英国实际上控制了这 3 个国家。1833 年，它以武力强占马尔维纳斯群岛，改称福克兰群岛。1862 年又把洪都拉斯的一部分领土宣布为英国的殖民地。1879—1883 年它利用智利、玻利维亚和秘鲁争夺太平洋沿岸硝石产地的矛盾，攫取了智利硝石生产的垄断权。美国则利用它同拉美邻近的有利条件，加紧进行侵略和扩张。1823 年美国发表"门罗宣言"，提出了"美洲是美洲人的美洲"的口号，这一口号在当时虽有防止西欧列强入侵美洲的积极意义，但也为日后美国干涉拉美各国事务准备了条件。19

---

❶ 英国把 4 个邦国同先前占领的 4 个邦国，合组成为英属马来亚殖民地。

世纪上半期，美国明目张胆地侵占墨西哥的领土，到 1848 年共侵占墨西哥 137 万平方千米的土地。19 世纪下半期，美国继续向拉丁美洲扩张，1856—1903 年它对拉美各国进行的武装侵犯和军事占领活动达 50 余次。为了排挤英国等欧洲列强在拉美的势力，美国于 80 年代抛出了"泛美主义"，成立了由美国控制的"美洲共和国国家联盟"（1910 年改称为泛美联盟）。在以后很长时间里，这个组织成为美国染指拉丁美洲的重要工具。

总之，到 19 世纪末，整个世界已基本上被瓜分完毕。1900 年时，非洲 90.4% 的领土，亚洲 56.6% 的领土，美洲 27.2% 的领土，以及大洋洲的全部，都沦为帝国主义的殖民地。与此同时，还有许多国家和地区，如拉丁美洲各国和亚洲的中国、伊朗与土耳其等，被纳入帝国主义的势力范围，不同程度地沦为半殖民地和附属国。到这时，帝国主义的殖民体系最终形成了，整个世界分成少数压迫民族和大多数被压迫民族。

二、重新瓜分世界的角逐

资本主义国家的发展极不平衡，列强间力量对比的新变化，同当时他们对殖民地和势力范围占有的状况是极不相称的。1900 年英国所占殖民地面积为 3 271 万平方千米，人口 3.67 亿；法国占有 1 098 万平方千米，人口 5 000 多万；甚至连荷兰、比利时、葡萄牙等资本主义小国，也占有 674 万平方千米的殖民地，人口 6 500 万，远远超过了德国、美国和日本 3 国殖民地的总和。后起的帝国主义强国不能容忍这种状况，帝国主义列强重新瓜分殖民地和势力范围的斗争便尖锐起来。在世界没有被瓜分完毕的时候，它们之间的矛盾和争夺往往通过宰割和分配新的"自由"土地而暂时得到缓和。但是，当世界已被瓜分完毕时，必然要出现重新瓜分世界领土的斗争，由这种争夺引起的 1898 年的美西战争，1899—1902 年的英布战争，1904—1905 年的日俄战争，就是最早的重新瓜分殖民地的 3 次帝国主义战争。

美西战争是美国挑动起来的。1893 年美国控制夏威夷群岛以后，就积极策划从西班牙手中夺取古巴和菲律宾。1895 年 2 月，古巴人民掀起了反对西班牙殖民主义者的起义。1896 年 8 月，菲律宾爆发了反对西班牙殖民统治的革命。美国决定利用这一时机夺取西班牙的殖民地。

1898 年 1 月美国派"缅因号"战舰驶进哈瓦那港。2 月 15 日晚该舰突然爆炸沉没，美国政府一口咬定系西班牙人蓄意炸沉，于 4 月 25 日向西班牙宣战。接着便派军队在古巴登陆。差不多在同时，菲律宾革命也取得了重大胜利。这一切使西班牙处于非常被动的地位，在战场上接连失败。12 月 10 日两国在巴黎签订的和约规定，西班牙承认古巴独立；将波多黎各、关岛和菲律宾割让给美国；美国付给西班牙 2 000 万美元作为"补偿"。签订条约后，美国残酷镇压了古巴和菲律宾的民族独立运动，把它们分别变为自己的附属国和殖民地。从此，美国在拉美和太平洋上建立了侵略基地。

英布战争是英荷殖民者之间进行的一场重新分割南部非洲殖民地的战争。19世纪末，英国着手执行"开普-开罗计划"。但是，荷兰殖民者后裔布尔人在非洲南部建立的德兰士瓦和奥兰治两个共和国，却阻碍了英国殖民者实现其纵贯南北非洲的殖民帝国计划。于是英国决定通过战争来吞并这两个共和国。这样还可以进一步掠夺那里的钻石和黄金。德兰士瓦和奥兰治是世界上最大的金刚石和黄金产地。

1899年10月英布战争爆发。1900年英国占领了两个共和国的首都。此后，布尔人转为开展游击战。1902年5月布尔人被迫议和，德兰士瓦和奥兰治成为英国的殖民地。英国付给布尔人300万英镑作为"补偿"，并保证布尔人的上层分子在政治上和经济上享有一定的权益。1910年，德兰士瓦、奥兰治和开普、纳塔尔合并为南非联邦，成为不列颠的自治领。

日俄战争是日本和俄国为重新分割中国东北地区和朝鲜而进行的。1904年2月8日日本海军突袭驻在中国旅顺口的俄国太平洋舰队。10日日俄相互正式宣战。几经鏖战，日军于1905年1月攻陷旅顺口，3月又在沈阳附近击溃俄军主力。同年5月27日，在对马海峡，日本海军全歼从欧洲远道调来的俄国波罗的海舰队。这时，俄国1905年革命正在走向高潮，沙皇政府为集中力量镇压国内革命，急于结束战争。英、美也担心日本过分强大对自己不利，就出面进行调停。同年9月5日，经美国斡旋，日俄签订了《朴茨茅斯和约》。《和约》规定：俄国承认日本在朝鲜拥有政治、经济和军事上的特殊利益，并有权采取必要措施进行保护和监督；俄国把从中国取得的旅顺、大连领土领海和长春至旅顺口的铁路租借权转让给日本；俄国将库页岛南部割让给日本。

美西战争、英布战争和日俄战争毕竟是带有局部争霸性质的战争，并不能根本改变帝国主义列强因发展不平衡而带来的各种矛盾。因此，重新瓜分世界的角逐仍在不断加剧。虽然经过1876—1914年的侵略、扩张、争夺和再分割，英、俄、法、德、日、美6个最主要的帝国主义列强共掠夺了2500万平方千米的土地，比整个欧洲还大一倍半，但是矛盾并未缓和，终于还是导致了第一次世界大战的爆发。

第二节　资本输出与殖民世界

一、资本输出——殖民剥削的新手段

19世纪末20世纪初资本主义进入垄断阶段。垄断利润带来了大量"过剩资本"，又由于世界市场发展显示出的吸引力，使得资本输出成了新的更加重要的殖民剥削手段。

当时，在资本主义各大国中，英国是资本输出最发达的国家。其次是法国，

占第二位。德国开始较晚，但发展极快。到 1914 年第一次世界大战前，英国、法国和德国输出资本总额为 1 750 亿～2 000 亿法郎。

英国、法国和德国的资本输出，分布面非常广，几乎遍及世界各大洲，其中欧洲占的比例最大，其次是美洲。有些资本主义国家也是资本输入国。例如美国，直到 20 世纪初一直是资本输入国。1890 年欧洲（主要是英国）对美国的投资达 30 亿美元。俄国长期以来也是资本输入国。1890—1900 年仅投入俄国工业中的外国资本就由 2 亿卢布增至 9 亿卢布。尽管资本输出的首要对象是经济发达的欧美地区，但是西方国家❶投入半殖民地和殖民地的资本也是很可观的。

在美洲，除美国是资本输入国外，欧洲各国也向英国的自治领加拿大输出资本。1900—1916 年加拿大平均每年吸收 4 亿美元的外国投资。在拉丁美洲，英国、美国和德国的资本输出数量很大。1870—1913 年英国对拉丁美洲各国的投资总额从 8 500 万英镑增至 10 亿英镑。其中 70% 集中在南美各国。美国一方面从欧洲输入大量资本，同时又向拉美输出资本。其数额从 1899 年的 3 亿多美元增加到 1913 年的 12.4 亿美元。此外，1896—1913 年德国向拉美各国的投资总额约为 10 亿美元。

亚洲和非洲也是帝国主义国家资本输出的重要场所。1895—1900 年西方列强仅在中国的企业投资一项就有 1 亿两白银以上。伊朗主要是英、俄的投资场所。在第一次世界大战前，英国的投资为 960 万英镑，俄国的投资约为 1.64 亿卢布。在土耳其，1914 年外国投资总额为 6 300 万英镑。同时期，投入埃及的外资（不包括苏伊士运河开凿投资费）达 1 亿英镑。在各殖民地中，英国统治下的印度输入资本最多，1908—1914 年各国投入印度的资本总额达 6.927 万亿卢比。

列强资本输出的方式是多样的，其中借贷资本占了相当大的比例。这是一种非生产的高利贷性质的资本输出。除借贷资本外，企业投资性的资本输出还是更多一些。例如英国对印度的资本输出，第一项投资便是修建铁路，第二个项目是建筑水利工程，第三个项目是开办工厂、企业和公司。

造成资本输出方式有所不同的主要原因，一是资本输出国的特点不同，如法国金融资本较发达，故多以借贷资本的形式出现，英国是工业发达国家，则多为企业投资。二是资本输入国的资源与条件不相同。如伊朗石油资源丰富，西方国家多投入资本开采石油；荷兰开放印度尼西亚门户后，西方国家投入大量资本，开办种植各种经济作物的种植园，还有开采石油等。在资本输出过程中，银行发挥了杠杆作用。当时西方列强已有不少殖民地银行。1904 年英国有 50 家殖民地银行和 2 279 家分行，法国有 20 家殖民地银行和 5 449 家分行，荷兰有 16 家殖

❶ 包括资本输入国在内。这些国家一方面输入大量资本，同时又向落后国家输出资本。

民地银行和 68 家分行，德国有 13 家殖民地银行和 70 家分行。这些殖民地银行和分行不仅控制了西方列强的资本输出和对外投资，而且掌握了殖民地和半殖民地的主要经济命脉。

帝国主义列强通过资本输出掠夺了惊人的财富。第一次世界大战前英、法、德三国国外投资总额为 1 750 亿～2 000 亿法郎，按当时的低利率 5％ 计算，每年的纯利就达 80 亿～100 亿法郎。英国对外投资的收入，不仅超过了对外贸易的收入，而且超过了工业生产的收入。

在资本输出成为殖民剥削的主要手段后，原有的"自由"资本主义剥削手段——商品输出和掠夺原料并没有消失，而是同时也加强了。

二、殖民世界中资本主义的产生和发展

帝国主义国家向殖民地和半殖民地进行资本输出，其目的当然是掠夺财富，榨取高额利润。为了掠夺的需要，它们强制这些地区发展某些有利可图的经济部门，结果造成这些地区在一定程度上形成经济单一化的特点。同时也使这些地区形成了对整个资本主义世界体系的经济上的依赖性，成为各大工业强国的农业——原料附庸。古巴专门种植甘蔗，巴西大量种植咖啡，委内瑞拉片面发展石油生产，玻利维亚以开采锡矿为主，象牙海岸主要产可可和咖啡，乍得主要发展棉花，加蓬主要出口木材，塞内加尔种植花生，埃及主要发展棉花生产，锡兰主要出产橡胶和茶叶，马来亚主要发展橡胶，印度尼西亚种植各种经济作物和开采石油等等，都是典型的表现。这些国家和地区的经济走上了畸形发展的道路。

资本输出使殖民主义的双重历史作用有了更加明显的体现。资本输出对东方国家的社会经济有很大的破坏作用，并造成其单一化和依赖性的特点。但是，它也在客观上进一步促进了东方国家资本主义经济的发展，特别是民族资本主义的诞生和成长。

在殖民世界中，拉丁美洲是最早摆脱西方殖民统治的地区。从 19 世纪 50 年代起，由于政局趋向相对稳定、大量外国资本的投入、大批欧洲移民的流入等等，一部分国家的经济开始出现复苏和发展的景象。首先是几个比较大的国家如巴西、智利、墨西哥和阿根廷等国，逐渐恢复了过去被破坏的一些矿场和农庄，殖民地时期某些有基础的工业也得到一定发展，还出现了部分新的加工工业和轻工业，对外贸易也在不断增长。与此同时，铁路和港口等近代化的交通事业的建设在起步，银行、信贷等也逐步建立起来。

80 年代以后，阿根廷、巴西、智利、墨西哥、乌拉圭和古巴等国的民族资本主义有了进一步的发展。1900 年阿根廷有 2 700 家工业企业，墨西哥拥有 146 家用现代化机器装备的纺织工厂，1903 年巴西拥有 143 家纺织工厂。这时期，拉丁美洲的采矿采油工业也有所发展。1917 年墨西哥的石油产量已达到 800 万吨，在智利、哥伦比亚、秘鲁、委内瑞拉等国，有色金属的开采也达到相当的规模。交

通运输业，尤其是铁路发展很快，1870年拉丁美洲的铁路总长度只有几千千米，1890年增加到4万千米以上，到1913年猛增到11.08万千米。在一些比较发达的国家，还敷设了电报线，增加了蒸汽和电力的使用，并出现一些新的工业部门。随着民族资本主义经济的发展，拉丁美洲各国的对外贸易总额从1885年的10亿美元增加到1913年的30亿美元。

在亚洲，作为半殖民地的中国、伊朗和土耳其，英属印度、荷属东印度（印度尼西亚）和法属印度支那等殖民地，民族资本主义经济也得到不同程度的发展。在中国，1872—1894年兴办的民族资本主义企业约有50多家，资本总额500多万元。1901—1911年间，商办厂矿为277家，已占资本总额的60%。

在殖民世界中，印度民族资本主义的发展最有代表性。早在19世纪中期印度就已出现本地人创办的工业。1851年孟买大商人达瓦尔创办了印度第一家棉纺织公司——孟买纺织公司。到1861年孟买已有10家棉纺织厂。从整个印度来看，1877年共有51家棉纺厂，到1913年已发展到272家，工人达25万。除纺织工业外，在印度各地还建立了几百家规模不等的各种加工工厂，如棉花加工厂、榨油厂、碾米厂、制糖厂，还有造纸厂、印刷厂等。1892年上述这类工厂共有656家，工人31.68万，到1919年时，增加到3 604家，工人达117万以上。

20世纪初印度民族资本主义得到进一步发展，建立了不少股份公司，1900年有1 360家公司，总资本额为3.62亿卢比，1907年发展到2 661家，资本额为5亿多卢比。1914年公司数量有所下降，为2 552家，但资本数额则增加到7.21亿卢比。其中有的公司已有相当大的规模，如1907年成立的塔塔冶金公司拥有2 317.5万卢比的资本，1910年建立的塔塔水力电气动力供应有限公司发行了1 200万卢比的股票和550万卢比的有价证券。这时期，民族资本的银行也开始兴办起来。19世纪末有9家较大的银行，资本总额达1 200万卢比，到1913年时银行增加到18家，资本总额为4 000万卢比。此时还有许多中小银行，资本10万~50万卢比的银行有23家，总资本为500万卢比。

殖民地半殖民地的民族资本主义经济始终受到本国封建势力和外国帝国主义的阻碍和限制，因而发展是缓慢和畸形的。但是，民族资本主义的产生和发展，毕竟使这些以封建自然经济为主体的国家和地区出现了新的、先进的资本主义生产方式。这对东方落后的国家和地区无疑是一场最深刻的社会变革。这种变革将地域辽阔的殖民地半殖民地更深刻、更紧密地纳入了资本主义世界体系，无可变更地走上资本主义道路。虽然这条道路同时伴有无数的灾难和痛苦，进程缓慢而多曲折，但是它所带来的灾难比起漫长的封建时代所造成的停滞、愚昧、闭塞和贫穷落后来，则是一种求得进步所付出的代价，是跨入近代社会时被迫作出的牺牲。民族资本主义和外来资本所创办的各类企业，都是远比封建自然经济进步得多的新因素。从中已可看到摆脱传统农业社会，逐步向近代工业社会前进的最初的最初的曙光。

三、社会阶级结构的变化和民族运动的新演变

随着民族资本主义经济的产生和发展，东方国家和地区的社会阶级结构也发生了深刻的变化。除了原来的封建地主阶级和农民阶级外，形成了新的社会阶级和阶层。其中最重要的是出现了工人阶级和资产阶级。

工人阶级的形成早于民族资产阶级。从西方资本主义列强开始直接在殖民地和半殖民地经营工矿企业时起，就出现了近代产业工人。后来随着帝国主义的资本输出和民族资本主义的产生、发展，工人阶级的队伍日益壮大。在中国，近代产业工人的人数（码头工人除外），1894年大约为9万多人，1911年为50万～60万人；1919年增至200多万人。在印度于19世纪60年代在孟买和加尔各答形成了第一批工人阶级队伍。19世纪末印度共有80万工人，其中工厂工人约占一半，到20世纪初，工人人数增加到100万。在拉丁美洲主要国家，工人人数大致如下：墨西哥1900年有17万人；阿根廷1900年为17.6万人，1920年增加到35万人；巴西1913年为15万人，1920年增至27万人。

东方的工人阶级同西方资本主义国家的工人阶级相比，有它自身的一些特点。首先，工人阶级遭受外国资本主义、本国封建势力和资产阶级的三重压迫和剥削，状况是极悲惨的。工人的劳动强度很高，劳动日很长，每天的劳动时间一般是12～14小时，甚至是16小时。在印度还实行"日出-日落"制度，即日出而作，日落而息。当时，各厂矿基本上都没有安全设备和卫生设备，工人们必须冒着生命危险去工作，伤亡事故经常发生。工厂里多有常驻军警，帮助企业主对工人"弹压""监督"和"管束"。在种植园劳动的苦力情况就更悲惨。印度报刊把种植园形容为"复活的奴隶制度"。据保守的估计，苦力的死亡率年平均为4.6%。其次，工人阶级集中在少数大城市和大企业中。最后，近代产业工人大部分出身于破产农民和城乡手工业者。在一些工厂和种植园中还有不少的季节工、短工等。此外，在一些地区和国家，工人阶级还有其独具的特点。在拉丁美洲，工人阶级是由多种民族成分组成的，包括印第安人、黑人、混血种人和来自欧洲的白人移民；在印度，工人阶级除有民族和宗教信仰的不同之外，还有种姓的差别。

上述特点说明，东方国家和地区的工人阶级中有很大一部分较之资产阶级资格更老一些；它不仅是受苦受难的阶级，而且有着因过分贫困而产生的反抗性和斗争精神。因此，在被压迫民族反对帝国主义和本国封建主义、争取民族独立的斗争中，工人阶级是一支很重要的力量。但在当时的历史条件下，它还不是最成熟的阶级，还无力承担起领导民族独立运动的重任。

民族资产阶级是另一个新的阶级。一般说来，资产阶级中有大资产阶级、中等资产阶级和小资产阶级等不同阶层。大资产阶级主要是指买办资产阶级。在印

度，大资产阶级是由原来为英国殖民者与商人推销商品、掠夺原料而充当买办的中介商逐渐演化过来的。大资产阶级的产生、成长和发展，同帝国主义和本国封建统治者有紧密的联系，享有较大特权。在被压迫民族争取民族独立斗争中，他们常常站在对立面上。中等资产阶级就是通常说的民族资产阶级，是资产阶级的主体和最重要的阶层。民族资产阶级大部分是由商人、地主、官僚、高利贷者经办工商业而逐渐形成的。民族资产阶级遭受外国资本主义和本国封建主义的压迫，具有反帝、反封建的要求和积极性，并能联合下层人民开展斗争；但有时又缺乏彻底反帝、反封建的勇气，表现出动摇和妥协。尽管如此，它作为新兴的代表未来发展方向的阶级，是当时历史条件下东方社会里最成熟的阶级，是被压迫民族争取民族独立的领导力量。

小资产阶级主要指小业主、手工业者、公务员和自耕农等，其数量比前两个阶级大得多。这个阶级有更高的革命积极性，是一支激进的力量。此外，这时期农村的情况也发生了很大变化，不论是地主还是农民，都被卷入资本主义商品经济的旋涡，于是有些地主兼营工商业，农民中也分化出富农和贫雇农。

随着新社会阶级的形成，出现了一批主要代表民族资产阶级利益的新型知识分子阶层。在西方国家的商品与资本打开东方各国大门的同时，西方先进的科学技术和思想文化也随之传播到了这些地区，开始冲击这里的古老封建传统、习惯和社会意识。一批受过西方教育成长起来的知识分子，开始摆脱旧思想、旧传统的束缚，接受西方资产阶级的新思想、新观念。他们通过观察、对比和思考，痛感自己国家的落后，并开始认识到这是长期的封建统治和西方殖民主义侵略和奴役造成的。于是，要求用西方的方式改革现状的思潮出现了。资产阶级最初的改良运动和后来的革命运动，就是在这个基础上形成的。在新型的民族独立运动中，这批知识分子起了重要的领导作用，从中涌现出不少杰出的人物。

民族资本主义的产生和发展，新的社会阶级和阶层，特别是民族资产阶级和资产阶级知识分子的形成和壮大，对世界民族独立运动性质的变化，起了决定性的作用。在民族资本主义产生之前发生的民族运动，严格说来是前资本主义性质的民族运动，即旧式民族运动。民族资本主义产生以后民族运动的性质发生了根本性的变化，不论是最初出现的资产阶级改良主义运动，还是后来逐步形成的资产阶级革命运动，都属于近代资本主义性质的民族运动。这种民族运动是由资产阶级的政治团体和政党领导的，有比较明确的纲领。一般地是政治上要求摆脱半殖民地、殖民地的从属地位，争得国家的完全独立；经济上要求摆脱外国资本的控制，进一步发展民族资本主义，建立资本主义社会。这种新型民族运动的兴起，是近代民族运动的转折点。

第三节 两大军事集团的形成

一、普法战争后的欧洲局势

1871 年统一的德意志帝国的出现，改变了欧洲大陆上的国际格局。具有普鲁士军国主义传统的德意志帝国成为对欧洲和平的一个威胁。德国把奴役性的《法兰克福和约》强加在法国头上。它夺取阿尔萨斯和洛林两省，既是由于那里有丰富的煤铁，又是出于战略上的筹划。占领了梅斯和斯特拉斯堡以后，德国就有了一道极其强固的防御线。德国的这一谋算严重地伤害了法国人的民族自尊心。

1871 年以后，法国复仇意识非常强烈。1872 年法国实施普遍兵役制，现役军人达 67.5 万人，几与德国相等。1873 年法国提前偿清了 50 亿法郎的赔款，按规定德国占领军于是年 9 月撤离法国领土。1873 年 5 月梯也尔下台，倡议复仇的王政派执政。这一切使俾斯麦寝食不安。

因此，孤立法国是俾斯麦时代德国外交的基本路线，他力图拼凑一个反法阵线。为此，他首先拉拢俄国，以防法俄接近。在这方面他可以利用俄、德两国皇室的传统联系；俄国方面这时也想稳定与德国的关系，因为它刚刚由于得到德国的支持才废除了巴黎和约对它的限制，而且在中亚又正与英国进行紧张的争夺。至于奥匈，自普奥战争后，皇帝弗兰茨·约瑟夫对德国心存畏惧，不会抵制俾斯麦的外交努力。1872 年 9 月，德、俄、奥三国皇帝及外长会晤于柏林，1873 年 10 月形成了"三帝同盟"（亦称"三皇同盟"）。同盟盟约规定：当遇到来自其他国家进攻的时候，"他们之间应立即进行商谈，以便议定他们所应取的共同的行动方针"；"如果由于本项协议而有采取军事行动的必要，三国皇帝陛下应缔结特殊协约予以规定"。条约内容比较含糊，不很具体。主要由于三国之间仍矛盾重重，俄奥在巴尔干地区存在尖锐的利益冲突，俄德在对法政策上也有严重分歧。

"三帝同盟"在一定程度上使法国在欧洲受到孤立，但这绝不意味着俄、奥会支持德国再次对法开战。1875 年 4 月，德国政府借口法国议会通过扩充军队法案，掀起战争叫嚣，准备对法国发动"预防性战争"，并希望利用"三帝同盟"。可是，当俾斯麦探询俄国的态度时，沙皇亚历山大二世表示俄国不能容忍发动对法国的新战争。在此之前，俄国还征得了英国对它所持立场的支持，英国政府也采取了同样态度。德国不得不暂时放弃进攻法国的打算。这件事引起德国对俄国的强烈不满，俾斯麦指责俄国在他背后踢了一脚。"三帝同盟"已发生裂痕。法国在与德国对抗中有可能同俄国结盟。这个"结盟的噩梦"一直使俾斯麦不安。

二、近东问题和柏林会议

19 世纪 70 年代初，巴尔干半岛的大部分地区仍处在奥斯曼帝国统治下，而且民族关系极为复杂。当时只有希腊和蒙特内哥罗已取得独立，塞尔维亚和罗马尼亚得到了自治，波斯尼亚、黑塞哥维那、保加利亚、东鲁米利亚、马其顿及阿尔巴尼亚由奥斯曼帝国直接统治。由于奥斯曼帝国的衰落，俄、英、奥匈争夺巴尔干的斗争日益激化。

1875 年 7 月，黑塞哥维那爆发了反抗土耳其统治的起义，接着扩展到波斯尼亚。这两地人民都是塞尔维亚族，同属斯拉夫人血统。塞尔维亚对起义表示热烈支持。1875 年、1876 年，保加利亚人民也两次举行起义，遭土耳其统治者残酷镇压。塞尔维亚和蒙特内哥罗两国于 1876 年 6 月对土宣战，但由于力量对比悬殊，很快被打败。俄国以援助巴尔干斯拉夫人为由，于 1877 年 4 月 24 日向土耳其宣战。5 月间宣布独立的罗马尼亚也对土耳其宣战。俄军于 1878 年 1 月攻占亚得里安堡，进逼土耳其帝国首都伊斯坦布尔。近东国际形势立即紧张起来。英国和奥匈帝国向俄国发出警告，英国并把军舰开进马尔马拉海。俄军没有再前进，与土耳其开始谈判。1878 年 3 月 3 日，俄土在伊斯坦布尔近郊圣·斯特法诺签订和约。规定：土耳其承认塞尔维亚、罗马尼亚、蒙特内哥罗的完全独立；建立一个"大保加利亚"自治公国，由俄国军事占领 2 年。其领土包括保加利亚、东鲁米利亚全部及马其顿的大部分，即东起黑海，西至塞尔维亚边界，北至多瑙河，南达爱琴海；土耳其保证波斯尼亚和黑塞哥维那的自治；俄国得到比萨拉比亚的西南部分，并割占黑海东岸巴统等地。《圣斯特法诺和约》使俄国大大扩张了在巴尔干的势力。这引起了英奥等国的极力反对，他们联合德国一起向俄国施加压力，要求召开国际会议修改这个条约。

1878 年 6 月在柏林召开国际会议，俄、英、德、奥匈、意、土等国的代表参加。7 月 13 日签订《柏林条约》，对《圣斯特法诺和约》作了重大修改：把原拟建立的"大保加利亚"领土缩小，建立一个臣属于土耳其素丹、享有自治权的保加利亚公国；东鲁米利亚和马其顿仍归土耳其直接管辖和统治。俄国得到比萨拉比亚，并兼并了黑海东南岸的巴统、阿达罕和卡尔斯。奥匈取得了对波斯尼亚和黑塞哥维那的行政管理权。英国占领了塞浦路斯。条约正式承认塞尔维亚、蒙特内哥罗、罗马尼亚为独立国家。《柏林条约》的实质是列强共同瓜分土耳其，并迫使俄国吐出它已经获得的部分战利品，因而进一步加剧了俄国与德奥的矛盾。

三、三国同盟的形成与俄法协约

柏林会议后，俄德关系迅速恶化。1878 年"三帝同盟"到期没有续订。俾斯麦为对付俄国并防止俄法接近，决定先发制人，谋求与奥匈缔结反俄同盟，于 1879 年 10 月 7 日在维也纳与奥地利订立了秘密攻守同盟条约。德奥同盟主要是为对付俄国的，但它却加速了俄法协约的产生，并向未来的世界大战迈出了第一步。

德奥同盟建立不久，意大利要求加入。原因是意大利在和法国争夺突尼斯的斗争中遭到失败，感到有必要依靠一贯与法国为敌的德国。俾斯麦看到俄法接近的迹象，也欢迎意大利参加同盟以增加反法力量。1882 年 5 月 20 日在维也纳签订了三国同盟条约。德奥意三国同盟的产生是导致日后两大集团的形成和对抗以及第一次世界大战发生的重要步骤。

继意大利之后，罗马尼亚加入了德奥同盟体系。1883年10月30日，罗马尼亚与奥国在维也纳订立同盟条约，主旨在反对俄国对巴尔干的扩张。同日，德国声明加入。这样便又形成了一个新的三国同盟。

俾斯麦为了孤立法国，建立了一个以柏林为中心的复杂联盟体系，这个体系主要组成部分是三个三国同盟，即俄德奥三帝同盟、德奥意三国同盟和德奥罗三国同盟。这个体系的主旨是反法，但在三个同盟中都具有德国支持奥国对付俄国的含义。这便必然促成法俄的接近。俾斯麦不甘心，他还要最后再拉一下俄国。这便产生了一个非常奇怪的1887年6月的德俄协定（外交史上称为《再保险条约》）。《条约》规定：如缔约双方之一与第三国交战，他方应保持善意中立。但德国声明，中立义务不适用于俄国进攻奥国的场合；而俄国声明，中立义务不适用于德国进攻法国的场合。这个条约是俾斯麦独出心裁的"杰作"。所谓"再保险"的意思是，从德国方面说，德奥同盟已经保证了奥匈帝国在奥法战争时保持中立，而这个条约又保证了俄国的中立。这便有了双重保险。但俄国的保留条件又使德国不能放心地进攻法国。于是俾斯麦进一步采取对俄国施加压力的措施：削减对俄贷款；对进口粮食征高关税（主要针对俄国地主贵族）；鼓励英奥意三国订立旨在阻止俄国破坏巴尔干现状的"地中海协定"等。德国的压力只能促使俄国与法国更加接近。

实际上，自三国同盟形成后，法俄都感到不安。1887年法国向俄国提出了结盟的呼吁。1888年和1889年，法国先后向俄国提供5亿法郎和19亿法郎的贷款，帮助俄国摆脱财政困难，此后法国资本源源不断输入俄国；1888年还卖给俄国50万支步枪，这就奠定了两国结盟的基础。1892年，法俄缔结了军事协定草案，规定：如法国遭到德国或受德国支持的意大利的进攻，俄国将提供70万～80万的兵力对德作战；如俄国受到德国或得到德国支持的奥地利的进攻，法国将提供130万军队对德作战。该协定草案于1893年正式批准生效。这样在欧洲初步形成了以德奥意为一方，以法俄为另一方的两大军事集团。

这时英国仍置身于两大集团之外，奉行所谓"光辉孤立"政策。均势是英国对欧洲大国政策的一贯指导原则，它惯于利用大国之间的矛盾来维护自己的利益。帕麦斯顿曾经说过："我们没有永久的盟友和永久的敌人，我们只有经常的、永久的利益，我们应当以这种利益为指针"。在欧洲大陆已形成两个对立的军事集团的情况下，英国自信即便没有同盟国也足以保卫自身的安全。更重要的是它与两个集团都有矛盾。因此它不愿参加任何一方，同时这样也可以保证行动自由，能够利用两个集团的对立，来扩大自己在世界各地的殖民地和势力范围。

四、英德矛盾的发展与三国协约的形成

到 20 世纪初，形势发生了变化。由于德国实力的迅速增长，成为英国的主要竞争对手，英德矛盾加剧。迫使英国不得不放弃"光辉孤立"政策，开始结盟。

德国统治集团自 19 世纪 90 年代开始，从争取称霸欧洲的"大陆政策"转向夺取全球霸权的"世界政策"，这对于大英殖民帝国是一个严重的挑战。英、德之间矛盾的尖锐化主要表现在这样几个方面：第一，在中近东，德国修建巴格达铁路的计划，直接触及了英国在中东的利益，并威胁着英属印度。第二，在非洲，德国想沿赤道两旁进行扩张，从东非到西南非建立一个斜断非洲大陆的"赤道非洲帝国"。这与英国的"开罗-开普"计划是尖锐对立的。第三，在制海权方面，德国加紧扩充海军，紧追英国。1898 年，帝国议会通过了庞大的海军建设计划，两年后又把计划扩大一倍。威廉二世说："德国的未来在海上"，"定叫海神手中的三叉戟掌握在我们手中"。德国海军力量很快增长到居世界第二位，仅次于英国，英国对此是不能容忍的。

由于德国实力的增强和英德矛盾的发展，英国开始寻找同盟者。1902 年，英国在远东与日本缔结了同盟以对付俄国，稳定了自己在远东的阵线；接着就在欧洲大陆两个集团中寻求同盟者。由于法国是德国的宿敌，英国便首先争取和法国接近。法国为对抗德国，也有同样要求。20 世纪初，法国的同盟者俄国正忙于在东方对付日本。一旦德法冲突，法国不能指望俄国的有效帮助。所以英法之间经过一番谈判，在 1904 年 4 月签订协约，调整了两国在殖民地问题上的矛盾：法国放弃几十年来反对英国占领埃及的态度，承认英国对埃及的统治权；而英国同意法国夺取摩洛哥。同时还就两国在其他地区殖民地问题上的争议达成妥协。从此，两国事实上建立了同盟关系。

英、法协约的缔订也为英俄接近创造了条件。俄国外交大臣拉姆兹多夫宣称："我们朋友的朋友，就是我们的朋友。"英、俄接近还因为德国向中东的推进使过去英俄在这里的矛盾暂时退到次要位置；而且俄国在日俄战争中失败，对于英国已不是主要危险。所以英俄两国就伊朗、阿富汗和西藏问题达成妥协，在 1907 年缔结了协约。英俄协约和英法协约一样，是背着这些国家的政府和人民签订的，是一种强盗分赃式的协定。英俄协约的签订，是英法俄三国协约最后形成的标志。这样终于出现了两大军事侵略集团。

第二十章　19世纪末的西方社会政治思想

随着资本主义制度在西方先进国家的确立，资产阶级自由主义取得了很大的胜利。但是在19世纪70年代以后，情况有了改变。经济大发展带来了很多社会问题。同时，工人运动的重新高涨，各种社会利益群体的要求与活动及其引起的种种矛盾，列强间愈演愈烈的国际角逐，都向国家的职能提出了新要求。于是，各国都出现了加强国家机器的现象。在人们的观念上，传统的反对国家干预的自由放任主义开始衰落了。

这时，显现出取代自由主义的两股影响较大的社会思潮，是社会主义和社会达尔文主义。在社会主义思潮中，马克思主义显示了很大的活力。这时，达尔文的进化论遭到了保守阵营的普遍反对。然而由于一些自然科学家、人类学家和社会学家的宣传，生物进化乃至社会进化的思想得到了传播。但在同时有一些思想家、种族主义者和帝国主义者却把"生存斗争"规律套用到了人类历史之上。这些情况使社会达尔文主义成为一种时髦。

在哲学上，反理性主义思潮一度异军突起，反映了一些敏锐的知识分子对资本主义文明的失望情绪。

在19世纪和20世纪之交，西方社会政治思想发生了某种转折。除去在社会主义思潮中出现了列宁主义和修正主义的分野之外，资产阶级思想界也出现了一些代表不同倾向的重要思想家。他们的影响绵延了半个世纪，在许多方面至今不绝。

第一节　进化论和社会达尔文主义

19世纪后半期，在西方社会思想方面影响最大的人物中，除马克思之外，就是进化论的奠基人达尔文。

中世纪以来，占统治地位的《圣经》的结论是，上帝创造了万物，包括人本身。但是 18 世纪末 19 世纪初古生物学、比较解剖学、生理学、胚胎学和细胞学的大量科学成果，使得"神创论"和物种不变的观点越来越站不住脚了。于是出现了各种形式的生物进化学说。第一个系统提出生物进化论的是法国生物学家拉马克。他于 1802—1809 年提出了两个定律：动物的器官都是用进废退的；环境造成的获得性状有遗传性。然而，他对此没有提出有力的证据，其结论是臆测出来的。英国地质学家赖尔于 1830 年发表《地质学原理》，提出了地质演化论。赖尔的这一理论与物种变化的思想有紧密的联系，因为他在论证时所依据的化石，是地质变化和物种发展的共同证据。

1859 年，英国博物学家查理·达尔文发表了《物种起源》一书。在这部著作中，达尔文第一次对整个生物界的历史发展问题作出了比较完满的规律性的解释。达尔文从 1831 年起参加了长达 5 年的航海考察。在考察期间，他阅读了赖尔的《地质学原理》，并且采集到大量的动植物标本和古生物化石。在对实物进行认真研究的基础上，他开始坚信物种是逐渐变化的，因而毅然抛弃了神创论。回国后，他又受到马尔萨斯《人口原理》一书的影响，认为马尔萨斯的人口论对于人类社会不一定正确，但可以用于不会主动增加食物产量的生物界。经过研究，他用大量事实证明，现存的生物物种是长期发展形成的；生物界普遍存在着变异，剧烈的生存斗争导致了自然选择。变异的个体适者生存，不适者被淘汰，使变异朝着有利于物种生存的方向发展。通过有利变异的积累，逐渐形成了新物种，实现了生物进化。与达尔文同时，英国动物学家华莱士也提出了与达尔文的结论甚至词句都相似的观点。1871 年，达尔文出版了《人类起源及性的选择》一书，进一步明确提出，人类和其他生物一样，都是通过自然选择从早期比较简单的生物演化而来的。

达尔文的生物进化论从根本上驳倒了生物起源的神创论和生物发展的目的论，沉重打击了形而上学的自然观，从而在生物学，以至在世界观上实现了一个革命。

达尔文的学说被很多人运用到社会政治思想中，形成一股"社会达尔文主义"思潮。

英国哲学家、社会学家赫伯特·斯宾塞被认为是社会达尔文主义的主要代表。斯宾塞出身于一个中学教师家庭，没有受过系统的教育，他在工作和自学中获得了广博的知识。在达尔文的《物种起源》发表之前，他已形成普遍进化的思想。另外，他也从马尔萨斯那里接受了生存斗争的观念。他于 1851 年发表《社会静力学》，引起知识界的注意。以后 30 多年间，他着手建立一个把当时所有理论学科结合起来的综合哲学体系，完成了 10 卷本的《综合哲学》，其中包括《第一原理》《生物学原理》《心理学原理》《社会学原理》《伦理学原理》等。

斯宾塞认为，进化的规律是事物的普遍规律，所谓进化包括物质数量的集中和物质结构及功能的分化。他把进化论应用到社会学，提出社会有机体论。在他看来，社会如同生物一样，是一个有机体。一切发达的人类社会都分化出类似生物有机体的营养、循环和调节（神经系统）3个系统：由产业组织和劳动阶级生产社会必需品组成的支持系统，由商业运输组织和商人阶级组成的分配系统以及以国家为首的调节系统。调节系统的职能承担者，过去是军事阶级，今后是资本家阶级。各系统各阶级应相互协作。

斯宾塞认为，人类社会与生物有机体也有所不同。在后者中，分子是为整体而存在。而前者则是为了自己成员的幸福而存在。他鼓吹个人主义和自由主义，主张绝对的自由竞争。他认为社会进化过程同生物进化过程一样，生存竞争、适者生存的原则起支配作用。人为地把那些最不会生活的人保留下来，是违反自然选择的原理，会延缓社会的进化。因此他强烈地反对国家干预社会生活，反对国家帮助救济穷人。他也反对社会主义，认为社会主义原则是鼓励坏人依赖好人为生。

斯宾塞的社会政治思想形成于19世纪中期，正值英国自由资本主义的鼎盛时期。他的自由放任主义思想反映了当时志得意满的英国资产阶级的情绪。19世纪70年代以后，社会达尔文主义愈益与种族主义、帝国主义思想交织在一起了。奥地利的大学教授、波兰裔社会学家龚普洛维奇于1875年出版的《种族和国家》一书轰动一时。书中认为，世界历史上在宗教、思想原则名义下进行的各种社会斗争，实质上是种族斗争。亲德的英国政治哲学家豪斯顿·张伯伦在1899年发表的《19世纪的基础》一书中宣称，正是由于西方的雅利安民族，才有欧洲的伟大和创造力，而犹太人的影响主要起了消极作用。日耳曼人作为雅利安人的最后种族将是合法的"世界主人"。种族纯粹是进步的先决条件，日耳曼民族必须为保持血统的纯粹和统治世界进行斗争。直到1914年，《19世纪的基础》一书在德国风行一时。美国的种族主义和帝国主义的鼓吹者乔赛亚·斯特朗则认为，美国的成就是物竞天择的结果。下一阶段的世界历史将是争夺生存空间的大规模斗争。"这是种族之间最后的竞争，为此盎格鲁-撒克逊人正在接受锻炼。"

第二节 反理性主义哲学

反理性主义哲学的开创者是德国哲学家叔本华。他认为世界的本原和人的本质是意志，而不是理性。在他看来，人们那种利己的生活意志在现实生活中是无法满足的，所以人生充满痛苦。他的哲学带有明显的悲观主义色彩，在1848年德国革命失败后风行一时。

反理性主义哲学的最重要的代表人物是弗里德利希·尼采。他出生在德国一个传教士家庭，24岁成为大学教授，10年后因精神分裂而退休。他的不少著作是养病时写的。主要著作有《悲剧的诞生》《查拉图斯特拉如是说》《善恶的彼岸》等。尼采认为，西方文明在衰落，原因之一在于理性的过度发展压抑了有创造力的本能或意志。只有弘扬人的本能或生命意志，历史才有生气。他将生命意志称作创造力意志，以此为标准，他将以往的善恶观念完全颠倒过来，认为一切能增强人的创造力和创造力意志的东西就是善，一切因软弱而生出的东西皆是恶。尼采激烈地批判基督教和欧洲 2 000 多年的传统信仰和道德，指责它们颂扬怜悯、容忍、同情、克己和牺牲，统属于弃强就弱，约束和驯服人们的创造意志的奴隶道德。他宣称"上帝死了"，号召"打倒一切偶像"，"重新估定一切价值"，创造新价值。他从创

尼采

造力意志出发，提倡主观战斗精神和对生活的肯定态度，鼓吹"超人"哲学。他认为，人是动物和超人之间的一座桥梁，人应该超越人类本性，做能够控制和主宰自己的欲望从而创造新的理想和价值的"超人"。

尼采对沉湎于物质主义的资产阶级社会持强烈的批判态度。他也反对民主主义、社会主义以及男女平等的要求，认为这些都阻碍创造力意志的发展。他还批判种族主义和军事扩张。

尼采对一切现有传统的反叛精神，对后世的哲学、艺术和社会政治思想有重大影响。应该指出，德国法西斯主义者曾把尼采奉为先驱。这是由于他的持反犹主义的妹妹篡改了他的最后一部著作《权力意志》并写了许多歪曲尼采的传记而造成的。

第三节　社会科学的新发展

第一次世界大战前，出现了一些被称作"社会科学大师"的重要学者。他们是弗洛伊德、韦伯、涂尔干等。

西格蒙德·弗洛伊德是奥地利精神病学家、心理学家。他在 1899 年发表《梦的解释》一书，精辟地分析梦的机制。到 1905 年发表《性学三论》为止，他提出了一个精神分析理论。他用非常理性的态度，依据经验和观察，研究和揭示人的非理性的心理结构和功能。他认为，人们生活的推动力最终来自潜意识。在潜意识中有两大驱力，一是性能，一是自我保存。这二者使生命得以繁衍和保存。性能量如得不到直接的释放，就只能用间接的方式表现自己，产生人自己难以解释的行为，这种行为变得明显时，就出现了神经症状。他的学说迅速蜚声全欧及美国。1913 年后，弗洛伊德将精神分析拓广到社会领域，先后发表《图腾与

禁忌》《自我与伊德》《文明及其不满》等重要著作。他认为，在个人的本能要求与文明之间存在着不可避免的冲突。弗洛伊德的学说受到许多批评和挑战。他的泛性欲说也使他蒙受某些恶名。尽管如此，他的学说开创了一个全新的心理学研究领域。从此人们开始从根本上改变对人类本性的看法。有人评论说，弗洛伊德的学说是继哥白尼的日心学说和达尔文的进化论之后科学思想给予人类"尊严"的第三次沉重打击。

在社会学方面，这个时期首屈一指的人物当推德国的马克斯·韦伯。他视野开阔，著述甚丰，研究领域很广。他没有建立无所不包的体系，而是研究各种特殊的领域。他最有名的，也是最引起争议的著作是 1904—1905 年分两部分发表的《新教伦理和资本主义精神》。他一反前人的观点，认为资本主义之所以只在欧洲发生，不仅因为欧洲具备物质方面的先决条件，而且因为新教伦理提供了迎合与促进资本主义发展的文化心理条件。而一切东方和古代的宗教，则只创造了阻碍资本主义的经济伦理。韦伯大跨度地研究经济史和文化史，对印度、中国和西方的宗教文化进行对比，提出了一系列的理论和术语。在政治学方面，他归纳了三种统治类型：建立在习惯和古老传统上的传统型、建立在某个英雄人物个人魅力上的个人魅力型和建立在正式法规上的法理型。

埃米尔·涂尔干是与韦伯齐名的法国社会学家，是脱胎于实证学派的唯理主义者。他是第一个对日常生活的特定现象进行社会学研究并系统地形成一套富有生命力的方法论的学者。他于 1897 年发表的《论自杀》，分析了社会文化因素与不同种类人的自杀率的关系。该书成为西方社会学研究的一个典范。涂尔干后来还研究了一些原始部落的情况。

第二十一章　工人运动与社会主义运动的发展　第二国际

第一节　19 世纪末的工人运动

一、资本主义和平发展时期工人运动的特点

从巴黎公社以后到 20 世纪初期，各主要资本主义国家，除俄国由于存在大量封建残余而在 1905 年发生了资产阶级民主革命之外，都没有发生过革命。社会处于和平发展时期。

由于大工业的发展，工人阶级的人数迅速增加。1852—1894 年德国工人人数从 190 万增加到 613 万人，增加了两倍多。1870—1907 年进入美国的 2 000 多万移民，绝大部分作为雇佣工人补充到工厂或农场，产业工人的人数急剧增加。工人阶级队伍的壮大，意味着就业人数比过去大幅度增加了。同时，由于第二次工业革命的开展，资产阶级更注重于剥削相对剩余价值，因而对工人的文化素质也提高了要求，工资水平也明显地提高了。以工资水平相对较低的德国为例，工人的工资中平均约支出 25% 来缴房租，25%～30% 为饭费，在解决吃、住两项开支后，还有 45%～50% 的结余。另一个工资较低的国家是法国，但在 19 世纪末其工资也比第二帝国时期提高了近 70%。英、美两国的工资更明显高于德、法。这一切就使这个时期的工人运动带有与以往不同的特点。首先，随着工人阶级队伍的壮大，运动更广泛了。而且，由于工人文化素养的提高，使运动更具理论性，工人政党普遍建立起来。其次，在和平环境里，不具备革命形势。更重要的是，随着各国自由主义改革的实行，工人阶级长期以来争取的政治权利，大部分已经得到。因此，运动多数带有合法性，并以经济斗争为主。最后，随着大企业的建立日益增多，工人的集中程度也不断提高，因而组织性大为加强。除工人政党外，各种工会组织也大量出现。这一切都带有时代的特征，是工人运动的新发展。

二、工人运动的发展和工人政党的建立

19世纪末工人运动在更广阔的范围里发展起来。在德国，1875年爱森纳赫派与拉萨尔派合并后，工人运动更迅速地发展起来。在这两派之外，还有25个工会，1887年会员达25万人。1892年全国的工会终于统一起来，组成了统一领导机构——德国工会总委员会。工人的罢工斗争也发展了。1889年5月，有15万矿工举行罢工，要求8小时工作制，提高工资。1890年鲁尔矿区发生了10万矿工的大罢工。接着，其他行业的工人相继罢工，全国罢工约1 000次，参加者达30万人。此外，德国社会民主党在反对《非常法》的斗争中取得重大胜利。在议会选举斗争中也获得很大进展。1884年党在议会中占有24个席位，1890年增加到35个议席，1893年社会民主党成为议会中第二大党，拥有44个议席。

在法国，巴黎公社失败后工人运动一度处于低潮，不久又活跃起来。由于法国是小生产占优势的国家，工人中有1/3以上分布在不足10人的小企业中，因而工人组织很分散。1875年全国有135个工团，后来才出现一些按行业组成的全国性工人组织，如1879年的制帽工团联合会，1880年的矿工联合会和铸工联合会等。1867年和1877年先后在巴黎和里昂召开过两次工人代表大会，没有发挥很大作用。1879年在马赛召开第三次代表大会时，建立了工人党。1886年成立了全国工团联合会。同年，爆发了德卡兹维尔煤矿工人大罢工，坚持半年之久。这是19世纪法国最大的罢工，标志着工人运动新高潮的掀起。

英国在80年代末到90年代中期，出现了一批新工联，以非熟练工人为主。新工联是英国工人新觉醒的表现，也反映出参加工人运动的范围更扩大了。1889年爆发煤气工人大罢工，争得了8小时工作日，并建立了煤气工人联合会。这是英国第一个非熟练工人工会。同年，伦敦6万码头工人罢工，取得胜利，资本家被迫提高工人工资。重要的是，自欧文以后，在英国消沉了多年的社会主义思潮，这时又开始传播起来。

在美国，工人运动没有能够与欧洲同步发展。开始时，企图指导工人运动的主要是来自德国的流亡者。但他们有宗派主义倾向，没有深入到工人群众中去。1881年全国性的劳工联合会（简称劳联）成立，这是美国工人运动在80年代开始进入高潮的一个反映。1884年美国发生罢工近500次。1886年5月1日，发生了著名的以争取8小时工作日为口号的芝加哥大罢工，这次罢工很快发展为全国规模的斗争，有35万人参加。半数以上的罢工者争得了8小时工作日的权利。

随着国际工人运动的迅速发展，马克思主义得到很快传播。许多国家纷纷出版或重版马克思、恩格斯的著作。到19世纪80年代，《共产党宣言》在欧美已用12种文字出版，在许多国家再版多次。为了普及马克思主义的宣传和教育，1880年恩格斯把《反杜林论》的第3章改写成一篇独立的通俗著作，这就是著名的《社会主义从空想到科学的发展》。这本书被马克思誉为"科学社会主义入

门"。它首先在法国出版后，短短 12 年内就以 10 种文字发行 20 版，传遍欧美各国，对马克思主义的宣传起了巨大作用。《资本论》第 1 卷在 70 年代也以德、法、俄文出版。各国社会主义者创办各种报刊，写出许多文章宣传马克思主义。德国的威廉·李卜克内西、倍倍尔和白拉克，法国的盖得、拉法格，美国的左尔格，俄国的普列汉诺夫、查苏利奇等，都在介绍和传播马克思主义工作上起了很大作用，特别是普列汉诺夫和拉法格贡献更为突出。

马克思主义和工人运动的结合，促成了各国工人政党的建立和发展。欧美许多国家的工人运动领导人积极从事建党活动。到 1889 年，已建立工人政党的国家达到 14 个，即德、法、美、英、比利时、丹麦、荷兰、意大利、奥地利、挪威、瑞典、瑞士、西班牙、匈牙利等。此外，俄国在 1883 年由普列汉诺夫领导建立了劳动解放社。

列宁在论及各国建党的状况时指出："到处都在形成就其主要成分来说是无产阶级的社会主义政党，这些政党学习利用资产阶级议会制，创办自己的日报，建立自己的教育机构、自己的工会和自己的合作社。"❶

国际工人运动的迅速发展，马克思主义的广泛传播以及各国工人政党的建立，为第二国际的成立提供了前提条件。

第二节　第二国际

一、第二国际的建立

第一国际解散以后，国际工人阶级虽然没有了自己的国际组织，但是还举行过多次国际性的代表大会。在 1881 年以前，这些大会主要是无政府主义者在起作用，以后是工联主义者和法国的可能派。

80 年代后半期，在国际工人运动和社会主义运动广泛发展的情况下，各国工人要求加强国际联系的愿望日益强烈，使建立新国际的问题开始提上日程。在恩格斯大力促进下，1889 年 2 月在海牙由德国党召集了各国社会主义者代表会议，决定当年 7 月在巴黎召开国际社会主义者代表大会，邀请所有工人党和社会党派代表参加。

1889 年 7 月 14 日，即法国大革命 100 周年之日，在巴黎召开了代表大会。参加大会的有来自 22 个国家的 393 名代表，他们当中包括许多当时著名的工人运动活动家，如英国的凯尔·哈第，德国的威廉·李卜克内西、倍倍尔、蔡特金和伯恩施坦，法国的盖得和拉法格，荷兰的纽文胡斯，奥地利的阿德勒，比利时的王得威尔德，俄国的普列汉诺夫等。这是一次真正的国际社会主义者代表大会，虽然包括了一些社会改良主义者和无政府主义者。

❶ 《列宁选集》第 2 卷，306～307 页，北京，人民出版社，1995。

巴黎代表大会听取了各国代表的工作报告，讨论了关于国际劳工立法，关于工人阶级的经济斗争和政治斗争，关于"五一"国际劳动节等问题。

大会通过的关于国际劳工立法问题的决议指出：资本主义迅速发展的结果，工人阶级遭到越来越残酷的经济剥削和政治压迫，因此工人阶级"必须以其拥有的一切手段"促使各国政府制定劳工立法，实行8小时工作制、劳动保护制、保护童工和女工的利益、废除血汗制度等。

大会还通过了关于经济斗争与政治斗争的决议，指出：无产阶级只参加经济斗争是不够的，这只是"启发劳动人民阶级觉悟的手段"，无产阶级必须参加政治斗争，"只有无产阶级取得政权，剥夺资产阶级的生产资料并把它变成公有财产之后，劳动和人类才能获得解放"。在取得政权的道路问题上，决议根据西欧各国工人政党在议会斗争中的成就，提出"利用自己的投票权竭力在现存制度的条件下夺取政权"。

大会根据法国代表团的提议，通过了关于"五一"节的决议。决议规定，每年5月1日即美国芝加哥工人为争取8小时工作制而罢工的日子，组织国际性的大规模示威游行，要求各国执政当局实行8小时工作制，实现国际代表大会的其他决议。

1889年巴黎大会标志着第二国际的成立。大会通过的决议摆正了经济斗争与政治斗争的关系，为当时以合法斗争、经济斗争为主要特点的各国工人运动制定了切合实际的策略和口号，对推动国际工人运动的发展有重要作用。

二、第二国际的前期活动

第二国际从开始建立时就没有规定要对各国党有约束力，这是正确的。第二国际只是定期举行的各国社会主义者的代表大会，其任务是交流和研究运动的情况，帮助指导各国的运动，同时显示无产阶级国际团结的力量。在第二国际建立后，各国工人党和社会民主党更积极地参加议会斗争，发展工会组织，开展各种活动，团结工人群众，向资本主义剥削制度进行斗争，宣传马克思主义，取得很大成绩。

1890年5月1日，各国无产阶级执行第二国际的决议，分别举行了大规模的示威游行。在伦敦，5月4日有20万工人走上街头示威游行。已经70岁高龄的恩格斯亲自参加了游行，他满怀激情地写道："'全世界无产者，联合起来！'当42年前我们……向世界上发出这个号召时，响应者还是寥寥无几"，"今天的情景定会使全世界的资本家和地主看到：全世界的无产者现在真正联合起来了"，"如果马克思今天还能同我站在一起亲眼看见这种情景，那该多好啊！"❶

90年代初，欧美主要资本主义国家的社会民主党共拥有党员近30万人，工

344

---

❶ 《马克思恩格斯选集》第1卷，264～265页，北京，人民出版社，1995。

会组织团结了近 400 万工人，是一支庞大的无产阶级战斗队伍。在德国，由于工人运动的强大压力，迫使政府在 1890 年取消了《非常法》。英国工会不顾某些工联主义领袖的反对，1890 年提出了 8 小时工作制的要求。在西欧国家的议会选举中，社会主义者得到的选票越来越多，当选的议员数量激增。1890 年，法国社会主义者在选举中获重大胜利，在议会中拥有约 50 个席位，其中法国工人党得 25 万张选票，12 个议席。1893 年德国党在议会中拥有 44 个议席。1894 年比利时工人党有 28 名代表进入议会。1895 年，意大利社会党在警察的迫害下，选票仍大量增加，议席由 5 个增加到 11 个。英国在 1892 年也有 15 名工人代表进入议会。各国党充分利用合法条件开展工作，创办大批社会主义报刊，发行量也显著增加，广泛宣传社会主义思想。工会、合作社得到迅速发展。1892 年德国工会拥有 30 万会员。1890 年法国有 1 000 多个工团，1895 年联合成为法国劳动总联合会。

90 年代第二国际召开了三次代表大会，即 1891 年的布鲁塞尔大会，1893 年的苏黎世大会，1896 年的伦敦大会。这几次大会讨论的主要问题包括关于政治斗争、关于反对军国主义、关于民族和殖民地问题等。

在讨论这些问题时，马克思主义者同无政府主义者进行了坚决的斗争。无政府主义者认为一切权力都是罪恶，因此否定政治斗争，否定无产阶级夺取政权的思想。他们主张工人采取"直接行动"，最后举行国际性的经济总罢工，这样就能使工人获得解放。无政府工团主义还认为，把生产资料交给工会是他们的最终目的，只靠工会就能保证工人阶级的解放和过渡到社会主义。在历次大会上，无政府主义的这些主张都遭到了反对并被否决。第二国际始终坚持了巴黎大会通过的工人阶级必须参加政治斗争的正确决议。

1893 年苏黎世代表大会上，就政治斗争问题作出决议，只允许"承认建立工人组织和从事政治活动必要性的一切工会、社会团体"参加代表大会。这样，公开的无政府主义者被排除出去。伦敦大会又明文规定"无政府主义者在排除之列"。马克思主义者取得了反对无政府主义斗争的胜利。在布鲁塞尔代表大会上，围绕反对军国主义、反对战争问题展开了争论。威廉·李卜克内西指出："只有建立起消灭人剥削人现象的社会主义社会制度，才能结束军国主义，奠定各国人民之间的和平。"无政府主义者纽文胡斯则在发言中提出，不论发生任何战争都应号召各国人民举行总罢工。大会否决了无政府主义者的主张，通过了李卜克内西提出的决议。关于民族殖民地问题，国际决议号召资本主义国家的工人阶级同殖民地工人阶级团结起来，共同进行反对资本主义的斗争，实现民族自决权。

这几次代表大会在一系列重大问题上通过了基本符合马克思主义的决议，促进了社会主义运动和工人运动的发展。第二国际在前期活动中做出了贡献，不过也有些错误的倾向，主要表现在将和平过渡到社会主义的道路绝对化，完全抛弃了暴力革命道路。马克思主义者历来主张有两种可能的过渡道路，将任何一种绝对化都是错误的。

三、修正主义的产生

恩格斯逝世后不久，在工人运动中出现了一股修正马克思主义的思潮。系统提出修正主义理论的是德国社会民主党的理论家伯恩施坦。修正主义一词流行起来是在 1901 年德国社会民主党员诺西希发表《社会主义的修正》以后。伯恩施坦在 1896 年发表修正主义言论之前，是党内受尊敬的杰出人物之一。在反社会党人非常法实施期间，他担任了 10 年《社会民主党人报》的编辑，做出很大贡献。倍倍尔在德国党汉诺威代表大会上批判他时还说，他是"一个迄今为止有权享受马克思主义理论家声誉的人"。他得到恩格斯的信任，并且同倍倍尔一起被恩格斯指定为遗作管理人。而现在他被批判为"正式否定社会民主原则"，倍倍尔考虑把他开除出党，连伯恩施坦的青年朋友考茨基也不再同他来往。

爱德华·伯恩施坦 1872 年加入德国社会民主工党（爱森纳赫派）。从 1881 年起编辑党报《社会民主党人报》（在苏黎世）。1888 年随报社迁到伦敦。在那里，他受到费边社的影响。这一时期，他曾对马克思主义的"若干假设进行批判性的验证"（如他自己所说）。从 1896 年开始，他在考茨基主编的党刊《新时代》杂志上，以《社会主义问题》为总题目发表了《空想主义和折衷主义》等 6 篇文章，以及《英国各政党和经济利益》《崩溃论和殖民政策》两篇文章。这些文章宣称："我们已在大踏步地接近社会民主党必须修改它今天仍然采取的主要是批评立场的时代"；"科学社会主义作为关于未来发展的全部理论，纵然是唯物主义的，到底也必然带空谈的色彩"。在《崩溃论和殖民政策》一文中，他说："我坦白说，我对于人们通常所理解的'社会主义的最终目的'非常缺乏爱好和兴趣，这个目的无论是什么，对我来说都是完全微不足道的，运动就是一切。"还在1885 年，恩格斯就曾察觉到他片面追求现实斗争成果，忽视共产主义理想的倾向，写信告诫他要"记住一条老规矩：不要只看到运动和斗争的现状，而忘记运动的未来。而未来是属于我们的"❶。1899 年，伯恩施坦把他的思想系统化，发表了《社会主义的前提和社会民主党的任务》一书，提出了对马克思主义的"批判性的验证"。伯恩施坦论证说，关于无产阶级贫困化的学说与工人阶级经济状况不断提高的事实相矛盾；资本主义经济制度必然崩溃的理论，已为资本主义正处在发展和壮大过程的事实所否定；而资本主义造成的新的中间阶层的发展，使社会结构复杂化了，这又与社会将两极分化成为无产阶级和资本家两个阶级的假定相反。因此，社会和经济过程本身包含了缓和阶级对立的趋势。他说，实际上丝毫看不到有出现革命形势或者资产阶级社会即将崩溃的迹象。坚持革命意识形态是错误的，它会使党和本来可以争取成为进行社会和政治改革斗争中的同盟者

---

❶ 《马克思恩格斯全集》第 36 卷，310 页，北京，人民出版社，1974。

的资产阶级及农民阶层疏远。因此他要改变党的性质，他说："如果社会民主党有勇气使自己从事实上已经过时的教条中解放出来，并且愿意以它今天的实际面貌，即民主社会主义改良党的面貌出现的话"，党的影响"会远远超过今天"。

伯恩施坦还对马克思关于社会主义乃是一种内在的"经济必然性"的理论提出疑问。他说，社会主义可以是工人理想主义努力争取的一个目标，一个权力意识的要求，一个文化要求，但绝不是一种客观的历史必然性。正因为社会主义只是一个目标，运动要达到这一目标，关键是通过民主和政治改革的方法对资产阶级社会制度进行社会主义改造，即资本主义社会制度"长入"社会主义社会制度的过程。这是他的基本结论。

伯恩施坦修正主义理论产生后得到国际上一些社会主义流派的支持，如英国的费边社，法国的米勒兰派，俄国的经济派等，形成为一股国际思潮。

伯恩施坦修正主义理论在德国党和第二国际中引起了一场激烈的斗争。德国社会民主党在1898—1903年的6年时间里先后召开了4次代表大会，辩论了伯恩施坦主义问题。倍倍尔、李卜克内西、卢森堡和蔡特金都批判了伯恩施坦"运动就是一切"的提法。卢森堡特别指出："夺取政权始终是最终目的，而最终目的始终是斗争的灵魂。"她于1899年发表了《社会改良还是社会革命?》一书。1899年10月在汉诺威召开的党代表大会通过决议指出："党没有任何理由改变自己的基本原则和基本要求，或改变自己的策略和名称。"

347

伯恩斯坦

卢森堡

关于和平"长入"社会主义的理论，实际上在伯恩施坦之前已有法国、意大利、英国的社会主义者提出来了。法国有马隆、布鲁斯、米勒兰和饶勒斯，意大利有屠拉蒂，英国有费边社成员，等等。修正主义一出现就成为一种国际思潮是不奇怪的。

20世纪初，第二国际因修正主义的出现，明显分成左、中、右三派。

第二十二章　新型民族运动的兴起

第一节　民族运动的演变

截止到 19 世纪中叶，各殖民地、半殖民地的民族解放运动还属于旧式的反抗斗争，是古代那种群众反抗运动的继续，只是把外国侵略势力当作了主要打击对象。但是运动中却提不出改造社会的新方案。19 世纪末这种情况开始出现了新的变化。

当时，世界领土已基本上被西方列强瓜分完毕，资本主义世界体系最终形成。随着垄断资本主义时期的到来，各主要资本主义国家的经济侵略手段已不仅仅是进行公开掠夺和商品输出，而是逐步加强了资本输出，在殖民地、半殖民地投资办厂，或以高利息贷款给当地政府并攫取某些特权。这样，在殖民地、半殖民地就出现了大批外资经营的西方式企业，甚至还有西方企业在那里包筑铁路。这些外资企业利用当地的廉价原料和廉价劳动力获取了巨额利润，也使当地出现了最早的一批近代产业工人。

外资企业的开办与经营，进一步破坏和瓦解了当地的自然经济，外国资本家的强横霸道给当地群众带来了更大灾难。但是这些西方式企业的先进设备、经济效益也展示出来，远比当地的传统手工业优越得多。再加上在此之前列强已显露过的船坚炮利、火器精良的技术能力，对当地的影响就更为巨大。广大人民义愤填膺，爱国热情高涨，同时也有一些人，包括部分官僚贵族和商人，从中得到了某种启示。他们开始意识到，要摆脱落后的状态，必须效法西方，兴办自己的新式企业，借以自强。于是他们筹集资金，购买外国机器，甚至出国考察西方经济情况和企业经营状况，兴办起民族工业。民族资本主义由此而诞生，民族资产阶级和工人阶级也形成了。

但是，本国封建统治的压迫和西方列强的排挤与竞争，使弱小的民族资本主义只能在困境中挣扎，在夹缝中成长，随时都有被扼杀的危险。这使民族资产阶级尤其是爱国的知识分子逐渐悟出，要想求得发展与自强，就必须增强实力，更必须争得国家与民族的独立。为此，既要大力引进外国先进的科技与设备，而且还要在政治上参照西方的体制与历史经验，走近代宪政国家之路。

正是在这种情况下，一批富有远见的政治家、思想家开始向本国人民介绍西方启蒙学者的著作，分析本国国情，提出了改造现行制度的设想与方案。尽管设想与方案有多种，又难免有一些假设，但却都是近代资本主义性质的。在这个基础上，民族运动的领导权逐渐落在了这些有近代意识者的肩上，旧式的运动也就转化为新型的运动，即资产阶级领导的有着资本主义纲领的民族运动。这一转变为民族解放运动带来了新的活力，也体现了殖民地、半殖民地的反抗斗争将把争取民族独立与实现社会转型结合起来的大趋势。

与资本主义发展不平衡一样，民族运动的发展也是不平衡的。在19世纪晚期，新旧类型的民族运动并存于世，在少数国家或地区出现了新型的运动，尤其是在亚洲和拉丁美洲，而多数则还是旧式的斗争，在非洲更是如此。

第二节　非洲人民的反帝斗争

一、19世纪末的非洲形势

从15世纪起，西方殖民者就开始了对非洲的入侵。19世纪前期，随着资本主义国家工业革命的加紧进行，资产阶级奔走于全球各地，寻找更广阔的商品销售市场和原料产地。它们通过发动战争、强迫签订不平等条约和贷款等手段，逐渐把北非各国变成了保护国，同时又把各自在非洲沿岸的殖民据点扩大为殖民地。对于非洲内陆的广阔地区，也急于探明情况，企图占领。于是竞相建立了各种组织，鼓励人们去"探险"和"考察"。在进行考察的同时，英国在西非和南非，法国在西非建立了新的殖民地。

70年代以后，苏伊士运河开始通航了，西非和南非先后发现了新的金矿和钻石产地，许多经济作物也种植成功，这就大大提高了非洲在整个世界政治、经济和战略上的重要地位。正是在这一形势下，帝国主义列强掀起了争夺和瓜分非洲的狂潮。到20世纪初，除埃塞俄比亚和利比里亚保持独立外，整个非洲已被帝国主义列强瓜分完毕。

帝国主义的侵略和奴役，给非洲带来了空前的破坏和灾难。绝大多数国家和地区丧失了政治独立，一些原来生活在同一地区的统一民族，被强行分割为不同宗主国统治下的几个部分，这是后来非洲一些独立国家之间发生各种矛盾冲突的重要根源之一。与此同时，非洲人民丧失了大片土地，人口锐减，丰富资源遭到无情掠夺，许多地区被强制变为单一的经济种植区，造成经济的畸形发展，使非洲在社会、经济和文化等方面更加落后于其他各洲。另外，帝国主义的侵略和统

在非洲的探险

治，也促成了原来部落组织、酋长统治的逐步崩溃，农业和手工业相结合的自然经济开始瓦解。随着资本主义大农场在非洲的出现和近代工矿企业的建立，大城市渐渐兴起，冲击着古老而停滞不前的社会结构，非洲被卷入了资本主义世界体系。

帝国主义的侵略和奴役，遭到了非洲各族人民的顽强抵抗。早在19世纪70年代初，阿尔及利亚就爆发了反法民族大起义。80年代以后，非洲人民的反抗运动发展到最高潮。在非洲之角的索马里、东非的乌干达、肯尼亚都掀起了反对英国侵略和统治的斗争；坦噶尼喀人民对德国的入侵进行过顽强抵抗；马达加斯加人民为反对法国的占领，坚持了20年的斗争；西非的塞内加尔、几内亚和达荷美人民进行了英勇的抗法斗争。此外，其他地区的反抗斗争也如火如荼地开展起来，如南非祖鲁人、马达别人的抗英斗争等。当时，影响比较大的反抗运动主要有阿散蒂人民同英国侵略者的斗争，阿拉比领导的埃及人民抗英斗争，苏丹的马赫迪大起义和埃塞俄比亚的抗意斗争。

二、阿散蒂人民的抗英斗争

从15世纪末期起，西方殖民者就在西非黄金海岸（今加纳）沿岸建立殖民据点，从事万恶的奴隶贸易。随后，英国成为这一地区的主要殖民国家。从19世纪初开始，英国殖民者逐渐从沿岸据点向内陆扩张。英国殖民者的侵略，遭到西非各族人民的顽强抵抗。英勇的阿散蒂人民为捍卫国家独立，同英国侵略者进行了近一个世纪的顽强斗争。

阿散蒂族是黄金海岸的内陆民族，17世纪下半叶至18世纪初，逐渐形成了强大的阿散蒂国家。国王是国家元首，全国分为9省，省长由国王任命，首都是库马西。英国从1807—1900年间先后发动了8次侵略阿散蒂的战争。在1807—

1826 年的前 4 次战争中，英国遭到惨败。1831 年英国被迫和阿散蒂签订和约，承认阿散蒂国家的独立。

1871 年 2 月，英国与荷兰通过谈判达成协议，英国取得了荷兰在黄金海岸的所有殖民据点。1873 年初，英国向阿散蒂发动了第 7 次侵略战争。阿散蒂军民在埃尔米纳英勇抗击敌军，后因军队中感染痢疾和天花，人员损失巨大而被迫退兵。1874 年 2 月 5 日，英国侵略军占领了库马西。但在英军侵占前一天，阿散蒂军民已主动撤离并带走了所有的粮食，剩下一座空城。英军深怕孤军深入被围歼，于是慌忙于次日狼狈撤出库马西。撤退前英军炸毁了皇宫，并放火烧毁全城。3 月 14 日，阿散蒂被迫和英国签订屈辱的条约，规定阿散蒂赔款 5 万两黄金，并放弃对沿海地区的领土主权，英国则承认阿散蒂为独立的主权国家。

19 世纪 80 年代至 90 年代，帝国主义列强加紧了对西非的瓜分。英国很担心德、法势力渗透到阿散蒂，所以在 1890 年 12 月公然提出要阿散蒂接受英国"保护"的无理要求，遭到阿散蒂的坚决拒绝。1896 年初英国侵略军大举进犯阿散蒂。1 月 17 日英军占领库马西，俘虏了国王普列姆佩一世及母后等。阿散蒂成为英国的保护国。

1900 年 3 月，英国驻黄金海岸总督弗雷德里克·霍奇森在库马西召集酋长会议，逼迫他们交出象征统治权力和民族尊严的金凳子，这件事激怒了阿散蒂人民。不久，女酋长雅·阿散蒂娃领导人民举行起义，从而开始了阿散蒂人民的第八次抗英战争。起义者达 8 000 之众，把英军围困在库马西长达数月之久。被围困的英军缺粮少物，每天都有人饿死和病死。这时英军提出停战要求，起义者误信敌人，停止了军事行动。6 月下旬，英军乘机突围南逃，沿途遭到阿散蒂人的袭击。7 月，英国援军围攻库马西，经过激烈战斗，起义军于 12 月被打败，雅·阿散蒂娃和其他参加起义的酋长被俘。不久，阿散蒂国被肢解为 18 个小邦国，归英国总督统辖。1902 年，阿散蒂被正式并入英属黄金海岸殖民地。

三、埃及的抗英斗争

埃及地处亚、非、欧三洲的交通要冲，16 世纪初被土耳其占领，成为奥斯曼帝国的一个省。1805 年，奥斯曼帝国驻埃及军官穆罕默德·阿里夺取了政权，自立为总督，奥斯曼帝国素丹被迫承认了既成事实。

阿里为巩固其政权进行了全面的改革。他没收了封建主、包税人和部分清真寺的土地，将一部分赠给其家族、亲信和部属，从而形成了一批新地主；另一部分定为"国有地"，实际归阿里本人所有，以租佃形式租给农民。此外，政府还兴修水利，扩大耕地，改良耕种方法，引进新作物等。阿里还鼓励发展近代工业，政府兴建了一批纺织、制糖、榨油工厂，尤其大力建设军事工业，包括提炼硝石、火药、造船等，并注意聘请教师和引进先进技术。在军事方面，阿里改组了军队，建立起新军。阿里还提倡学习西方文化，派留学生出国学习，在国内建立新式学校，办印刷所，出版了《埃及纪事报》。同时也注意整理本国文化遗产，诠释古籍、编辞书、出版文史著作等。阿里的改革加强了中央集权，促进了社会生产力的发展，增强了国力。

从 19 世纪初年起，埃及不断对外用兵，先后占领了苏丹、叙利亚和黎巴嫩等地。为削弱日益强大的埃及，在英国唆使下，奥斯曼帝国于 1839 年发动了对埃及的战争。1840 年英国联合俄、普、奥支持奥斯曼帝国，对埃及宣战。结果埃及失败，被迫签订英埃条约，规定埃及只保留本土和苏丹，陆军裁减到 1.8 万人，取消造船厂，承认奥斯曼帝国的宗主权。对外战争的失败，使埃及国力一蹶不振。1849 年阿里死后，英、法加强了对埃及的侵略活动。英国开始在埃及修建铁路，架设电报线，开办工厂和银行，建立商船队；法国则取得了修建苏伊士运河的特许权。埃及国库日益空虚，一再被迫以高达 7％～9％的年利向英法等国借债。1874 年，埃及将自己占有的 44％的苏伊士运河公司股票全部廉价卖给英国，仍无法解决财政困难。1876 年，埃及政府宣布财政破产，由债权国英、法接管财政大权，实行"双重监督"制度，即由英国人管理国家收入和预算，法国人管理支出。

1878 年埃及组成努巴尔内阁，英国人任财政部长，法国人任公共工程部长（意大利人和奥地利人分任副部长），并拥有否决权，埃及人称之为"欧洲内阁"。"欧洲内阁"对埃及人民进行了肆意搜刮，甚至以紧缩开支为名，解除了 2 500 名埃及军官的职务。"欧洲内阁"的反动政策激起了全国人民的强烈不满。1879 年 1 月，由陆军中校阿赫美德·阿拉比领导的埃及第一个民族主义组织"祖国党"宣告成立。参加者主要是资产阶级知识分子、爱国军官和青年学生。祖国党提出了"埃及是埃及人的埃及"的口号，主张保卫民族独立，维护国家主权，实施宪政。1881 年 12 月祖国党在议会选举中获胜，在议会中占了多数。次年 2 月，成立了以祖国党人为主的政府，阿拉比担任陆军部长，议会和政府采取了维护民族独立的政策。经修改后公布的宪法规定，内阁向议会负责，议会有权讨论国家预算，从而削弱了英法的财政监督权。

1882 年 7 月 11 日英国舰队炮击亚历山大港，以 2.5 万大军强行登陆，悍然挑起侵埃战争。阿拉比领导军民进行英勇抵抗，宣布埃及"全民族与英国进行不可调和的战争"。7 月 22 日成立了国防委员会，阿拉比任总司令。由于阿拉比轻信了英国关于遵守苏伊士运河中立的保证，因而只注意了西线和北部沿海地区，忽视了东线的防御。8 月 19 日英军秘密调动北线主力到东线，次日便占领了运河区三大港口，并向开罗进逼。这时，阿拉比急忙到东线布防，但为时已晚。9 月 13 刚河拉比兵败退守开罗。9 月 15 日阿拉比在城郊巡查时，城内封建上层集团叛变投敌，英军占领开罗，阿拉比等抗战领袖被俘。埃及人民的抗英战争遭到失败。

这次抗英战争既是为了捍卫民族独立，同时也具有反对本国封建卖国政府的特点，是资产阶级性质的民族独立运动。战争失败后，埃及逐渐处于英国的统治之下。

四、苏丹马赫迪大起义

苏丹是非洲面积最大的国家，1819—1821 年被埃及征服。英国控制埃及后，很快将势力渗入苏丹。英国殖民者逐渐取代埃及人，由自己来充任埃及政府驻苏丹官员，当上了各省省长直至全苏丹的总督。英国和埃及的双重压迫激起了苏丹人民的反抗。70 年代末达尔富尔省和加扎勒河省先后发生人民起义。1881 年，爆发了非洲历史上最大的一次反殖民主义的全民起义——马赫迪反英大起义。

起义领导者穆罕默德·艾哈迈德出身于贫苦家庭，受过伊斯兰教学校的教育，后成为一名教长。1881 年 8 月他宣布自己是马赫迪（意为救世主），声称要在世上重建真正的信仰和正义。他提出废除苛捐杂税，在真主面前人人平等，号召人民为摆脱外国奴役进行"圣战"。当局于 8 月 12 日派兵前去艾哈迈德住地阿巴岛镇压，被艾哈迈德的随从人员打败，狼狈逃走。

阿巴岛的战斗打响了马赫迪起义的第一枪。随后，各地贫苦农牧民纷纷起来造反，参加起义队伍。马赫迪率领起义队伍渡过尼罗河，来到河西科尔多凡省东南部的卡迪尔山区，准备坚持长期斗争。1881 年 12 月和 1882 年 6 月，起义军两次重创前来镇压起义的英埃军队，缴获大批武器弹药，扩大了根据地。1883 年 1 月起义军攻占科尔多凡省的重要城市乌拜伊德，当即宣布废除殖民当局的一切法令，并颁布了一系列有利于人民大众的新法令。1883 年秋，英国又派来万名大军，双方于 11 月 5 日在乌拜伊德附近展开激战，起义军几乎全歼敌军，只有 200 多人得以逃生。这次胜利大长了革命人民的志气，起义迅速席卷了西部和南部，并向东部挺进，直抵红海沿岸。

英国殖民者为挽回败局，重新起用戈登为苏丹总督。他上台后立即加紧备战，但同时又许下种种"诺言"，要借此平息起义。马赫迪断然拒绝戈登的建议，于 1884 年 3 月攻占喀土穆以北的柏柏尔地区，从而切断了敌人通往埃及的道路。1885 年 1 月起义军攻下首都喀土穆，全歼英军，并在总督府前用长矛刺死了戈登。随后挥师北上，光复了许多地区。到 1885 年夏，除沿海的萨瓦金港外，起义军解放了苏丹全境。

正当人们欢庆胜利之时，马赫迪于 1885 年 6 月 22 日病逝。他的战友阿卜杜拉继任，建立了新政权，定都恩图曼。阿卜杜拉自称哈里发，掌握军事、行政和宗教大权，是中央政府的首脑。阿卜杜拉掌权后，全国实行统一政令，划全国为20 个省，并宣布对破坏国家统一者进行严厉的镇压。新政权建立之初，进行了一些改革。但是，很快就暴露了其固有的弱点，变成了一个新的封建统治集团。起义领导人包括阿卜杜拉及其亲信、部落酋长、伊斯兰教的阿訇等，大多成了新的封建统治者。他们把没收来的土地占为己有，成为新地主。这就为殖民者提供了可乘之机。1885—1889年，英国唆使埃塞俄比亚对苏丹发动了进攻。阿卜杜拉虽然打败了这次进攻，但也极大地削弱了自身的力量。

19世纪90年代后期，英法争夺苏丹南部的斗争日趋尖锐。英国于1896年3月派出2.5万军队大举进犯苏丹。苏丹军民进行了两年的抵抗后，于1898年4月在阿特巴拉河激战中遭到失败。9月2日双方在恩图曼进行了决战，苏丹军队主力几乎全军覆没。英军占领恩图曼后进行了骇人听闻的大屠杀，甚至毁掉马赫迪陵墓，挖出尸体加以焚毁。首都陷落后，阿卜杜拉率余部退到科尔多几省开展游击战。1899年11月在英军偷袭中阿卜杜拉牺牲。到1900年1月，起义最后失败。此后，在"英埃共管"名义下，苏丹沦为英国殖民地。

五、埃塞俄比亚的抗意战争

埃塞俄比亚（阿比西尼亚）是北非古老的封建国家。1853年库阿尔族封建主卡萨联合各地小封建主，在接连打败几个封建公国后，逐渐统一全国，于1855年自立为帝，称提奥多二世。他继续削弱封建割据势力，建立统一军队，改革税制，减轻捐税，限制教会的某些特权，收回教会的部分土地，修建铁路，聘请欧洲的技师等。提奥多二世的改革遭到了国内外反动势力的反对和破坏。许多旧封建主在英国支持下起来反对中央政府，教会也反对宗教改革。1867年英国借口领事和传教士被扣，悍然出兵在泽拉港登陆。提奥多二世立即率军奋起抵抗。由于许多封建主叛变投敌，埃军被英军击败，提奥多二世和16名战士死守马格达拉要塞，最后全部牺牲。提奥多二世死后，封建主们为争夺皇位进行了长达4年的内战。1872年提格雷的封建主在英国支持下夺取了皇位，称约翰四世。

约翰四世上台后，给了英国许多特权，如免征关税，提供种植棉花、咖啡的租让地，英国商人和传教士在埃塞俄比亚境内自由活动等。英国在埃塞俄比亚的扩张引起了法国和意大利的嫉恨，它们也加紧了对埃塞俄比亚的侵略活动。法国在80年代就已占领奥博克、塔朱腊和吉布提港，并于1896年把占领地合并为法属索马里，作为入侵埃塞俄比亚内陆的基地。与此同时，意大利在取得阿萨布港后，开始向内陆扩张势力，妄图侵占整个埃塞俄比亚。英国为遏制法国势力，决定联合意大利。它将马萨瓦港让给意大利，并公开怂恿意大利入侵埃塞俄比亚。1887年1月意大利军队侵入提格雷，结果大败，被迫退回马萨瓦港。

1889年约翰四世在进攻苏丹马赫迪起义军时战败身亡。绍阿公国的麦纳利克（又译孟尼利克）在意大利支持下继承皇位。麦纳利克加强了中央集权，促进了社会经济的发展，增强了国力。1889年5月2日意大利与埃塞俄比亚签订了《永久友好条约》，规定埃塞俄比亚割让北部一部分领土给意大利，为此可得到意大利提供的3万支步枪、28门大炮和200万里拉的补偿。条约还规定，埃塞俄比亚与其他列强交涉时，"可以"借助意大利政府的协助。但是意大利政府单方面公布条约时，却把"可以"有意篡改为"必须"，并公开宣布埃塞俄比亚已是意大利的保护国。意大利殖民者的卑鄙手段和欺诈行为，激起埃塞俄比亚人民的极大愤怒。麦纳利克发表声明，提出抗议，并宣布从 1894 年 5 月 2 日起废除该条约。

1894 年 7 月意大利发动侵略埃塞俄比亚的战争，占领了北部的一些地方。1895 年 9 月麦纳利克发表《告全国人民书》，号召人民团结起来，为抗击侵略、保卫祖国而战。全国人民热烈响应号召，自愿捐献粮食、衣物和金钱，青年们踊跃参军。短期内，麦纳利克就建立起一支配备有现代武器的 11.2 万人的军队。1895 年 12 月初埃塞俄比亚军队在安巴-阿拉吉战役中首次告捷，接着又于 1896 年 1 月收复了马卡累。这时麦纳利克曾提出议和，但意大利不甘心失败，决定孤注一掷。1896 年 3 月双方在阿杜瓦进行决战，6 万名埃塞俄比亚军队大败 1.7 万名意大利侵略军。意军伤亡 1.1 万人，被俘 4 000 人，损失了全部大炮和辎重。经这次惨败后，意大利被迫求和，双方于 10 月 26 日签订了《亚的斯亚贝巴条约》。意大利无条件承认埃塞俄比亚的完全独立，并赔款 1 000 万里拉。

埃塞俄比亚人民抗意战争的胜利，是帝国主义瓜分非洲时期非洲地区取得的唯一一次卫国战争的胜利，为非洲各国人民的反帝斗争树立了榜样。

第三节　拉丁美洲人民的民族民主运动

一、独立后拉丁美洲的经济政治状况

19 世纪初拉丁美洲各国取得政治独立后，并没有真正走上资本主义的发展道路。各国民族资本主义经济远远不够发达，而以工业资本主义为基础的新殖民主义者又加紧了对拉丁美洲的经济渗透。这就使独立后的拉丁美洲国家既带有浓厚的封建主义色彩，又对欧美列强有很大的依赖性。

独立后，拉美各国仍然盛行大地产制。殖民地时期绝大多数克列奥地主的大地产不仅原封未动，而且他们又利用独立后掌权的有利条件，霸占了从殖民者那里没收来的大量土地。不仅如此，作为新的统治者，他们通常与天主教势力，甚至新殖民主义者串通一气，以极不光彩的手段兼并印第安人的土地，以至剥夺广大农民的耕地，使大地产制更加发展。19 世纪拉丁美洲各国大地主兼并的土地等于以前 3 个世纪的总和。这些克列奥地主的大庄园，基本上仍保持中世纪的剥削形式，有的地方还盛行债务奴隶制。大庄园是自给自足的自然经济单位，它大大阻碍了民族资本主义的发展。

西班牙和葡萄牙的殖民统治崩溃后，欧美列强，主要是英、美、德、法等国的势力便伸向了拉丁美洲。其中以英国最为突出。1870 年英国对拉美的投资总额达 8 500 万英镑，居列强之首，到 1913 年又增至 10 亿英镑。许多拉美国家实际上已成为英国经济上的附庸。美国利用其有利的地理条件，以武力攫取了拉美国家尤其是墨西哥的大片领土，同时加强了对拉丁美洲各国在政治上的控制。1889

年10月美国发起成立的"美洲共和国国家联盟"（1910年改称泛美联盟），成了美国控制拉丁美洲的重要工具。从19世纪80年代起，德国也加紧了对拉美的经济渗透。

随着拉丁美洲进一步卷入资本主义世界市场，民族工业得到一定程度的发展，建立了一些轻工业工厂，农牧业生产也有所提高。随着生产的发展，到拉丁美洲各国的移民大量增加。其中除来自西班牙、葡萄牙、意大利和德国的移民外，还有日本的移民和华工。这些移民对促进拉丁美洲经济的发展起了积极的作用。从19世纪后半期起，已有一部分大庄园开始采用资本主义经营方式，密园主日益成为资产阶级化的地主。与此同时，随着民族资本主义经济的发展，民族资产阶级也成长起来。

拉美各国独立后，除巴西实行帝制政体外，其余国家都建立了共和制。这是一种不同于欧美的考迪罗主义的共和政体。考迪罗，西班牙语意为领袖或首领。考迪罗主义实质是军人专政的军事独裁制度，是大地主专政的一种表现形式。它反映了拉丁美洲各国资产阶级力量薄弱、大地产制占优势的状况，考迪罗独裁者既不是世袭的，也不是通过选举产生的，而基本上是通过内战或武装政变而掌权的。因此，各个地主集团为争得政权经常发动军事政变。也正因为如此，他们的政权总是很不稳定。这又给了帝国主义插手的机会。上述情况表明，拉丁美洲各国独立后不久，又变成了实际上的半殖民地半封建国家。因此，继续进行反帝反封建的资产阶级民主革命是这些国家面临的首要任务。

二、古巴独立战争

古巴位于加勒比海的北部，是西印度群岛中最大的岛屿。16世纪西班牙殖民者占领了古巴。在西班牙统治下，古巴经济发展缓慢而单一。从17世纪起主要是种植烟草、甘蔗，也相应建立起一些榨糖厂。18世纪中期以后，蔗糖业成了古巴的经济命脉，使它有"世界糖碗"之称。此外，殖民者在古巴还建立了食品加工厂、制革厂和造船厂等。西班牙殖民者的残暴统治，激起了古巴人民的不断反抗。18世纪末19世纪初拉丁美洲民族独立战争期间，古巴人民的反抗斗争也达到高潮。19世纪中期以后，斗争又高涨起来。1868年10月10日以塞斯佩德斯为首的一批爱国志士，在奥连特省马埃斯特腊山区发动起义，提出了"打倒西班牙统治！""废除奴隶制度！"等口号，并宣布古巴独立。黑奴、白人小农和契约华工等积极参加了起义。1869年4月起义者颁布了宪法，宣布成立古巴共和国，选举塞斯佩德斯为总统。同时还颁布了信教自由和取消奴隶制等进步法令。起义爆发后，殖民当局便派重兵进行镇压。1873年塞斯佩德斯被俘就义。此后，起义领导集团发生分化，把持领导权的右翼集团和敌人议和妥协，于1878年2月签订《桑洪和约》。坚持了10年的第一次独立战争以失败告终。

当时，以安尼奥·马西奥为首的左翼集团坚决反对投降条约。他们流亡国外后，继续从事革命宣传和组织工作，准备再次发动全民起义。1892 年 4 月 10 日，杰出的革命民主主义者、爱国诗人何塞·马蒂在纽约成立了古巴革命党，宣布要"实现古巴岛的完全独立"。1895 年 2 月 24 日古巴革命党在奥连特省发动起义，开始了第二次独立战争。4 月 11 日何塞·马蒂在古巴东海岸登陆，与当地起义军会合，起义队伍迅速扩大。何塞·马蒂身先士卒，英勇杀敌，不幸在 5 月的一次战斗中壮烈牺牲。他的战友戈麦斯和马西奥继续领导革命斗争。9 月，起义者召开代表会议，正式宣告古巴独立，并起草临时宪法，建立了古巴共和国政府。到 1898 年革命军已解放了 2/3 国土，控制了整个农村和交通要道，西班牙的殖民统治已濒于崩溃的边缘。

就在古巴革命胜利在望的关键时刻，美国打着"同情""援助"古巴革命的旗号，于 1898 年 4 月 28 日对西班牙宣战，发动了美西战争。8 月西班牙战败求和，12 月 10 日签订了《巴黎和约》。和约规定，西班牙放弃对古巴的一切需求和特权，实际就是把古巴割让给美国。美国占领古巴后，对古巴实行了军管，下令解散了革命军。同时收买、扶植亲美势力。1901 年在美国监督下召开制宪议会，通过了宪法。由美国国会通过的《普拉特修正案》作为附录被强行列入古巴宪法。修正案规定，美国有权干涉古巴内政，在古巴建立军事基地，未经美国同意，古巴不得与其他国家签订条约，承认美国在占领时期获得的一切特权。1902 年 5 月受制于美国的古巴共和国宣告成立。

三、墨西哥资产阶级革命

墨西哥在争得独立和建立共和国之后，政局一直不够稳定。各派政治力量为争夺统治权而形成了两大政党。保守党代表大地主、高级僧侣和高级军官的利益，反对共和制，主张恢复君主制。自由党代表资产阶级、自由派地主和部分军官的意愿，主张加强共和政体，限制教会和军队的权力，实行政治、经济改革。两党之间的尖锐斗争导致墨西哥一再发生军事政变和叛乱。1824—1848 年发生了 250 次军事叛乱，变换了 31 个总统。

动乱的政局影响了社会经济的发展，削弱了国力，便利了西方列强的入侵。1854 年自由党发动起义，攻占首都，推翻了保守党政权，于 1855 年 10 月成立了新政府，阿尔瓦雷斯当选总统。新政权的实际领导者则是司法部长、杰出的爱国民主主义者胡亚雷斯。

1856 年 2 月新政府召开制宪议会，于 1857 年通过了新宪法。在 12 月的选举中科蒙福特当选为总统，胡亚雷斯为最高法院院长。新政府进行了一系列改革，史称"革新运动"，主要包括剥夺教会特权、限制军事独裁者、保证人民的民主权利等。胡亚雷斯的改革遭到了各种反动势力的仇视，他们勾结起来于 1857 年底策动叛乱，占领首都，挑起一场称为"革新战争"的内战。1860 年初进步势力取得胜利，胡亚雷斯回到京城，次年 6 月就任总统，重新按战争前的宪法和法案进行改革。

墨西哥政局的变化引起了西方列强的不安。1861 年 12 月 10 日，法、英和西班牙悍然出兵侵入墨西哥（不久英、西军队撤回）。胡亚雷斯领导墨西哥人民进行了坚决的抵抗。经过 5 年多艰苦奋战，终于在 1867 年 7 月赶走法国侵略者，处决了被法国捧上台的傀儡皇帝奥地利大公马克西米连一世。然而，1872 年胡亚雷斯逝世后，他的继承者背弃了他的事业，革新运动半途而弃。

1876 年反动军人狄亚士发动军事政变，攫取了总统职位，建立起军事独裁政权。狄亚士对支持者和亲信给予高官厚禄并分配土地，对反对者则进行残酷迫害和打击。他还把掠夺来的大片土地廉价出售或无偿赐予拥护他的地主、将军、政客和外国公司，使土地兼并现象更加严重。天主教会的各种特权也恢复了。狄亚士执行投靠帝国主义的对外政策，给列强以各种特权，外国资本便潮水般地涌入墨西哥。狄亚士的倒行逆施终于激发了 1910—1917 年的资产阶级革命。

四、巴西的废奴运动和争取共和的斗争

1822 年巴西脱离葡萄牙宣布独立，建立了君主立宪制度。1831 年 4 月首都里约热内卢和其他一些地区发生群众骚动，军队倒向群众一边。皇帝彼德罗一世被迫宣布退位，由年仅 6 岁的儿子继位，称彼德罗二世。从这时起，政权逐渐转入本国种植园主手中。

长期以来，种植园奴隶制经济是巴西国民经济的主要基础。到 19 世纪中期，巴西经济发生了较大的变化。由于世界上对巴西的甘蔗、棉花、烟草特别是咖啡需求量不断增长，大大刺激了巴西种植园经济的发展。同时，在外贸收入提高的情况下，巴西的民族工业也得到了迅速发展，兴办了大量工矿企业，修建了铁路、码头，开辟了内河和远洋航运。银行、信贷事业也开始发展，对外贸易迅速增长。随着经济的发展，资本主义同种植园奴隶制度及其上层建筑即专制政体之间的矛盾尖锐起来，废除奴隶制度和君主专制制度就成为资本主义发展的需要。

美国内战中北方资产阶级对南方奴隶主的胜利，鼓舞了巴西人民的废奴斗争。在群众运动的强大压力下，彼德罗二世被迫于 1871 年颁布"胎儿自由"法令，规定法令颁布后出生的黑奴婴儿可获得自由人身份。1888 年 5 月议会终于通过了立即无条件废除奴隶制的法令，宣布解放全部黑人奴隶。

废奴斗争取得胜利后，巴西人民继续为推翻帝政、建立共和制而斗争。领导运动的资产阶级提出了"打倒君权，共和万岁！"的口号。1889 年 7 月，全国爆发了大规模示威游行。高级军官丰塞卡和佩索托将军于 11 月 15 日发动军事政变，废黜彼德罗二世，宣布成立联邦共和国，组成了以丰塞卡为首的临时共和国政府。1891 年 2 月议会通过了宪法。宪法规定，行政权由总统掌握，总统由直接选举产生，任期 4 年；立法权归参、众两院组成的议会；司法权属最高法院和各级地方法院。宪法还规定实行政教分离，公民在法律面前一律平等，并享有宗教

信仰、言论、出版和集会的自由。

奴隶制、君主制的废除和共和国的成立，是巴西历史上的重要转折点，为巴西资本主义的发展开辟了广阔的道路。

第四节　亚洲民族运动的高涨

19世纪中期以后，亚洲一些国家在自然经济逐渐解体的基础上，出现了本国最早的民族工业。随着民族资本主义的产生，新兴的民族资产阶级开始形成。伴随而来的是意识形态领域中资产阶级民族主义和民主主义思想的兴起。

19世纪70至90年代，亚洲掀起了近代史上第二次民族运动的高潮。这次高潮有两种运动同时进行，第一是旧式的反帝反封建起义；第二是资产阶级改良主义运动。改良运动属于新兴资产阶级民族运动的范畴。它唤起了人民大众民族、民主意识的成长，是后来资产阶级革命运动的先导。20世纪初，随着帝国主义对亚洲侵略的加剧和各国民族危机的加深，在亚洲辽阔的地域上爆发了近代史上规模最大的一次反帝反封建革命运动，形成亚洲民族运动的第三次高潮。

一、菲律宾资产阶级革命

菲律宾是东南亚的群岛国家。从1521年起，西班牙殖民者开始侵入菲律宾，到19世纪70年代最终占领了整个菲律宾群岛。

西班牙在国内保留了大量封建残余，它对菲律宾的统治和剥削也就带有封建色彩。西班牙殖民者把菲律宾的大部分土地分给了王室成员、军人、官吏和教会，形成一种"授地"制，或称庄园制，实际上是西欧封建领主制的翻版。殖民当局向人民征收各种苛捐杂税，并强迫18~60岁的男子每年服40天（后减为15天）徭役，有时还抽去服兵役。在农村，殖民者实行强迫征购制，以低价或支付期票的办法强行向农民征购大米、糖、麻和其他农副产品。殖民当局还垄断了对外贸易。

19世纪中期，在英美等国的压力下，殖民当局被迫在菲律宾实行了自由贸易政策，先后开放了马尼拉等7个港口。菲律宾随即成为欧美列强的商品销售市场，从而逐渐被卷入世界市场。伴随着这个变化，菲律宾不仅开辟了许多专门种植各种经济作物的种植园，而且一些加工工厂、铁路、港口等也陆续建立起来。

这样，菲律宾的民族资本主义于19世纪中期开始形成，出现了民族资产阶级和无产阶级。1872—1896年，以何塞·黎萨和皮拉尔等人为代表的资产阶级知识分子掀起了一场资产阶级改良运动，史称"宣传运动"。他们要求菲律宾人和西班牙人在法律面前一律平等，教会菲律宾化，保障人民的民主、自由权利和发展民族经济等等。黎萨建立了改良主义组织"菲律宾联盟"。不久，黎萨被殖民当局逮捕，"菲律宾联盟"随之瓦解。

1892年7月7日，原"菲律宾联盟"成员安德列斯·旁尼发秀和他的密友埃米利奥·哈辛托等人在马尼拉建立了秘密革命组织"卡蒂普南"（意为最崇高最受尊敬的菲律宾儿女协会），明确提出团结和依靠一切菲律宾人，通过武装斗争取得民族独立的纲领。这在菲律宾民族独立运动史上是一个重要的转折点。"卡蒂普南"得到了广大人民的支持，成员多为工人、农民、手工业者、菲籍士兵和低级官吏等，后来资产阶级和地主分子也纷纷加入，主要代表人物是埃米略·阿奎那多。

1896 年 8 月 24 日旁尼发秀在马尼拉北郊的巴林塔瓦克发动人民起义。起义得到各地人民响应，很快解放大片国土，并建立了革命政权。正当革命进入高潮时，革命阵营内部发生了分裂。1897 年 3 月以阿奎那多为首的一派夺取领导权，解散"卡蒂普南"，成立了新的革命政府。不久，另立政府的旁尼发秀等人被杀害。同年 11 月，阿奎那多在布拉干省的破石洞召开会议，通过临时宪法，宣布成立菲律宾共和国，他本人当上菲律宾共和国临时总统。随后，在敌军重兵压境和诱降下，阿奎那多和敌人进行谈判，于 1897 年 12 月签订了《破石洞条约》。《条约》规定：阿奎那多停止军事行动，缴械离境到香港；西班牙当局给予 170 万比索的经济补偿，并对放下武器的人实行大赦。不久，阿奎那多等 40 人在领取 40 万比索后离菲赴香港。《破石洞条约》签订后，西班牙殖民者欣喜若狂，在马尼拉举行了盛大的庆祝会。然而广大菲律宾爱国军民则仍在坚持战斗。随着革命运动的重新高涨，阿奎那多在香港成立了"爱国委员会"。美西战争爆发后，阿奎那多经过同美国密商，于 1898 年 5 月乘美舰回到菲律宾，重新领导革命。同年 6 月至 9 月，阿奎那多发表独立宣言，并宣布要建立革命政府和地方政权，在首都马洛洛斯召开议会，制定宪法。1899 年 1 月正式颁布宪法（即马洛洛斯宪法），确立三权分立的原则，宣布菲律宾共和国成立，阿奎那多任总统，并组成马比尼内阁。新政府成立后，采取了一系列革命措施，没收殖民者与教会的土地财产，建立地方各级政权和菲律宾独立教会，取消人头税，实行累进税，创办各种类型的学校等。这些措施鼓舞了革命军民的斗志，进一步解放了大片国土。

正当菲律宾革命胜利在望之际，美国于 1898 年 8 月突然出兵强占马尼拉，并成立了军政府。接着便根据《美西巴黎和约》宣布菲律宾是自己的殖民地。1899 年 2 月 4 日晚，美国不宣而战，向菲律宾共和国发动全面进攻。2 月 5 日菲律宾政府正式对美宣战，全国军民为保卫共和国独立，进行了一场抗美战争。美国在军事进攻的同时，还辅以政治收买的策略。坚持抗战的马比尼内阁和爱国将领卢纳领导军民进行了英勇的战斗。但是投降派却加紧了卖国活动。不久，阿奎那多解散抗战派的马比尼内阁，任命了投降派的帕特尔诺内阁，接着又杀害了卢纳将军。投降派的背叛行径造成菲律宾在军事上节节失利。1901 年 3 月阿奎那多被美军俘获，当即宣誓效忠美国，并发表宣言劝告人民放下武器，接受美国的统治。随后，大批军政人员纷纷投降。到 1902 年抗美战争以失败告终，菲律宾沦

二、印度民族运动的新高涨

民族大起义失败后，特别是在 19 世纪最后 30 年，印度的社会经济和阶级关系发生了深刻变化。英国人在这里开办了大批工矿企业和种植园，并大规模修建铁路，兴建港口等。同时，印度的民族资本主义也开始发展起来。在民族资本主义发展的基础上 19 世纪中期首先在经济较发达的孟加拉、孟买和马德拉斯地区出现了早期的资产阶级改良运动。一些资产阶级知识分子领导的组织成立了，成员主要是商人和自由派地主。它们的主要活动是向英国国会递交陈情书，要求印度人有权参加当地的行政管理和立法工作。这些组织带有明显的地方性，彼此缺乏联系。

进入 70 年代以后，改良运动有了新的发展，各地相继建立了一批新的区域性民族主义组织。这些组织的口号和要求比过去又前进了一步，如提倡使用国货，取消对民族报刊的限制，要求立法议会的印度成员由任命改为选举产生，并主张采取政治鼓动的斗争方式等。这时各组织的成分也更为广泛，吸收了大批青年知识分子参加。此外，运动已经超出本地区的范围，许多组织在各地建立了分会，还波及一些原来闭塞的小城镇和边区。

民族运动的发展，出现了要求建立全印统一组织的趋向。从 80 年代初开始，各地民族主义组织开始宣传这一主张。在英籍退休殖民官吏、自由主义者休谟的积极协助下，1885 年 12 月 28 日在孟买召开了印度民族主义者代表大会，参加者共 72 人。大会正式宣布成立"印度国民大会党"（简称国大党）。大会把各地民族主义组织提出的政治、经济要求集中起来，形成了决议。大会强调民族团结，确定只讨论全国性的政治、经济问题，不讨论容易引起矛盾、摩擦的地方性事务和宗教问题等。国大党是印度第一个民族主义的全国性政党，成为印度民族运动的领导力量。19 世纪末由于大量中小资产阶级及知识分子参加国大党，使该党的成分发生很大变化。随着这一变化，国大党内部逐渐形成了两大对立的派别，即以巴纳吉为首的掌握领导权的温和派和以提拉克为领导的激进派。国大党展开了宣传活动，要求在参政院中增加印度议员，抨击英国殖民官员的专横，要求印度民族的平等权利，揭露英籍农场主杀害印度劳动者，要求保护关税等等。激进派则要求自治，甚至不惜使用武力。提拉克说："自治就是自己统治，要把全部管理权拿在自己手里。"国大党的活动进一步推动了印度人民的民族觉醒。

三、土耳其的改革运动

奥斯曼帝国到 18 世纪末 19 世纪初已经日薄西山，成为资本主义列强争夺和瓜分的对象。列强对土耳其广大领土的争夺与瓜分，造成了近代史上出名的"东方问题"。列强除霸占领土外，还通过在土耳其谋求特权，特别是通过大量资本输出，包括政府贷款和在土耳其开办工矿企业和银行，进行了大规模的经济侵略活动。由于无力还债，奥斯曼帝国的财政被英法等债权国组成的"奥斯曼国债管理局"所控制。到 19 世纪末，奥斯曼帝国已沦为半殖民地国家。

与此同时，土耳其也出现了民族资本主义的工厂企业，形成了民族资产阶级和受过欧化教育的资产阶级知识分子阶层。为挽救国家危亡，大批爱国知识分子以及部分资产者、开明官吏和军官，于 1865 年在首都伊斯坦布尔建立了秘密政治组织"新奥斯曼协会"（或称新奥斯曼党）。1876 年 5 月，新奥斯曼协会利用首都接连发生群众示威的机会，联合穆拉德王子发动宫廷政变，立穆拉德为新苏丹。不久，其弟继任苏丹，称阿卜杜尔·哈米德二世。他上台后，于同年 12 月颁布宪法，规定土耳其为君主立宪制国家，同时召开由两院组成的国会。形势平稳后，他又于 1878 年 2 月下令废除宪法，解散国会，恢复了专制统治。新奥斯曼协会发动的立宪运动遭到失败。

1889 年 5 月一群立志改革的青年在首都建立了新的秘密政治组织"统一与进步委员会"，史称"青年土耳其党"。其成员主要是青年学生、知识分子和下级军官等。他们以维护帝国领土完整、反对专制制度、发展民族经济和争取恢复宪法作为斗争纲领。1897 年该党试图发动军事政变，因事情泄露而失败。组织遭到破坏，大批人逃亡国外。改革运动遂转入低潮。后来在 1905 年俄国革命和伊朗革命鼓舞下，青年土耳其党重新振起，终于在 1908 年领导了土耳其资产阶级革命，恢复了宪政。

19 世纪末，在阿富汗、缅甸、印度尼西亚、越南、朝鲜等国也都发生了反帝反封建的运动，但绝大多数仍属旧式的运动，未能取得成功。

四、中国的维新运动

两次鸦片战争以后，外国资本输入中国，开办了一些工厂。自 60 年代起，清廷部分官员意识到，要想"自强""富国"，必须兴办"洋务"，仿效西方创办自己的工业，首先是军事工业。他们被称为"洋务派"，主要代表人物有奕䜣、曾国藩、李鸿章、左宗棠、张之洞等。60 年代他们办起了一些军工厂、造船厂。70 年代又办起了一些资本主义性质的工矿企业与交通运输业。李鸿章在上海设立的轮船招商局便是最大的一个。这些企业采取官督商办、官商合办等形式，官方掌实权，是早期的官僚资本企业。

自 70 年代起，民族资本也产生了。在缫丝、棉纺、火柴、采煤等行业中出现了一批近代资本主义企业。到 1894 年，共有企业百余家，雇佣 3 万工人。由此而产生了民族资产阶级。由于民族企业资金少，规模小，在技术与设备上又多倚赖外国，因而民族资产阶级的力量是微弱的。但是，在遭受外国侵略势力和本国封建势力压迫的情况下，他们仍然产生了反抗的愿望与要求。反映这一思想的代表人物有王韬（1828—1897）、薛福成、马建忠、郑观应等。

这种早期的改良思潮虽然也提出了反对外来侵略、发展民族工业和实行宪政等主张，但还未能形成系统的理论，更没有形成政治运动。而刚刚诞生不久的工人阶级也还远未成熟，只是进行了一些零散的经济罢工，极少获得成功。另外，此时也出现了几位杰出的自然科学家，吸取、介绍并独立研究西方近代科学，如李善兰、华蘅芳、徐寿等人。然而在当时的社会条件下，他们的研究成果既未运用到工业上，也未对社会产生多大影响。

70年代以来，西方列强和日本加紧了对中国的侵略，强索特权、蚕食领土、经济渗透、武力霸占，种种手段无所不用其极。1894年更爆发了甲午中日战争，日本侵略军大举进攻，清廷惨败。战后订立的《马关条约》，不仅规定中国赔款2亿两白银，开放通商口岸，而且还将台湾、澎湖列岛、辽东半岛割让给日本。后因俄、德、法三国干涉还辽，日本又向中国索取了3 000万两白银以"赎回"辽东半岛。

中日战后，帝国主义列强对中国掀起了瓜分狂潮，使中国的民族危机空前加深。正是在这样的形势下，资产阶级改良派发动了变法图强的维新运动。维新派的主要代表人物有康有为（1858—1927）、梁启超（1873—1929）、严复（1853—1921）、谭嗣同（1865—1898）等等。

维新派宣传西方的进化论、民权论，主张在经济上发展民族工业，政治上实行君主立宪制度，文化上学习西方，废除八股取士，兴办新式学堂，等等。康有为自1888年就曾上书光绪皇帝（1875—1909年在位），请求变法。1895年《马关条约》签订时，还发动在京应试的千余名举人搞了"公车上书"。其后又多次上书，终于得到了光绪皇帝的支持。

1898年6月11日，光绪下诏宣布变法，命康有为参赞新政，任用谭嗣同、刘光第、杨锐、林旭在军机处襄助主持变法事宜。在变法期间，维新派通过光绪帝颁布了一系列法令，内容主要有：保护和奖励农、工、商、矿业的发展，修筑铁路，改革行政，裁减冗员，废八股，办学堂，创报馆与学会，提倡上书议事，奖掖新发明等等。尽管尚未提及设议院、制宪法，但毕竟都属于革新之举，带有资产阶级性质。

变法措施，尤其是行政改革和裁减冗员，直接触犯了一批权贵，受到他们的仇视。代表保守势力的慈禧太后于9月21日发动政变，囚禁光绪，搜捕维新派人物，变法至此失败。

自光绪下令变法到慈禧发动政变，共计103天，故而史称"百日维新"，又据干支纪年称"戊戌变法"。103天只不过是昙花一现，但它却是中国有史以来第一次近代资产阶级性质的改良运动，意义重大。运动虽然失败了，它所反映的社会矛盾还依然存在，斗争还将继续。20世纪初，改良转为革命，孙中山领导的辛亥革命终于推翻了清王朝。

16—19世纪的近代时期，在整个人类文明演进的过程中，是一个非常重要的转折时期。它以商品经济取代了自然经济；以法律为标志的国家权力取代了王室家族为代表的贵族特权；以公民取代了臣民。它带来的经济基础、上层建筑的巨变，促成了人的新觉醒，开辟了历史的新篇章，从而启动了人类社会的现代化进程。